山东宏观经济研究报告
（2023）

张中英　等著

山东省宏观经济研究院　编

山东大学出版社
SHANDONG UNIVERSITY PRESS
·济南·

图书在版编目(CIP)数据

山东宏观经济研究报告. 2023 / 张中英等著 ；山东省宏观经济研究院编. -- 济南 ：山东大学出版社，2024. 10. -- ISBN 978-7-5607-8387-1

Ⅰ. F127.52

中国国家版本馆 CIP 数据核字第 2024CW8603 号

责任编辑　董　戈
封面设计　张　荔　杜　婕

山东宏观经济研究报告(2023)

SHANDONG HONGGUAN JINGJI YANJIU BAOGAO (2023)

出版发行　山东大学出版社
社　　址　山东省济南市山大南路 20 号
邮政编码　250100
发行热线　(0531)88363008
经　　销　新华书店
印　　刷　山东华鑫天成印刷有限公司
规　　格　720 毫米×1000 毫米　1/16
　　　　　29.75 印张　566 千字
版　　次　2024 年 10 月第 1 版
印　　次　2024 年 10 月第 1 次印刷
定　　价　89.00 元

《山东宏观经济研究报告(2023)》
编 委 会

主　　编　张中英

副 主 编　宋向东　匡　敏　高福一　马永兴　刘文涛

编写人员　(按姓氏笔画排序)

于丽娟　马　彪　马方奎　马春晓　王　安
王长海　王丹宁　王永冲　王永彬　王昊宇
王淑娟　王傲晨　亓　珍　牛　娟　孔凡革
孔峻岩　田　焱　史志东　史倩倩　兰晓青
吕　蕾　任　栋　刘　佳　刘德军　汤　薇
许月恒　许秀静　孙　斌　孙明霞　杜　超
李　静　李建芳　李柏村　李贺旋　李　莉
李继伟　迟　泓　张　钰　张　辉　张　鹏
张　磊　张中英　张正威　陈玉婷　陈国梁
陈楠楠　武　仪　尚　蔚　周国庆　郑艳娜
赵祎煊　姜　胜　姜　晶　姜斐然　袁　静
倪艳亭　徐大策　徐勤航　栾咏梅　高　鸣
高福一　郭太禄　崔雁冰　鹿　晔　傅增清
谢尚青　蔡　盈　翟一杰　冀　刚　冀晓群

执行统筹　任　栋　刘　燕　卢　华　李天然　王　涛
张朝炼　郑娜娜　曲　扬　史倩倩　彭炜轩

序　言

2023年是全面贯彻落实党的二十大精神的开局之年，也是绿色低碳高质量发展先行区建设的起步之年。省委、省政府坚持以习近平新时代中国特色社会主义思想为指导，深入落实习近平总书记对山东工作的重要指示要求，以建设绿色低碳高质量发展先行区为总抓手，锚定"走在前、开新局"，抢抓战略机遇、靶向攻坚突破，纵深推进"三个十大"行动，着力扩大内需、优化结构、改善民生、防范化解风险，全省经济持续回升、巩固向好，新时代社会主义现代化强省建设迈出坚实步伐。

这一年来，省委、省政府突出高点站位、筑基谋远，系统谋划现代化强省建设的突破路径，纵深实施黄河重大国家战略，深入推进绿色低碳高质量发展先行区建设三年行动计划，推动各项决策部署落地见效。深度挖掘有效需求潜力，聚力提振扩大消费，强化投资拉动，不断增强高质量发展后劲。突出绿色低碳、示范先行，新能源和可再生能源发展迈上快车道，光伏发电、新型储能并网装机规模居全国首位。加力提速工业经济，推动主导产业向高端化、智能化、绿色化、集群化迈进。全力做大做强海洋经济，海洋生产总值居全国第二位，沿海港口货物吞吐量居全国首位。突出区域协调发展，济南都市圈、青岛都市圈发展规划获批，万亿级城市达到三个。深入学习运用"千万工程"经验，乡村振兴齐鲁样板加速提档升级。着力优化营商环境，大力发展民营经济，经济发展的动力活力进一步增强。持续扩大对外开放，积极融入共建"一带一路”,进出口占全国比重进一步提升。坚持以更大力度统筹发展和安全,持续改善民生福祉,高质量发展的成色更足,在服务全国大局中彰显了大省担当、作出了新的贡献。

在这个过程中,山东省宏观经济研究院深入实施“党建立院、质量建院、人才强院、开放办院、特色兴院”发展战略,深入调查研究、科学谋划论证、积极建言献策,服务决策水平得到有效提升。全年完成各类规划、课题、调研100余项,开展自选研究70余项,其中17项成果获省领导同志批示肯定。为进一步放大这些成果应用效应,经对比筛选、优中选优,分六个专题、汇集48篇精品成果编撰成《山东宏观经济研究报告(2023)》,希望对读者以宏观视野了解山东经济提供有益参考。

2024年是中华人民共和国成立75周年,是实现“十四五”规划目标任务的关键一年。面对新形势新任务,山东省宏观经济研究院要以习近平新时代中国特色社会主义思想为指导,深入学习贯彻党的二十届三中全会精神和习近平总书记视察山东重要讲话精神,坚定扛牢“走在前、挑大梁”的使命担当,聚焦落实党中央、国务院决策部署和省委、省政府工作要求,聚焦推动全省经济社会高质量发展,深入开展调查研究,持续深化理论探索,不断推出有高度、有深度、有价值的优秀研究成果,发挥好新型智库“智囊团”作用,努力在新时代社会主义现代化强省建设中展现更大作为。

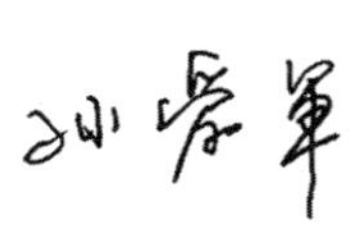

(山东省发展和改革委员会党组书记、主任)

2024年8月

目　录

第一篇　建设绿色低碳高质量发展先行区

第二篇　科技创新引领现代化产业体系建设

第三篇 统筹新型城镇化和乡村全面振兴

第四篇 扩大高水平对外开放

第五篇　多层次多领域促进共同富裕

第六篇　经济形势运行分析与展望

第一篇　建设绿色低碳高质量发展先行区

能耗“双控”向碳排放“双控”转变背景下山东面临的机遇和挑战研究

党的二十大报告提出：“完善能源消耗总量和强度调控，重点控制化石能源消费，逐步转向碳排放总量和强度‘双控’制度。”①2023 年 7 月 11 日，中央全面深化改革委员会第二次会议审议通过了《关于推动能耗双控逐步转向碳排放双控的意见》，明确了我国将从能耗“双控”逐步转向碳排放“双控”。一方面，山东作为全国工业大省、实体经济大省，能源消耗一直居全国前列，能耗“双控”向碳排放“双控”的转变将激活行业发展机遇，对建设绿色低碳高质量发展先行区、实现“九个强省突破”意义重大；另一方面，山东作为全国碳排放总量最多的省，在能耗“双控”向碳排放“双控”转变过程中也将面临一系列挑战。

一、能耗“双控”与碳排放“双控”的政策沿革与内涵比较

从“能耗管控”到“碳排放管控”，是我国在从应对能源约束到应对能源与气候治理任务双重约束下的必然要求。我国能源管控从强度单控到总量和强度双控经历了 30 多年，而碳排放管控从强度单控到总量和强度双控只用了 10 年。

（一）政策沿革

“十一五”时期（2006—2010 年），中国首次提出了“能耗强度”目标，明确到 2010 年全国单位国内生产总值（GDP）的能源消费量要比 2005 年下降 20%左右。

“十二五”时期（2011—2015 年），在继续设定“能耗强度”目标（降低 16%）的基础上，我国又增设了“碳排放强度目标”，即 2015 年的单位 GDP 二氧化碳排放要比 2010 年的水平降低 17%，还提出了“合理控制能源消费总量”的要求。2015 年 10 月，党的十八届五中全会提出实行能源消耗总量和强度“双

① 习近平：《高举中国特色社会主义伟大旗帜　为全面建设社会主义现代化国家而团结奋斗——在中国共产党第二十次全国代表大会上的报告》，人民出版社 2022 年版，第 51 页。

控”行动。

“十三五”时期(2016—2020年),单位GDP能耗和二氧化碳排放的下降目标分别设定为15%和18%,并要求将“能源消费总量控制在50亿吨标准煤以内”。

“十四五”时期(2021—2025年),单位GDP能耗和二氧化碳排放的下降目标分别设定为13.5%和18%,并要求“完善能源消费总量和强度双控制度”,“实施以碳强度控制为主、碳排放总量控制为辅的制度”。2021年9月,国家发展改革委印发《完善能源消费强度和总量双控制度方案》,重点提出“完善指标设置及分解落实机制”和“增强能源消费总量弹性管理”。2022年2月,国家发展改革委和国家能源局印发《关于完善能源绿色低碳转型体制机制和政策措施的意见》,进一步提出“新增可再生能源和原料用能不纳入能源消费总量控制”以及“加强能耗‘双控’政策与碳达峰、碳中和目标任务的衔接”。这是我国能耗“双控”制度的一次重大创新。2023年7月11日,中央全面深化改革委员会第二次会议审议通过了《关于推动能耗双控逐步转向碳排放双控的意见》,标志着我国能耗“双控”逐步转向碳排放“双控”进入了实质化推进阶段。

(二)两者的联系与比较

能耗“双控”是指实行能源消耗总量和强度“双控”行动。我国能耗“双控”制度作为节能工作的核心制度,推动了能源利用效率大幅提升,减缓了能源消费增速。2012年以来,全国单位GDP能耗累计降低26.4%,年均下降3.3%,相当于节约和少用14亿吨标准煤,有力支撑了碳排放强度下降,对经济转型发展起到了积极推动作用。

碳排放“双控”是指实行碳排放总量和强度“双控”行动。党的十八大以来,我国以年均3.0%的能源消费增速支撑了年均6.6%的经济增长,2021年全国单位GDP能耗较2012年下降26.4%,碳排放强度下降34.4%,扭转了二氧化碳排放快速增长的态势,经济发展的“含金量”和“含绿量”显著提升。

能耗“双控”和碳排放“双控”都旨在对化石能源消费形成制约,破解资源环境约束突出问题,实现可持续发展。但是能耗“双控”是对能源消费整体进行管理与限制,既包括化石能源,也包括非化石能源,总量的管控不仅直接影响了可再生能源的开发利用和可再生能源丰沛地区的经济发展,也限制了石化、化工等产业的刚性需求。而碳排放“双控”是对温室气体排放进行限制。一方面,由于非化石能源消费不产生温室气体,因此碳排放“双控”实际上不限制非化石能源的消费;另一方面,碳排放的来源较广,包括非能源活动所产生的排放,如工业生产过程排放、废弃物处理排放、农业排放等,因此碳排放“双控”对这些活动也进行约束,而能耗“双控”仅针对能源消费活动。

二、山东能耗“双控”向碳排放“双控”转变的机遇

从能耗“双控”向碳排放“双控”转变，能够有效打破能耗“双控”对可再生能源利用的约束，更加符合化石能源向可再生能源转型的导向要求，既是经济强省也是工业大省的山东因此面临着多重机遇。

（一）破解重大项目落地能耗指标制约，为经济增长提供更多用能空间

目前的能源“双控”制度不能完全适应当前经济社会发展需要，在科学合理设定能源“双控”目标，并进行分解落实等方面存在一定的局限。以山东省来说，国家下达的“十四五”期间能源消费总量增量约为3600万吨标准煤（根据山东能源“十四五”规划），平均每个地市新增量仅为225万吨标准煤。从各地市储备重点用能项目情况看，单个地市的能耗需求都接近千万吨标准煤，获得增量无法满足经济发展的需求。如2023年日钢粗钢产量指标将由2022年的1563.1万吨提高到约1900万吨，预计全年能源消费、煤炭消费将分别增加188万吨、82万吨标准煤。而当能耗“双控”向碳排放“双控”转变后，可再生能源丰沛地区可依托新增可再生能源项目，在不增加碳排放的情况下大力发展能耗强度低的优质项目。不产生碳排放的新增用能不纳入能源消费总量控制，能有效增强能源消费总量管理弹性，为经济发展腾出更多用能空间。因此，向碳排放“双控”转变可破解能耗指标对重大项目落地的制约，为经济增长提供更多用能空间。特别是对山东而言，受原料用能影响较多的是石化、化工产业及下游纺织、医药、新能源、新材料等产业，这些几乎都是山东的优势产业，在工业体系中的作用非常突出，是保障产业链、供应链安全的重要支撑。向碳排放“双控”转变后原料用能不纳入能源消费总量考核，将更好地保障石化、化工、煤化工等重要项目合理用能需求，为产业结构转型升级赋能，对山东更具有现实意义。

部分省份在优化完善能耗“双控”政策，做好能耗“双控”政策向碳排放“双控”政策转变的有效衔接方面已经先行一步。广东省完善能源消耗总量和强度调控，在全国范围内率先提出原料用能和可再生能源消费不纳入能源消耗总量和强度控制。此外，广东还进一步加强了可再生能源项目建设和新上项目用能保障的衔接，允许各地新增可再生能源消费作为新上项目能耗指标来源。浙江省在《关于促进浙江省新能源高质量发展的实施意见（征求意见稿）》中提出了建立可再生能源电力消纳保障机制，特别是提出风电、太阳能发电、水电、生物质发电、地热能发电等可再生能源，不纳入能源消耗总量和强度控制。内蒙古优化能耗“双控”监测预警方式，充分考虑市场“淡旺季”、用能“峰

谷季”等客观规律，实行“季度监测、半年研判”，增强监测预警的灵活性，加强对高预警地区的窗口指导，避免采取短期简单化行为。

(二)利好我省新能源及可再生能源产业发展

能耗“双控”向碳排放“双控”转变后，可再生能源项目不再受能耗控制，将显著增强高耗能企业的绿电消费需求和各地建设可再生能源项目的意愿，从需求端助力可再生能源的发展。以天津为例，天津 2023 年 1—8 月绿电交易成交量达 12.23 亿千瓦时，约为 2022 年全年(0.78 亿千瓦时)的 15.7 倍。同一时期，新疆达成 2.6 亿千瓦时的交易规模，是 2022 年的 22 倍。一方面，考虑到可再生能源电力的季节性、波动性特征，火电灵活改造、抽水蓄能、化学储能等储能配套设施或将迎来发展机遇；另一方面，绿证、CCER(国家核证自愿减排量)可以增加绿色电力的经济性，平抑可再生能源的“绿色溢价”，助力可再生能源的长期发展。2023 年 8 月，国家发展改革委等三部门发布《关于做好可再生能源绿色电力证书全覆盖工作　促进可再生能源电力消费的通知》，要求规范可再生能源绿色电力证书(简称“绿证”)核发，实现绿证核发全覆盖，范围新增海上风电、分布式光伏通知、市场化水电等。“绿证新政”进一步规范了我国可再生能源相关环境权益交易，有助于可再生能源的价值实现。碳排放“双控”在促进企业使用可再生能源的同时，也将提高企业对非水可再生能源的绿证需求，从而促进可再生能源的发展与投资。

(三)加速我省低碳、零碳、负碳产业发展

我省是工业经济大省，碳排放量从 2003 年至今一直居于全国首位。碳排放“双控”蓄势待发，我省很难再有碳排放总量进一步增长的剩余空间，全社会减碳降碳势必成为最紧迫的任务。巨大的减碳压力下也隐藏着极大的发展机遇，低碳、零碳、负碳产业有望成为我省经济发展新的绿色增长点。我省低碳、零碳、负碳技术推广的前景广阔，在现有能源结构不变的情况下，采用先进生产工艺和设备，尤其是电机、泵、风机、压缩机等动力装备的改造升级，可以实现节能 20%—50%。在节能技改背景下，若按照 30%的节能率进行估算，全省“两高”(高污染、高耗能)行业企业的碳排放量约为 5.3 亿吨，具有 2.2 亿吨的减排空间，减排空间巨大。节能降碳相关项目有巨大的投资潜力，市场前景广阔。2022 年，我省实施 500 万元以上技改项目 13000 个以上，同比增速达 7.3%。随着节能降碳系列政策落地实施，针对技术改造和氢能等低碳、零碳、负碳技术的投资将迎来更大增长空间，在扩大有效投资的同时，将显著带动设备制造、建筑材料、建造施工等相关产业联动发展，全面振兴工业经济。

(四)为我省更好地应对碳关税等国外绿色贸易壁垒提供保障

欧盟发布征收碳关税政策,以"应对气候变化"之名,行贸易保护之实。碳资产是继现金资产、实物资产、无形资产之后第四类新型资产,是破解碳关税等国外气候政策的有效"武器"。据相关机构预测,中国碳资产管理市场规模在 2025 年将达到 1099 亿元,2030 年将达到 4504 亿元,2060 年将达到 43286 亿元。能耗"双控"向碳排放"双控"的转变,将加速企业梳理总体碳排放量、产品具体碳排放量,倒逼我省外贸型企业加快高耗能产品的低碳转型,形成有效碳资产,化解新的绿色贸易壁垒带来的风险。

三、我省推进能耗"双控"向碳排放"双控"转变的挑战

(一)高碳行业是我省的支柱产业,解耦经济发展与碳排放的难度很高

长期以来,我省经济发展与传统高碳行业一直处于深度绑定状态。我省在全国排名居首位的 9 个行业分别为有色金属矿选采、农副食品加工、食品制造、造纸、石油煤炭加工、化学原料和化学制品、医药制造、有色金属冶炼压延、非金属矿物制品,其中,除医药制造以外,8 个属于资源型、耗能型行业。六大高耗能产业①能源消费总量占工业的比重为 75.6%,煤炭消费总量占工业的比重为 94.8%,利润总额、税收占全部工业的比重为 50.1%、30.5%(见图 1)。

另外,从我省在全国的战略定位及发展阶段看,传统产业未来仍是我省的重要支柱及经济增长点,而传统重化工业由于其本身的产业特性,其高碳的底色也将长期存在。在能耗"双控"向碳排放"双控"转变的大背景下,如何有效实现碳排放与经济发展的解耦,是摆在我省面前的第一道难题。

---

① 六大高耗能行业包括石油、煤炭及其他燃料加工业,化学原料和化学制品制造业,非金属矿物制品业,黑色金属冶炼和压延加工业,有色金属冶炼和压延加工业,电力、热力、燃气及水生产和供应业。

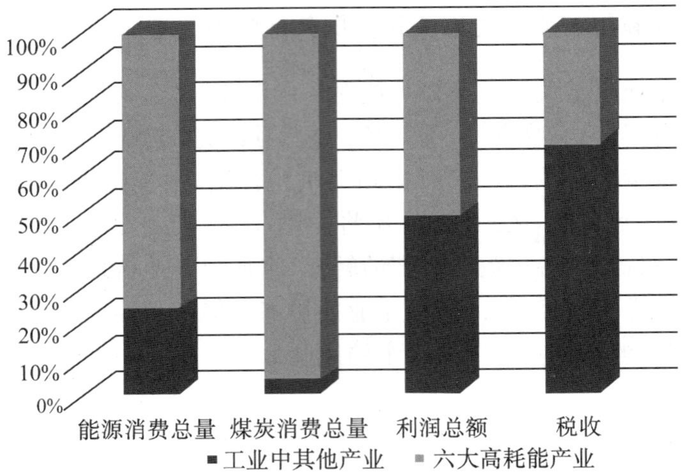

图 1　六大高耗能产业部分指标占工业比重

资料来源:《山东统计年鉴(2022)》。

下文对化工、钢铁等我省特色“两高”产业进行分析。

1.化工产业

据中国石油和化学工业联合会统计,2021 年石化化工行业能耗总量约为 7.2 亿吨标准煤,其中原料用能量占比约为 30%,石化和化工行业原料用能占到全国原料用能总量的 70%。2022 年 11 月发布的《关于进一步做好原料用能不纳入能源消费总量控制有关工作的通知》明确不再限制作为原料运用于工业过程中的化石能源使用,意味着其新增项目审批、用能受到能耗控制的影响有一定程度下降。比如,甲醇原料耗煤约占总耗煤量的 59%、合成氨为 79%、PVC 为 30%,这对我省石油化工及煤化工是重大利好。

尽管原料用能方面有所“松绑”,但是煤化工等化工产业仍然面临较大的碳排放压力。由于碳排放“双控”直接从生产过程的排放端加以控制,因此化工行业不同技术路线承受的控排压力主要与其排放因子相关。以石油化工为例,石油作为原料在分馏过程中通过物理变化生产出汽油和柴油,碳排放因子显著低于作为燃料时的强度;烯烃生产过程需要加热裂解,较汽油产生更高水平的碳排放量,但也仅为作为燃料时的排放水平的 77%。因此,碳排放“双控”转变后,区分燃料用能与原料用能,石油化工有望获益。对于煤化工来说,其直接碳排放主要分为燃料煤碳排放和原料煤碳排放,燃料煤中碳以燃烧为主,煤中碳几乎被全部释放;原料煤经气化后的碳除一部分进入产品固定,大部分在合成气变换和净化单元外排。从煤化工的主要产品来看,主要产品原料排放因子均高于燃料产品(见图 2)。我省是煤化工大省,省内既有以焦炭、合成氨、电石为主要产品的传统煤化工，也有煤制甲醇、煤制烯烃、煤制乙二醇等现代煤化工，重点分布在枣庄、济宁等鲁西南城市，且基本是当地的支柱产业。在碳排放“双控”的约束下，煤化工企业可能因为更高的原料用能排放系数而受到碳减排压力影响，同时本地的经济发展也会受到不小影响。

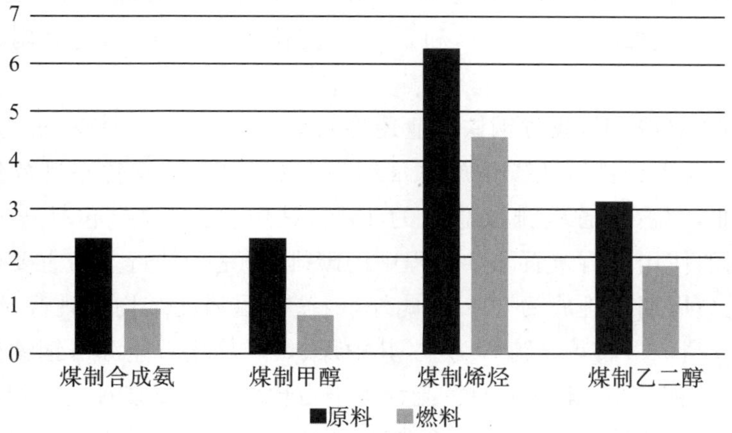

图 2　煤化工主要产品制造中原料和燃料排放强度(吨二氧化碳/单位产品)对比

资料来源：金玲等《中国煤化工行业二氧化碳排放达峰路径研究》，《环境科学研究》2022 年第 2 期。

此外，碳排放“双控”下，我省化工产业还需要解决以下难题：一是碳排放核算难问题。对于化工行业来说，由于工业过程化学反应烦琐，副产品多样，排放分配复杂，因此化工行业的温室气体排放核算存在较多技术难题。此外，行业上下游细分市场众多，导致化工供应链网络十分庞杂，因此碳排放统计难度高，已有数据的可比性差。二是绿色低碳技术创新能力不足问题。技术创新是化工产业实现绿色转型的主要途径，但当前化工企业的技术创新发展依然滞后，制约了企业的绿色转型。企业虽迫切希望利用技术创新的手段实现制造业的绿色转型升级，但由于存在转型资源匮乏、人才缺失、数字化技术运用程度较低等，面临“转型难”“转不动”等问题。三是来自下游应用行业对原料控碳减碳的压力。据统计，95％的工业产品需要化工产品作为原辅料，化工行业成为影响其他行业的范围三排放的重大因素。碳排放“双控”下，很多终端行业的企业将加快设立范围三减排的目标，倒逼作为原料输入的化工行业减碳控碳。四是化工园区绿色低碳发展任务紧迫。化工园区是我省化工行业高质量发展的主要平台，截至 2022 年年底，已有 84 家化工园区获得认定，其产值约占全部化工产值的 70％。2021 年以来，随着我国“双碳”时间节点的提出，作为化工企业主要聚集区，化工园区发展面临能耗总量和排放约束两大制约因素。化工园区未来发展的目标方向和工作重点必然是平衡好“双碳”和发展的关系,走出一条绿色低碳循环发展的新路子。

2.钢铁产业

山东是传统钢铁工业大省,根基扎实、基础雄厚,规模性企业众多。2022年,我省生铁、粗钢和钢材产量分别为7371万吨、7600万吨和10529万吨,分别占全国总产量的8.5%、7.5%和7.9%,均位居全国第三,是名副其实的钢铁大省。

碳排放“双控”下,我省钢铁产业还将面临以下挑战:一是钢铁工业碳减排任务艰巨。我省钢铁行业碳排放总量约为1.6亿吨,是我省碳排放量最高的制造业行业,约占全省碳排放总量的15%,其中直接排放(包括煤炭作为燃料、还原剂的使用和石灰石除杂过程中的碳排放)是钢铁行业的主要碳排放来源,占全生命周期碳排放的70%。此外,钢铁能源消耗结构呈现高碳化,我省钢铁生产以高炉—转炉长流程为主,其中煤、焦炭等化石能源占钢铁生产能源投入近90%,能耗低、排放少的短流程炼钢占比较低。据统计,全省仅有13台电炉,粗钢产能共计650万吨,占全省粗钢产能的8%,而粗钢产量仅占全省的4.5%。二是突破性低碳技术支撑不足。目前,我省多数钢厂已经完成超低排放改造,能耗指标已经处于全球领先级,再进行超低排放改造显然不合适。钢厂只能转换流程赛道,从提升冶炼技术和调整能源结构等方面入手。突破性低碳创新技术是钢铁工业真正实现大规模脱碳的最重要途径。现阶段氢能冶炼等技术还停留在设计研发示范阶段,成本高昂(当氢能价格为6万元/吨时,采用氢能炼铁工艺的成本比传统高炉冶炼工艺的成本高5倍以上),尚未形成可工业化、规模化应用的创新低碳技术,需进一步加大技术研发力度,抢占全球钢铁产业低碳关键技术制高点。三是碳管理能力需进一步加强。碳排放统计核算体系是碳排放“双控”制度的基础,从行业企业层面来看,虽已有《温室气体排放核算与报告要求　第5部分:钢铁生产企业》标准,但碳排放核算范围的完整性和数据的准确性仍有待提高。从工序层面来看,钢铁生产工艺流程复杂,涉及炼焦、烧结、球团、炼铁、炼钢、轧钢及发电等生产工序,目前并未健全各工序碳排放统计核算方法与标准。从产品层面来看,钢铁产品种类众多,目前产品碳排放统计核算方法与标准也仍处于起步阶段。四是钢铁企业债务问题较为严重。近年来,省内钢铁企业利用超低排放改造、产能置换等契机上马新项目,市场供需矛盾突出,导致企业亏损严重,资金普遍紧张,经营压力加大,负债率显著提高。如山钢集团负债率超过80%,永锋临港二期项目正在建设,负债率随着项目的推进而显著上升。

(二)碳排放"双控"需要高标准碳排放基础能力的支撑

当前,二氧化碳排放的在线监测,无论从技术、成本还是覆盖范围方面都难以作为碳排放统计的主要手段,因此精准、科学、及时、权威的碳排放核算是开展碳排放"双控"工作的基本前提。同能耗统计核算与评价相比,碳排放统计核算与评价工作更为复杂,涉及多个层级、多类主体、多种维度,不同对象、不同用途的碳排放核算边界和方法也不同。目前,国家层面尚未正式发布全国及省级地区碳排放统计核算方法,我省在重点工业产品碳足迹评价、建筑设计碳排放计算、碳金融项目库等领域进行了初步探索,陆续出台了《山东省产品碳足迹评价工作方案(2023—2025 年)》《建筑设计碳排放计算导则(试行)》,但距离形成系统性碳排放统计监测核算体系、评价体系还有一定差距。为了支撑碳排放"双控"的实施,并与碳达峰、碳中和目标匹配,我省需要进一步建立和提升碳排放统计核算能力,完善基础数据质量,建立科学精准的碳排放统计监测核算体系、评价体系。

当前,部分地区在碳排放标准、统计核算体系方面也都进行了有益探索。北京市先后出台了《电子信息产品碳足迹核算指南》《企事业单位碳中和实施指南》《大型活动碳中和实施指南》等三项标准。《电子信息产品碳足迹核算指南》规范了电子信息产品碳足迹核算的目标、核算范围、功能单位、系统边界、数据收集与处理、核算、报告等内容,并在附录中给出了相关参数推荐值以及电子信息产品碳足迹核算的报告与示例等,有效指导了电子信息产品碳足迹核算工作的开展;两项碳中和实施指南首次以标准方式明确了企事业单位和大型活动碳中和的基本原则、实施流程、准备阶段、实施阶段、评价阶段和声明阶段,提出了科学、可操作的实施流程、碳抵消内容和碳中和声明等要求。贵州省出台了《碳排放统计核算工作方案》,确立了探索研究试算(2021 年 1 月至 2022 年 6 月)、开展统计核算试点(2022 年 4 月至 12 月)、实施统计核算(按照国家统计局工作部署开展)三步走计划,并组建了碳排放统计核算工作专班,加快推进碳排放统计核算工作。广东省出台了《碳排放信息核查管理工作考评方案(试行)》,通过技术评议单位对核查报告进行打分,主管部门对核查行为进行打分,每年公布优秀核查机构,并规定连续两年不合格机构暂停核查资质,每三年动态调整核查机构。福建省建设了全国首个碳排放在线监测与应用公共平台,为政府的碳排放监管与机制政策制定提供支撑,为企业落实减碳主体责任提供服务,确保了碳排放管理的精准、规范、全面、智能、高效。

(三)我省政策体系尚不能有效发挥市场在资源配置中的决定性作用

落实碳排放“双控”可以采取行政、市场、税收等手段。采取行政手段直接分解碳排放指标的方式缺少弹性，非紧急时期应慎重采用。碳市场、碳金融、碳资产管理等市场机制将在碳排放“双控”中发挥重要作用。比如，通过碳市场交易可以逐年收紧高碳排放企业碳排放配额约束或提高碳市场基准线标准，从而激励生产效率高的企业发挥竞争优势。碳税制度和碳排放交易的原理相同，都是将适度收紧的碳排放指标量化并分配给能源消费主体，利用市场化机制实现碳排放指标的高效配置。目前，我省在碳金融领域率先破题，出台了《山东省碳金融发展三年行动方案(2023—2025年)》，着力破解“投什么”“怎么投”“谁来投”等绿色低碳领域投融资问题。但在利用碳资产管理、碳市场交易、碳中介服务等市场机制有效调动企业减排积极性、减轻对产业健康发展的冲击方面，仍有待深入研究，未来还需要不断探索和完善市场机制，以促进碳排放“双控”工作落实。

江苏省整合设立了全省碳达峰、碳中和专项资金，设立了省级投资基金，构建了与碳达峰、碳中和相适应的投融资体系。湖北省在全国首创了碳基金、碳托管、碳质押融资、碳众筹、碳保险等碳金融产品，进一步拓宽了企业的融资渠道，累计托管碳资产达592.28万吨，累计融资15.4亿元。成都市支持出口企业开展碳足迹核查，对取得碳足迹核查证书或报告的给予核查、认证及相关服务费用100%支持，支持费用为每个企业每年不超过10万元。深圳市鼓励企业践行低碳转型，对通过粤港澳大湾区碳足迹标识认证的，按每张证书予以最高10万元资助。

(四)碳排放“双控”实施机制及考核体系有待建立健全

从能耗“双控”向碳排放“双控”的转变并非一蹴而就，而是循序渐进的过程。从我省的现实情况和过往历史看，能耗“双控”向碳排放“双控”的转变也注定会是一个较为漫长的过程。因此，建立健全碳排放“双控”实施机制及考核体系至关重要。我省地区差异较大，各地的资源禀赋、发展水平、产业结构等存在明显不同，碳排放“双控”目标的实施不能“一刀切”，不适合采取已有的层层分解的方法，要在平衡好行业和区域之间、增量与存量之间科学合理地划分和确定各市的碳排放“双控”目标和责任。与此同时，2018年机构改革后，我省应对气候变化职能转隶至生态环境主管部门，而能源局与发展改革委分别负责能源管理及能耗“双控”的责任分解和考核职责。“发改系统”的环资部门和“生态环境系统”的气候部门承担的职能及发挥的作用高度相关。因此，实施机制设计还要合理划分能耗“双控”向碳排放“双控”转变过程中相关部门的职责，加强各部门职责、机构和人员间的协调配合。在考核机制中，需要明确考核的主体、范围、内容、数据来源、核算方法、考核机制等，设置科学合理的“双控”目标考核制度，扎实做好企业碳排放的核查执法。

欧盟根据不同排放源，逐渐形成了越来越清晰的重点行业与国别结合的目标分解落实机制。一是针对电力、能源密集型工业、国际航空（2012 年纳入）等大型排放源，从 2003 年起，采取欧盟碳排放交易体系（EU Emissions Trading System，EU ETS）管控。截至 2020 年年底，EU ETS 覆盖的电力和工业设施排放量已在 2005 年基础上下降了 43%。二是对 EU ETS 之外的小型工业源、建筑、交通、农业、废弃物等其他排放源，以成员国为责任主体进行目标分配。其中，2009 年通过的《责任分担决议》为每个成员国确定了 2020 年的减排责任目标，并进行了年度分解；2018 年的《减排分担条例》为各成员国分配了到 2030 年 0—40%不等的减排责任。三是针对土地利用、土地利用变化和林业部门，以成员国为责任主体，基于 2018 年通过的《土地利用、土地利用变化和林业条例》，提出了成员国 2030 年温室气体净吸收目标。英国通过立法的方式设定了总量控制目标，2008 年出台全球首部《气候变化法案》（Climate Change Act，CCA），建立了“碳预算”制度，规定英国在一定的时间周期内向大气排放的人为活动引起的温室气体总量不应超过一定限额，通常以 5 年为一个周期。

四、我省推进能耗“双控”向碳排放“双控”转变的对策建议

（一）加快完善政策标准体系

一是加快制定完善相关政策。发展改革部门负责加强碳排放“双控”工作的统筹协调，按照国家《关于推动能耗双控逐步转向碳排放双控的意见》要求，研究制定相关落实方案。二是积极推进相关标准制定工作。立足重点碳排放行业碳计量技术、服务和管理等方面的情况及需求，深入落实国家标准计量体系建设总体行动，不断完善各领域计量器具配备和管理技术规范，加快推进重点行业领域能源绿色低碳转型和碳减排相关基础标准的制定、修订。三是建立责任明晰的碳排放管控体系。明确市场主导的总体思路，充分借鉴大气污染物监管制度，探索建设我省碳排放总量控制制度，完善法律手段，通过专门立法形式，明确碳排放管理和控制主体的权责范围、各类主体的权利义务。四是全方位打造服务体系。整合现有碳核查、碳评价力量，做大做强权威的、能

够与国际接轨的碳核查、碳复核机构。

(二)着力提升基础支撑能力

一是建立健全统一规范的碳排放统计核算体系。建议针对区域、行业企业、产品三个层面,同时结合国家碳排放统计核算制度和温室气体清单编制工作要求,探索建立碳排放统计核算体系。二是建立健全重点产品碳足迹评价体系。建议以提升碳资产质量为重点,全面提升各类主体碳资产管理能力,探索建立基于工业碳账户的碳足迹管理体系、碳排放预算管理制度、碳积分机制、碳足迹评价机制。

(三)有效发挥市场机制作用

一是探索完善市场交易促进机制。做好全国碳交易市场第二个履约周期的管理,引导相关企业积极融入全国碳交易市场,做好拟纳入行业的前期准备工作,分行业建立重点企业名录;完善自愿碳减排鼓励机制,通过试点,增加相关主体通过自愿碳减排获得收益的机会和渠道。二是探索完善金融支持机制。加快推进绿色金融与转型金融的有效衔接,推出针对转型金融的专门政策支持工具,引导金融机构加大对企业绿色低碳转型的支持力度。三是探索完善生态产品价值实现机制。围绕生态保护修复、碳汇产业发展等方面,充分挖掘和释放生态产品价值红利,积极探索政府主导、企业和社会各界参与、市场化运作的可持续的生态产品价值实现路径,促进生态产品价值增值。

(四)做好相关工作试点示范

一是积极开展碳关税应对试点。引导企业提前布局以应对碳关税影响,组织部分重点企业开展碳关税压力测试和应对试点。引导企业加快用能结构低碳化转型,提高绿电比重,通过“购买绿电绿证+提高可再生能源利用”的组合策略提高绿电消费比重,减少企业间接排放。鼓励出口企业积极参与绿电、绿证交易,采用购买绿电的方式,打造“低碳”产品,降低碳关税缴税额。二是积极开展碳金融试点。加快争取让威海成为国家级绿色金融改革试验区,并在海洋碳汇交易等领域实现率先突破。发挥青岛西海岸新区气候投融资试点的示范引领作用,积极争取各全国性金融保险机构将碳金融创新试点工作落地山东,适时争取创建全省域国家级碳金融创新发展示范区。支持济南、青岛、临沂3个国家级金融改革试验区围绕绿色金融、转型金融等先行先试,积累形成一系列先进经验。

(五)探索完善考核激励机制

一是科学建立考核机制。“十四五”期间,推动能耗强度降低和碳排放强度降低约束性指标协同管理、协同考核,发挥考核“指挥棒”作用;“十五五”期间,综合考虑经济发展、能源安全、群众正常生产生活、国际形势,以及各地市发展水平、功能定位、产业结构、能源结构、煤电外送和纳入碳排放权交易市场企业等因素,合理确定全省及各地市碳排放强度降低约束性指标。二是合理划分目标责任。充分借鉴欧盟“重点行业+国别”的条块结合的目标分解方式,探索采用“区域和行业分解相结合”的模式,将发电等纳入碳市场行业的重点排放单位并按行业分解和管控,其他排放源(包括一般排放企业、建筑、交通等)按区域分解和管控。三是加强考核结果运用。将节能、碳排放管理目标责任评价考核结果作为各级党委和政府领导班子以及有关领导干部综合考核评价的重要参考。落实国有企业节能降碳目标责任制,将节能降碳目标完成情况作为企业绩效和负责人业绩考核的重要内容。对工作突出的地区、单位和个人按规定给予表彰奖励,对未完成目标任务的地区、部门依规依法实行通报批评和约谈问责。

课题组成员:迟泓　谢尚青　张磊　郑艳娜　牛娟　李贺旋　王丹宁

扩大绿色消费转型引领形成绿色低碳生活方式研究

党的二十大报告指出“中国式现代化是人与自然和谐共生的现代化”①，突出强调倡导绿色消费，推动形成绿色低碳的生产生活方式。绿色消费是消费领域的一场深刻变革，在消费全周期、全链条、全体系中融入绿色理念，对于贯彻新发展理念、推动高质量发展、实现“双碳”目标意义重大。

一、绿色消费的内涵和意义

（一）绿色消费概念提出

依据联合国《21 世纪议程》《可持续消费的政策因素》和英国《绿色消费者指南》及国内国际理论综述，尝试提出如下绿色消费概念：在人与自然和谐共生理念引领下，在消费选择上使用未被污染或有助于健康的绿色产品，在消费过程中注重对废弃物的收集与处置、减少环境污染，在消费环境上追求方便舒适，同时注重节约资源和能源，能够推动形成绿色经济的可持续消费。其包含绿色经济、绿色产品（服务）、绿色生活三个子定义。

绿色消费体现环保、节能、低碳原则，涵盖生产行为和消费行为各个方面，倡导人与自然的平衡协调、消费结构方式的变革优化、安全健康的要求以及适度的消费理念。可从五个维度理解绿色消费：在理念上，鼓励消费的可持续性和绿色化；在数量上，体现消费的适度性和减量化；在结构上，体现消费的合理性和平衡性；在内容上，体现在衣、食、住、行、用、游等方面；在方法上，以消费环节带动生产、流通及处置全过程绿色化。

---

① 习近平：《高举中国特色社会主义伟大旗帜　为全面建设社会主义现代化国家而团结奋斗——在中国共产党第二十次全国代表大会上的报告》，人民出版社 2022 年版，第 23 页。

(二)发展绿色消费的意义

第一,绿色消费是人与自然和谐共生的重要载体。发展绿色消费,在促进经济增长与自然承载力相协调的同时,能够带来价值观念、消费观念、消费方式的根本变革,实现安全消费、有效消费,并逐渐实现人与自然、人与人相和谐的适度消费、理性消费。第二,绿色消费是可持续发展的实现机制。绿色消费选择对环境友好、能源效率高、碳排放较低的产品和服务,从而能够减少碳排放和资源消耗,促进环境可持续;基于消费需求,绿色商品的比重得到提升,种类更加丰富,能够逐渐推动经济社会发展的绿色革命,引导产业的绿色发展。第三,绿色消费是绿色生活方式的方向引领。绿色消费是绿色生活方式的现实体现和核心内容,更是应有之义。绿色消费以保护消费者健康权益为主旨,倒逼形成符合人的健康和环境保护标准的规范要求,发展适应人民物质需要、文化需要和生态需要的消费产品、消费行为和消费方式。第四,绿色消费是高质量发展的有力支撑。发展绿色消费,有利于优化产业结构和能源结构,减少生产行为的经济负外部性,培育形成新的产业业态模式;有利于应对绿色检疫、碳关税,引导形成以绿色消费为核心要素的绿色供给方式。

二、绿色消费的发展趋势和分领域发展方向

(一)绿色消费发展趋势

1.绿色消费观念深入人心

党的十八大以来,我国全面推动绿色经济转型步伐坚实。党的二十大报告对于“绿色”着墨更多,绿色印记更加明显,绿色转型方向更加鲜明。随着政策红利的到来,绿色低碳成为多行业发展热点,消费者更多地开始注重绿色、低碳、可持续的消费行为。

2.供应链绿色转型步伐加快

绿色消费将引领供应链各环节绿色创新,国家和各地区陆续出台了绿色供应链支持政策。天津、上海、东莞、深圳等率先开展绿色供应链管理创新和试点,结合地方产业特色探索不同的绿色供应链管理模式,在汽车、电器、零售、家具、物流等行业开展实践。

3.绿色物流生态将全面启动

绿色物流成为连接绿色制造和绿色消费的纽带。5G 技术将高科技物流产品推向物流企业,并在企业运作中实现信息反馈,为绿色物流技术研发提供

价值数据,实现绿色物流技术从研发到实践的有效衔接和创新发展。

4.循环经济将成为常态路径

循环经济包括生产模式和消费模式两方面,而绿色消费是循环经济在消费领域的具体形式。循环经济体系的建设将推动原有商业模式变革。例如,循环购模式就是消费者在购买产品时,不仅要考虑到个人需求,还要考虑到产品的循环利用情况。

5.绿色金融体系更加完善

绿色贷款、绿色债券、绿色保险、碳金融产品等绿色金融产品和体系日渐完善。我省绿色贷款量增质升、成本下降,助力"两高"行业转型升级。2023年以来,山东省88亿元贷款获得碳减排支持工具资金支持,87亿元贷款获得煤炭清洁高效利用专项再贷款资金支持,9月末全省绿色贷款余额16048亿元,同比增长46.4%,持续显著高于全国平均水平。

6.新型消费业态提速发力

消费者更关注产品服务的惊喜感、满足感,绿色化、数字化、无碳化等成为其重要特征之一。圈层消费、"精致抠"、环保型消费涌现,根据巨量算数年度调研,抖音用户更愿意环保购买或处置商品的比例达88.9%。区域"地标农产品"成为城市消费升级方向,2022年叮咚买菜数据显示,地标性商品销售量同比增长30%。平台企业成为减碳媒介,2022年前三季度,京东家电以旧换新订单量同比增长359%,闲鱼全年累计减碳300万吨;根据《2022微信支付用户低碳成绩单》,通过电子支付技术当年节约碳排放1765.5万吨。

(二)绿色消费重点领域及发展方向

1.绿色衣着

绿色衣着是指在生产、使用和处理过程中具有环保、经济和社会可持续性的衣物,通过选择可再生材料、采用环保生产工艺以及推广二手市场,减少资源消耗和环境污染。服装行业对自然资源消耗大,是仅次于石油产业的第二大污染产业。2014年《中华人民共和国环境保护法》再度提升纺织服装行业排污门槛,能源资源利用效率持续提升,"十三五"期间纺织行业万元产值综合能耗下降25.5%,二次能源占比达72.5%,废水排放量、化学需氧量和氨氮排放量累计下降超10%。

创新探索:一是绿色服饰转型内生动力不断增强,品牌聚焦打造绿色服饰产业链,环保投入价值体现愈发明显。二是纺织企业加快技术改造,广泛使用绿色环保的纺织材料,以可持续材料替代皮革和石油衍生物,严格甄选染料、助剂及其他化学品,推进旧衣回收与再生产;智能化、高端化、绿色化程度更加凸显，纺织行业全力推进智能制造和工业互联网平台建设。比如，上海多平台推广纺织品循环利用，设立“再造衣银行”服装店，衣服均来自旧衣料、塑料垃圾、农作物废料和水果残渣再造。综合性回收置换平台“闲鱼”联合菜鸟驿站开展旧衣回收服务，参与旧衣回收的用户可获得京东、转转等平台优惠券或商品。

2.绿色餐饮

绿色餐饮重点是提供美味佳肴，在确保所提供菜肴绿色、环保、营养、健康的同时，保证食品从原料采购、菜食加工、销售服务到废物处理各环节的绿色化。报告表明，与常规农业生产方式比，绿色食品生产模式中化学氮肥施用量少 39%，农药使用强度低 60%，土壤有机质含量高 17.6%。绿色食品的市场认可程度高于其他门类，截至 2022 年年底，全国绿色食品、有机农产品有效用标单位总数 27246 家，产品总数 60254 个，同比分别增长 10%、8.3%。

创新探索：一是原料采购和加工绿色化，减少能源消耗和二氧化碳排放，降低化学投入，对原料供应、运输、加工、烹调流程进行严格限定。比如被授予“国家绿色工厂”的李锦记实现从农场到餐桌全程质量监控，打造绿色生产链。二是产品供给和营销绿色化，共享厨房、共享菜园、食物银行等新型餐饮业态正在实践推广。比如古茗、茶百道、喜茶等茶饮品牌引领绿色包装浪潮，外卖平台已普及提供“无需餐具”选项，“一人食”“小份餐”等成为热门。三是食品标准体系绿色化，具有安全性、营养性、环保性、性价比的食品更受青睐。从新的消费热点看，“成分优先”的“配料党”更加关注“0 糖 0 卡”“0 防腐 0 添加”“超清洁”等安全健康标签，采购、存储、制作食品和点餐用餐也更加适度合理。

3.绿色建筑

绿色建筑是指在全生命周期内，保持低能耗（节能、节地、节水、节材）、环境友好并且健康宜居的高品质建筑。数据显示，建筑全过程碳排放占全社会碳排放的 50%以上。“双碳”背景下，建筑业逐步加快绿色化步伐。2021 年、2022 年我国绿色建筑面积年均增长 10%，超过了“十三五”期间年均 6%的目标。据全国节能宣传周公布的数据，全国城镇绿色建筑从 2012 年的 4000 万平方米增至 2021 年的 20 多亿平方米，2021 年新建绿色建筑面积占比达 84%。截至 2023 年 6 月底，全国共颁发有效绿色建材产品认证证书 5059 张，较 2022 年年底增长 47%。

创新探索：一是推行绿色设计。比如深圳平安金融中心主立面渐变式锥形轮廓节约钢材近 3 万吨，年节电约 132 万千瓦时；武汉国家网络安全人才与创新基地电动感应天窗设计和储能供暖，每年减少碳排放超 35%。二是推行绿色建造。连云港徐圩港区建有全国首座全装配式高桩码头，其构件混凝土用量比传统高桩码头节约20%,现场施工碳排放量降低75%。目前,全国已有30多个省市出台了装配式建筑专门指导意见和相关配套措施。三是推行绿色改造。比如,中建湖滨设计总部通过对建筑进行节能减碳以及空间品质提升改造,成为近零能耗建筑;布达拉宫通过"拆""保""梳"结合对外围环境进行整治,实现周边环境自然与文物的有机融合。

4.绿色出行

绿色出行是指采取相对环保的出行方式,通过碳减排、碳中和实现环境资源可持续利用和交通物流可持续发展,既节约能源、提高能效、减少污染,又有益于健康、兼顾效率。数据显示,每消耗1升汽油,碳排放量约为2.3千克,交通运输二氧化碳排放约占碳排放总量的10%。随着消费者对新能源汽车的青睐,截至2023年9月底,全国新能源汽车保有量达1821万辆,占汽车保有量的5.5%,而2020年仅有1.75%。2023年前三季度,新能源汽车销量达627.8万辆,同比增长37.5%。

创新探索:一是持续推进绿色交通基础设施建设,持续完善新能源、清洁能源在交通领域的布局和应用,推动交通网、能源网融合发展。二是大力发展快捷联运。厦门地铁打通厦门全市交通场景,实现全市范围内各类交通全范围覆盖以及轨交一体化,增强绿色出行便利性。三是"碳减排"优惠政策。北京上线"我自愿每周再少开一天车"平台,车辆停驶满24小时即可出售碳减排量获取收益,平台一年累计碳减排量超1.4万吨。成都上线"碳惠交通"绿行出行积分平台,打通公共交通全场景的绿行积分账户体系。四是倡导绿色出行方式。绿色出行已具备较好基础,发展态势较为稳定,共享单车度过投资风险期,市场逐步成熟,新能源汽车产销量连续8年位居全球第一。

5.绿色家用

绿色家用是指质量合格、高效节能且在使用过程中不对人体和周围环境造成伤害,报废后还可以回收利用的家用产品,同时也指注重减少污染排放、有较丰富节能降耗措施的生活方式。我国垃圾产生量逐年增加,生活垃圾清运量增长迅速,由2013年的17239万吨增长至2022年的24445万吨,2022年生活垃圾无害化处理率已达到99.9%。在处理方式上,无害化程度更低的焚烧逐步替代填埋,约占垃圾无害化处理的80%。再以家电为例,国家发展改革委数据显示,目前我国正处于家用电器报废的高峰期,每年理论报废的家电量达到1亿—1.2亿台,并且还以平均每年20%的数量持续增长。2022年我省能效等级1级、2级家电商品零售额增长24.8%,2023年家电类绿色设计产品累计发布600余项。

创新探索:一是家电行业作为传统制造业,智能化、绿色化、高端化升级明显加快，绿色智能家电需求旺盛。“五一”假期，苏宁易购平台智能家电家居类商品、绿色节能家电同比增长均超过 50%。二是多措并举促进绿色智能家电消费。比如，北京市通州区发放绿色家电消费券，针对购买指定绿色家电的消费者发放微信立减金优惠券；重庆市推出促进绿色智能家电消费若干措施，联动组织市内重点家电企业及家电品牌商在 23 个街道进行公益宣传；江苏省以高温降暑为契机，全面启动“绿色节能家电消费节”，以旧换新、家电补贴等联动发力促消费。三是依托工业互联网平台厂商协同发力。海信家电创建 4 家国家级“绿色工厂”、1 个国家级“绿色供应链”，带动中国冰箱、冷柜行业实现低碳环保发展。苏宁易购联合格力、美的、海尔、惠而浦等 20 多家企业，成立行业首个“新一级能效联盟”，推动节能家电研发推广。四是全过程绿色制造推广加速。山东省工业和信息化厅公布的 2023 年省级绿色制造名单新认定省级绿色工厂 105 家、省级绿色工业园区 10 家、省级绿色供应链管理企业 41 家。五是共享家用悄然兴起。国家信息中心《中国共享经济发展报告(2023)》显示，2022 年共享经济市场交易规模约为 38320 亿元，同比增长约 3.9%；“电数宝”数据显示，2023 年二手电商交易规模预计达 5500 亿元，同比增长 14% 左右。

6.绿色旅游

绿色旅游是指在保护自然、尊重当地文化、促进经济发展方面具有可持续性的旅游方式，是以自然环境保护与合理利用为核心的旅游活动，涉及绿色吃、穿、住、行、用各个方面。以新技术为载体的绿色智慧旅游得到快速推广，全国智慧旅游相关专利总量从 2012 年的 99 项增至 2021 年的 731 项，有近 90% 的 4A 级和 5A 级景区实现 5G 网络覆盖，国家公布的第一批“5G＋智慧旅游”应用试点项目已有 30 个。截至 2023 年 6 月，全国在线旅行预订用户达 4.54 亿户，占网民总数的 42.1%。

创新探索：一是关注环境保护与绿色发展相协调。黄山风景区开展“绿色游黄山”活动，通过推广环保理念和旅游行为规范，引导游客爱护自然环境。云南丽江围绕“绿美＋经济”“绿美＋文化”主题，倡导可持续旅游，结合智慧旅游应用与“绿美＋传播”，保护生态环境，推行生态旅游。二是关注以生态恢复重振旅游经济。地处沙漠的红碱淖已成为濒危珍禽遗鸥的最大繁殖栖息地和颇受游客喜爱的生态旅游景区。山石开采基地菏泽巨野核桃园镇封山转型后，种植数万苗木，结合当地古村落打造旅游景区，变废弃矿山为“绿水青山”。三是关注游客行为和态度，制定并发布绿色旅游消费公约或指南，践行绿色旅游消费，例如鼓励采购本地食材、不使用一次性用品、无纸化入住等。四是以新技术打造新场景。中国移动利用“5G＋混合现实”、数字孪生等技术，打造了北京天坛“帝王祭天”、江苏花果山“大圣故里”等 2000 个文旅融合、虚实结合的沉浸式旅游场景。

三、扩大绿色消费转型的制约与挑战

(一)产品供给的制约

一是全面绿色转型难度较大。市场不稳定性较大,利润难以保证,企业对绿色技术替代缺乏动力。发展动力不足,集聚效应偏弱,难以形成规模效应和资源共享优势。产业结构和经济结构相对传统,绿色低碳技术工业化应用不足,高端人才和可用技术发展不足。

二是绿色产品不够丰富。消费者可选择的产品种类较为单一,质量层次较低,绿色营销场景相对匮乏,产品低碳特征得不到充分展陈。

三是绿色产业链还需提升。环保产业发展和传统产业绿色转型在关键核心技术和“卡脖子”环节上的短板突出,相较于庞大的绿色产业发展诉求,缺乏具备引领作用和整合能力的本土龙头产业。

(二)购买成本的制约

一是显性成本较高。据世界自然基金会(WWF)调研数据,“环保商品和服务价格较高”是中国城市消费者不愿践行环保理念的最主要因素。绿色产品成本较高,售价比普通产品高出 30%—100%,直接制约消费者的购买行为。

二是隐性成本较高。绿色产品价格、质量、使用感受等不能满足消费者预期,导致消费者选择绿色产品的意愿降低。绿色产品的总需求相对较少,企业为填补利润或降低损失,有时不得不提高价格。

(三)消费文化的制约

一是消费者绿色环保意识不够强。消费者有一定的绿色消费意识,但还没有形成社会性、内发性需求。2022 年,中信银行联合益普索(Ipsos)等发布《2022 低碳生活绿皮书》,受访者对低碳行动感知度为 76%,而践行度仅为 32%。

二是绿色发展理念实践的深度普及不够。消费者对绿色产品、服务的认知程度和接受程度总体不高,齐鲁晚报·齐鲁壹点与山东省“双碳”智库等推出《山东居民绿色消费行为白皮书》,指出“不会辨别绿色产品的真假”“不相信厂商对绿色产品的宣传”“认为与传统产品区别不大”是绿色消费的三大阻碍。

三是企业绿色营销理念还不够深刻。企业还未确立绿色营销理念的整体思想，大多仅关注供应链末端绿色化，对消费者绿色消费需求变化、企业绿色竞争能力差异、绿色消费市场开拓等缺乏基本认知。

（四）政策环境的制约

一是绿色立法和标准体系还不够完善。绿色产品认证标准相对较低，绿色立法、绿色执法、绿色监管等诸多环节不够完善，比如企业碳排放超标等行为对绿色产品普及造成了负面影响。

二是持续性消费鼓励政策体系还不够完善。初期消费意愿依赖于政策刺激，由于缺少连续、稳定、常态的鼓励政策，消费者不愿支付低碳消费溢价。

三是绿色信息披露制度还不够完善。信息披露缺乏统一标准、统一平台、披露主体等，造成绿色产品信息不对称、披露不到位，制约绿色消费受众的增加。

四是政策实施过程和效果还不够完善。支持政策需进一步谋划，绿色消费相关政府职能分散，政策及管理碎片化问题较突出，针对绿色消费的政策少、补贴少、支持弱、效果弱。

（五）流通体系的制约

一是绿色产品高效流通渠道尚未建立。产品绿色销售、流通渠道不够通畅，缺乏统一运输标志，全链条信息监测还未建立。

二是绿色物流还需推广。绿色物流基础设施仍存在较大差距，清洁化、标准化、智能化水平还不够高；绿色化快递包装材料以及末端回收物流、废弃物回收再利用等还需进一步探索推广。

四、绿色消费纵向评测系数

近年来，政府和学术界对于绿色发展的量化研究取得了长足进步，特别是2016年首次在国家层面印发《绿色发展指标体系》后，关于绿色发展的评价指数大量出现，但由于绿色消费在理论和实践上都具有复杂性和多面性，因此聚焦绿色消费指标体系的研究尚处于起步摸索阶段。为更清晰、更直观、更系统地了解和评价山东省绿色消费发展情况，在综合参照《关于促进绿色消费的指导意见》《关于做好2018年绿色循环消费有关工作的通知》《绿色转型与可持续社会治理》《关于加快建立健全绿色低碳循环发展经济体系的指导意见》《促进绿色消费实施方案》等核心指标基础上,本着数据客观性和可得性原则,课题组初步构建了绿色消费指标体系。

(一)模型构建

1.构建思路

在研究对象上,本研究所指绿色消费主要是生活领域的绿色消费,侧重于个人消费行为的绿色化研究,重点关注产品和服务的使用与处置及其对经济、社会、资源环境状况产生的影响。在指标选取上,课题组根据绿色消费的内涵特征,主要遵循科学性原则、独立性原则、政策相关原则、数据可得原则,确保指标体系的逻辑性和严谨性。

2.数据选取

本研究主要选取反映消费行为对环境影响和对能源资源消耗的综合性指标,从绿色消费基础、绿色消费领域、绿色消费环境等三个维度,食、住、行、用四个方面,选取 21 个指标组成绿色消费评估指标。基于全国和省级层面 2012—2022 年数据,从宏观视角对绿色消费进行测度比较和综合分析,并对影响绿色消费的主要因素进行分析,尝试探索山东省绿色消费的优劣势。

为保证评价结果科学合理,需要确保数据来源可靠,对此数据主要来源于相关年度《中国统计年鉴》《山东统计年鉴》,以及统计、环保、商务等部门公开发布的各类统计公报、报告等,部分数据是根据原始数据计算得来的(见表 1)。

表 1 绿色消费指标体系(2012—2022 年山东省数据)

一级指标	二级指标	三级指标	2012	2013	2014	2015	2016	2017	2018	2019	2020	2021	2022
绿色消费基础		人均 GDP(元)	51768.0	56884.9	60879.1	64168.3	68733.0	72807.1	76267.3	70652.6	72151.4	81727.0	86003.0
		居民人均可支配收入(元)	17126.7	19008.3	20864.2	22703.2	24685.3	26929.9	29204.6	31597.0	32886.0	37505.0	37560.0
		居民人均消费支出(元)	10902.0	11896.8	13328.9	14578.4	15926.4	17280.7	18779.8	20427.0	20940.0	22821.0	22640.0
		人均住户存款余额(元)	27656.5	31176.9	34233.3	38278.2	42085.5	44370.6	48337.7	54818.2	63524.0	71245.6	83671.0
		居民恩格尔系数	29.9%	29.9%	29.5%	28.6%	28.2%	27.3%	26.8%	26.5%	27.5%	27.2%	27.7%
绿色消费领域	食	单位农产品碳排放量(千克/吨)	69.9	107.3	88.1	93.2	94.5	90.0	59.3	58.0	46.7	44.4	43.3
		单位农产品化肥施用量(千克/吨)	60.5	59.2	57.5	55.7	54.7	51.6	49.8	46.4	43.8	42.0	39.9
		单位农产品农药施用量(千克/吨)	2.06	1.98	1.92	1.82	1.78	1.65	1.54	1.41	1.33	1.22	1.10
	住	城市人均公园绿地面积(平方米)	16.4	16.8	17.1	17.4	17.9	17.8	17.6	17.6	17.7	17.9	18.2
	行	社区集中供暖的户比重	36.8%	38.8%	40.9%	40.5%	42.1%	44.0%	45.9%	46.6%	48.3%	50.1%	52.0%
		城市万人公共交通车辆(标台)	12.8	13.5	13.2	14.4	15.9	16.4	15.1	16.1	15.6	14.4	17.7
		人均生活汽油消耗量(千克)	84.7	73.4	72.4	73.9	74.5	80.8	68.4	69.7	70.2	72.5	69.6
		城市绿色出行比例	62.1%	61.2%	86.3%	88.8%	88.5%	89.1%	88.1%	88.7%	91.8%	95.0%	96.0%

续表

一级指标	二级指标	三级指标	2012	2013	2014	2015	2016	2017	2018	2019	2020	2021	2022
绿色消费领域	用	人均日生活垃圾清运量(千克)	110.9	104.8	98.3	140.2	147.8	159.0	168.5	176.2	184.6	193.6	208.0
		人均年生活用能源量(千克标准煤)	292.6	308.0	324.2	341.3	362.3	371.2	396.6	416.8	436.7	451.9	467.6
		人均用能中化石能源占比	41.7%	40.2%	38.7%	37.2%	35.9%	32.9%	31.0%	28.2%	26.6%	26.2%	23.8%
绿色消费环境		城市人均日生活用水量(升)	131.6	134.9	138.8	138.5	132.8	126.7	126.6	125.5	119.4	126.1	126.2
		国家财政环境保护支出占一般公共服务支出比重	21.9%	28.4%	23.0%	29.4%	30.5%	27.6%	30.4%	28.9%	26.1%	23.5%	18.0%
		生活垃圾无害化处理率	98.1%	99.5%	100.0%	100.0%	100.0%	100.0%	100.0%	99.9%	100.0%	100.0%	100.0%
		城市生活污水处理率	94.2%	94.9%	95.3%	96.6%	96.2%	97.0%	97.5%	98.0%	98.3%	98.4%	98.5%
		工业固体废物综合利用率	93.1%	94.3%	95.7%	92.5%	84.3%	79.5%	79.4%	78.5%	78.5%	79.4%	81.2%

资料来源:国家统计局、《中国统计年鉴(2023)》。

3.确定权重

能否合理确定指标权重对评价结果是否科学准确至关重要。当前，确定指标权重的方法有主观赋权和客观赋权两种。主观赋权法是人为确定指标权重的一种方法，一般是通过请同领域专家打分的方式获得；客观赋权法主要是根据指标的特点计算权重，常用的方法有主成分分析法、熵值法等。为保持客观性，本研究采用熵值法对绿色消费指标体系进行赋权。

熵值法的主要原理是，设有 m 个样本，n 项评价指标，形成原始指标数据矩阵 $\boldsymbol{X}=(x_{ij})_{m\times n}$，对于某项指标 x_{ij}，指标值的差距越大，则该指标在综合评价中所起的作用越大，如果某项指标的指标值全部相等，则该指标在综合评价中不起作用，而在熵值法中，熵值的大小就是指标差距的大小。其具体计算步骤为：

（1）数据的标准化。指标体系内各指标的绝对数物理意义不同，导致数据的量纲不同。统计学中，不同量纲的数据不能直接进行比较。本研究指标均通过增长率或下降率的形式进行了相对化处理，即以 2012 年为基期进行无量纲化处理，因而可直接进行比较。

（2）计算指标熵值和效用值。第 j 项指标的熵值为：

$$e_j=-k\sum_{i=1}^{m}x_{ij}\ln(x_{ij})$$

其中，k 为常数，对于一个信息完全无序的系统，其熵值最大，此时 x_{ij} 对于给定的 j 全部相同，则 $y_{ij}=1/m$，此时，e 取极大值。令 $k=1/\ln(m)$，则有 $0\leqslant e_j\leqslant 1$。某项指标的信息效用值即为 $d_j=1-e_j$。

（3）计算指标权重。某项指标的信息效用值越高，则对于评价的重要性就越大，则第 j 项指标的权重 $w_j=d_j/\sum_{j=1}^{n}d_j$。

采用熵值法计算的指标体系权重结果如表 2 所示。

表 2　绿色消费指标体系权重

序号	一级指标	二级指标	三级指标	权重
1	绿色消费基础		人均 GDP	3.96
2			居民人均可支配收入	4.17
3			居民人均消费支出	4.09
4			人均住户存款余额	4.29
5			居民恩格尔系数	3.97

续表

序号	一级指标	二级指标	三级指标	权重
6	绿色消费领域	食	单位农产品碳排放量	5.62
7			单位农产品化肥施用量	5.53
8			单位农产品农药施用量	5.41
9		住	城市人均公园绿地面积	4.43
10			社区集中供暖的户比重	4.77
11		行	城市万人公共交通车辆	4.97
12			人均生活汽油消耗量	4.97
13			城市绿色出行比例	4.98
14		用	人均日生活垃圾清运量	5.00
15			人均年生活用能源量	5.28
16			人均用能中化石能源占比	5.39
17	绿色消费环境		城市人均日生活用水量	4.97
18			国家财政环境保护支出占一般公共服务支出比重	3.97
19			生活垃圾无害化处理率	4.96
20			城市生活污水处理率	4.92
21			工业固体废物综合利用率	4.35

(二)指数分析

1.综合指数

2012—2022 年,山东省绿色消费综合指数总体呈现波动上升趋势(见图 1)。数据反映,2013 年,由于山东省人均汽油消耗量等指标大幅下降,绿色消费指数涨幅较为明显。2019 年,人均年生活用能源量等有所上升,导致绿色消费指数下降较多。2021 年,随着绿色消费理念在山东居民中不断深入,绿色出行、绿色家用等领域的绿色化水平不断提高,绿色消费指数也大幅上升。

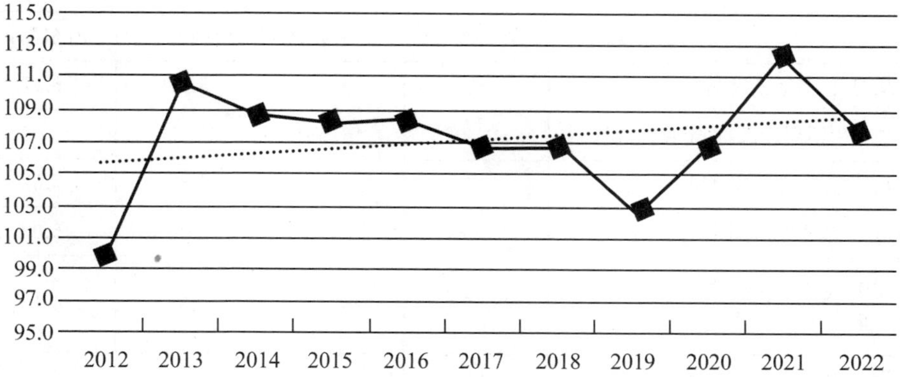

图 1　2012—2022 年山东省绿色消费指数变化情况

从 2022 年全国和山东部分绿色消费指标来看，山东测评结果明显优于全国水平(见表 3)。其中，单位农产品碳排放量、城市人均公园绿地面积、城市万人公共交通车辆、人均生活汽油消耗量、城市人均日生活用水量、工业固体废物综合利用率等多项指标测评显著高于全国水平；但也有个别指标仍低于全国水平，如单位农产品农药施用量、国家财政环境保护支出占一般公共服务支出比重等差距突出(见图 2)。

表 3　2022 年全国与山东绿色消费指数对比(部分指标)

	全国数据	山东数据	全国测评	山东测评
人均 GDP(元)	85698.11	86003.00	2.99	3.01
居民人均可支配收入(元)	36883.30	37560.00	2.97	3.03
居民人均消费支出(元)	24538.00	22640.00	3.12	2.88
人均住户存款余额(元)	85843.48	83671.02	3.04	2.96
居民恩格尔系数	30.50%	27.68%	2.85	3.15
单位农产品碳排放量(千克/吨)	81.94	43.3	4.11	7.59
单位农产品化肥施用量(千克/吨)	45.3	39.9	6.59	7.11
单位农产品农药施用量(千克/吨)	1.05	1.10	7.37	6.33
城市人均公园绿地面积(平方米)	15.29	18.20	5.35	6.35
城市万人公共交通车辆	10.02	17.71	4.95	8.75
人均生活汽油消耗量	94.30	69.57	4.97	6.73
城市绿色出行比例	93.96%	96.00%	5.79	5.91

续表

	全国数据	山东数据	全国测评	山东测评
人均日生活垃圾清运量	186.15	208.00	5.53	6.17
人均年生活用能源量(千克标准煤)	501.06	467.60	5.65	6.05
人均用能中化石能源占比	27.26%	23.77%	6.38	7.32
城市人均日生活用水量(升)	190.84	126.22	3.98	6.02
国家财政环境保护支出占一般公共服务支出比重	25.72%	18.0%	5.88	4.12
生活垃圾无害化处理率	99.90%	100.0%	4.50	4.50
城市生活污水处理率	98.11%	98.53%	3.99	4.01
工业固体废物综合利用率	57.10%	81.20%	3.30	4.70
评价总值			93.31	106.69

资料来源:国家统计局、《中国统计年鉴(2023)》、山东省统计局、《山东省统计年鉴(2023)》。

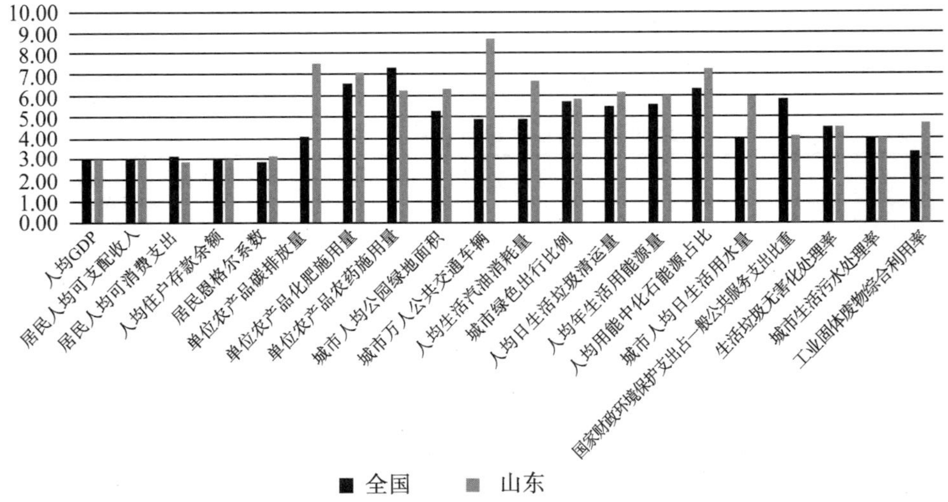

图 2 2022 年全国与山东绿色消费指数对比(部分指标)

2.分项指数

2012—2022 年绿色消费“食”领域中,单位农产品碳排放量、化肥施用量和农药施用量均呈逐年下降趋势,其中单位农产品碳排放量虽有波动,但总体下降趋势明显(见图 3)。

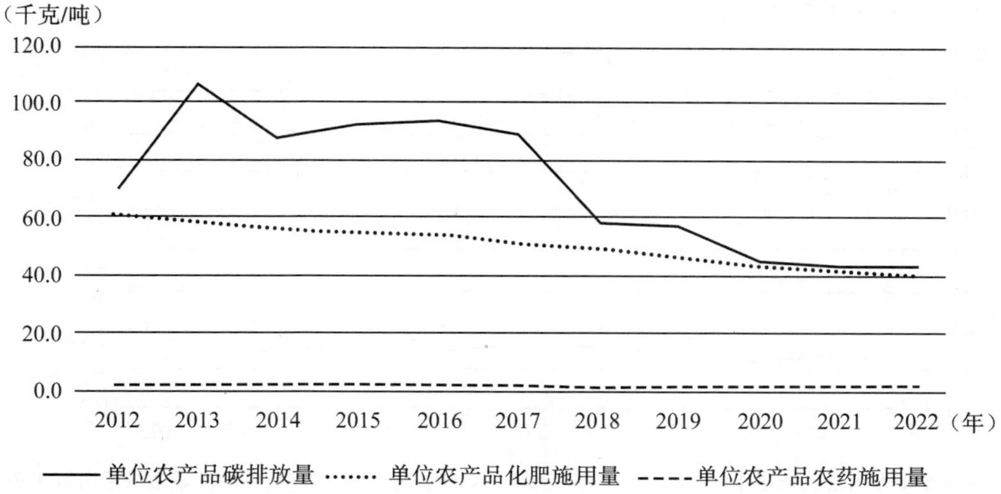

图 3　2012—2022 年绿色消费“食”领域变化情况

在“住”的领域，绿色消费指数呈现总体上升趋势，其中社区集中供暖的户比重变化较城市人均公园绿地面积变化更加平稳，并于 2021 年实现过半（见图 4）。

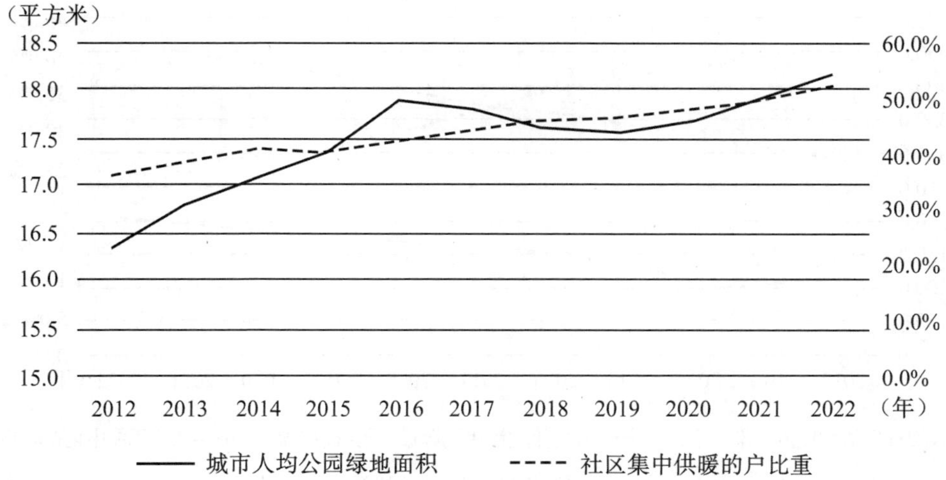

图 4　2012—2022 年绿色消费“住”领域变化情况

在绿色出行上，城市万人公共交通车辆和城市绿色出行比例均表现为上升趋势，人均生活汽油消耗量作为负向指标，十年内趋势走低，尤其 2013 年下降明显，也反映了绿色消费水平的提升（见图 5）。同时，考虑新能源汽车销量近年来连续保持高增速，在一定程度上必定会拉大数据变化的幅度，也反映出绿色出行显著提升。

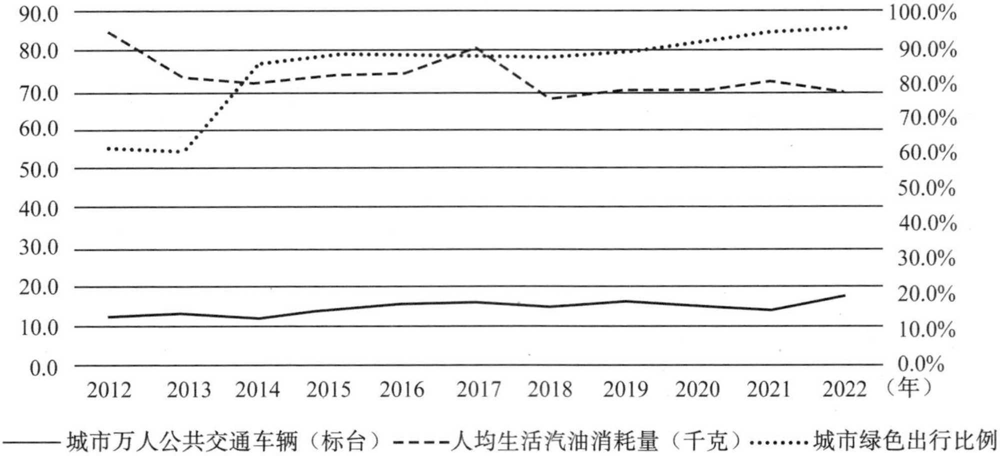

图 5　2012—2022 年绿色消费“行”领域变化情况

在绿色家用领域，人均日生活垃圾清运量、人均年生活用能源量相应指数呈现明显上升态势，结合逐年下降的人均用能中化石能源占比，都反映出绿色消费对人们生活的影响力越来越大，人均年用能量的改善尤为明显(见图 6)。

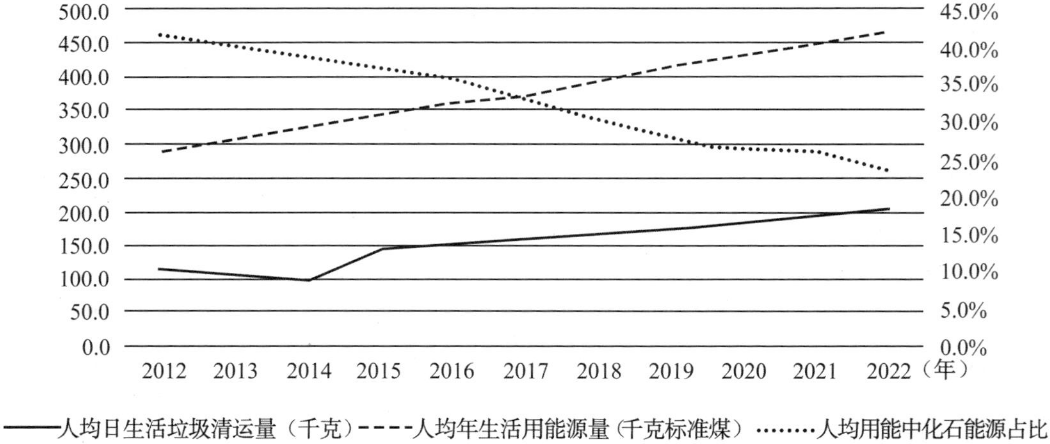

图 6　2012—2022 年绿色消费“用”领域变化情况

五、推动我省绿色消费转型的对策建议

(一)扩大绿色消费市场

一是提高绿色产品供给质量。提高绿色产品设计水平和绿色产品制造生产能力。采用产品生命周期分析方法,注重模块化设计,在产品设计阶段考虑环保和可持续性。推动绿色产品信息透明化,减少环保合规成本,鼓励企业优化生产流程。二是激发绿色能源消费潜力。鼓励替代能源在高耗能企业中的应用,推进多能高效互补利用、工业流程系统优化、新型基础设施绿色升级,降低数据中心、移动基站功耗。落实新增可再生能源和原料用能不纳入能源消费总量控制要求,统筹推动绿色电力交易、绿证交易。建议各地根据实际情况实现高耗能企业电力消费中绿色电力占比最低。加快节能标准更新,发展智能电网技术,有效集成和分配可再生能源。三是推进公共机构消费绿色转型。增加新能源汽车采购占比,逐年提高党政机关公务领域新能源汽车应用占比。积极推行绿色办公,提高设备和资产使用效率,鼓励无纸化办公,提高视频会议占比。推动数据中心绿色化。四是加快绿色商场载体构建。发挥商场对居民消费行为的引领带动作用,鼓励因地制宜在省级、地市层面建立绿色商场建设标准,打造一批提供绿色服务、引导绿色消费、实施节能减排、实现资源循环利用的绿色商场。

(二)强化绿色科技支撑

一是推广应用先进绿色低碳技术。强化企业绿色技术创新主体地位,提高技术研发能力及对技术资源、成果的选择、消化和吸收能力,健全产、学、研协同攻关的工作机制。深化市场准入制度改革,打造高效服务支持体系,健全知识产权创造、运用、管理、保护制度,减轻企业绿色技术创新的成本负担。二是夯实绿色技术发展价格保障。建立全面反映社会成本、环境成本的价格体系,促进自然资源和替代资源合理化比价。对生产周期长的大宗生态产品设立期货品种,维持价格稳定。三是推动产、供、销流通全链条绿色转型。发挥国有企业产业链“链长”优势,鼓励国有企业率先推进绿色产业链转型。试点组建专门性绿色消费指导机构和信息平台,统筹指导并定期发布绿色低碳产品清单和购买指南,方便企业、商户和居民自觉开展绿色采购。引导企业优先选购使用获得绿色认证的快递包装产品,鼓励企业使用商品和物流一体化包装。四是拓宽闲置资源共享利用和二手交易渠道。以公共交通发展为重点,

大力推广共享单车、共享电车、共享汽车等出行工具。推动落实全面取消二手车限迁政策,推行二手车交易登记“跨省通办”。支持线下实体二手市场规范建设和运营,分品类完善二手商品鉴定、评估、分级等标准体系,推动二手商品交易诚信体系建设,积极发展家电、消费电子产品和服装等二手交易。鼓励二手检测中心、第三方评测实验室等配套发展。五是构建废旧物资循环利用体系。健全废旧物资回收网络体系,将废旧物资回收设施、报废机动车回收拆解经营场地等纳入相关规划。鼓励回收企业运用手机 App、微信小程序等移动互联网媒介搭建废旧物资回收平台,因地制宜完善乡村回收网络,探索城乡“互联网+再生资源回收”模式。

(三)完善消费制度保障

一是加快健全相应法规政策。完善居民用电、用水、用气阶梯价格政策,落实污水处理收费制度,加快推行城乡居民生活垃圾分类和资源化利用制度。建立健全使用绿色建材、建设绿色农房的农村住房建设机制。二是优化完善标准认证体系。鼓励绿色产品认证标准创新,推动重点行业重点领域绿色产品标准制定,鼓励本地企业研发和掌握国内领先的绿色生产技术和标准。推进绿色能源消费认证标识制度,支持绿色产品认证企业购置环境污染责任保险财政补助。三是探索建立统计检测评价体系。明确评价体系范围,包括产品生命周期、生产过程、包装和运输等,以及环境管理体系、碳足迹评估、可持续采购准则等。以科学系统的评价工具和方法,建立可靠数据收集和信息管理系统,评估实际绿色消费。四是推动建立绿色消费信息平台。建立省内统一的绿色消费信息平台,健全上市企业环境、社会和治理(ESG)披露制度和监管体系,提供指导、建议,监测绿色消费品市场运行,进行绿色产品认证,发布有关绿色低碳产品、消费习惯和环保知识信息。

(四)健全绿色消费激励

一是充分运用市场化激励。鼓励地市结合实际建立本地绿色消费积分制度,各类销售平台制定绿色低碳产品消费激励办法。充分发挥社会组织在推动低碳消费中的宣传倡导、组织参与和监督作用,支持行业协会、平台企业、制造企业、流通企业等共同发起绿色消费行动计划。二是建立多元碳普惠机制。打造数字化碳普惠模式,建立第三方数字化绿色生活减碳计量底层平台。按照“公众碳减排积分奖励”和“项目碳减排量开发运营”双路径建设思路,组织开展低碳社区试点工作。建立广泛的社会协作下的公众绿色行为和消费的碳普惠合作网络。探索将碳普惠核证减排量纳入碳市场核证自愿减排量交易品种，鼓励组织和个人优先使用碳普惠核证减排量开展碳中和。三是创新财政支持方式。开展政府采购绿色产品“揭榜挂帅”行动，扩大绿色低碳产品采购范围，提升政府采购中绿色低碳产品的比重。落实和完善资源综合利用税收优惠政策，统筹安排产业发展专项资金、省级投资基金、地方政府债券资金。继续完善配套政策推进绿色智能家电高质量下乡，引导绿色智能家电生产、销售、维修、回收企业及电商平台下沉。四是加大金融支持力度。引导银行保险机构规范发展绿色消费金融服务，加大绿色信贷投放规模，扩大金融服务绿色低碳发展覆盖面，增强便利性。建立完善的基金监管法律框架，加大对绿色基金政策的支持力度，推动绿色基金创新政策落地。稳步扩大绿色债券发行规模，出台专门支持方案，鼓励开发多元绿色融资工具和产品。

（五）培育绿色消费意识

一是加强组织领导。把加强党的全面领导贯穿绿色消费各方面、全过程，加强对绿色低碳引领行动的统筹部署和系统推进，制定工作推进方案，通过突出本地特色和示范引领效果完成节能降碳指标。围绕绿色低碳技术产品、制度标准、管理机制等开展研究工作。推动公共机构重点用能单位设置碳排放管理员等相关岗位。二是开展试点示范。鼓励具备条件的重点地区、重点行业、重点企业先行先试，开展绿色文旅消费试点，打造游客集聚区域与重点景区景点交通转换条件试点。推进整县制以及跨县域、远距离核能供热试点示范。发展以消纳新能源为主的智能微电网，提高配电网接纳新能源及多元化负荷的承载力和灵活性。广泛开展节约型机关、绿色家庭、绿色社区、绿色出行等创建行动。三是开展绿色消费教育。利用好高校、网络、社区等渠道，加强绿色消费社会教育，以科普形式在青年人中推广绿色消费理念。重视绿色消费家庭教育。培育全民绿色消费意识和习惯，将强化个人绿色消费教育的工作厚植于绿色消费社会文化基础之中。四是开展绿色消费宣传。针对不同年龄层开展不同媒介宣传活动，提高媒体宣传频率，加深消费者对绿色消费的认知。引导企业通过价格或者品牌等绿色营销方式获取竞争优势，通过品牌宣传帮助企业树立绿色环保形象。

课题组成员：亓珍　翟一杰　周国庆　武仪　李柏村　陈楠楠

绿色低碳高质量发展背景下山东大宗商品交易平台建设与研究

当前，平台经济已成为创新和经济增长的新引擎，并渗透到许多行业领域，对于山东建设绿色低碳高质量发展先行区具有重要作用。习近平总书记指出："我国平台经济发展正处在关键时期，要着眼长远、兼顾当前，补齐短板、强化弱项，营造创新环境，解决突出矛盾和问题，推动平台经济规范健康持续发展。"[①]大宗商品交易平台作为平台经济的重要组成部分，也是高标准市场体系的重要组成部分，在衔接市场供需、活跃内外贸易、提升定价能力及优化资源配置等方面发挥着关键性作用。因此，在绿色低碳高质量发展背景下，山东大宗商品交易平台建设与研究成了备受关注的话题。本文旨在分析山东大宗商品交易平台建设现状，探讨其发展问题，并提出相应对策和建议，做大做强我省大宗商品交易平台，助力绿色低碳高质量发展。

一、建立大宗商品交易平台的重要意义

在绿色低碳高质量发展背景下，山东大宗商品交易平台作为重要的经济载体，对于促进资源优化配置、提高产业竞争力具有重要意义。本文将从以下几个方面探讨发展大宗商品交易平台的重要意义。

（一）大宗商品交易平台在绿色低碳高质量发展中具有关键作用

面对当前世界百年未有之大变局的挑战，我国正在加快构建"双循环"的新发展格局，这就要求我们具有一个安全、高效、循环、通畅的现代化产业链供应链体系。大宗商品交易平台在产业链供应链中发挥着节点作用，是实体经济从生产到流通全过程高效运行和高质量发展的关键枢纽。一是可以提高供应链效率，促进供需之间的协同、交易与仓储的协同、交易与金融的协同、商品

---

① 《习近平主持召开中央财经委员会第九次会议强调　推动平台经济规范健康持续发展　把碳达峰碳中和纳入生态文明建设整体布局》，《人民日报》2021 年 3 月 16 日。

交易和物流之间的协同；二是可以提升生产效率，通过大宗商品交易平台，能够有效连接上下游产业链，融合产业链，提升价值链，实现资源的优化配置，提高资源利用效率，降低生产成本，从而提高产业竞争力；三是大宗商品交易平台可以促进绿色低碳技术的研发和推广，推动绿色低碳产业技术创新。

（二）大宗商品交易平台是政府促进本地产业转型升级的重要抓手

大宗商品交易平台是探索契合当地资源禀赋、切实服务实体经济、促进产融结合的创新模式的有力抓手，是我国流通领域深化供给侧结构性改革、推动经济高质量发展的一项重要举措。大宗商品交易平台能够实现信息互通、优势互补，实现商流、物流、资金流、信息流的深度汇聚，可以成为地方政府培育新动能、形成新经济增长点的重要抓手。地方政府可以在发展大宗商品平台经济的基础上，实现服务升级，如此我省自贸区、港口、行业龙头企业、大宗商品产业园将迎来重大发展机遇。对于地方政府而言，多模式电子化交易、跨境贸易、期现结合、产融结合、新型储运基地等大宗商品平台经济业态将成为地方经济发展的新机遇。大宗商品交易平台从单一场景到多种场景，从供需对接向上下游全产业对接，进而服务整个产业链条。在数字化、生态化、国际化的大宗商品交易平台新赛道上，将会诞生众多的百亿、千亿级平台企业。

（三）大宗商品交易平台在提升企业竞争力方面具有重要促进作用

对于企业来说，原材料不同于普通商品，大宗商品交易基本属于大额交易，所牵扯货款少则十多万元，多则几百万元甚至更多，这些商品的天然属性决定了交易方式、仓储物流、信用等方面操作复杂且风险较高。一是大宗商品交易平台有助于企业规避大宗商品交易、运输等方面的风险。二是大宗商品交易平台有助于企业全面掌握信息，避免盲目发展。企业能够借助平台的大数据、物联网、云计算等技术对市场进行全面预判，看清行业发展趋势，制定适合自身条件的盈利模式、经营策略，做到扬长避短。三是大宗商品交易平台有助于企业降低经营风险，通过现货经营与金融避险工具的有机结合，实现降本增效，提升企业竞争力。

二、大宗商品交易平台发展现状

随着近年来大宗商品供求关系的改变，消费者对产品个性化、多元化、即时化、短程化、稳定化的需求不断增加，传统流通理念已无法满足新形势下消费者的需求，大宗商品交易平台作为连接期货与现货市场的桥梁，实现了交易方式从线下向线上线下相结合的转变,去中间化、去中介化、缩短流程、降低成本的资源整合型生态化线上交易成为发展趋势。根据网经社数据,2018—2021年中国大宗电商市场规模分别为18万亿元、19.75万亿元、22万亿元、22.95万亿元,2022年扩大至24.5万亿元,较2021年增长6.75%,较2018年增长36.1%。

(一)大宗商品交易市场分类

按照交易方式,大宗商品交易市场可以分为三种,即现货交易市场、期货交易市场以及介于现货和期货之间的大宗商品交易市场。

(1)现货交易是指交易双方直接进行实物交割的交易方式。商品现货交易市场可以采取的交易方式包括协议交易和单向竞价交易两种。

(2)期货交易是通过买卖期货合约,约定在未来某个时间以约定价格进行实物交割的方式。目前全国有五家大宗商品期货交易场所,分别为郑州商品交易所、上海期货交易所、大连商品交易所、上海能源国际交易中心、广州期货交易所。

(3)介于现货和期货之间的大宗商品交易,是将现货交易和期货交易结合起来的一种新型交易方式。相比前两种交易方式,这是一种新兴交易方式,也被称为衍生品市场,是我国当前重点发展领域。

按照运营主体,国内大宗商品交易平台可分为两类,即第二方平台和第三方平台(见图1)。

第二方平台的运营主体一般是大宗商品制造商或者是较大的大宗商品贸易商,交易平台由商家自行建立,且自己运营,目标是拓展自身销售和采购渠道的广度和深度。

第三方平台的运营主体可分为多种情况,大致分为四种:(1)依托大宗商品交易市场(中心、交易所、产业园区以及港口)的运营商;(2)依托大宗商品制造或贸易商建立的合资运营商;(3)完全由第三方运营商运营的电子交易平台,只提供服务,不直接参与交易,类似商场和商家的关系,运营商提供交易场所及相关服务(包括展示、信用、结算、物流和融资等);(4)依托自贸区,借助自贸区大宗商品交易、期货保税交割等政策及经验建立平台。

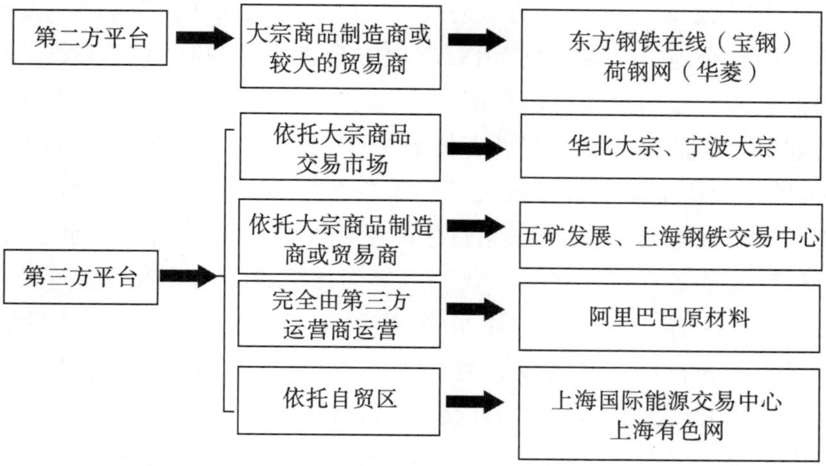

图1　大宗商品交易平台按照运营主体分类

(二)政策情况

大宗商品交易场所在我国发展时间较短,是我国加入世界贸易组织后才出现的。早期,大宗商品交易场所作为一个新兴行业,定位并不清晰,在交易场所的发展过程中不但缺乏可适用的相应法律法规,而且各项监管政策也不到位,致使交易市场在发展中充满波折。新时期,党中央、国务院对于发展大宗商品交易市场提出了新要求,并开始支持平台经济发展。

1.国家层面

党中央、国务院高度重视平台经济发展,自2018年政府工作报告中首次提到“发展平台经济”开始,平台经济在经济社会发展全局中的地位和作用日益突显。2022年,中共中央、国务院发布《关于加快建设全国统一大市场的意见》,明确指出“加快推进大宗商品期现货市场建设,不断完善交易规则”,为大宗商品交易市场建设指明了方向,明确了发展路径。这也意味着国家支持大宗商品交易平台发展已进入新阶段。党的二十大报告再次明确指出“构建全国统一大市场,深化要素市场化改革,建设高标准市场体系”,将交易市场基础设施作为构建高水平社会主义市场经济体制的重要一环。上海、广东、山东、浙江、海南、广西等地纷纷出台期现货市场建设、大宗商品交易平台发展的支持政策。中共中央政治局在2023年7月召开会议再次强调“要推动平台企业规范健康持续发展”。

2.山东层面

早在2013年8月,山东省政府出台《关于加快全省金融改革发展的若干意见》,提出“探索研究介于现货与期货之间的大宗商品交易市场”。后陆续颁布实施全国首个地方金融条例《山东省地方金融条例》和《山东省交易场所监督管理办法》,设立山东交易市场清算所,在全国率先构建具有金融属性、介于现货与期货之间的大宗商品交易市场的法律和监管体系。2022 年,山东省政府印发《关于加快推动平台经济规范健康持续发展的实施意见》,提出立足产业基础和发展优势,打造具有山东特色的平台经济体系,并指出聚焦大宗农产品、海洋产品、能源产品和基本工业原料等领域建设大宗商品交易平台,促进要素资源高效配置。2023 年 1 月,山东省委、省政府印发《山东省建设绿色低碳高质量发展先行区三年行动计划(2023—2025 年)》,提出支持日照打造大宗商品交易中心。2023 年 1 月,印发《中国(山东)自由贸易试验区深化改革创新方案》,提出提升现有大宗商品交易场所服务能级,支持开展介于现货与期货之间的大宗商品交易业务,争取支持允许非居民按照规定参与交易。

(三)山东大宗商品交易平台发展情况

近年来,我省高度重视平台经济发展,各类大宗交易平台不断涌现,无论是数量还是质量都呈现逐年攀升态势。从平台数量看,截至 2022 年,通过山东省地方金融监督管理局审批开展的介于现货与期货之间的大宗商品交易场所已达到 9 家,居全国前列,以第三方平台为主。

从交易品种看,我省大宗商品交易平台以生产本地优势产品为主。一是农产品方面,比如齐鲁农产品交易中心是全省唯一一个以苹果交易为主的交易中心,牡丹国际商品交易中心以大蒜、大姜、辣椒等农产品为主,威海国际海洋商品交易中心以海带、鱿鱼等优势海产品为主,东亚畜牧现货产品交易所以鸡、鸭、猪、牛四大类产品作为交易品种;二是能源类大宗商品方面,如青岛国际能源交易中心整合青岛港大宗商品交易中心、中国北方油气中心等平台资源,建成山东省统一的能源现货交易平台,开展石油、天然气、液化石油气(LPG)、燃料油等能源化工类品种线上交易;三是矿石类大宗商品方面,如山东大宗商品交易中心已获批铁矿石、煤炭、钢材、橡胶、沥青等大类品种(见表 1)。

表 1　山东主要大宗商品交易平台及交易品种

交易平台	交易品种
青岛国际能源交易中心	石油、天然气、液化石油气、燃料油、原油罐容、石油焦
齐鲁农产品交易中心	小米、苹果
华东石油交易中心	0＃柴油、92＃汽油、甲基叔丁基醚(MTBE)

续表

交易平台	交易品种
东亚畜牧现货产品交易所	鸡类(鸡胸肉、西装鸡等)、鸭类(白条鸭、中边腿等)、猪类(中方、外脊肉等)、牛类(牛腩、牛四分体等)
国商商品交易中心	土豆、洋葱、玉石
威海国际海洋商品交易中心	海参、鱿鱼
山东大宗商品交易中心	铁矿石、煤炭、焦炭、钢材、大豆、豆粕、豆油、棕榈油、氯化聚乙烯(CPE)、新疆灰枣、新疆核桃
临沂国际商品交易中心	化工类、塑料原料
牡丹国际商品交易中心	大蒜、大姜、花生、辣椒、棉籽、棉粕、蒜片、硫酸铵

从业务开展看,我省大宗商品交易平台已初具规模。以山东大宗商品交易中心为例,该平台立足“服务实体经济”,形成了大宗商品交易场所+电子仓单综合服务平台模式,可提供仓单挂牌、掉期交易、现货专场交易等个性化交易服务,打造了全国沿海港口第一个电子仓单综合服务平台“港云仓”,填补了国内此类市场空白,可将客户 2—3 天的融资周期缩短至 4 小时,融资综合利用率 5%左右,融资成本较社会融资方式可降低 50%。自 2021 年试运营以来,电子仓单融资累计超 477 万吨,融资额突破 56 亿元,规模居全国首位。同时,山东港口联合新华社中国经济信息社打造“新华·山东港口大宗商品指数体系”,获准在国家发展改革委价格监测中心官网全程更新发布,行业影响力大幅提升。另外,山东国际大宗商品交易中心也是集大宗商品现货交易、结算、交收及供应链金融服务于一体的综合平台。随着全球经济一体化的深入推进,我省优势大宗商品交易的市场地位日益提升,并将成为我国东部地区的核心。在这种背景下,山东发展大宗商品交易平台恰逢其时。

三、山东大宗商品交易平台发展优势

山东发展大宗商品交易平台拥有得天独厚的优势,有助于建设形成多渠道、多层次、立体化的高标准市场体系,并为促进绿色低碳高质量发展发挥引领和示范作用。

(一)依托国家战略,区位优势明显

作为中国对外开放的重要前沿省份,山东依托“一带一路”倡议、中国(山

东)自由贸易试验区、中国—上海合作组织地方经贸合作示范区、《区域全面经济伙伴关系协定》(RCEP)等发挥着沿黄流域"出海口"和对外开放"桥头堡"的作用,是现代化产业链、供应链关键一环。"一带一路"倡议提出以来,山东与"一带一路"沿线国家的贸易领域不断拓展,贸易规模大幅增长,尤其是大宗商品交易量大幅增加。据济南海关统计,2023 年上半年,山东省对"一带一路"沿线国家进出口 6322.4 亿元,同比增长 12%,占全国比重达到 9.2%。其中,自"一带一路"沿线国家进口大宗商品 6101.5 万吨,占同期山东省进口大宗商品总量的 37.1%,货值 1906.5 亿元,增长 20.2%。自 RCEP 其他成员国进口大宗商品 1153.3 亿元,其中原油、煤炭分别增长 65.8%、340.8%。随着国家战略的深入实施,作为全国大宗商品供应链的枢纽,山东大宗商品交易量将会大幅提高,为发展大宗商品交易平台奠定坚实基础。

(二)依托产业体系,先天条件优越

山东是制造业大省,工业基础好,产业体系优势明显,拥有全部 41 个工业大类,超过 100 种重点产品,产量居全国前三位,是工业门类最齐全的省份之一。因此,山东也是全国大宗商品重要的生产和消费省份。山东生产最多的工业品主要集中在工业原材料类大宗商品,其中烧碱、机制纸及纸板、大中型拖拉机、原盐等产量均居全国首位,分别占全国的 26.8%、18.2%、47%、20.2%,钢材、玻璃、纯碱、乙烯及硫酸等产品同样位居全国前列。同时,山东也是农业大省,部分农产品产量优势明显。据国家统计局数据,2022 年,山东蔬菜总产量 9045.78 万吨,居全国首位,占全国的 11.3%;肉类总产量 844.51 万吨,居全国首位,占全国的 9.1%;粮食总产量 5543.78 万吨,居全国第三,占全国的 8.1%;水产品产量 854.42 万吨,居全国第二,占全国的 12.8%;水果产量 3095.51 万吨,居全国第二,占全国的 9.9%。

(三)依托世界港口,枢纽地位突出

山东港口资源丰富,包括青岛港、烟台港、日照港、龙口港、威海港、潍坊港、滨州港等,大宗商品吞吐量居全国前列。从总量看,2022 年,山东港口货物吞吐量突破 16 亿吨,集装箱量突破 3700 万标箱,分别稳居全球第一、第三。同时,山东也是全国最重要的大宗商品集散地之一,通过山东港口装卸的货种数量占中国海关税则编码货类的 95%以上,原油、铁矿石、铝矾土、粮食等进口量分别占全国的 1/3、1/4、3/5、1/5。分港口看,青岛港拥有世界级深水大港,货物和集装箱吞吐量分别位居全球第四和第五,是全球最大的铁矿石进口港口、全球第二大橡胶交易口岸和全国最大的棉花进口口岸。日照港吞吐量

突破5亿吨，稳居全国沿海港口第六、世界第九。其中，8个货种过千万吨，7个货种居全国首位，铁路货运量突破1亿吨，居全国沿海港口铁路首位。山东港口烟台港货物吞吐量完成4.05亿吨，同比增长10.4%，完成集装箱吞吐量412万标箱，同比增长12.9%。

四、山东大宗商品交易平台面临的挑战

新形势下，全国各地正在加快建设大宗商品交易平台，下好开局“先手棋”，抢抓发展新机遇。

（一）从全国布局看，省际竞争格局日趋激烈，发展“窗口期”缩短

目前，全国共计上百家各类大宗商品交易平台，平台之间竞争激烈。以依托港口发展的大宗商品交易平台为例，全国前十大货物吞吐量港口均在禀赋基础上，积极规划建设本地大宗商品交易平台。例如南方港口中，中国（浙江）大宗商品交易中心是由国务院批准设立的大宗商品交易管理与监督中心，其占据优势的交易品种主要有石油化工、铁矿石、煤炭、木材等；上海港依托上海期货交易所、上海石油天然气交易中心等众多大宗商品交易平台，其交易品种主要包括金属、煤炭、石油、化工等。北方港口中，天津保税区大宗商品交易市场有限公司是国内贸易部批准的全国唯一的保税区大宗商品交易市场，承办粮食、煤炭、木材、钢材、化肥等；唐山港正积极推动实施矿石、原油、天然气储备基地，强化“大港口”枢纽作用，拓展“大贸易”服务功能。此外，广州港、苏州港、北部湾港以及其他较大港口均在本地优势货物的基础上加快建设大宗商品交易平台。总体上看，大宗商品交易平台的省际竞争愈发激烈，已成为港口转型升级的必争之地。

（二）从市场影响看，总体规模相对较小，平台与产业融合不足

中国是全球大宗商品最主要的贸易和消费国，但长期以来在市场上缺少定价权和话语权。矿石类大宗商品交易平台规模小，且都处于相互独立的状态，没有形成良好的互动合作关系，不能产生区域集群效应，导致资源配置功能较差。以山东港进口量最大的铁矿石为例，铁矿石交易分为直接进口和国内港口现货交易，省内需求方以直接进口为主。直接进口交易绝大部分采用指数定价方式，以新加坡普氏指数为主，其他还有MBIO（MB Iron Ore Index）

指数[①],而指数及交易规则多是矿山主导;现货交易则采用固定价方式,中国需求的铁矿石80%以上依赖进口,影响价格的因素较多,导致价格波动幅度较大,2023年3月价格最高达133美元/千吨,5月则降为97美元/千吨,十分不利于企业发展。比如,日照钢铁采购的大宗商品最大品种是铁矿石,全部使用国外矿,与国外矿商直接签订合同,大宗商品交易平台发挥资源配置的作用十分有限。

(三)从市场运行看,相关资源配套不足,平台发展缓慢

一是人才资源配置不足。大宗商品交易平台属于介于期货和现货之间的新兴行业,缺少可借鉴经验。既需要懂软件技术开发、互联网技术、电子商务运营等的信息技术人才,也需要懂金融、物流及现货行业等的专业人才,更需要跨领域的高端综合性人才。现在大部分从业人员专业能力不足,跟不上市场发展对人才的需求。二是金融资源配置不足。金融供给渠道不完善,受前期贸易融资风险事件影响,银行系统对开展类似"港云仓"的创新金融产品态度比较谨慎,行业内风险评估、产品设计、制度建设、系统建设等方面比较滞后;金融政策配套不完善,金融机构在处理违约电子售单业务时处于相对弱势地位,因为不能获得进项增值税发票抵扣而损失总货款的13%。三是产品创新配置不足。运作模式相对单一,盈利能力弱。交易结算方面,市场的交易量较低,服务费收入水平不高。电子仓单服务方面,市场影响力、认可度和品牌知名度有待进一步提升,交易规模与山东港货物吞吐量仍存在不小差距。

(四)从市场监管看,政策储备不足,平台面临的风险较大

为了更好地培育大宗商品交易平台,山东制定实施了《关于加快全省金融改革发展的若干意见》《山东省地方金融条例》《山东省交易场所监督管理办法》等,从法律政策的高度,制定了科学的顶层设计,为此类市场建设明确了法律身份、设立条件、经营范围、业务模式和监管制度,奠定了制度基础。但是,大宗商品交易平台仍处于探索阶段,相关监管政策远未成熟。具体操作中,在风险控制、结算方式等方面,大宗商品交易平台与期货交易有类似的机制,但在很多方面又不同于期货交易。目前缺少有效的管理办法来规范大宗商品交易平台,导致市场陷入"一放就乱,一管就死"的怪圈,影响了大宗商品交易平台长期战略的制定和实施。调研发现,相比以往过度投机的市场主体,目前大

---

① MBIO指数通过采集钢厂、铁矿石供应商和贸易企业三方面的价格和成交数据,排除异常数据,对不同产地、不同品位、不同港口的成交数据进行科学计算而成。

宗商品交易平台参与主体以产业客户为主，反而出现了市场交易频率低、流动性严重不足的问题。

五、国内外大宗商品交易平台建设实践与经验启示

（一）国内外大宗商品交易平台建设实践

国外大宗商品交易平台成立较早，具有先发优势，通常注重四个方面的建设：一是专业化建设，国际大宗商品交易平台通常以某一类大宗商品为主导，专注于该类商品的买卖和物流，以提高交易效率和降低风险；二是信息驱动，国际大宗商品交易平台依赖先进的信息化技术，包括大数据、云计算、物联网等，以实时、准确地掌握市场动态，为投资者提供决策依据；三是跨市场融合，国际大宗商品交易平台通常连接多个国家和地区的市场，通过深度挖掘各市场的资源、信息和需求，实现全球大宗商品的流动和配置；四是物流优化，国际大宗商品交易平台注重物流环节的优化，包括运输方式、仓储管理、包装设计等，以降低物流成本，提高商品的运输效率。例如，伦敦金属交易所（LME），世界上重要的有色金属交易所，涵盖铜、铝、锌、铅、镍等大部分有色金属品种，通过公开喊价交易方式，在交易场内交易者可自由交流和议价，实行双向交易和卖空机制，周一至周五不间断交易，吸引了全球各地的企业和投资者参与。纽约商业交易所（NYMEX），全球最大的原油和其他能源产品交易所之一，提供原油、天然气和汽油等产品的期货和期权交易，涵盖能源、金属和农产品等不同产品，具备先进的交易技术、工具以及电子化交易平台，包括高速电子交易平台和交易应用程序编程（API）接口等，大大提高了交易效率，降低了交易成本。欧洲能源交易所（EEX），欧洲主要的大宗商品和衍生品交易所之一，包括电力、天然气和碳排放权等产品。EEX 在市场服务方面不断创新，推出了全球首个基于市场的绿氢价格指数，价格形成机制透明度高，所有交易产品的价格都基于公开的竞价和报价，可以提供完善的客户支持服务，包括交易咨询、市场分析和交易培训等，并与全球其他能源交易所建立了连接，使得投资者可以参与全球能源市场的交易，实现资产的全球配置。

相比之下，国内大宗商品交易平台起步晚，仍处于快速发展阶段。第一种是依托现货市场实现快速发展的大宗商品交易平台，比如昆明国际花卉拍卖交易中心，以花卉拍卖为主，是集花卉标准制定、新品种研发推广以及市场信息服务、技术服务、金融服务、物流服务于一体的综合性产业服务平台。昆明国际花卉拍卖交易中心与全球多个花卉产地建立了紧密的合作关系，建立了

强大的全球供应链，拥有经验丰富的运营团队和先进的技术支持，能为投资者提供专业的市场分析和投资建议，帮助投资者更快更好地把握市场机会。除了传统的拍卖交易服务外，昆明国际花卉拍卖交易中心还提供花卉标准制定、新品种研发推广、市场信息服务、技术服务、金融服务、物流服务等完善的配套服务，推动云南“云花”产业链的创新升级，与国际市场接轨，这使得交易中心能够满足投资者全方位的需求，提升整体的交易体验。第二种是依托强大数据信息的大宗商品交易平台，比如上海钢联，专业从事提供钢铁行业及相关行业商业信息及其增值服务的互联网平台综合服务商，其电商平台“我的钢铁网”提供了钢材、铁矿石、有色金属、煤焦、铁合金、废钢铁、不锈钢等全面的信息咨询服务，是国内较有影响力的期现结合的大宗商品交易平台。上海钢联构建了庞大的数据采集体系，每日跟踪全国各地的市场变化，覆盖黑色金属、有色金属、能源化工、建筑材料、农产品五大板块，并延伸至新能源、新材料、再生资源等领域。这使得上海钢联能够为用户提供深度挖掘价格波动背后的数据逻辑的服务。第三种是依托传统贸易与互联网结合的大宗商品交易平台，比如易煤网，将传统煤炭贸易与电子商务结合，建立以煤炭交易为主，借助互联网思维、创新金融思维探索煤炭全产业链优化升级的大宗商品电子商务平台。易煤网构建了“四维一体”(易煤商城、交易撮合、团购业务、金融业务)运营模式和“六维一体”(交易撮合、易煤商城、团购业务、煤矿专区、阳光采购、金融业务)业务模式，坚持以客户服务为中心，通过联合金融、监管、检验、港口仓储等相关利益方，整合了产业链物流、仓储、监管、检测等众多第四方服务机构，实现了产业链上下游企业的高效无缝对接，构建了特有的平台生态圈。

(二)经验启示

大宗商品交易平台的建设和发展必须从全局角度考虑，重点做好资源管理、支付管理、物流仓储管理和信用机制建设等四方面工作。一是做好资源管理，统一标准和规范，避免出现卖家与买家商品报价混乱的局面。二是解决好支付问题。与普通商品的电商平台交易不同，大宗商品基本属于大额交易，要与银行等金融机构合作解决好支付的安全性、便利性等问题。三是完善仓储物流服务。不同于普通商品运输，大宗商品重量大，一般需要货车、火车等大型运输工具，这需要与政府、交通、港口等方面沟通好，建立合作机制，将平台发展纳入地方政府发展规划中。四是建立可靠的信用机制。平台必须建立起用户对平台的有效信任机制，确保客户之间相互信任，并通过有效手段第一时间处理违约问题，保障好客户权益，这就需要平台企业与政府、银行等方面建立常态化沟通协调机制。

六、对策建议

山东建设具有影响力的大宗商品交易平台，需立足国家战略，结合山东实际，从更高站位上思考和谋划有“山东特色”的发展路径，将产业链、金融链、供应链、数字链等平台要素资源与港口发展有机融合，实现全方位配套服务，建立一个有机的生态圈，抢抓战略机遇期，形成“大宗商品交易平台＋储运基地＋一流港口＋现代金融＋科技创新”的“五位一体”发展模式，培育若干千亿级、万亿级交易平台，助力山东实现绿色低碳高质量发展。

（一）聚焦经济高质量发展，加快布局省内优势大宗商品

基础原料类大宗商品与生产经营活动密切相关，是制造业发展的基础，也是建设绿色低碳高质量发展先行区的重要保障。通过做大做强基础原料类大宗商品交易平台，运用市场手段对大宗商品的进口、储运和交易进行优化配置。在上游形成资源控制，提升大宗商品定价能力，在下游加强渠道和物流商品体系建设，构建起稳定的供应链。基础原料类大宗商品主要有四类：一是金属矿产类大宗商品，重点做大做强铁矿石、铝矾土、电解铝及钢材等品种；二是能源类大宗商品，重点发展煤炭、原油、天然气等品种；三是化工类大宗商品，重点布局橡胶、硫磺、甲醇、沥青、化肥、纸浆等品种；四是农业类大宗商品，重点布局粮食、木材、海产品及特色农产品等品种。构建稳定的供应链可减缓国际大宗商品价格剧烈波动对上下游的不良冲击，增强应对未来全球经济周期性波动的能力，为实现绿色低碳高质量发展提供坚实的物质基础。

（二）聚焦港口转型升级，促进由装卸港向枢纽港和贸易港转变

山东发展大宗商品交易平台应与建设世界一流海港融合发展，充分发挥港口在经济发展中的支撑作用和在稳定供应链中的核心节点作用。鼓励港口加大对大宗商品交易平台建设的支持力度。省内方面，支持山东港口对接省内各市，以山东大宗商品交易中心为核心，在全省铺开大宗商品交易“1＋N”发展格局，将各市优势商品纳入进来，依托大宗商品交易平台，服务全省绿色低碳高质量发展。省际方面，继续推动期现联动，与全国各个期货交易所进一步加深合作，共同探索推进报价专区、交割仓库的新增及扩容等业务，在此基础上探索推进期货交易所与大宗商品交易平台开展期货现货联动业务。国际方面，支持山东港口对标世界知名贸易港口，制定具有国际竞争力的支持政策，吸引新型离岸国际贸易头部企业入驻大宗商品交易平台。依托山东港口，

构建国内与国际相结合的大宗商品良好生态圈,促进港口由装卸港向枢纽港和贸易港转变。

(三)聚焦产业链稳定,建立国家大宗商品储运基地

当前,美国将大宗商品供应链政治化、战备化、阵营化趋势愈发明显,意图将中国排挤出全球供应链,大宗商品供应链安全问题愈发突出。大部分大宗商品对产业链安全具有压舱石作用,大力增强山东储备基地建设可有效保障我国沿黄地区原油、铁矿石、战略性金属矿石、粮食等相关产业链安全。一是争取国家政策支持,在青岛、日照及烟台等港口建设国家大宗商品储运基地,并在用地用海方面给予政策支持,全力打造国内国际双循环战略枢纽。二是探索建立多元化的大宗商品储备新模式,构建国家储备与商业储备相结合的储备体系,提升储备基地对外开放度,既可引入民间资本,开展民营代储模式,以商业化运作提升储备运营效率,也可引入其他国家在山东进行储备和中转,开展外资代储模式,以储备形式"捆绑"国外企业与国内市场,提升抗风险能力。三是可优先开展山东港口进出口量比较大的大宗商品,比如铁矿石、油品及铝矾土等大宗商品储运基地试点。四是加快现代仓储物流基地建设,完善配套基础设施,推进山东港各区域间仓单信息互联、互通、互认、共享,实现信息流与货物流的深度绑定,从根源上消除"虚假仓单""重复质押""一货多卖"等风险,改善市场生态,保障大宗商品交易平台安全平稳运行。

(四)聚焦金融配套服务,推动大宗商品交易平台提速增效

大宗商品交易平台的发展需要现代金融服务给予配套支持,进一步完善与大宗商品交易平台发展相配套的金融服务。一是积极与人民银行沟通对接,支持大宗商品交易平台开展类似"港云仓"等电子仓单产品创新和融资授信等业务。二是鼓励金融机构入驻交易市场,在合规审慎的前提下提升授信额度,满足日益增长的融资需求。三是创新融资申报模式,优化银行授信审批流程,提高融资效率,降低企业授信门槛和融资成本。四是鼓励大宗商品交易平台创新金融产品,借助类标准化合约、场外期权、掉期交易等多种交易方式,充分利用标准仓单融资等工具,开展大宗商品交易业务,为相关企业提供更多更优的融资服务。

(五)聚焦数字化发展,变"流量经济"为"增量经济"

数字产业化及产业数字化是平台经济发展的基础,变"经济流量"为"经济增量"。一是探索"电子商务+现代物流+供应链融资"运营模式,优化提升平

台服务水平，采用人工智能、区块链、云计算等技术为大宗商品产业链上下游企业提供信息、交易金融支持、物流支持等一站式产业服务，鼓励大宗商品交易平台在服务实体经济方面大胆创新，助力企业降本增效，准确地掌握市场动态，为投资者提供决策依据，促进经济绿色低碳高质量发展。二是进一步整合大宗商品交易平台，可以以山东大宗商品交易中心为龙头平台，通过联网或股权兼并，打造在全国具有影响力的大宗商品交易平台。三是推动大宗商品交易平台与中国（山东）自由贸易试验区融合发展，用好自贸区政策，创新大宗商品现货市场保税交易制度，开展大宗商品现货离岸交易业务。四是优化财税政策，缓解平台建设前期设施投入压力，促进平台企业尽快形成规模。五是加强宣传推介，提升平台影响力。省级层面加大对大宗商品交易平台的宣传力度，让更多行业部门、企业团体深入了解其业务模式，扩大大宗商品交易平台影响力。

（六）聚焦平台监管制度，构建公平透明的规则体系

一是优化平台企业市场准入规则。既要给予平台企业先行先试的机会，审慎出台准入限制政策，保障市场主体依法平等进入大宗商品交易平台，又要加强投资监测监管，防范资本并购造成排除、限制竞争等问题。二是以鼓励创新为原则，在严守安全底线的前提下为平台企业发展留足空间，采取行政指导、行政约谈、警示告诫等柔性执法方式，谨慎使用行政处罚等执法措施。三是完善平台金融风险管控规则，强化功能监管和综合监管，完善跨界、交叉型金融产品穿透式监管规则。四是强化平台协同治理，坚持线上线下一体化监管原则，实现审批、主管与监管部门权责统一。加强部门统筹协调，强化政策联动和协同配合，避免重复执法、重复检查。

课题组成员：孙斌　王永冲　马春晓　田焱　陈国梁　傅增清　陈玉婷　孔凡革　王长海

山东省构建高效绿色投融资机制研究

党的二十大报告明确提出:“完善支持绿色发展的财税、金融、投资、价格政策和标准体系,发展绿色低碳产业,健全资源环境要素市场化配置体系,加快节能降碳先进技术研发和推广应用,倡导绿色消费,推动形成绿色低碳的生产方式和生活方式。”[①]在绿色发展背景下,加速推进“双碳”目标实现和绿色低碳发展,亟须加大绿色投融资力度。从目前来看,我省随着绿色低碳高质量发展进程的加快,对生态环境治理及绿色产业发展的资金需求日益增加,传统投融资模式难以为继,仅靠财政资金较难满足巨大的投资需求,多样化、市场化是未来绿色投融资的必然方向。

一、绿色投融资相关理论、概念及运行过程

(一)相关理论

科斯(Ronald H. Coase)认为在交易费用为零的世界里,各方当事人之间的谈判将会带来财富最大化的制度安排,而这些状况与权力的初始配置无关。基于这一观点,明确环境产权、探索排污权和碳排放权等成为人们解决环境问题的市场手段,也为市场型绿色投融资机制的形成奠定了基础。可持续发展理论、金融中介理论、环境规制理论、技术进步理论等为绿色投融资机制提供了理论源泉。

(二)相关概念

绿色投融资是指用于环境污染治理、资源及能源节约、温室气体减排、清洁技术研发及产业化等项目的投融资。考虑到经济的基础性作用,绿色投融资的重点应是绿色经济的投融资。现有文献对绿色投融资的解释尚未统一,

---

① 习近平:《高举中国特色社会主义伟大旗帜　为全面建设社会主义现代化国家而团结奋斗——在中国共产党第二十次全国代表大会上的报告》,人民出版社2022年版,第50页。

学者们分别从引导资本流向、市场交易、供给和需求等不同角度，对绿色投融资产生了不同的理解。

绿色投融资机制是将绿色发展的理念贯彻到投融资运行中，把环境保护、社会效益的原则纳入投资制度中，即指绿色投融资活动各部分（绿色投资主体、绿色融资方式、绿色投融资决策等）之间相互作用的过程或方式。

（三）绿色投融资运行过程

绿色投融资运行机制是制度、主体、行为及其互动过程所组成的链条。在绿色投融资制度安排下，受投融资制度、产业政策、环境标准等因素影响，投融资主体作出绿色投融资决策，确定投资流向，把资金投向具有环境保护等社会责任的生产领域，形成绿色投资资本，并对产业结构产生影响，使产业结构向着绿色低碳的方向发展，进而实现绿色经济增长目标。在整个运行机制中，投融资制度是起点，但制度的设计也是服务于绿色经济增长（见图1）。绿色投融资运行过程具体可分为四个阶段，即绿色投融资制度建立阶段、影响绿色投资流向阶段、绿色产业结构形成阶段和实现绿色经济增长阶段。

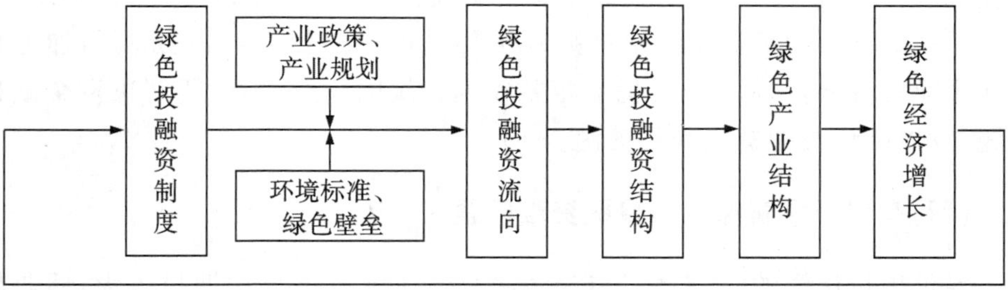

图1　绿色投融资运行过程

二、加快构建高效绿色投融资机制的现实意义

（一）有利于加快推进绿色低碳高质量发展

2022年国务院发布《关于支持山东深化新旧动能转换推动绿色低碳高质量发展的意见》，明确指出山东是我国重要的工业基地和北方地区经济发展的战略支点，进一步明确山东的努力方向是在深化新旧动能转换基础上着力探索转型发展之路，进一步增强区域发展活力动力，加快推动绿色低碳高质量发

展。面对经济绿色转型的迫切需要,绿色投融资有利于形成绿色生产力,对于加快发展绿色产业、助推实现碳达峰碳中和目标具有重要作用。

(二)有利于着力解决资源环境制约问题

资源环境约束趋紧,我国重要资源人均占有量远低于世界平均水平,石油、天然气等战略性资源对外依存度持续攀升,2021 年分别达到 72%、46%。特别是煤炭消费占比较高,单位能源的 CO_2 排放强度比世界平均水平高约 30%,单位 GDP 能耗仍然是世界平均水平的 1.5 倍、发达国家的 3 倍。我省作为工业大省,单位 GDP 能耗是全国平均水平的 1.2 倍,分别为江苏、浙江、广东的 1.8、1.5 和 1.9 倍,建立绿色低碳的经济体系任务艰巨。

(三)有利于弥补绿色发展资金缺口

按照国际惯例,全社会环境保护投入只有占到 GDP 的 1.5%以上才可以遏制环境恶化;占比 3%以上,才能有效改善环境。麦肯锡在《中国的绿色革命》研究报告中提出,若要发挥减排的全部潜力,有效实现"绿色经济",中国需要在 2030 年之前平均投入新增资本 1500 亿—2000 亿元,约占当年 GDP 的 1.5%—2.5%。而目前我国中央财政对环境保护的投入约占 0.3%,加上地方和企业等方面投入,与 3%仍然相差较远。从国际经验看,要解决资金缺口问题,发展绿色投融资机制是关键。

(四)有利于缓解绿色项目融资难问题

绿色项目广泛的"外部性"和"公益属性"决定了项目初期投入大、回收期长的特点,项目融资一直是较为突出的难题。随着对生态环保的重视,绿色项目数量增多,政府支出压力增大,急需探索市场化融资的有效补充方式。

三、山东省绿色投融资取得的进展与存在的问题

(一)绿色投融资取得的进展

1.生态环境保护投资持续扩大

我省率先在全国建立省环保金融项目库,引导金融机构和社会资本参与生态环境治理,2021 年全国污染治理投资总额为 9491.8 亿元,我省居全国首位。2022 年我省生态环保企业数量居全国第一,营业收入居全国前列。截至 2023 年 10 月,山东已争创 5 个国家级生态环境导向的开发模式(EOD 模式)

试点，4 个 EOD 模式项目被纳入国家生态环保金融支持项目储备库，19 个项目被纳入省级试点，项目总投资额超 900 亿元。

2.财政支持力度不断强化

2018—2022 年，我省一般公共预算支出中用于节能环保支出的分别为 287.84 亿元、306.50 亿元、291.54 亿元、266.79 亿元、218.50 亿元，占一般公共预算支出比重基本维持在 2%—3%，符合全国趋势。但 2020 年以来，节能环保支出占比有所下降，2022 年降到 1.8%左右，相比于全国、广东分别低了 0.27 和 0.67 个百分点，与江苏、浙江基本持平。绿色财政支持力度不断加大，2021 年以来，省财政统筹资金 375 亿元，持续支持污染防治、生态保护以及减排等项目（见图 2）。

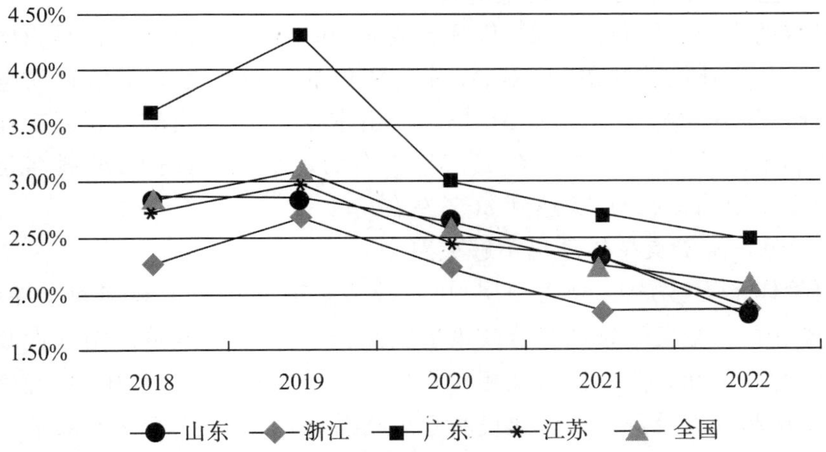

图 2　我省与苏浙粤及全国节能环保支出占一般公共预算比重情况

数据来源：Wind 数据库。

3.金融支持绿色领域融资快速发展

截至 2022 年年底，全省绿色贷款余额 1.2 万亿元，同比增长 46.6%，高于各项贷款增速 34.9 个百分点，高于全国绿色贷款增速 8.1 个百分点。从行业来看，绿色贷款主要集中于基础设施绿色升级、生态环境产业、清洁能源产业三大领域，占比 85.75%，节能环保、清洁生产、绿色服务三个领域占比 14.25%。

4.绿色发展重大项目积极推进

2022 年，山东省确定重大项目 600 项，其中新能源汽车、环保装备制造等产业类项目数量最多，达到 329 个，投资金额 7673 亿元，投资占比 35.89%。2022 年建立碳金融重点项目库，首批共纳入 420 个项目，总投资 2560 亿元，融资需求达到1451亿元。2023年以来,我省谋划实施总投资达8.1万亿元的3186个绿色低碳高质量发展重点项目,着力推动绿色低碳发展。

(二)存在的问题

1.绿色金融产品供给仍显不足和先进省份仍有较大差距

截至2021年年底,我省绿色贷款余额7979.2亿元,仅为广东(1.57万亿元)、江苏(1.43万亿元)、浙江(1.48万亿元)的一半左右。绿色金融创新缓慢,碳期货及碳期权等衍生工具市场几乎还是空白。支持领域偏窄,以绿色交通运输项目、生态环境治理及可再生能源项目为主,且多为大型国有企业,对高碳企业转型、中小企业支持力度不够。

2.绿色产业领域的投资比重仍较低

投资的产业结构仍然偏重,传统制造业、基础设施和房地产仍是投资的主要方向。从产业结构来看,广东、江苏前两位的行业均为电子信息和电气机械,合计占比分别为37.2%和24.1%,而山东仅为7%;战略性新兴产业的投资占比仍不高,如济南仅维持在15.5%左右的水平,与国内GDP排名位居前列的城市差距明显(如重庆达到30%左右)。

3.绿色投融资支持体系仍不够成熟

政策体系不够完善,缺乏顶层设计,政策多散落在相关规划和文件中,产业、环境、财政、金融等领域综合政策措施配套不全;现有政策以指导性政策为主,激励性政策和风险补偿措施相对不足。在项目投融资过程中,投融资管理体系、管理制度以及融资平台建设和管理略滞后,加之缺乏行之有效的监督机制,使得部分项目的安全性和效率性有所降低。

4.绿色投融资主体意愿和能力受到明显制约

受发展环境、经济效益等因素影响,市场主体投资绿色产业领域的意愿和能力受到较大冲击。从国有投资看,国有企业较高的负债率制约了有效投资,2021年我省国有规模以上工业企业的平均账面负债率达到66%,超过了65%的国家预警线。从民间投资看,民间主体投资意愿明显不足,根据省工商联对9357家民营企业的调研结果,88.66%的受访企业表示未来一段时期没有扩大投资的计划。

四、绿色投融资模式选择及典型案例分析

本文以项目投融资模式为研究对象,根据国家发展改革委发布的《绿色产业指导目录》(2023年版)对绿色产业的分类,将绿色产业项目分为以下六类。

（一）节能降碳项目

1.投融资特点

该类项目一般具有以下特点：一是资金需求量大、技术含量高、专业性强。二是部分项目产品结构复杂、成套性强，其生产周期一般长达1—2年，资金回收期长，短期偿债能力弱。三是企业普遍呈现高流动负债率特点，对外部资金的依赖性较强。四是受产业政策和市场变化影响较大，同时具有较大的市场潜力和高成长空间，对投资机构也具有较大吸引力。

2.投融资模式

投资主体主要为社会投资者。融资主要依赖银行贷款，具体有信用借款、保证借款、抵押借款和质押借款等方式，其中以资产抵押贷款为主。除少数企业还能够通过上市、发行债券等直接融资手段获得项目资金外，很多中小企业较难获得融资。为有效缓解节能降碳行业资金约束问题，探索利用转型金融支持高碳行业转型升级将具有较大需求。目前，转型金融产品主要有可持续发展挂钩债券、挂钩贷款、转型债券等，还可以综合应用股权投资、并购基金、夹层基金以及引导更多的私募股权投资（PE投资）、风险投资（VC投资）来参与转型金融，也可以通过股票市场支持企业转型活动。节能降碳项目投融资模式如图3所示。

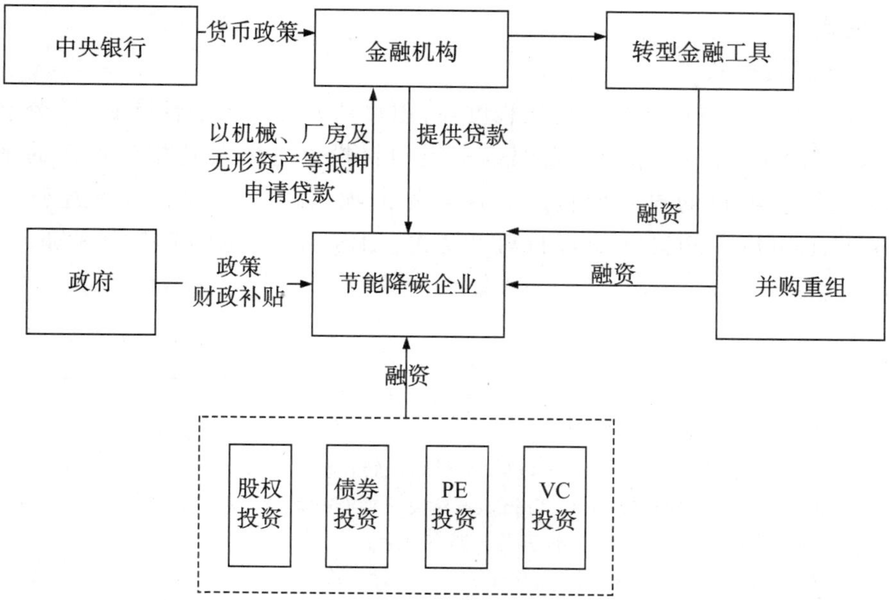

图3　节能降碳项目投融资模式

节能降碳项目投融资模式案例

中国宝武集团依托氢基竖炉系统(一期)工程项目发行债券募集资金,在转型金融方面率先尝试。2022 年 5 月 20 日,宝钢股份面向专业投资公司发行绿色公司债券(第一期)(低碳转型),发行规模 5 亿元,发行期限 3 年,利率 2.68%,用于湛江钢铁氢基竖炉系统(一期)工程项目建设,开展钢铁工业突破性创新的低碳冶金技术研究,实践低碳冶金技术,实现以氢代碳的低碳冶金和资源的循环利用。

(二)基础设施绿色升级项目

1.投融资特点

该类项目一般具有以下特点:一是投资规模大、配套性强,在项目初期就需要配置最低限度的大量投资作为初始资本。二是建设周期长,一般需要 5—8 年时间,甚至几十年时间。三是项目回报率低,特别是纯公益性项目和准公益性项目,项目本身收益难以弥补建设和运营成本。总体来说,仅靠地方政府财力难以满足资金需求,应充分发挥市场的作用,灵活多样地选择项目投融资模式。

2.投融资模式

根据项目收益情况和市场化程度,将项目划分为纯公益性项目、准公益性项目、经营性项目(见表 1)。在明确三类项目投资主体及其相应责任的基础上,确定绿色项目的投融资模式。现常见的项目落地方式有特许经营模式(BOT[①]、BOOT[②]、BOO[③] 等),TOT[④] 模式,ABS[⑤] 模式,REITs[⑥] 模式等。

---

① BOT,Build-Operate-Transfer,建设—经营—转让。

② BOOT,Build-Own-Operate-Transfer,建设—拥有—运营—移交。

③ BOO,Build-Own-Operation,建设—拥有—运营。

④ TOT,Transfer-Operate-Transfer,移交—经营—移交。

⑤ ABS,Asset-Backed Securization,资产支持证券化。

⑥ REITs,Real Estate Investment Trusts,不动产投资信托基金。

表 1　基础设施绿色升级项目类别

项目类别	实例	投资主体	融资渠道
纯公益性项目	河道整治、公园、绿化等	政府	财政资金、地方政府债券等
准公益性项目	地铁、轻轨、污水和垃圾处理等	社会投资者、政府	政府补助、债券融资、银行贷款等
经营性项目	绿色仓储、公路、高速公路服务区等绿色化改造	社会投资者	银行贷款、债券融资、资产证券、私募股权基金等

(1)纯公益性项目。该类项目提供的产品和服务不收取费用或只收取少量费用,没有或很少有财务收益,难以实现市场化投融资。因项目本身的经济、社会和环境等外部性效益较大,投资主体以政府为主,投融资责任由地方政府及其有关部门承担(见图 4)。资金来源主要是财政资金和地方政府债券,基本为一般债券,可采取“一般公共预算资金或政府性基金＋政府债券资金”的投融资模式。对于投资额度较小的项目,可以完全由政府财政投资建设。少量边界条件清晰、目标和产出明确、政府部门能力不足的项目,可以考虑引入社会资本。

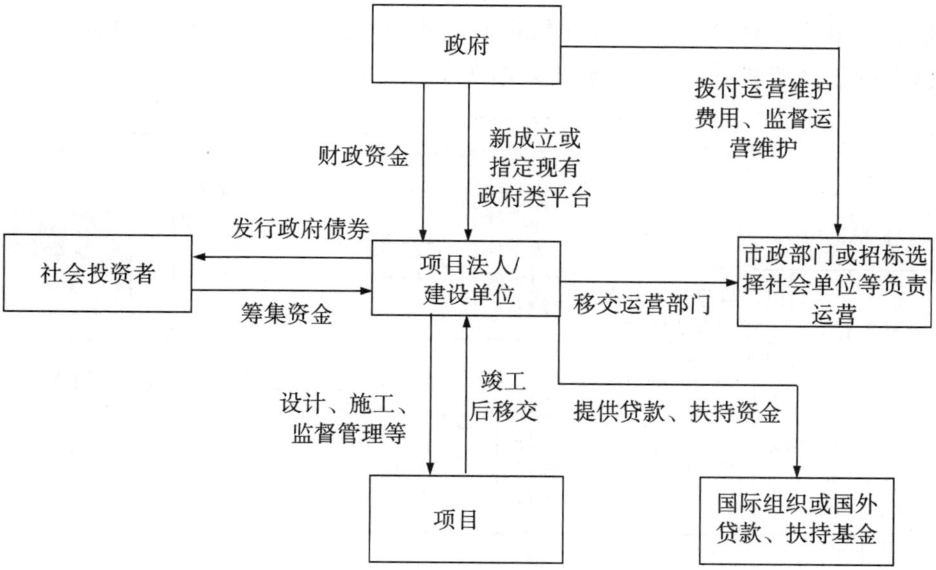

图 4　纯公益性项目投融资模式

纯公益性项目投融资案例

贵安新区海绵城市试点的“两湖一河”项目,采取“增量建设 BOT+整体运营”的运作模式与社会资本合作。贵安新区管委会授权贵安新区规划建设管理局作为本项目实施机构,指定贵州贵安市政园林景观有限公司作为政府出资代表。总投资约 20.9 亿元,中央财政补助 3.5 亿元,项目公司投资 17.4 亿元,建设银行提供了期限 12 年总额度 13 亿元的绿色贷款支持。同时,政府财政以租赁的方式逐年支付工程建设运营费用(8000 万元),并确保项目绿色属性和环保性能满足设计要求。

(2)准公益性项目。此类项目社会效益突出,外部效应明显,可以回收部分投资,但经济性不足。单靠市场化投资,难以达到供求平衡,一般需要政府的投资补助或运营补贴资金支持(见图 5)。投资主体以政府所属的投融资平台公司和公共服务类国有企业(或公益类国有企业)为主。资金来源有专项债、金融机构融资、政策性和开发性金融工具以及其他市场化融资等。可采取“政府投融资平台公司或公益性国企共同出具项目资本金+债券融资+银行贷款”的投融资模式,政府根据需要给予适当的运营补贴。

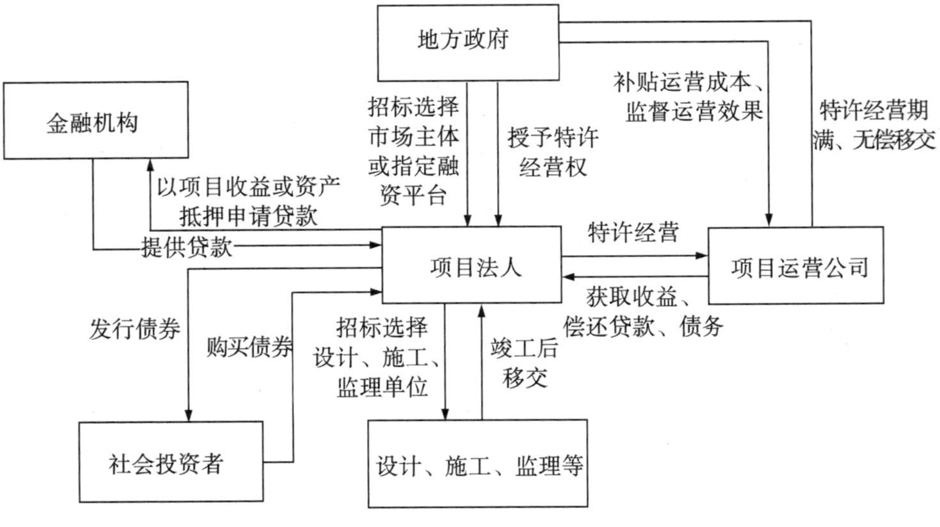

图 5　准公益性项目投融资模式

准公益性项目投融资案例

兰州七里河安宁污水处理厂采用 TOT 模式运作。为盘活城市存量资产，加大兰州市污水处理力度，市政府决定对七里河安宁污水处理厂采用 TOT 的方式进行招商，由市住房和城乡建设局牵头，市供排水市场化运作协调领导小组办公室通过 TOT 模式公开招标，最终确定成都市排水有限责任公司获得项目特许经营权，中标价 4.96 亿元，并组建项目公司兰州兴蓉投资发展有限公司，负责该项目 30 年的运营管理，期满后将污水处理厂移交给政府方，运营期间政府方向运营商支付污水处理服务费。

(3)经营性项目。此类项目具有长期相对稳定的经营收入，有较好的投资回报率，对社会资本的吸引力较大。投资主体主要为社会投资者，包括国企、私企、外企(见图 6)。融资渠道较宽，有专项债、金融机构融资，可以发行企业债券，还可以资产证券化、私募股权基金等方式直接融资。可采取"社会资本(联合金融资本)出具项目资本金＋债券融资＋银行贷款"的投融资模式。

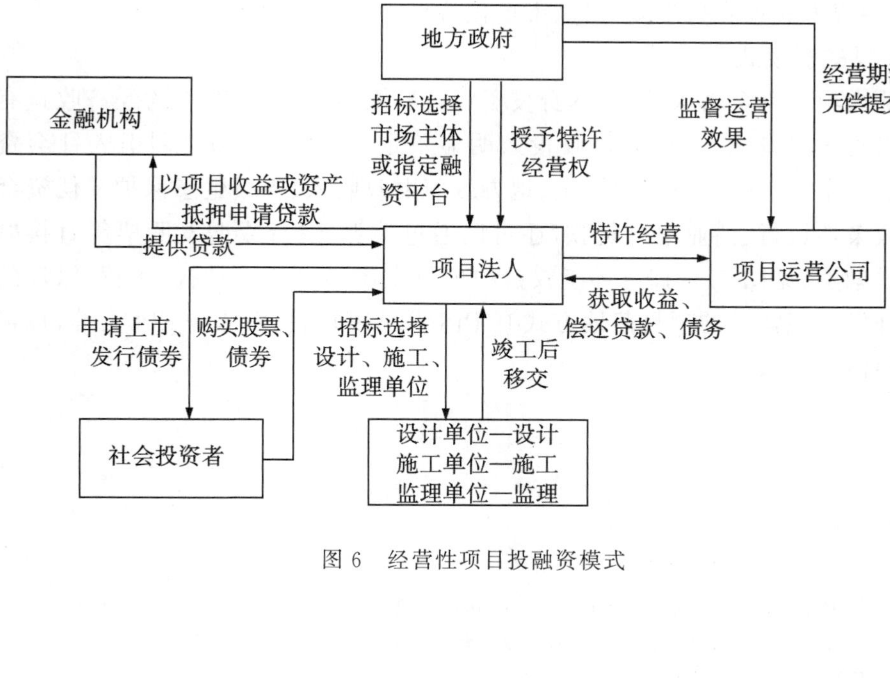

图 6　经营性项目投融资模式

经营性项目投融资案例

老挝孟松600MW风电项目采用BOO模式运作。总投资额为9.5亿美元,由泰国、菲律宾、日本、老挝等国投资商共同投资开发。亚洲开发银行牵头,联合14家银行为项目提供约6.9亿美元无追索项目融资贷款,期限19年。中国电建国际工程有限公司承包建设,预计2025年投入商业运营。

(三)生态保护修复和利用项目

1.投融资特点

考虑到生态保护修复和利用联系较为紧密,其项目特点具有相似性,统一分析其投融资特点。一是具有较强的公益性和广泛的外部性,政府主导性强,对财政资金依赖性强。二是各地政府普遍存在严峻的生态形势与资金投入力度不匹配问题。三是项目投资大,回收期长,经济收益差,融资难度大。四是绿色信贷、绿色证券等绿色金融体系不断完善,生态产品价值实现机制积极推进,投融资方式逐步呈现多元化、市场化特点。

2.投融资模式

此类项目资金需求较大,本身投资收益有限,项目直接产生的经济收益有时难以覆盖建设成本,仅靠财政投入明显不足,需通过市场机制引入社会资本。融资渠道包括中央专项资金、地方政府财政收入、各级生态保护补偿资金以及政策性银行、商业银行贷款,还可以通过债券、发行或增发股票等直接融资方式融资(见图7)。拥有环境权益的项目主体还可考虑林权、水权、绿证的价值开发。现常见的项目落地方式有PPP①、ABO②、投资人+EPC③等,也可以采用混合模式。

---

① PPP,Public-Private-Partnership,政府和社会资本合作。

② ABO,Authorize-Build-Operate,授权—建设—运营。

③ EPC,Engineering Procurement Construction,施工总承包。

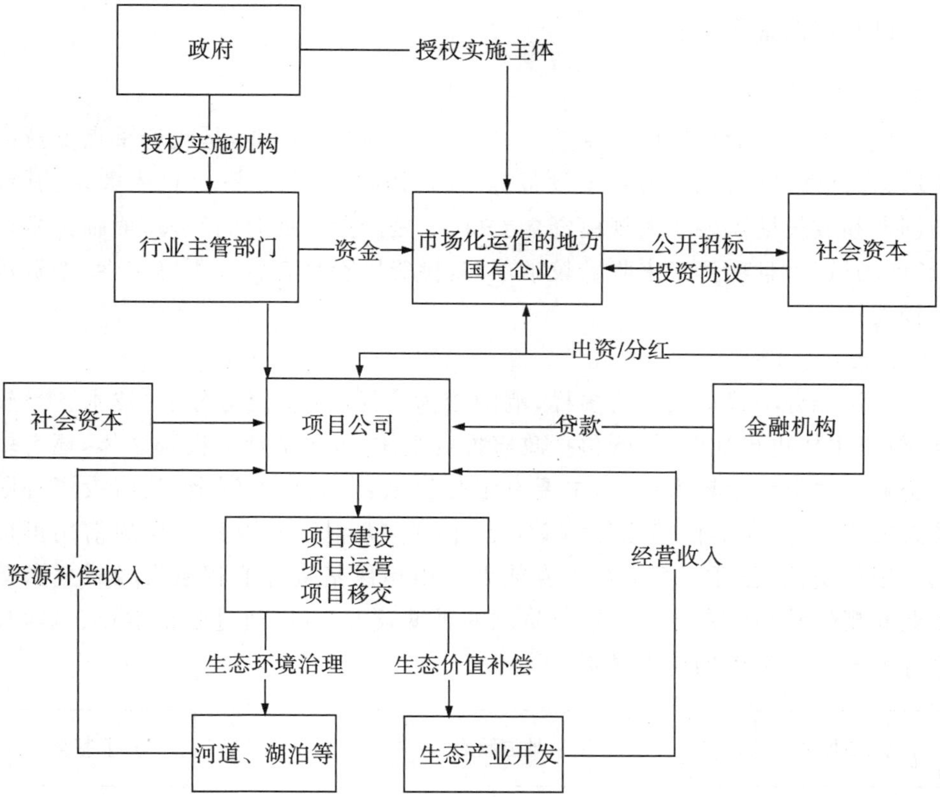

图 7　生态保护修复和利用项目投融资模式

生态保护修复和利用项目投融资案例

日照水库流域生态保护与产业开发项目，采用 ABO 模式实施。投资总额约 26 亿元，项目 30% 由日照市水务集团有限公司自筹，70% 主要通过原水费质押、林权抵押争取国家开发银行、中国农业发展银行等政策性银行贷款的方式筹集。由日照市东港区人民政府授权日照市水务集团有限公司作为本项目的实施机构，负责投资建设日照水库流域生态保护与产业开发项目，负责项目的投融资、建设、运营；政府进行绩效考核并按约定给予授权运营服务费。项目主要收益来源包括生态农产品、生态渔产品销售收益及文化旅游收益。

(四)清洁能源项目

1.投融资特点

该类项目一般具有以下特点:一是属于高新技术产业,是政府重点支持的领域;二是涉及光伏、风力发电设备等,投资回报期较长、资金投入大,尤其在初创期和成长期需要较大规模资金支持;三是产业发展时间较短,面临技术风险、市场风险,且项目未来收益较难预知,投资风险具有较大不确定性,融资难度较大。

2.投融资模式

清洁能源项目形式较为多样,范围较为广泛,规模较为分散,技术含量较高,投资主体也更加多元,既包括政府投资主体,也包括社会投资主体,还有中小企业。融资渠道较为单一,主要有银行贷款、企业自筹资金、政府投资补贴及融资租赁等,尤其依赖银行贷款(见图 8)。大型企业因其较高的信用可以选择银行贷款、公开市场发行债券或者采用担保基金等股权融资模式。私营企业和规模较小的企业获得银行贷款的难度较大,可以通过股权融资、风险投资等方式从资本市场获得融资。

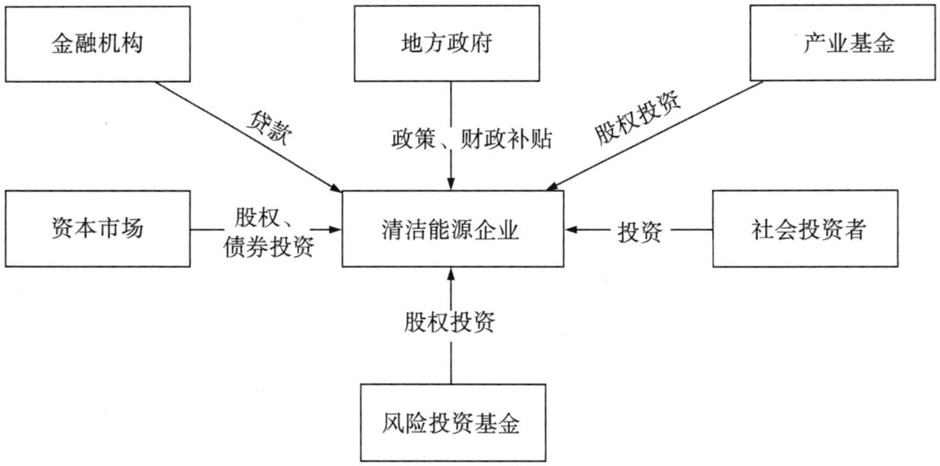

图 8　清洁能源项目投融资模式

清洁能源项目投融资案例

三峡工程项目需动态资金2034亿元，采取国家投资为主、银行贷款和企业债券并行的融资方式。其中三峡建设资金包括全国用电加价、葛洲坝电厂和三峡电厂建设时间全部收入，在整个建设期可获得1000亿元，约占总投资的一半。国家开发银行连续十年每年贷款30亿元，共300亿元。国内发行企业债券10亿元。进口部分国内无法生产的机电设备，利用出口信贷及部分商业贷款等方式筹集资金。

（五）资源循环利用项目

1.投融资特点

该类项目一般具有以下特点：一是强调"资源—产品—再生资源"的反馈流程，资源消耗较低、环境污染较少。二是技术含量高，涉及再制造技术、改性技术、分离技术等高新技术。三是行业处在发展初期，企业规模小，经营分散，中小微企业是主要市场投资主体，占比超80%；龙头型、骨干型和支柱型企业数量偏少，存在融资难的问题。

2.投融资模式

资源循环利用项目主要集中在中小企业间，企业自筹资金、银行贷款是其主要资金来源。国家政策鼓励金融机构创新绿色金融产品，加大对循环经济有关企业和项目的投入。对于垃圾焚烧发电等盈利水平较高且能实现稳定现金流的项目，还可以采用以项目信用为支撑、以项目净现金流为基本偿债来源的项目收益票据、项目收益债券等固定收益类产品（见图9）。

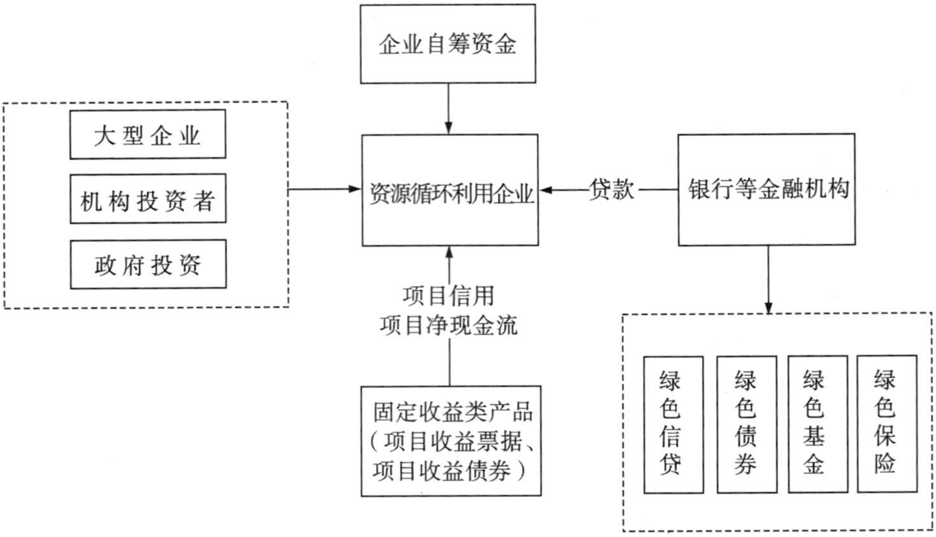

图 9　资源循环利用项目投融资模式

资源循环利用项目投融资案例

广州市第四资源热力电厂垃圾焚烧发电项目收益债券,用项目收益本身作为债券兑付保障,无须地方政府财政兜底。项目收益债券发行8亿元,从债券存续期第三年开始,逐年按比例偿还本金。当项目出现偿债风险时,由两位补偿人依次进行兜底,即项目公司唯一股东广州环保投资集团为债券第一差额补偿人,广州环保投资集团控股股东广日集团为债券第二差额补偿人。项目主要收入来源为垃圾处理费、发电上网费、金属回收和增值税即征即退。

(六)绿色服务项目

绿色服务项目涉及咨询监理、运营管理、监测检测、评估审查核查等,属于技术服务型项目,缺少固定资产来为融资贷款担保。行业进入门槛比较低,多数为中小型企业,流动资金少,规模较小,经营不稳定,还款能力弱。少数大型企业融资相对容易,渠道也多,大多数中小型企业融资较难,以企业自筹资金和银行借贷为主，或采用融资租赁等方式获得投资资金（见图 10）。

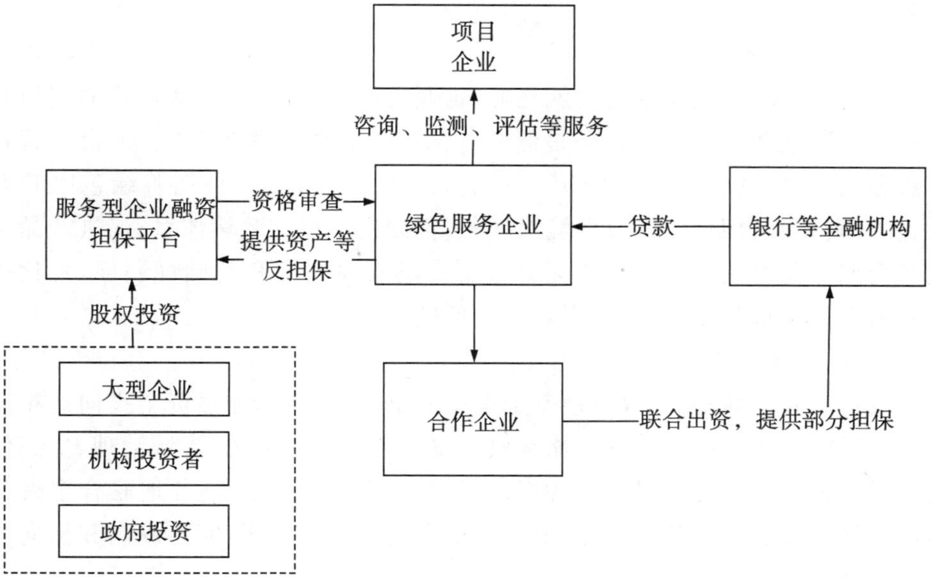

图 10　绿色服务项目投融资模式

绿色服务项目（合同能源管理）投融资案例

上海阿尔西空调系统服务有限公司对于上海某半导体制造公司的恒温恒湿空调机组节能改造项目，采用合同能源管理的"节能效益分享型"模式，效益分享合同期为 3 年。项目总投资 315 万元，全部由服务公司承担，其中 50%自筹，50%通过银行融资解决。关于投资利息，客户承担银行基准利息部分，服务公司承担浮动利息部分。

五、加快构建高效绿色投融资机制的对策建议

从政府、企业、金融机构等层面多方发力，加快绿色投融资机制创新，多措并举拓宽投融资渠道，发挥政府资金的引导作用，全力激活民间资本，加强金融支持重大项目建设的能力。

(一)政府层面,持续完善投融资政策体系

1.完善法律保障体系

政府各部门应顺应市场发展趋势、企业发展需求,为投融资模式的创新和应用提供制度和政策保障。一是健全各部门投融资规章,结合已出台的管理办法和条例,持续完善投融资规章制度、管理体制等。二是完善绿色财政制度、生态转移支付制度,以及环境保护税、资源税等税收政策体系,促进产品全生命周期绿色发展。三是加快完善金融市场法律制度和基础性制度,强化碳中和债券市场机制建设,全面引导绿色低碳转型。

2.加大财政支持力度

发挥一般公共预算、政府性基金渠道资金合力作用,加强资金投向的精准性、可持续性,重点投向市场不能有效配置资源的清洁取暖、流域治理、生态修复等具有公共属性的项目。发挥财政资金的引导作用,鼓励各地联合金融机构设立绿色发展转型基金;发挥财政专项资金的支持作用,完善纵向和横向生态保护补偿机制。

3.健全绿色金融标准体系

围绕清洁能源、污染治理、生态修复以及节能减排等重点领域,探索推进绿色金融标准体系建设;推进绿色债券标准统一,支持建立绿色项目库标准。聚焦重点行业,深入开展转型金融标准研究,明确低碳转型技术路径和指标要求,为金融支持绿色低碳发展提供标准依据。

4.完善激励约束机制

制定和实施激励约束政策,引导更多金融资源投向绿色低碳领域。通过碳减排支持工具、政府担保、贴息和风险分担机制等,撬动社会资本参与绿色投资;对绿色低碳产业项目,运用投资奖励、生产要素补贴和科技创新扶持奖励等激励措施。强化监督评价、跟踪和考核,地方政府完善绩效考核机制,金融机构完善绿色金融业绩评价机制,提升支持绿色低碳发展的能力。

(二)企业层面,支持开展先行性探索

1.支持开展碳排放权交易

引导企业积极参与全国碳排放权交易,对参与全国碳排放交易的省内企业,将其碳排放权纳入抵质押融资担保品范围。提高企业对开展碳排放权交易的关注度。鼓励企业主动开展碳排放核算,引导企业建立健全碳管理体系,提高碳排放控制和碳汇能力。

2.参与绿电和绿证交易

引导企业加快用能结构低碳化转型，提高绿电比例，通过“购买绿电绿证＋提高可再生能源利用”的组合策略提高绿电消费比重，减少企业间接碳排放。鼓励出口企业积极参与绿电、绿证交易，采用购买绿电的方式，打造“低碳”乃至“零碳”产品，降低碳关税缴税额，增强产品竞争力。

3.强化环境信息披露

加强对绿色融资主体的信息披露要求，积极引导市场主体重视自身环境信息披露，不断扩大环境信息披露覆盖面和提高披露质量。引导信用评级机构将环境、社会和治理（ESG）等因素纳入评级方法，支持社会资本投资ESG表现良好的公司。

4.更新绿色投融资观念

创新投融资模式，企业首先要更新投融资观念，勇于探索新的投融资模式，结合业务需求、项目特点、市场合作企业、金融机构情况等，合理进行投融资模式的选择和创新，找到更多解决投融资困境的方式和手段。

（三）金融机构层面，鼓励创新绿色金融产品和服务

1.完善绿色信贷机制

不断优化绿色信贷工作机制，探索建立绿色信贷评价指标，适当降低绿色资产的风险权重，对绿色信贷等业务给予较低的经济资本占用。探索建立绿色信贷“绿色”通道，对于符合绿色信贷要求的客户和项目，在项目准入、项目评估、信贷审批安排上给予绿色通道，在信贷规模和信贷投放上给予优先保障。

2.推动绿色金融产品创新

充分结合节能环保等绿色产业的特点，创新金融产品和金融服务。支持金融机构创新开展用能权、排污权、碳排放权等绿色权益抵质押融资业务，探索建立基础设施领域不动产投资信托基金。鼓励银行机构适度发展私募股权投资、风险投资、并购基金、债转股、夹层投资等风险包容性较强的金融产品。

3.加快发展转型金融

根据转型主体、转型阶段、资金用途等不同，鼓励金融机构研究开发有针对性的转型金融产品，在转型债券、可持续发展挂钩债券等转型金融工具的基础之上，进一步丰富转型金融产品种类，鼓励综合利用信贷、债券、股权投资、信托等多样化工具为转型活动提供金融支持。

4.提升绿色金融管理水平

鼓励金融机构持续提高对绿色低碳经济活动的识别能力，采取差异化、便捷化的管理措施，优化对小微企业融资等业务的环境、社会和治理风险管理。加强投融资流程管理，做好贷前调查，加强授信调查和审批管理，完善贷后和投后管理，加强内控管理和信息披露，确保绿色金融持续有效开展。

5.引导金融机构加快数字化转型

将数字思维、数字元素持续注入金融服务流程，加大人工智能、云计算、大数据、区块链、网络空间安全等前沿技术在金融领域的应用，提升金融科技水平。探索打造绿色金融大数据平台，提升用户对绿色金融信息服务的需求，更好地发挥绿色金融的支撑作用。

课题组成员：牛娟　迟泓　李静　张磊　郑艳娜　李贺旋　谢尚青　王丹宁

加快构建转型金融体系　破解山东高碳企业转型资金支持难题研究

山东省要实现绿色低碳高质量发展，工业领域高碳企业的低碳转型是关键，当前缺少具备针对性、专业性、有效性资金支持的短板比较突出。转型金融是促进市场实体、经济活动和资产项目向低碳和零碳排放转型的创新型金融手段，契合山东工业发展特点和转型需求，对挺起山东“工业脊梁”、促进全省高质量发展具有现实意义。

一、高碳企业绿色低碳转型任务重、资金需求大

我省当前工业碳排放强度高于全国平均水平。山东工业领域煤炭消费占全国工业领域煤炭消费总量的近 10%，粗略估算仅煤炭一项产生的碳排放强度约为全国平均水平的 1.13 倍，是江苏、浙江、广东的 2.53 倍、2.51 倍、3.39 倍，山东工业绿色低碳转型的任务更重，资金需求量更大。中国金融学会绿色金融专业委员会测算，未来 30 年我国绿色低碳投资累计规模将达到 487 万亿元，综合我省工业规模和煤炭消费在全国占比情况，未来 30 年我省工业领域绿色低碳投资累计规模在 30 万亿元左右。根据冶金工业规划研究院测算，仅钢铁行业绿色低碳转型所需的超低排放改造、节能改造、电炉钢建设、氢冶金技术应用、新能源利用 5 项核心重点工程投资约 1 万亿元，按照钢铁产能占全国比重测算，我省钢铁行业投资需求约 1000 亿元。我省“十四五”期间存量煤电机组节能降碳改造、供热改造、灵活性改造“三改联动”资金需求超过 300 亿元；新能源产业发展将直接带来 2.5 万亿元投资规模，配套装备产业发展空间超 1 万亿元，投资潜力巨大。

二、金融支持高碳企业转型存在的主要问题

(一)金融对高碳企业的绿色低碳转型尚未形成有效支持

首先,高碳企业普遍较难得到绿色金融支持。我省绿色金融的覆盖面较窄,总量较低,截至2023年9月末,我省绿色贷款余额占总贷款余额的比重仅为8.9%,低于全国平均水平1.5个百分点,绿色贷款余额仅为粤、苏、浙的60%左右。我省绿色贷款中与高碳企业密切相关的清洁生产贷款余额仅占全部绿色贷款余额的2.9%,钢铁、石化等高碳向低碳转型项目目前没有被纳入绿色金融支持范围,且金融监管部门曾明文禁止表内外资金直接或间接投向“两高”领域,各银行出于防范风险和整体收益的考虑,一般远离或退出高碳行业。淄博、东营、滨州、聊城等高碳行业集中的市,绿色贷款余额占比均在3%以下。

其次,高碳行业的融资成本普遍较高。我省传统高碳产业占比较大,并且大多重资产运营,资产负债率偏高,2023年前三季度,我省规模以上工业企业资产负债率达到62.2%,比2022年同期提高了0.4个百分点,分别高于全国平均水平和广东、江苏、浙江4.6个、3.7个、7.0个、5.8个百分点。为实现转型而投入新设备、应用新技术、建立新模式需要大量的资金,在银行一般授信评价中,高碳行业存在杠杆率、技术风险和信用风险较高等现象,融资难、融资贵问题比较突出。

最后,缺乏对高碳行业低碳转型的有效激励政策。考核是促进金融机构发展绿色金融的有效手段,中国人民银行虽然在大力推进转型金融,但我国目前尚没有建立关于转型金融的激励考核制度,银行发展转型金融的主动性不强。我省现有财政金融政策以指导类为主,激励性措施相对较少,低碳转型领域政策性担保、信用增进、风险缓释等配套机制需要进一步完善。

(二)金融机构对绿色低碳转型项目的风险识别能力不足

一方面,当前绿色金融已有相应标准,但中国人民银行和国家金融监督管理局各自发布的标准在支持范围和分类方法上存在差异,金融机构在面对具体业务及项目时,同一银行内部上下级、前后台之间会出现认定不一致的问题;另一方面,转型金融业务仍然缺乏权威的判断依据和参照,中国人民银行正在制定4个行业的转型金融标准,但仍未正式发布,我省及相关省份处于试点摸索阶段,尚没有统一标准。金融机构在不了解转型领域、转型路径和技术

路线等复杂问题的情况下支持相关领域，既担心会触碰产业政策“红线”，造成资产不良，又担心项目本身有“漂绿”“洗绿”风险。作为全国绿色金融改革创新试验区的浙江湖州积极探索转型金融，发布全国首个区域性转型金融支持活动目录，围绕全市“8＋1”类重点高碳行业，采用“白名单”与“技术中立”方法，规划了106项转型技术路径，在为企业指明未来技术变革方向的同时有效降低了银政企对转型活动的识别成本。

（三）产业、金融、能源、价格等政策尚未形成整体合力

从整体看，低碳转型领域存在复杂的外部性和市场失灵，碳市场、电力市场、财政补贴等是矫正市场失灵、促进碳减排以及实现低碳零碳技术发展的制度安排，但目前我国碳市场刚刚起步，对于减排的激励和约束作用仍不明显。相对于先进地区，目前我省产业政策、金融政策、能源政策、价格政策等多各有侧重、各自为战，不能有效整合、形成合力，绿色低碳领域投融资面临期限错配、信息不对称、产品和分析工具缺失等问题。如浙江湖州每年安排1亿元财政绿色专项贴息资金，对绿色重大项目新增贷款贴息最高达200万元，对评定为“深绿”“中绿”“浅绿”的项目，贴息金额最高达50万元，对纳入转型企业名单、达到转型目标时序进度的企业给予0.5%的贷款贴息补助，打出了财政、货币、监管政策组合拳。从企业层面看，转型升级易受外部市场和内部财务因素影响，特别在当前经济形势下，环保投入、设备更新、项目建设、职工薪酬等支出大幅增加，成本偏高。2023年前三季度，我省规模以上工业企业每百元营业收入中营业成本达到87.4元，分别高于全国和广东、江苏、浙江2.4元、3.7元、1.5元、2.4元。企业大多被动满足强制性的环保、能耗约束要求，推动转型升级、节能降碳等投资意愿不强，迫切需要贴息、担保等政策激励。

（四）碳资产和生态产品巨大潜在价值尚未实现

碳排放权的价值属性已被公认，但与先行地区相比，我省实现路径并不通畅。一是市场机制不够健全，碳交易市场有待扩展，价格处于较低水平，限制了资源配置功能的发挥。二是碳核算体系不够规范，环境信息披露制度没有完全建立，造成碳排放底数不清、口径不一、数据不实，影响碳资产变现。深圳率先在全国提出建立完整的碳足迹标识认证体系，2022年年底发布了粤港澳大湾区碳足迹标识。广东发布首个省级碳标签，覆盖化工、家电、电子、金属制品、汽车等行业。三是企业碳资产数据没有和银行等金融机构充分共享，增加了项目碳信息搜集及监管成本，影响了碳资产融资效率。湖州打通了统计、电力、工信等部门39类数据壁垒，建立了全国首个工业碳平台，为金融机构碳核算提供了数据支撑。

三、意见建议

(一)积极构建转型金融标准体系

立足我省实际,加快制定化工、石化、有色、纺织四大领域转型金融标准,编制转型金融支持活动目录,为金融支持高碳行业转型提供依据。从行业、企业和项目三端发力,按照“高端激励、中端提升、末端淘汰”的思路,为金融机构输出三张清单,解决转型金融标准缺失的问题。合理设置金融供给期限,为高碳企业和项目设定时间表、路线图,倒逼企业加大降碳技术革新力度,尽早实现绿色低碳生产或产业转型升级。

(二)加快推进碳标签、碳账户体系建设

通过推进绿色金融市场机制建设,指导银行业协会牵头组建绿色金融识别专家委员会,对复杂的有认证需求的项目进行绿色项目专业认证。对高碳项目以标签的形式实现碳信息的数据化、可视化、价值化,帮助传统产业特别是“两高”行业识别碳排放强度。依托碳账户开展可持续挂钩贷款等。整合完善省内企业融资服务网络系统,建立绿色产业与绿色金融的常态化对接机制。

(三)着力完善激励约束机制

精准对接企业需求,政府部门和监管方通过降低资金成本、合理分担风险等多方面的激励机制,撬动更多金融资源推动转型发展。一是推出专门针对转型金融的政策支持工具,从信贷、债券、基金、保险等多个方面共同发力,引导金融机构加大对企业绿色低碳转型的支持力度。二是激励金融机构更多地开展转型金融服务,开发转型金融工具,对评价好的金融机构给予财政存款优先、荣誉表彰等支持。三是鼓励绿色金融产品研发应用,共同承担绿色金融产品创新中的不确定性风险,对于在绿色金融业务、产品、服务创新方面作出贡献的机构和人员给予奖励。四是综合运用担保、贴息等政策工具,降低转型企业融资成本,扩展盈利空间,提高融资可得性,增强降碳减排主动性。

(四)大力推动投融资模式创新

目前社会资本对绿色低碳项目存在“观者众而投者少”的现象,主要原因在于投资路径不清、金融风险不明、资金实力不足。一要积极鼓励金融产品创

新，建立丰富的绿色金融产品和服务体系，进一步提高绿色保险、绿色基金、碳金融产品的发展规模。二要积极吸引保险等长期资本投资，发挥绿色技术投资联盟作用，引导资金、园区、产业、人才等要素形成绿色技术创业新生态。三要建立转型金融风险防范机制，在信贷期限、风险容忍度上，设置缓冲期和缓释区间，为高碳企业腾挪转型空间和升级时间；强化风险补偿机制在绿色低碳转型领域的应用，加大风险补偿力度，增加小微企业绿色化转型风险补偿额度。

课题组成员：张磊　谢尚青　郑艳娜　迟泓　牛娟　李贺旋　王丹宁

创新人才赋能绿色低碳高质量发展研究

人才是第一资源，是推动新旧动能转换，实现绿色低碳高质量发展的关键。党的二十大报告提出，"深入实施人才强国战略"，"强化现代化建设人才支撑"。[①] 面向新时代中国特色社会主义现代化强省、绿色低碳高质量发展先行区建设，山东应抢抓新一轮科技革命和产业变革机遇，全面拥抱数字经济浪潮，更好实施人才强省战略，以人才赋能产业，以产业集聚人才。

一、现状分析

（一）融入国家人才战略，打造"2＋N"人才集聚雁阵格局

新格局下，人才政策支持更加优化、精准。一是加强顶尖人才"引""育"，通过建立"直通车"机制、"一事一议"引进院士和"筑峰计划"培育院士相结合的个性化支持机制，按照齐鲁人才工程前置储备、泰山人才工程重点支撑的模式，梯次培育领军人才。二是面向产业发展，实施泰山产业领军人才工程。三是加强青年人才培养，我省海洋领域聚集杰青和优青等高层次人才数量位居全国第一，拥有全国40%以上的高层次海洋科技人才。人才工程大大推动了产业结构优化升级，而产业结构优化升级又输出了更多含金量高的工作岗位，极大地提高了对人才的吸引力，增加了省内人才留存率。根据《2023年山东就业市场人才发展报告》，随着各市加紧布局新兴产业，2022年山东省内人才流动占比高达91.08%，比2019年高了8.45个百分点。从16市人才流动轨迹看，山东正在形成以济青为核心的"2＋N"人才集聚雁阵格局。

① 习近平：《高举中国特色社会主义伟大旗帜　为全面建设社会主义现代化国家而团结奋斗——在中国共产党第二十次全国代表大会上的报告》，人民出版社2022年版，第36、33页。

(二)搭建人才集聚平台,为人才发展提供舞台

一是打造一流科技创新平台。把实验室建设作为推动科技创新的重要抓手,实施实验室体系重塑攻坚行动,“1313”四级实验室体系基本建成。二是打造高水平产业创新平台。在先进印染技术、高端智能化家用电器、虚拟现实等领域建有国家制造业创新中心、29 家省级制造业创新中心、1917 家省“一企一技术”研发中心;获批建设 3 个国家技术创新中心,总量居全国第二。三是培育打造学科尖兵梯队。实施一流学科建设“811”项目,厚植 8 个现有国家“双一流”建设学科竞争优势,打造引领全省高校学科发展的“尖刀班”。

(三)创新发展职业教育,创新高技能人才培养模式

山东紧抓部省共建国家职教高地重大契机,全省推动职业教育提质升级,推动职业教育与行业产业形成共同体。成立 23 个由行业主管部门牵头的指导委员会,高水平筹建产教融合共同体和产教联合体,山东被确定为全国首批产教融合试点省份。全省职业院校毕业生就业率保持在 95%以上,平均每年培养输送 60 多万名高素质劳动者和技术技能人才。一是优化培养模式,深化校企合作。推行实施“订单式”“学徒制”等培养模式,提升技能人才质量。二是搭建技能型平台,形成梯次培养机制。不断完善技能人才成长体系,搭建成长通道和创新平台,形成“学校+基地+工作室+工作站”梯次培养模式,遴选建设一批国家级高技能人才培训基地和国家级技能大师工作室、齐鲁技能大师特色工作站。

(四)加大政策支持力度,人才创新成果不断涌现

积极对标先进地区,不断迭代推出新的支持政策,构建个性化与普惠性相结合的人才政策体系,初步形成具有山东特色的人才制度体系。截至 2022 年,住鲁两院院士和海外学术机构院士达到 122 人;其中,超过 100 位院士涉及“十强”产业,主要分布在现代海洋、新能源新材料、新一代信息技术、医养健康等领域。国家级领军人才 1830 人,连续两年增长超 50%。一是持续加强高校毕业生引育,实施“双一流”毕业生倍增计划、“万名博士、十万硕士、百万大学生创业齐鲁计划”等。2020—2022 年,来鲁高校毕业生数量连续三年稳定增长,集聚人才 218 万余人。二是创新成果不断涌现,山东在智慧交通、精细化工、高端设备等 20 个领域取得重大突破,先后打造高速磁浮交通系统、全球首款安全芯片、雪蜡车等一批关键技术成果。2022 年末有效发明专利拥有量达到 18.9 万件,比上年末增长 25.6%。

二、存在的问题

(一)人才流失率较高,后备力量不足

一是高校毕业生流失率较高。人才流出指数[①]较高,2022年,在省属高校中(包含本科院校和大专院校),青岛大学人才流出指数为1.22,济南大学人才流出指数为1.33,山东财经大学人才流出指数为1.42,山东科技大学人才流出指数为1.45,山东第一医科大学人才流出指数为1.58,山东交通学院人才流出指数为1.5,山东工程职业技术大学人才流出指数为1.23,潍坊科技学院人才流出指数为1.39,山东职业学院人才流出指数为1.21,山东圣翰财贸职业学院人才流出指数为1.12,高校毕业生主要流向北京、广东、上海、江苏、浙江等省市;在教育部直属高校中,山东大学人才流出指数为1.82,中国海洋大学人才流出指数为1.61,中国石油大学(华东)人才流出指数为1.23。在省外高校中,吉林大学人才流出指数为2.77,南开大学人才流出指数为3.65,厦门大学人才流出指数为22.9。

二是中高端人才流失率较高。《2022年山东省中高端人才招聘趋势报告》显示,与山东中高端人才流动人数排名前8位的省份中,除了河北、河南及天津净流入分别为0.11%、0.09%及0.35%外,对江苏、北京、上海、广东、浙江分别净流出0.19%、1.13%、0.94%、1.17%、1.11%。山东综合收入水平较低是高端人才和高校毕业生流失率高的首要原因。山东大多数行业平均工资低于全国平均工资,仅农林牧渔业、采矿和建筑行业平均工资高于全国水平,2021年全国城镇单位就业人员平均工资为10.68万元,山东仅为9.47万元,居全国第16位,其中差距最大的是信息传输、计算机服务和软件相关行业,全国平均工资是山东的1.74倍。某县企业负责人反映:"工人在我们厂工作四五年成为熟练工后,即使每月工资涨到1万多元仍比不上江浙沪那边的工资,还是要被人家挖走。"

(二)人才市场结构矛盾突出,"就业难"和"招工难"并存

"就业难"是指青年,尤其是高校毕业生失业率处于较高水平。2023年3月,受新冠疫情冲击和产业结构调整影响,16—24岁人口城镇调查失业率达

---

① 人才流出指数=该校山东生源毕业生人数/该校山东就业毕业生人数(不包含升学)。数据来源于各高校毕业生就业质量报告。

到 19.6%,处于历史高位,同比增加 3.6 个百分点,比 2021 年 3 月增加 6 个百分点。“招工难”是指技能型人才短缺,中小微企业招工困难。调研发现,山东中小企业普遍面临技能型人才短缺的问题。威海市某国家级专精特新“小巨人”企业负责人反映:“目前工厂技工年龄普遍偏大,大都在 40 岁以上,很难招到 40 岁以下的年轻人才。受大环境影响,今年招工将有所改善。”2023 年部分中小企业招工难或有所缓解,更多源于经济下行导致的制造业招聘需求下降,而非就业市场匹配效率的改善。另外,成年人(25—29 岁)就业率和年轻人(16—24 岁)就业率的走势出现了一个明显的结构性背离。2023 年 3 月,16—24 岁人口调查失业率是 25—59 岁失业率的 4.56 倍。结合经济合作与发展组织(OECD)国家情况,年轻人失业率高于成年人失业率 2 倍以下属于偏低,2.5—3 倍属于正常,3—4 倍属于偏高,超过 4 倍就是一个极限水平。我国该项数据在全球范围内处在极端的位置,说明问题相当严重,需高度重视。导致这一现象的主要原因有以下几点:一是现有人才培养体系与市场需求不完全匹配;二是部分行业收入与付出不完全匹配,技能型人才工资普遍偏低;三是随着我国社保体制的完善,更多的劳动者有了基本的生存保障,这使得部分劳动者就业欲望有所降低,甚至出现一些年轻人“啃老”不工作的情况。

(三)高精尖人才数量不足,行业引领力偏弱

山东传统产业和新兴产业人才数量多,但高精尖人才数量少,行业引领力不强。从行业高精尖人才分布看,高端人才主要集中在北京、长三角、粤港澳大湾区、珠三角等经济发达地区。新能源行业人才主要聚集在一线城市,上海、北京和深圳分别占比 17.6%、16.5%、11.3%,合计占比高达 45.4%[①];先进制造业人才集中于北京(8%)、深圳(6%)、上海(5%)及杭州(4%)等城市,济南和青岛的人才占比均为 1%,与深圳、杭州、广州(3%)、南京(2%)及成都(2%)相比差距较大[②]。化工行业高层次人才同样不足,难以匹配行业绿色低碳转型发展需要。近年来,山东化工行业高层次人才不断累积,队伍支撑性明显增强,但全国化工产业顶尖学者主要分布在北京和上海等地,我省创新成果赋能绿色低碳高质量发展的动力不足。截至 2022 年 8 月,全国化工行业拥有授权发明专利 731253 件。其中,拥有授权发明专利数量居前五位的省市分别为北京(72310 件)、江苏(69364 件)、广东(55656 件)、浙江(45178 件)及上海(41705 件),山东为 39874 件,占全国 7.27%,居第 6 位。

---

① 数据来源:展动力人才研究院《2022 新能源行业人才洞察》。

② 数据来源:中智咨询《2022 年城市人才、产业人才流动新风向分享》。

(四)国际人才和创新资源利用不足,吸引力不够

人工智能、量子科技等领域的竞争归根到底是人才的竞争。一是引进国际高精尖人才不够,海外高精尖人才首选地仍然是北上广深等大城市,来鲁的顶尖人才数量太少。比如,2022年归国的山东籍著名结构生物学家、美国国家科学院外籍院士颜宁去了深圳;溶酶体电生理记录的开创者徐浩新教授加盟浙江大学;现代光电化学的奠基人、日本著名科学家藤岛昭及其研究团队加盟上海理工大学;等等。二是引进和利用国际创新资源不足,与国际著名高校合作较少。三是在国际上的研究机构数量偏少,企业"走出去"直接利用海外高端人才不够。总部经济明显弱于GDP排名,也使得企业没有实力走出去利用国际创新资源。

(五)数字人才规模较小,数字化赋能偏弱

山东数字产业化发展较慢,数字人才供需规模偏小。数字产业化对产业链上下游全要素进行数字化升级、转型和再造,提升产业的生产效率,在绿色低碳高质量发展先行区建设中扮演越来越重要的角色。与经济发达地区相比,山东数字化转型进程相对较慢,人才供需规模较小,数字化赋能绿色低碳高质量发展仍有很大上升空间。《数字中国发展报告(2022年)》中,山东数字化综合发展水平居全国第7位,比2021年下降1位。[①]《中国数字劳动力供需演变研究报告》显示,2022年数字职业渗透率[②]全国排名前五的省份分别是北京(18.3%)、上海(16.6%)、广东(15.2%)、福建(15.1%)、浙江(13.5%),意味着这几个省份在数字技术尖端领域走在了全国前列,数字人才供需规模和质量都较高。从增速看,2020—2022年数字职业渗透率增长较快的分别为上海(3.3%)、河南(2.9%)、江苏(2.8%)、北京(2.7%)、福建(2.2%)、湖南(2.2%),其中,河南在大数据、人工智能等技术领域不断发力,湖南建立了跨境电商国家级试验区。

---

① 2021年和2022年地区数字化综合发展水平,山东均位居全国前十。2022年全国前十位分别为浙江、北京、广东、江苏、上海、福建、山东、天津、重庆、湖北,2021年全国前十位分别为浙江、北京、上海、广东、江苏、山东、天津、福建、湖北、四川。

② 数字职业渗透率=数字职业招聘量/总体招聘量。

三、对策建议

(一)在“引”上下功夫,充分发挥人才平台作用,内外联动集聚人才

聚焦山东绿色低碳发展方向,紧紧围绕企业需要的人才,形成人才需求的动态反馈机制。对内,加强本省人才平台建设,并借助企业、知名猎头公司及大数据分析广泛征集紧缺人才,形成科学的、合理的、可溯源的高层次人才分类需求库,建立高端人才引进绿色通道,精准引进人才,尤其是针对数字人才要加大招引力度。对外,积极主动对接国家的全球人才资源数据库,畅通海外高层次人才来华创新创业的通道。聚焦本省“卡脖子”技术攻关需求和重大原始创新需要,探索实施清单式人才引进,在全国布局下,统筹协调人才移民管理系统资源和社会力量,积极引进海外人才。

(二)在“育”上下功夫,精准培育人才,提高供需匹配度

结合山东绿色低碳高质量发展需求,在“育”上要做好两项工作。一是提高学校专业设置与企业需求匹配度,降低高等教育同质化,推进我省高等教育内涵式发展,继续优化高等教育布局,加快培养高端科研型人才,加速建设“双一流”高校,涵养本省高端科研型人才;加强高端技能型人才培养,全面构建现代职教体系,培养新型制造业在实现高质量发展过程中紧缺的技能型人才。二是加强继续教育培养,提高社会人才与企业需求匹配度,加强人力资本投资,构建现代职业教育体系,推进终身学习型社会建设,提供平台帮助人才更新知识技能,适应数字化时代,缓解人才供求矛盾。

(三)在“留”上下功夫,加强济青人才高地建设,促成全省一体的人才生态圈

整合利用社会各方资源,优化人才配套服务,推动济南和青岛为领头雁、各市为方阵的“2＋N”人才集聚雁阵格局,形成全省一体的人才生态体系,助力绿色低碳高质量发展。当前,济南和青岛依托各自的医疗、教育、产业等优势,已经成功吸引了一批高层次人才,初具山东人才高地规模,在全国也有一定影响力,下一步不仅要在“涵养人才”上发力,吸引全国优秀人才集聚,更要在“输出人才”上用劲,向省内其他城市输出人才,最终形成全省一体的人才生态系统。一是鼓励济青大胆创新人才引进模式,为人才提供更好的发展机会、人文体验、收入水平及生活条件,全方位解决人才后顾之忧,持续提升济青人才高地在全国的吸引力。二是促进各市间人才良性循环,打破人才流通壁垒,

形成全省人才高中低搭配、共生共荣、合理布局的人才生态圈。

(四)在"用"上下功夫,整合利用创新资源,由"为我所有"向"为我所用"转变

一是充分挖掘省外高端人才对山东省生产发展的外溢效应,支持用人单位通过项目合作、联合研发、咨询建言、阶段协作等灵活方式引入人才,逐渐由人才"为我所有"向"为我所用"转变,真正实现"揭榜挂帅"。二是鼓励引导省内科研机构、企业设立海外研发中心或与海外科研机构开展合作,创新多种形式的弹性用才模式,打造国际科技人才"蓄水池"。

(五)在"细"上下功夫,针对"就业难"和"招工难",进一步细化中小微企业扶持政策

梳理和评估当前中小微企业就业政策,进一步完善和加大政策支持力度。一是加强就业引导,营造良好氛围,树立就业优先观念,引导毕业生或未就业人员积极投入中小微企业。二是进一步加大对中小微企业财政、税收等方面的支持力度,对招录毕业生的小微企业给予直接补贴或各类保险费减免。三是整合全省教育和人才资源,面向失业大学生及就业率较低学校的在校学生,开展到企业实习计划,加大对中小微企业的人力资本投资,向中小微企业提供数字化应用和人才培训服务,为中小微企业的人才储备提供支持。

课题组成员:张中英　王永冲　王安　孙斌　马春晓　翟一杰　傅增清
田焱　陈玉婷

高层次人才服务绿色低碳高质量发展先行区建设政策支撑研究[①]

党的二十大报告指出,"必须坚持科技是第一生产力、人才是第一资源、创新是第一动力,深入实施科教兴国战略、人才强国战略、创新驱动发展战略","加快建设世界重要人才中心和创新高地"。[②] 人才作为第一资源,是全面建设社会主义现代化国家的三大基础性、战略性支撑之一。山东坚持人才引领驱动,促进人才区域合理布局和协调发展,着力形成人才国际竞争的比较优势,加快建设世界重要人才中心和创新高地承载区,推动先行区社会经济高质量发展,为绿色低碳高质量发展先行区建设提供有力人才支撑。

一、高层次人才工作面临的新形势与新要求

(一)全球科技创新快速发展

当前,世界百年未有之大变局加速演进,新一轮科技革命和产业变革深入发展,我国发展面临新的战略机遇和挑战。关键核心技术突破科技壁垒,必须依靠科技自立自强;不断加强高层次人才队伍的发展和建设,是夯实科技创新自立自强的基础。

(二)国内人才集聚竞争激烈

一方面,国家围绕战略科技力量建设,不断完善人才战略布局,北京、上海、粤港澳大湾区等地融入国家"3＋N"人才战略布局,集中力量加快建设世

① 2023年度山东省人力资源社会保障课题"高层次人才服务绿色低碳高质量发展先行区建设政策支撑研究"(编号:2023YBKT-05)。

② 习近平:《高举中国特色社会主义伟大旗帜 为全面建设社会主义现代化国家而团结奋斗——在中国共产党第二十次全国代表大会上的报告》,人民出版社2022年版,第33、36页。

界重要人才中心和创新高地，吸引集聚高层次人才；另一方面，科技创新集聚“强磁场”效应逐步出现，北京怀柔、上海张江、安徽合肥、粤港澳大湾区、陕西西安五大综合性国家科学中心的建设，成渝、武汉、西安三个在全国有影响力的科技创新中心的建立，为人才提供了跨地区、跨行业、跨领域的合作平台，对人才集聚形成虹吸效应。科技创新人才的合理流动，产生了知识的溢出，加速了科技创新发展，推动了区域创新高质量发展。

(三)先行区发展急需高层次人才引领

先行区建设迫切需要战略科学家、青年科创人才集聚创新。同时，面向数字经济发展主战场，产业数字化、数字产业化人才需求不断增长，数字化转型对工程师、高技能人才提出了新要求。

二、高层次人才服务先行区发展现状

近年来，先行区人才强省目标任务建设不断取得发展和突破，人才发展制度体系逐渐完善，人才生态竞争力明显提升，现代化人才发展治理体系开始建立，努力形成符合高质量发展要求的人才支撑格局，打造具有全国影响力的新时代人才集聚高地。

(一)高层次人才布局逐步合理

先行区积极构建具有山东特色的人才发展雁阵格局，加快高层次创新人才的集聚赋能，形成新时代全国人才发展格局中的战略支点。

1.济青人才集聚效应逐步显现

济南、青岛积极融入国家“3＋N”人才发展战略布局，进一步发挥山东省“2＋N”雁阵格局中的“头雁”作用，释放人才磁场效应、集聚效应、虹吸效应。

2.人才集聚节点相继建立

除济南、青岛以外的其他14地市立足各自区位优势、特色产业、重大平台等建立一批特色鲜明、优势互补、协调发展的人才集聚节点，培育特色人才高地。

3.高能级创新平台快速发展

建设高速列车、燃料电池、盐碱地综合利用三个领域类国家技术创新中心，总量居全国第2位。建立高端智能化家用电器创新中心和国家虚拟现实创新中心两个国家制造业创新中心。高标准构建实验室体系，积极推动崂山国家实验室更好地发挥带动作用，加快集聚全球高端海洋人才。截至2023年8月，我省拥有1家国家实验室基地、21家全国重点实验室，建设9家省实验室、277 家省重点实验室，“1313”四级实验室体系初步形成。

(二)高层次人才力量不断增强

山东省不断打造规模宏大、素质优良、结构合理的人才队伍，人才队伍引领力量不断增强。2022 年 11 月，我省人才资源总量突破 1500 万人，位居全国第三。

1.海内外专家引进成效显著

高质量落实住鲁院士科研生活支持保障政策，积极加大战略科学家、领军人才培养引进力度，全面实施领军人才“筑峰计划”。完善泰山学者攀登专家项目的遴选评估工作机制，强化泰山人才工程布局，加大引进力度，优化人选结构。注重引育具有产业升级支撑力和技术创新竞争力的高技能领军人才。

2.青年人才队伍建设持续加强

建设一流的科技创新青年人才队伍。来鲁、留鲁青年人才数量持续增长，2020—2022 年集聚高校毕业生等青年人才 218 万余人。2023 年上半年，新增博士后工作站 27 家、创新实践基地 47 家，新招收博士后 978 人，为先行区建设提供了有力的青年人才支撑。

3.高水平产业人才队伍已然形成

大力推进卓越工程师培养改革专项行动，加快培育适应绿色低碳高质量发展需要的优秀工程技术人才。持续建设卓越工程师教育实践基地，不断培养卓越工程师后备人才。2023 年上半年，全省高技能人才总量达到 383 万人，高技能人才总量和高技能领军人才数量均位居全国前列。

(三)高层次人才创新效能快速提升

加快人才引领发展，高层次人才队伍的壮大为推进科技创新奠定了良好基础，科技创新工作取得新进展、新成效。

1.关键核心技术实现重大突破

在人工智能、虚拟现实等领域组织实施省级科技示范工程，“国信 1 号”、“蓝鲸 2 号”、雪蜡车等“国之重器”填补了国内空白。

2.战略性新兴产业快速发展

截至 2022 年 10 月，我省培育认定省级战略性新兴产业集群 25 个，入选国家级战略性产业集群 7 个；2023 年，累计培育国家新型工业化产业示范基地达 30 家，数量位居全国第一；5 家国家级基地获“五星”评价，数量居全国第一。

3.领军型企业加速成长

截至 2023 年 5 月，培育国家企业技术中心总数突破 200 家，居全国首位。

截至 2023 年 10 月，入库科技型中小企业突破 4 万家，国家级“双跨”(跨行业跨领域)工业互联网平台共 7 个，居全国第二。截至 2023 年 7 月，培育专精特新中小企业 16075 家、专精特新“小巨人”企业 756 家，数量分别排在全国第一和第三；制造业单项冠军企业达 109 家，数量居全国第一。

(四)高层次人才生态加速优化

1.人才管理机制逐步完善

实施“即来即报”“特岗特批”等快速引进机制，加大人才引进力度。建立并完善授权松绑和约束监督相结合的机制，推进人才评价改革，向用人主体充分放权，为人才创新松绑。运用“揭榜挂帅”“解绑”等制度，完善科技人才管理模式。聚焦海洋、先进制造等五大领域，推动人才链、教育链、产业链、创新链“四链”深度融合发展，进一步明确人才引领发展的作用和地位。

2.人才服务体系持续改善

发挥高层次人才服务联盟作用，加强“山东省人才之家”服务平台作用，在创新创业、服务保障、人才交流等方面为高层次人才提供全链条服务。成立山东人才基金联盟，构建人才基金服务体系，完善人才金融支持。加大人才住房保障力度，优化和完善住房租房补贴发放、产权型人才住房配售、租赁型人才住房配租等措施，满足人才多样化住房需求。

3.创新创业环境不断优化

进一步扩大省科技成果转化综合试点范围，深化职务科技成果赋权改革，加快推进科技成果转化。2023 年，我省新增 18 家省级技术转移服务机构，推动技术要素市场化配置，加快成果转移转化；实施技术经纪人培养专项计划，加快高水平技术经纪人培养，成立省技术经纪服务联盟，培养入库技术经纪人 4656 人；建设省级科技成果转化示范基地 15 家、省级以上技术转移人才培养基地 12 家，数量居全国前列。

三、高层次人才服务先行区发展亟待解决的问题

我省在高层次人才服务先行区建设方面取得了显著成绩，但如何突出人才政策作用，实行具有齐鲁特色的人才政策，还面临三大挑战。

(一)高层次人才结构性矛盾突出

我省虽然在人才总量上取得了一定的成就，但是在人才资源结构上还存在人才规模、人才匹配、人才融合等方面的不足。

1.人才资源规模小,“高精尖缺”人才不足

2022年,我省人才总量突破1500万人,浙江省2022年人才资源总量达到1481万人。我省人才总量虽然在数量上略高于浙江,但是与人口规模相比,我省人才总体规模与人口规模不相适应,人才规模偏小。

2.创新人才与行业匹配度低

具有引领作用的顶尖人才、“未来产业”人才和领军人才与行业需求有错位,对打造绿色低碳高质量发展先发竞争优势支撑不足。一是从济南、青岛等地的人才发展支撑政策来看还存在“大水漫灌”问题,在挖掘潜在行业人才方面政策支撑力弱。二是我省先行区建设涉及产业领域的高水平技术技能人才严重不足,难以匹配新业态产业升级的发展需求。高校课程设置与产业需求脱节,人力资源市场和就业市场上人才供给结构性短缺严重,学术研究、技术应用、现代服务业等领域面临领军骨干人才、创新创业人才不足的问题。

3.学科“竖井”现象亟须破题

一是高等教育仍以专业培养为主,过窄的“精准”教育导致培养的学生知识结构和思维方式单一,难以适应经济社会快速发展的新要求。二是“大科学”时代背景下,许多问题涉及的学科范围、规模不断扩大,复杂性、综合性、交叉性持续增强,靠单一学科已难以解决复杂的科技问题。面对一些“揭榜挂帅”的重大任务,虽有心揭榜,但难有跨学科的科研“合伙人”,只能无奈放弃。

(二)高层次人才培养载体实力薄弱

1.城市创新“魅力”不足,对高端科技人才吸引力不强

绿色山东、低碳山东、数字山东等城市新名片、新亮点打造力度不足,难以形成吸引高层次人才来鲁兴业的新动力。在2022年最具人才吸引力城市100强榜单中,我省入选数量少、位次靠后。总体来看,全省共8市进入前100强,占比8%,其中青岛排第11名,济南排第13名,烟台、东营、威海、潍坊、淄博、临沂、日照虽然上榜,但是都在30名以后(见表1)。一线城市、长三角和珠三角城市的排名明显高于我省城市。

表1　2022年最具人才吸引力城市100强

排序	城市	排序	城市	排序	城市	排序	城市
1	北京	26	温州	51	廊坊	76	乌海
2	上海	27	金华	52	潍坊	77	临沂
3	深圳	28	郑州	53	芜湖	78	嘉峪关

续表

排序	城市	排序	城市	排序	城市	排序	城市
4	广州	29	湖州	54	鄂尔多斯	79	盐城
5	杭州	30	台州	55	贵阳	80	淮安
6	南京	31	福州	56	淄博	81	眉山
7	成都	32	舟山	57	太原	82	新余
8	苏州	33	中山	58	株洲	83	宜宾
9	武汉	34	南通	59	丽水	84	宣城
10	无锡	35	烟台	60	包头	85	盘锦
11	青岛	36	昆明	61	乌鲁木齐	86	玉溪
12	长沙	37	南昌	62	克拉玛依	87	景德镇
13	济南	38	惠州	63	南宁	88	湘潭
14	宁波	39	镇江	64	海口	89	金昌
15	佛山	40	大连	65	拉萨	90	漳州
16	厦门	41	沈阳	66	江门	91	莆田
17	东莞	42	泉州	67	长春	92	保定
18	天津	43	石家庄	68	徐州	93	宁德
19	合肥	44	泰州	69	三亚	94	秦皇岛
20	西安	45	扬州	70	绵阳	95	大庆
21	嘉兴	46	东营	71	唐山	96	兰州
22	常州	47	衢州	72	攀枝花	97	银川
23	绍兴	48	威海	73	德阳	98	连云港
24	重庆	49	马鞍山	74	洛阳	99	日照
25	珠海	50	呼和浩特	75	咸阳	100	宜昌

资料来源:智联招聘、泽平宏观。

2.重点科研院所数量不足,带动作用发挥不突出

在重点科研院所建设和科研能力的辐射方面,我省与先进省份相比还有很大的进步空间。2022年,我省首批11家全国重点实验室成功获批,省实验室总数达到9家,省重点实验室总数达到277家,每万人口有效发明专利拥有量18.65件;广东省拥有国家重点实验室30家,国家工程技术研究中心23家,省级工程技术研究中心7589家,国家级制造业创新中心4家,省级制造业

创新中心33家，每万人口有效发明专利拥有量42.51件；浙江省拥有国家认定的企业技术中心137家（含分中心），新建省实验室4家（累计10家），新建省技术创新中心4家（累计10家），新增“浙江制造”标准421个（累计3029个），每万人口有效发明专利拥有量67.5件。[①] 在国家重点实验室拥有量和每万人口有效发明专利拥有量等指标方面，我省与发达省份还有不小的差距，科研载体有待进一步强化提升。

3.人才培养方向和层次难以支撑先行区建设

一是从“双一流”建设高校和学科看，我省“双一流”建设高校只有山东大学、中国海洋大学、中国石油大学（华东），涉及服务绿色低碳高质量发展的“十强”优势产业集群重点领域相关专业中一流学科较少。横向对比其他先进省份，江苏省拥有15所“双一流”建设高校，“双一流”学科覆盖服务绿色低碳高质量发展的优势产业集群重点领域相关专业。浙江省虽然仅有浙江大学和中国美术学院2所“双一流”建设高校，但浙江大学“双一流”学科多达21个，与绿色低碳高质量发展产业集群重点领域相关专业关联度高。广东省有8所“双一流”建设高校、20个“双一流”学科。二是从本专科、研究生教育基础数据看，与其他省份相比，我省普通高等教育在结构上本专科占比较高，研究生培养与其他省份相比优势不明显（见表2）。在高层次人才储备上，我省明显落后于其他省份，后续高层次人才竞争不占优势。

表2　部分省份高等学校基本情况对比（2021年）

省份	学校数（所）	招生数（人）		在校人数（人）		毕业生数（人）	
		本专科	研究生	本专科	研究生	本专科	研究生
山东	153	780954	53567	2429912	149077	617855	34454
江苏	168	651500	94600	2110800	271500	523600	62600
浙江	109	375933	47505	1210296	129860	300419	25512
广东	160	751900	64501	2539800	174309	574400	38911

数据来源：各省统计年鉴。

（三）高层次人才生态环境有待优化

近年来，人口、资源等要素出现了新的流动趋势，我省人才环境优化取得新成绩的同时，科技成果转化、激励评价、要素保障等传统制约因素还存在改

① 数据来源：国家统计局、各省统计局。

善空间。

1.科技成果转化瓶颈明显

一是破解产学研融合发展的利益纠结问题。产学研三方在合作中的地位与作用不同,不同利益方会从自身利益考虑,产生动摇情绪,阻碍成果转化。二是产学研在科技供给侧与产业升级需求侧匹配度不高。因为市场存在滞后性,所以高校往往抓不准市场急需的应用研究方向,科研院所不知道市场热点需求,企业也不清楚大学、科研院所有何成果,最终造成了产学研"各自为政"的信息孤岛。三是职业技术经纪人队伍培育落后。山东省科学技术厅印发的《关于加强高水平科技成果转移转化人才队伍建设的若干措施》,只提到优化科技成果转移转化人才岗位设置,没有具体的指导意见,对职业技术经纪人的行业特点和发展没有指导性的意见。与之对比,浙江省科学技术厅等五部门印发的《关于加强高校院所科技成果转化的实施意见》第十一条专门提到:"壮大专业化技术转移人才队伍。加强技术转移管理人员、技术经纪人、技术经理人等技术转移人才队伍建设,畅通职业发展和职称晋升通道。"浙江省在加强技术经纪人等人才队伍建设的同时,也对此行业的发展目标有了规划,更有利于职业技术经纪人行业的健康发展。

2.激励评价机制作用有待提高

目前,我省在人才激励评价方面还有创新和提升的空间。一是评价科技人才价值的标准和依据依然存在误区。当前,虽然各地对科技人才的评价都体现了破"四唯"(唯注文、唯职称、唯学历、唯奖项),但在长期实践中形成的"数量是硬指标,质量是软指标"的传统思维定式依然难以改变。二是在科技成果分类评价时,评议形式难以均衡,精准度难以把控。例如,在基础研究成果方面,济南推出的以小同行评议为主的方式,有助于评议人真正地了解特定研究的价值和意义,从而消除评议的异化,保证公平公正。但是在实际操作中,小同行评议通常有过度偏爱自己狭窄学科或"文人相轻"的弊端,从而可能低估其他学科成果的价值。如何精准找到足够数量的小同行专家也是一件非常具有挑战性的事情。

3.要素保障机制尚需优化

一是科研投入总量较少,模式单一,整合利用金融资本能力较弱。《2022年全国科技经费投入统计公报》显示,研究与试验发展(R&D)经费投入超过千亿元的省(市)有12个,我省位列第五,但R&D经费投入强度(R&D经费投入额与地区生产总值之比)未能超过全国平均水平(见表3)。二是人才保障政策落实不及时,跟踪保障不到位。缺少"职业保姆式"人才服务样板,外来人才归属感、获得感不强。三是引进人才政策同质化,"拿来主义"盛行。各地存在盲目跟风加码、政策趋向同质化等问题，具有引领性、突破性的本地特色政策较少，难以突出比较优势，精细施策。

表 3　2022 年各地区 R&D 经费情况

地区	R&D 经费(亿元)	R&D 经费投入强度(%)
全国	30782.9	2.54
北京	2843.3	6.83
天津	568.7	3.49
河北	848.9	2.00
山西	273.7	1.07
内蒙古	209.5	0.90
辽宁	620.9	2.14
吉林	187.3	1.43
黑龙江	217.8	1.37
上海	1981.6	4.44
江苏	3835.4	3.12
浙江	2416.8	3.11
安徽	1152.5	2.56
福建	1082.1	2.04
江西	558.2	1.74
山东	2180.4	2.49
河南	1143.3	1.86
湖北	1254.7	2.33
湖南	1175.3	2.41
广东	4411.9	3.42
广西	217.9	0.83
海南	68.4	1.00
重庆	686.6	2.36
深圳	1215.0	2.14
贵州	199.3	0.99
云南	313.5	1.08

续表

地区	R&D经费(亿元)	R&D经费投入强度(%)
西藏	7.0	0.33
陕西	769.6	2.35
甘肃	144.1	1.29
青海	28.8	0.80
宁夏	79.4	1.57
新疆	91.0	0.51

四、外省先进经验

(一)以高端创新平台集聚高层次人才

广东依托国家大科学装置、国家和省实验室、工程技术中心以及高水平创新研究院等战略平台,引聚、培养、储备高层次人才、创新拔尖和基础研究人才。创建国家级制造业创新中心,打造以企业为主体,联合人才链、创新链、产业链相关资源的跨界协同创新生态系统。

江苏规划建设高水平大学、一流科研机构和高水平平台型新型研发机构等重大创新平台。推进产业高端智库建设,打造江苏重点产业高端新型智库。

浙江持续壮大高水平研究型大学、重点新型研发机构、一流科研院所、省技术创新中心等研究机构力量,为创新人才搭建广阔的成长学习平台和才华施展舞台。构建区域创新格局,推动浙江协同创新共同体建设。

(二)增强企业引才育才内生动力

1.支持企业自主培育人才

江苏和广东鼓励企业自主培育高技能人才,每年评审产教融合型企业,对入库企业优先开展企业新型学徒制培训,按规定开展新型学徒制培训的,给予企业每人每年4000—8500元的培训补贴。

2.激励企业加大投入

浙江印发《关于推动创新链产业链融合发展的若干意见》,在财政、金融、土地、营商环境等方面给予政策支持,激励企业发挥主体作用,加大研发投入,引育高层次人才。

3.发挥人力资源服务机构专业作用

海南重视人力资源服务业发展，更好地为自贸港提供人力资源支撑。建立人力资源诚信服务机制，把经营性人力资源服务机构的信用数据和失信情况纳入全省市场诚信建设体系。加大引才补贴力度，对于成功全职引进人才的，最高给予50万元/人的引才奖励；成功全职引进高层次人才团队的，最高给予200万元/团队的引才奖励。

（三）推动产学研深度融合

1.促进产业链和教育链融合

广东构建“产教评”技能生态链，为产业链建立从招生、培训、评价、就业到提升的技能人才精准供应链。实施高技能领军人才培育计划，在各行业评选认定首席技师、特级技师，纳入省高层次人才范畴，带动先进制造业等领域高精尖技能人才培养。

2.构建产学研融合平台

广东建立国际技术交易服务平台，将高校和科研院所的科技成果、企业的技术需求、相关领域科技人才和科创平台汇集在同一平台上，各方可以按照需求沟通交流。构建从基础研究到成果应用的产学研深度融合创新联合体。例如，广东的新能源汽车产业建立了从基础研究到应用研究再到成果转化的科技平台体系。

江苏支持园区人才载体建设，引进成立科创平台，实现“产才城”一体化。成立产业技术研究院，加快科研成果从样品到产品再到商品的转化，促进创新链和产业链的精准对接。加强技术产权交易市场建设，注重培育技术经理人，有效推进了科技成果的转移转化。

（四）优化高层次人才制度环境

1.深化职称制度改革

广东对现有职称标准体系进行完善，改革了27个职称系列，出台完善各系列和专业类别约60个职称评价标准，并开展新业态的职称评价；推动职称评审权下放，秉持“谁使用，谁评价”的原则，向用人主体授权。江苏针对重点领域和新兴产业如数字经济产业建立职称评价制度体系，下放人才评价权限，对开展自主评价的单位，人才管理部门加强事中、事后监管，不再进行资格审批。

2.强化要素保障

浙江为人才企业注入金融“活水”，制定出台“金融服务人才20条”，创新推出“人才贷”“人才险”“人才保”等“一揽子”服务,并通过补贴、降息、减费等方式,为人才、企业创新创业提供金融支持。广东和海南对高端人才及紧缺人才实施税收优惠。2019年起,粤港澳大湾区的珠三角九市对在大湾区工作的境外(含港澳台)高端人才和紧缺人才进行税收补贴,对个人所得税已缴税额超过其按应纳税所得额的15%计算的税额部分给予财政补贴,且该补贴免征个人所得税。海南对在海南自由贸易港工作的高端人才和紧缺人才,其个人所得税实际税负超过15%的部分,予以免征。

3.打造良好的人才服务生态

浙江全面推进人才工作数字化改革,形成纵向覆盖省市县、横向打通各部门的人才服务网络,人才凭省级“人才码”可享受全省各地人才服务;建设打造“浙里人才管家”应用,面向全省人才提供多项服务。江苏探索个性化服务,优化人才环境,做优“江苏省人才服务云平台”专网,将人才服务集成于一个平台;开通“尚贤”人才服务热线,为高层次人才提供标准化公共服务和个性化精准服务。

五、加强高层次人才服务先行区发展政策支撑的对策建议

(一)完善高层次人才队伍建设政策

1.强化战略科技人才支持政策

一是加强顶层设计,科学规划人才工程布局,在战略科技人才的引进上精准匹配省内重点学科、重点产业、重点项目建设,优化战略科技人才力量专业结构。二是实施顶尖人才集聚三年行动,力争引育集聚顶尖人才实现新突破、培养入选国家级人才工程数量实现显著增长。三是立足“一人一策”制定政策包,加强战略人才持续跟踪支持机制,强化“人才、平台、项目”一体化长期支持。

2.实施青年人才集聚专项支持政策

启动新一轮青年人才集聚专项行动,深入实施山东省青年人才集聚齐鲁行动计划,聚焦大数据与新一代信息技术、智能制造与高端装备等产业发展需求,精准引进青年人才。抓住海外人才回流契机,推动海外人才引进实现新突破。加大对博士(后)青年人才引进力度,建立重点园区企业定向服务制度,积极提供博士后岗位,依托“山东博士后科学基金”加大博士后创新项目普惠制支持。

3.推行急需紧缺人才引育政策

加强战略性新兴产业领域和未来产业领域急需紧缺人才引育。一是培育

壮大工程师队伍。推进“卓越工程师创新实验班”设立，壮大卓越工程师队伍。进一步实施工程硕博士联合培养改革试点工作，培养具备较强的工程技术创新创造能力的高水平工程师队伍。重视现场工程师的培养和使用，实施现场工程师专项培养计划。二是发挥数字人才作用。推进数字政府和数据要素市场体系建设，全面推行首席数据官制度。实施数字技能人才培养专项工程，面向人工智能、数字基础设施建设、物联网、工业互联网等重点领域，加强大数据、软件开发、数字化管理、数字营销等技能人才培育。三是加快海外“高精尖缺”急需人才引进。制定重点产业（领域）“高精尖缺”海外人才认定标准。推进外籍人才工作许可审批权下放，深化外国人来华工作许可、居留许可“两证联办”改革，探索海外“高精尖缺”人才短期试岗试聘、落地即支持政策，吸引更多海外顶尖创新人才来鲁发展。

（二）强化高层次人才载体建设支持政策

1.支持高能级科创平台建设

实施大科学计划、大科学工程，布局一批重大科技基础设施。继续积极争创国家实验室、技术创新中心、产业创新中心、制造业创新中心等“国字号”创新平台，加大省实验室建设力度，打造符合绿色低碳高质量发展先行区需求的应用基础研究中心。

2.支持高等院校提升办学水平

提升省属高校办学水平，在全省建成一批教育、科技、产业高效协同的高水平大学。实施重点省属高校办学水平攀登计划，合力助推至少3家省属重点高校进入国家“双一流”院校，推动更多“十强”产业重点领域、未来产业领域学科进入国家“双一流”学科。探索建设高等教育共同体，引入海内外优质科教资源，构建一批优势学科，聚集一批高水平人才。

3.支持企业发挥主体作用

建立科研院所、高校定点帮扶和政府对口支持机制，为企业搭建高端创新平台，提供智力、资金、土地等要素支持。建立企业绿色低碳高质量发展共同体，实现人才互通、人才共用。实施人才引领型企业专项扶持政策，设立企业招引人才审批绿色通道，对承接战略型人才企业实施财政奖补、税收抵免等优惠政策。

（三）优化高层次人才生态环境

1.完善成果转化机制

一是优化科技成果奖补政策，引入科技成果转换社会贡献评价机制，探索科技成果转换投入产出量化新模式。二是支持科技成果上市交易，实现科研成果市场化评估和自由交易、转让,发挥市场对科研转化的决定性作用。三是建设一批高水平技术经纪人队伍,推动技术经纪人行业高质量发展。

2.完善激励评价机制

一是建立市场化绩效激励。推行科技成果转化利益共享机制,构建科学合理的各科研主体利益分配体系。二是实施联合考核、分类考核。对战略性人才、涉密专业人才,联合组织部门、科技部门、行业协会三方共同评价,对其他高层次人才引入专业人力资源管理公司、行业协会、所在单位共同评议。依岗分类定评,突出人才发挥作用的结果导向,设置投入—产出效益评价指标,以人才效能为依据,开展动态管理。三是科学设置人才评价周期。合理划分人才类别,分类实施考核周期,突出中长期目标导向,适当设置考核缓冲期、柔性考核期。

3.完善要素保障机制

一是加大科研保障经费投入,创新投融资渠道。进一步优化中央、省、市财政支出结构,持续向重点科技领军人才和创新团队倾斜;整合各类人才扶持资金,建立人才专项基金。引导金融机构开发相关金融产品,拓宽科研平台建设、人才引进资金来源。二是狠抓人才政策落实,提升人才生态质量。重点排查人才政策落实的效率和便利性。组织制定高层次人才最牵挂的“关键小事”清单,精简流程、逐条销号。宣传推广山东爱才、重才、惜才的人才品牌。打破地域限制,实现人才服务一网通办,提高服务效能。三是加强全省人才政策的顶层设计,提级审批地市人才政策。加强产业集群效应,探索推行“一市一业,一县一企”发展新模式。在充分研判各地市、各城市组团资源禀赋、发展规划、传统优势产业的基础上,做好政策统筹,消除政策的同质化。

课题组成员:郭太禄　袁静　王傲晨　陈国梁　史志东

“千万工程”的示范路径、主要成效及经验启示

“千村示范、万村整治”工程(简称“千万工程”)是习近平同志在浙江工作时亲自谋划、亲自部署、亲自推动的一项重大决策。2018 年 9 月，“千万工程”荣获联合国环保最高奖项“地球卫士奖”。2003 年 6 月，习近平同志提出，从全省选择 1 万个左右的行政村进行全面整治，把其中 1000 个左右的中心村建成全面小康示范村，“千村示范、万村整治”应运而生。20 多年来，“千万工程”先后经历了示范引领、整体推进、深化提升、转型升级四个阶段，完成了从满足温饱型生存需求向满足小康型发展和共富型发展需求的演变，实现了从“千村示范、万村整治”向“千村精品、万村美丽”，再向“千村未来、万村共富”的迭代升级。20 多年后再回眸，“千万工程”锲而不舍、润物无声、久久为功，已然改变了无数村庄的命运，并深刻影响着中国乡村的未来，探索出了一条加强农村人居环境整治、全面推进乡村振兴、建设美丽中国的科学路径。“千万工程”的成功经验得到了习近平总书记重要批示，并在全国推广。近期，山东省宏观经济研究院课题组赴浙江进行调研，对“千万工程”的经验做法进行了系统的梳理和总结，为我省全面推进乡村振兴齐鲁样板建设提供参考借鉴。

一、示范路径

(一)聚力推进“三大革命”，改善农村环境面貌

一是持续发力“垃圾革命”。建立起覆盖全域、运作规范、处理高效、保障有力的农村生活垃圾处理体系，成功推动乡村垃圾处理由“垃圾扫出门”到“垃圾扔进桶”再到“垃圾分好类”的三级跳。2022 年，浙江省农村生活垃圾分类覆盖面达 100%，无害化处理率达 100%，生活垃圾回收利用率达 60%。二是集中发力“污水革命”。推动农村生活污水治理攻坚，农村生活污水基本实现应纳尽纳、应集尽集、应治尽治、达标排放，农户厕所污水、厨房污水和洗涤污水截污纳管率达到 95%，乡村劣Ⅴ类小微水体全部消除，实现了水环境由

“脏”到“净”再到“清”和“美”的持续转变。三是有效发力“厕所革命”。按照便利化、智慧化、人性化、特色化、规范化要求,通过新建、改造等方式,解决农村公厕“脏乱差”问题,补齐群众生活品质的关键短板。2022 年,浙江省农村卫生厕所普及率达到 100%,农村无害化卫生户厕覆盖率超 99%。

(二)聚焦“大花园”打造,描绘美丽乡村画卷

一是以“点”带动,创建美丽庭院、精品村。以户为单元,着力把千家万户庭院建成精美精致小品,以一家一户的小美推动村域的大美;以村为单元,培育村庄风貌优美、产业特色鲜明、民风淳朴正气的精品村、特色村。二是以“线”联动,打造美丽风景线、示范乡镇。以道路、河流或乡镇全域为单元,打破村界,以精品村、特色村、中心村、历史文化村为支点,开展片区化、组团式美丽乡村建设,打造一批主题鲜明、功能多样的风景线、示范乡镇。三是以“面”驱动,建设美丽乡村先进县、示范县。以整个县域为单元,坚持全领域、全方位、全面推进,创建美丽乡村先进县、示范县,形成乡村整体美丽。截至 2022 年年底,浙江全省 90%以上的村庄达到新时代美丽乡村标准,创建美丽乡村示范县 70 个、示范乡镇 724 个、风景线 743 条、特色精品村 2170 个、美丽庭院 300 多万户。

(三)统筹村庄建设运营,壮大发展乡村经济

秉持“绿水青山就是金山银山”理念,打响民俗牌、生态牌、田园牌、乡愁牌,统筹村庄建设和村庄运营,将美丽环境转化为美丽经济,将生态优势转化为产业优势。一是建设景区村庄。抓好美丽乡村建设规划与旅游发展规划融合,把美丽乡村建设成为旅游景区,一大批彰显休闲农味、景区韵味、文化风味、乡愁野趣的景区村庄模式相继出现。截至 2022 年年底,浙江省累计创建 3A 级景区村庄 2240 个,累计打造中国最美休闲乡村 72 个。二是培育美丽新业态。按照美丽经济的要求,做大做强养生、健身、运动、休闲和养老产业,大力开发绿色农林产品、保健品、医药品、美容化妆品等新型产品,做大做强大旅游产业、大健康产业、美丽农业等美丽经济产业,促进美丽乡村加速向美丽经济转化。2021 年,浙江省全年乡村旅游和休闲农业接待游客 3.9 亿人次,营业总收入 469 亿元,其中农副产品销售收入超 100 亿元。三是壮大村集体经济。树立经营村庄理念,把建设美丽乡村、经营美丽乡村、发展美丽经济与发展壮大村级集体经济进行有机结合,把乡村旅游业、美丽农业、集体物业等美丽经济发展成为村集体经济增收的新增长极。2022 年,浙江全省集体经济收入 30 万元以上且经营性收入 15 万元以上的行政村占比超过 85%。

(四)弘扬传承人文乡愁,塑造和谐文明新风尚

坚持“物的美丽”与“人的美丽”联动建设,凸显乡村乡风文明、家风良好、民风淳朴,让乡村既有“颜值”又有“气质”。一是塑造乡村文明新风。秉持“村美人更美”的理念,积极推广“崇德向善、守望相助、互敬互爱、德行天下”的好家风,倡导“家家有家训,户户亮家训”。通过宣传教育、示范引领、集中治理、建章立制等举措,加强移风易俗,遏制农村陋习,全省乡村文明焕发新气象。二是建设农村文化礼堂。以“文化礼堂、精神家园”为主题,打造了一大批以乡愁记忆展示馆、优秀文化传承馆、思想道德教育馆、乡村文化大舞台“三馆一台”为定位的农村文化礼堂,实现了文艺文化、教育教化、家德家风、乡愁乡风、礼仪礼节等精神要素在全村的弥散。截至 2022 年年底,浙江省累计建成农村文化礼堂 20511 家,实现 500 人以上建制村全覆盖。

二、主要成效

(一)对产业兴旺的带动效应

产业振兴是乡村振兴的重中之重,“千万工程”的实施与深化促进了乡村人居环境和公共服务不断改善,为乡村资源生态优势和人文生态优势转化为经济发展优势创造了重要条件。通过科学规划村庄发展,盘活集体资源资产,引入社会资本和市场机制,通盘考虑村庄建设与产业经营,将生态资源与市场需求相结合,大力发展新型农村集体经济,推动产业融合、产村融合、城乡融合。截至 2023 年 6 月底,浙江省累计建成 82 条产值超 10 亿元的农业全产业链,辐射带动 478 万名农民就业创业,培育县级及以上农业龙头企业 5383 家、示范性农民专业合作社 9491 家、农创客超 4.7 万名,建成“共富工坊”6226 家。在因地制宜加快乡村产业高质量发展的同时,增强了村集体经济的发展能力和实力,带动了乡村产业的发展和兴旺。

(二)对生态宜居的引领效应

生态宜居是乡村振兴的内在要求,“千万工程”为农村带来的变化不仅体现在自然生态环境上,更体现在人居设施环境和公共服务体系的有效配套上。道路与通信网络覆盖全部村庄,“污水横流”现象不复存在,垃圾分类集中处理基本普及,“厕所革命”补齐群众生活品质的短板,村容村貌大多实现绿化美化净化。此外,通过乡村数字化互联网平台的打造和相关制度的建构,不少乡村

建立了共享公共服务的医共体、教共体、文体中心、养老中心等，大大提高了乡村公共服务设施的利用效率、共享水平和服务能力。2022年，浙江省数字农业农村发展水平达到68.3%，连续多年居全国首位。

(三)对乡风文明的联动效应

乡风文明是乡村振兴的重要标志，“千万工程”的实施对乡风文明具有联动效应。一方面，通过弘扬主旋律，传承优秀传统文化，广大村民的向心力、凝聚力和积极性得到了明显增强；另一方面，“千万工程”对乡村文化设施的建设与普及，为广大村民开展文化活动提供了便捷的空间场所和网络载体，不仅大大繁荣了乡村文化活动，丰富了村民的精神文化生活，而且也使乡村丰富的历史文化资源如红色文化、农耕文化、民俗文化等得到了场景化展示，彰显了在乡村厚植文化根脉、促进文化互鉴等方面的重要意义和价值。2023年，浙江计划在乡村培育100个“浙江文化标识”，建成乡村博物馆200家以上，实施246个历史文化(传统)村落保护利用项目，举办中国农民丰收节浙江系列活动。

(四)对治理有效的提升效应

治理有效是乡村振兴的重要保障，“千万工程”的实施促进了乡村各类公共事务的发展和城乡要素的流动，对村集体、社区进行有效治理，成功探索与实践了许多具有创新性的乡村治理方式，如坚持自治、法治、德治相结合，充分调动村民参与公共事务的积极性；运用数字技术，使治理更具精准性；引入市场机制，既降低治理成本，又激活相关主体的内生动力等。截至2023年年底，浙江累计建成省级及以上民主法治村1643个，县级及以上民主法治村占比90%以上，行政村党务、村务、财务“三务”公开水平达99.8%，村级治理现代化水平稳步提升。

(五)对生活富裕的推进效应

生活富裕是乡村振兴的根本，“千万工程”推动了乡村产业和村集体经济的发展，不仅明显提高了村集体经济的收入，而且还为农村居民提供了多种类型的就地就近就业与增收的机会。2022年，浙江省农村居民人均可支配收入增至37565元，城乡收入倍差缩小至1.9以内；农村集体经济总收入达到760亿元，全面消除了集体经济总收入20万元以下、经营性收入10万元以下的行政村。“千万工程”对生活富裕的推进效应，还体现在从根本上改变了乡村的基础设施和人居环境，同时也显著改善了乡村的公共服务，进而大大缩小了城乡差距。更重要的是,通过"千万工程"的实施,实现了乡村公共服务体系和人居环境的改善,这对于每个村集体及其村民而言具有共建性、普惠性和共享性,这恰恰是推动共同富裕所追求的目标。

三、经验启示

(一)既要坚持政府主导,又要重视引入市场力量

在实施乡村振兴的过程中,需要大量资金、劳动力等要素持续投入,单纯依靠政府的力量不足以支撑全过程,必须在加大政府对乡村建设投入的同时,创新乡村振兴建设思路。发挥政府财政金融政策"四两拨千斤"的杠杆作用,引入市场机制,赋予农民、企业等相关主体在生态资源利用和公共设施建设中的使用权与经营权,将乡村公共产品转化为市场产品,从而有效解决乡村振兴中供给不足、资金短缺等问题。

(二)既要实现有效供给,又要实现有效管护

实践中,乡村社区公共基础设施建设经验滞后于发展需要,这不仅与有效供给不足有关,也与项目设施的营运、管护不力有关。因此,应立足实际、因地制宜,厘清管护主体,明确管护责任。对于没有收益的非经营性基础设施,地方政府和村级组织应担起管护责任,既可以直接管,也可以购买服务;经营收益可以弥补建设和运营成本的经营性设施,则可以由运营企业自行或委托第三方管护。

(三)既要防止大拆大建,又要避免低效率配置

加快推进村庄规划工作,明确村庄布局分类,立足现有基础,保留乡村特色风貌,防止脱离乡村自然与文化特点,避免侵犯农民权益的大拆大建。同时,加强乡村公共基础设施建设,把公共基础设施建设的重点放在农村,着力推进往村覆盖、往户延伸,从根本上实现路、水、气、电、网等基础设施和公共服务对乡村、对农村居民的有效覆盖,释放要素集聚效应,提升要素配置效率。

(四)既要注重普惠性、基础性、兜底性,又要注重发展性

乡村振兴必须从自身实际出发,体现乡村发展的阶段性特点。集中力量优先抓好普惠性、基础性、兜底性民生建设,优先建设既方便生活又促进

生产的项目,加快推进乡村水电路和通信、物流等基础设施建设,以及教育、医疗、养老等公共服务设施建设。在此基础上,建立包容多元建设主体和多种运行机制的乡村治理体系,推进乡村振兴建设与乡村产业、生态、文化、治理及公共服务相结合,促进乡村价值转化与提升,实现乡村更好更快发展。

(五)既要重塑新型城乡关系,又要统筹城乡融合发展

在全面建设社会主义现代化国家的新征程中,城镇和乡村是两个同等重要的方面,不可偏废,城镇和乡村互促互进、共生共存,既要建设繁华的城市,也要建设繁荣的农村。应深入推进城乡融合发展体制机制改革,促进城乡要素自由流动和平等交换,畅通城乡人口流动渠道,深化改革农村土地制度,强化乡村发展的资金保障,推动科技成果入乡转化,加快形成工农互促、城乡互补、协调发展、共同繁荣的新型工农城乡关系,统筹推进城乡融合发展。

课题组成员:张中英　徐勤航

第二篇　科技创新引领现代化产业体系建设

山东省16市产业创新发展比较研究

党的二十大报告强调，“教育、科技、人才是全面建设社会主义现代化国家的基础性、战略性支撑。必须坚持科技是第一生产力、人才是第一资源、创新是第一动力”，“坚持面向世界科技前沿、面向经济主战场、面向国家重大需求、面向人民生命健康，加快实现高水平科技自立自强”。① 产业创新是国家科技创新体系的重要组成部分，是突破产业“卡脖子”瓶颈、提升产业竞争力、构建现代化产业体系的关键支撑。

一、产业创新能力的内涵与未来趋势

（一）产业创新能力的内涵

产业创新能力是中观层面的系统整体创新能力，是产业内部所有创新主体通过自主创新、集成创新、引进消化吸收再创新，解决产业内关键技术问题，形成核心技术和自主知识产权，以提升产业竞争力和社会经济效益为目的的所有活动能力的集合。

1.产业创新能力测度基准

一是基于创新构成要素的视角。该视角认为产业创新能力是由若干相互影响的要素构成的系统能力，产业创新能力的评价可分解成对创新各项子能力的评价。二是基于创新过程的视角。该视角认为产业创新是相互联系的一系列环节，通过评价各个环节的创新能力就可以综合评价整个产业的创新能力。

2.产业创新能力影响因素

产业创新能力影响因素主要包括内部因素和外部因素。内部因素包括创

① 习近平：《高举中国特色社会主义伟大旗帜　为全面建设社会主义现代化国家而团结奋斗——在中国共产党第二十次全国代表大会上的报告》，人民出版社2022年版，第33、35页。

新投入和产业结构，外部因素包括教育水平和环境支撑。

3.山东省产业创新能力研究

对于山东省产业创新能力的研究，多数学者以创新投入和产出为基础视角，辅以环境支撑维度，分析切入点较为固化，且普遍以高技术产业为研究对象来构建评价指标体系进行研究。

(二)产业创新发展的未来趋势

当前，新一轮科技革命和产业变革深入推进，工业和信息化融合向更大范围、更深层次、更高水平拓展，催生出更多新技术、新产业、新业态、新模式，为产业转型升级带来新市场和新机遇。新冠疫情加快重塑国际经贸格局和规则体系，推动全球产业链和价值链分工格局、运行逻辑、规则体系、竞争范式发生深刻变革，科技创新成为产业创新发展的关键动力，统筹发展和安全成为产业创新发展的重要方向，数字经济成为产业创新发展的赋能手段，绿色转型成为产业创新发展的必由之路，区域竞争格局给产业创新发展带来新的挑战。立足新发展阶段，贯彻新发展理念，服务构建新发展格局，产业创新发展需要保持战略定力，善于在危机中育新机、于变局中开新局。

二、产业创新能力评价指标体系构建

结合产业创新的相关理论基础以及指标体系构建原则，将产业创新能力分成四个指标，从创新资源投入、创新成果产出、创新环境支撑、产业升级能力四个维度构建产业创新能力评价指标体系并采用熵值法来确定各项具体指标的权重(见表1)。

表1　产业创新能力评价指标体系

一级指标	二级指标	三级指标	单位	权重
产业创新能力	创新资源投入	R&D人员全时当量	人年	8
		R&D经费占GDP比重	%	2
		高新技术企业数量	家	15
	创新成果产出	技术交易额	亿元	5
		发明专利授权数占专利授权数的比重	%	9
		全员劳动生产率	%	11

续表

一级指标	二级指标	三级指标	单位	权重
产业创新能力	创新环境支撑	人均 GDP	元	6
		科技拨款占财政拨款的比重	%	4
		教育拨款占财政拨款的比重	%	4
		R&D 经费内部支出中政府资金所占比重	%	11
	产业升级能力	产业结构层次系数		5
		高技术产业产值占规模以上工业增加值比重	%	3
		外商直接投资	亿美元	10
		国家级专精特新企业数量	家	7

数据来源:《山东统计年鉴(2021)》、16 市 2021 年国民经济和社会发展统计公报。

三、山东 16 市产业创新发展测度与综合评价

(一)综合评价

研究结果表明,16 个地市产业创新发展水平存在显著差异,其中青岛和济南两市在创新资源投入、创新成果产出、创新环境支撑和产业升级能力方面都位居全省前列,且远高于全省平均水平。烟台、淄博、东营、潍坊、威海 5 市的产业创新发展水平均处于中等水平。日照、临沂、滨州、济宁、泰安、聊城、德州、枣庄、菏泽 9 市的产业创新发展水平均处于初级阶段,这与当地经济基础相对薄弱、工业化程度相对偏低密不可分。对山东 16 市产业创新发展水平进行空间可视化分析,结果表明山东省产业创新发展水平整体上呈现鲁西北和鲁西南内陆地区较低、鲁东沿海地区和济青高速沿线地区较高的分布状态。城市经济发展需要产业创新发展提供动力,而产业结构的创新发展升级又离不开经济发展所带来的资源优化配置,两者呈现显著的正相关性。

(二)分指标项评价——创新资源投入

通过对山东 16 市的创新资源投入水平进行对比,可以看出各市的创新资源投入水平具有空间异质性(见图 1)。具体表现为:青岛、济南的创新投入水平居全省前两位,两市的高新技术企业数占全省高新技术企业数的 50.8%。烟台、潍坊、淄博 3 市的创新投入水平位于第二梯队,其中烟台和潍坊的高新

技术企业均超过1000家，在迈向高质量发展的新征程中，传统工业强市对科技创新的需求比以往任何时候都更加迫切。

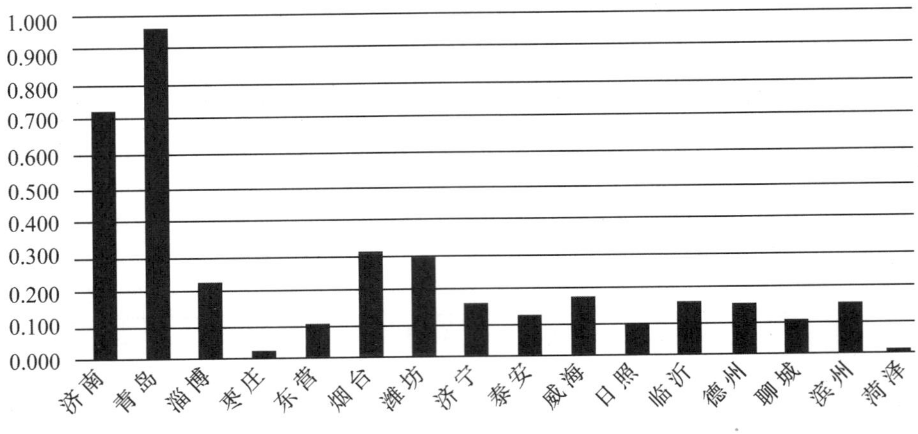

图1　山东16市创新资源投入水平

(三)分指标项评价——创新成果产出

从创新成果产出指标来看，济南、青岛两市领衔创新成果产出榜，其次是东营、烟台、威海、淄博、日照、潍坊6市组成的第二方阵(见图2)。济南、青岛、烟台3市的技术交易总额约占全省技术交易额的39%，显示了“三核”较强的引领作用，结合上述3市的创新资源投入水平可知，产业创新资源投入与创新成果产出呈现较强的相关性。

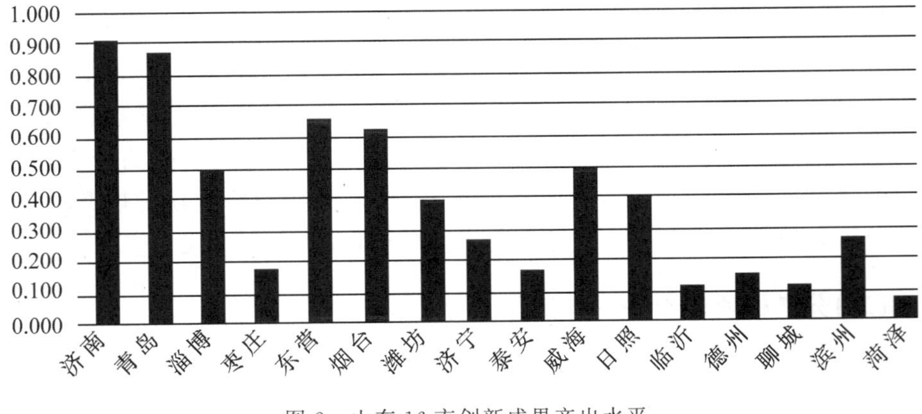

图2　山东16市创新成果产出水平

(四)分指标项评价——创新环境支撑

对比山东 16 市的创新环境,可以看出济南、青岛呈现并驾齐驱之势,创新环境支撑水平分别为 0.790 和 0.765(见图 3),其中青岛的教育拨款占财政拨款的比重高于济南,而济南的科技拨款占财政拨款的比重高于青岛。胶东经济圈 5 市的创新环境支撑能力居全省前八,相较于省会经济圈和鲁南经济圈,产业创新发展环境更为优化。德州和滨州两市的 R&D 经费内部支出中政府资金所占比重均不足 2%,说明企业发挥技术创新主体作用更为突出。

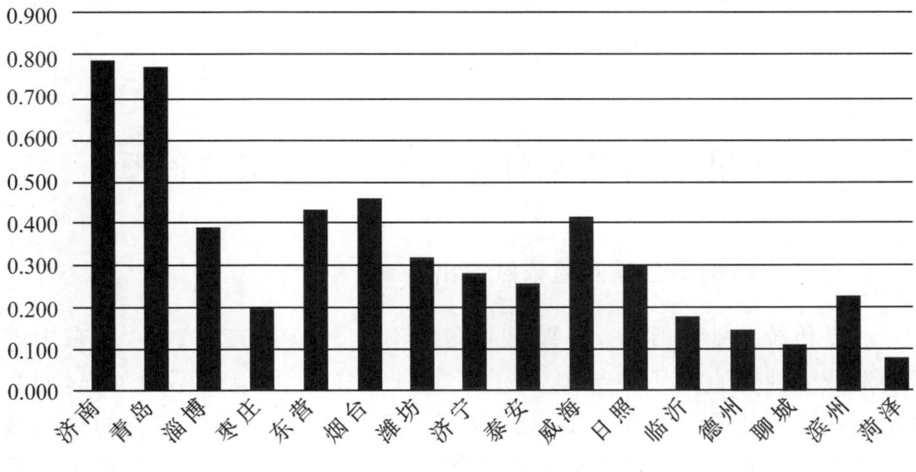

图 3 山东 16 市创新环境支撑水平

(五)分指标项评价——产业升级能力

通过对山东 16 市的产业升级能力进行对比,可以看到青岛优势明显,强龙头效应不断显现(见图 4)。经济发展水平、市场开放程度、基础设施、政府效率和政策环境是影响外商直接投资的主要因素,青岛、烟台、潍坊和日照 4 市由于优越的地理位置和较高的对外开放程度,在吸引外资方面存在明显优势。泰安高技术产业产值占规模以上工业增加值比重为 57.5%,居全省第 5 位,有力地支撑了工业经济转型升级。

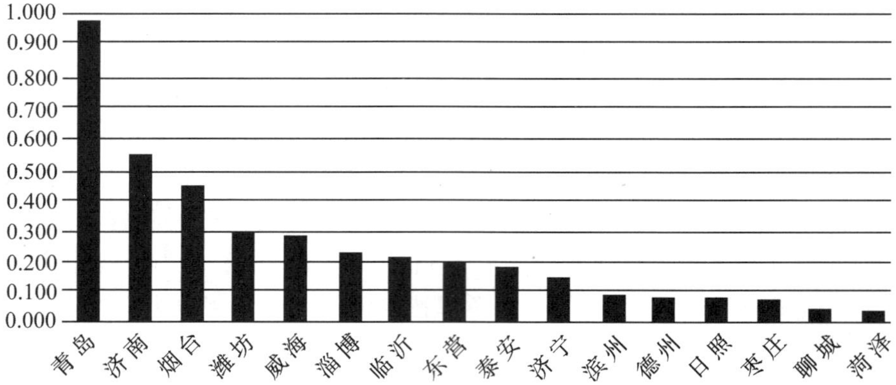

图 4　山东 16 市产业升级能力水平

四、山东省产业创新发展面临的突出问题

(一)产业结构不合理问题依然突出

一是传统产业占比高,新兴产业支撑不足。2018—2021 年,山东中端技术制造业企业一直处于主导地位(占比大于 40%),且地位不断加强,而高技术制造业企业比重一直徘徊在 31%左右。广东、江苏、浙江三省的中端技术制造业企业不足 30%,高技术制造业企业超过 50%。二是生产性服务业发展滞后。2021 年,山东生产性服务业增加值仅占服务业的 48%左右,与全国和沿海发达省市相比占比偏低,依然是经济发展的短板。三是经营效益亟须进一步提高。从企业的发展实践看,我省头部企业“大而不强”的局面尚未得到根本性改变。根据 2021 年中国企业 500 强榜单,山东上榜企业数量位居全国第二,但上榜企业的营业收入、利润额和总产值均低于浙、粤两省。

(二)研发投入力度有待加强

2021 年,全省 R&D 经费投入金额 1944.7 亿元,位列广东、江苏、北京和浙江之后,排名全国第五。R&D 投入强度(R&D 经费占 GDP 比重)为 2.34%,与安徽省并列第七,与广东省(3.22%)、江苏省(2.95%)、浙江省(2.94%)相差较大。

(三)企业技术创新活力不足

2021 年,全省年登记技术合同成交额 2564.9 亿元,位列第五;《专利合作条约》(PCT)国际申请量3244件，不足江苏省的1/2，仅为广东省的1/8。全省每万人发明专利拥有量14.85件，远低于江苏省的41.17件、浙江省的38.8件和广东省的21.09件。

(四)缺乏有影响力的领军人才

省内企业普遍存在高端人才引不来、技术型人才招不到、成长型人才留不住等诸多人才瓶颈。全省首次人才资源统计结果显示，山东企业经营管理人才中，高级占6.7%，中级占16.9%，初级占76.4%。省内企业面临新兴产业人才持续紧缺、传统产业人才加速流失的严峻挑战。

(五)区域产业协同创新力度不够

山东省区域经济发展水平存在较大差距，济南、青岛对周边地市的经济带动作用不够强，产业基础设施等方面区域间差异明显，各地区产业集聚效应发挥不足。同时，区域内及跨区域产业功能定位不明晰、协同度低，产业升级转移能力和区域产业合作格局有待提升，创新引领产业协同效率不高。

五、提升山东省产业创新能力的建议

(一)强化战略科技力量布局

加强战略前沿领域部署，深化基础研究与应用基础研究，促进前沿科技项目成果转化，推动科学技术化，从源头提升产业基础能力。一是发挥重大创新平台引领产业发展作用，构建多层次实验室体系，增强重点产业和关键领域技术创新能力。二是强化企业创新主体地位，扎实推进“科技型中小企业—高新技术企业—创新型领军企业—高新技术上市企业”梯次培育体系。三是促进科技与金融深度融合，积极引导金融活水配置产业创新领域，构建服务科技企业的“金融水利工程”，推动产业资本化。

(二)培育创新型产业集群

应立足我省资源禀赋和特色优势，因地制宜，聚焦“十强”优势产业、未来产业，深入谋划新一代信息技术、生物医药、智能制造、新能源汽车、新材料、新能源等优势产业集群发展方向，实施一批引领型重大项目和新技术应用示范工程，加快破解关键“卡脖子”技术，加快形成集聚效应和品牌优势。牢固树立产业链思维，发展产业集群，深化产业链“链主+链长”实施机制，实施集群领军企业跨越发展计划,鼓励引导集群企业纵向配套、横向协作,每个集群选准2—3家龙头企业给予重点扶持,量身定制政策措施,推动龙头企业做大做强,引领带动优势产业集群规模壮大。

(三)集聚多层次创新人才力量

面向全球引进符合主导产业方向的创新型领军人才和团队,培育一批青年后备人才,打造梯次衔接的高层次人才队伍,强化人才"双链融合"的支撑作用。一是鼓励探索市场评价人才机制,建立以创新价值、能力、贡献为导向的人才评价体系。二是加大省科技计划对企业科技人才的支持力度,推广"人才+技术+项目+社会资本"的战略合作方式,培育产业急需的中高端人才。三是鼓励企业与高等院校、职业院校合作,探索"订单式"培养产业技术人才方式,支持企业建立高等院校学生实践训练基地。

(四)促进绿色化智能化融合发展

推进产业绿色低碳转型,促进大数据、人工智能等新兴技术与绿色低碳产业深度融合,打造绿色工厂、绿色供应链、智能工厂。一是构建绿色制造体系。着眼产品全生命周期绿色化,大力开发具有节能、环保、无害化、可回收等特性的绿色产品,提高绿色供给质量。二是聚焦化石能源绿色智能开发和清洁低碳利用、新能源、生态环境保护、清洁生产、资源综合循环利用等领域,开展绿色技术攻关和示范应用。三是布局建设绿色低碳的数字化智能化设施和平台,推进管理和服务的数字化智能化,建设产业和创新创业大数据平台,提升园区管理运营服务效能。

(五)强化区域协同与辐射带动

一是建立利益共享机制,整体优化营商环境。二是推动产业链创新链布局优化与融合,提升供给体系对区域发展需求的适配性。三是依据各自优势完善产业配套,构建山东半岛城市群产业生态系统。充分发挥市场在资源配置中的决定性作用,通过产业链不同环节分工协作带动产业转移承接,形成区域产业转移与创新合作协调机制,增强济南、青岛"双核"辐射带动能力,打造有较强影响力和竞争力的济南都市圈与青岛都市圈。

课题组成员:杜超　王安

国家先进制造业集群发展态势及对山东省的启示

国家先进制造业集群是引领区域经济发展的重要引擎，是参与国内外产业竞争的关键力量。2023 年以来，习近平总书记多次调研实体经济，强调制造业的重要作用、重要地位。2023 年 5 月，国务院常务会议审议通过关于加快发展先进制造业集群的意见。截至 2023 年年底，已公布三批共 45 个国家先进制造业集群。为贯彻落实省委、省政府关于工业经济高质量发展的部署要求，山东省宏观经济研究院区域经济所课题组分析梳理了 45 个国家先进制造业集群的基本特征及我省制造业集群发展面临的问题，研究提出推进集群组织变革、加强新兴产业培育、完善集群创新网络、强化跨区域协同等建议。

一、45 个国家先进制造业集群发展趋势特征

（一）三大趋势：新兴产业占比高、空间分布相对集聚、跨区域协同发展

一是传统产业与新兴产业并重，新兴领域占比超九成。45 个国家先进制造业集群中，新一代信息技术领域 13 个、高端装备领域 13 个、新材料领域 7 个、生物医药及高端医疗器械领域 5 个、消费品领域（高端纺织、泛家居、生命健康、乳制品）4 个、新能源及智能网联汽车领域 3 个（见图 1）。既有无锡市互联网集群、武汉市光电子信息集群、株洲市中小航空发动机集群等新兴产业，也有宁波市绿色石化集群、呼和浩特市乳制品集群等基础产业，其中新兴产业占绝对主导，超过 90%。

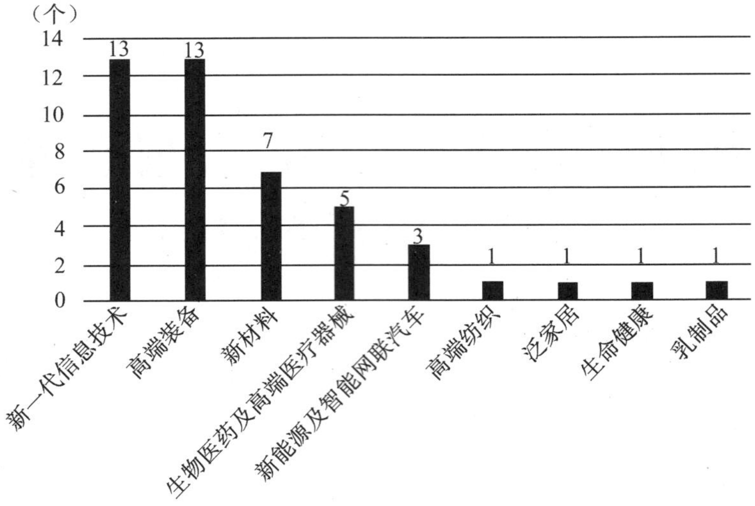

图 1　45 个国家先进制造业集群行业分布

数据来源:工业和信息化部公布的 45 个国家先进制造业集群名单。

二是四大板块均有分布,东密西疏、南多北少。45 个国家先进制造业集群涉及 19 个省(自治区、直辖市)、3 个计划单列市,其中东部地区 30 个、中部地区 8 个、西部地区 5 个、东北地区 2 个(见图 2)。东部聚焦新一代信息技术、智能装备、生物医药等领域,形成长三角、粤港澳大湾区、环渤海经济区三大集聚区;中西部地区围绕工程机械、光电子信息、新材料等领域,承接东部产业转移,加快跨越发展。南北方差异明显,南方省份共有 36 个集群,占比达到 80%。

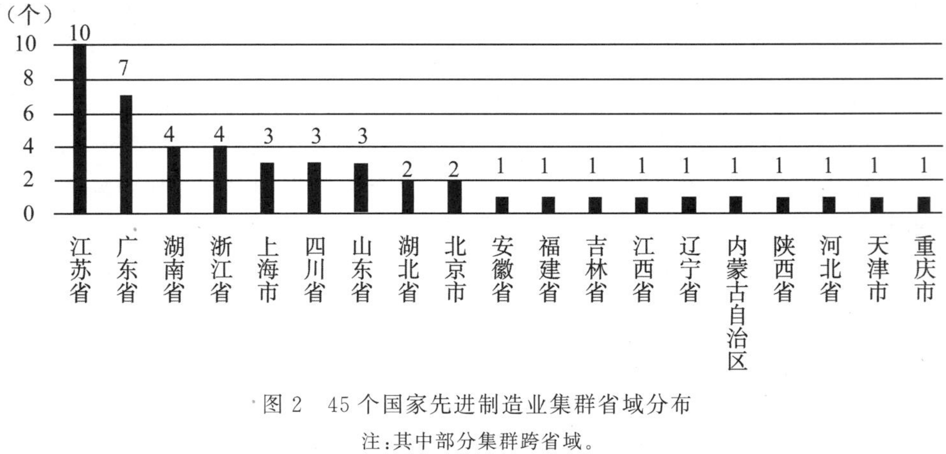

图 2　45 个国家先进制造业集群省域分布

注:其中部分集群跨省域。

三是以单个城市为主体，但跨区域协同趋势明显。随着协同创新网络的不断扩大，跨区域整合产业链供应链，培育产业共同体，成为各地打造集群的新思路新方法。45个国家先进制造业集群中有11个跨城市或跨区域的集群入选，如广州市、深圳市、佛山市、东莞市智能装备集群，苏州市、无锡市、南通市高端纺织集群，武汉市、襄阳市、十堰市、随州市汽车集群等，覆盖粤港澳大湾区、长三角、京津冀、成渝等地区。

（二）四大特征：市场占比高、本地配套强、科技创新优、政策支撑足

一是规模效益优势明显，具备产业生态主导能力。如深圳市新一代信息通信集群产业规模约占全球的1/10，2021年产值达5700亿元，占全国的1/6，数字经济产业规模居全国首位；赣州市稀土新材料及应用集群2021年规模以上工业企业营收410.9亿元，超全国1/3。

二是科技创新资源密集，企业创新活力旺盛。2022年，45个国家先进制造业集群产值超20万亿元，布局建设了18家国家制造业创新中心，占全部国家级创新中心数量的70%，拥有国家级技术创新载体1700余家，培育创建了170余家国家级制造业单项冠军企业、2200余家国家级专精特新"小巨人"企业。

三是产业配套体系完善，产业链供应链韧性强。如潍坊市动力装备集群，除潍柴动力这个"超级龙头"外，还形成了以7家龙头企业为核心、176家高新技术企业为支撑、315家上下游企业配套的产业链核心生态圈。其中，315家企业中有211家规模以上企业、8家国家级制造业单项冠军企业、27家专精特新"小巨人"企业，共同构成了坚实的产业链供应链安全基座。

四是政策支持持续加强，集中力量办大事。在集群竞赛带动下，江苏、广东、浙江、河南等纷纷出台支持培育发展集群的政策性文件。如浙江省"415X"先进制造业集群建设行动，集中财力支持产业基础再造和产业链提升、先进制造业转型升级、优质企业竞争力提升、集群服务体系构建及人才引育、科技创新等重点工作。

二、我省先进制造业集群存在四个方面问题

一是高能级集群数量少。45个国家先进制造业集群中，我省上榜仅3个，分别为青岛市智能家电集群、青岛市轨道交通装备集群、潍坊市动力装备集群。相比之下，江苏有10个，广东有7个，浙江和湖南各有4个，深圳入选4个，广州、上海、东莞、佛山、苏州、无锡等城市均有3个入选。

二是集群规模依然偏小。截至2022年,45个国家先进制造业集群平均产值约4400亿元,其中广东省7个集群、浙江省4个集群、江苏省10个集群的平均产值分别达6700亿元、3400亿元、3100亿元。相比之下,我省上榜的3个集群的平均产值为2800亿元。近期重点推动的济南生物医药与大健康、烟台绿色石化、滨州铝产业与苏州市生物医药及高端医疗器械、宁波市绿色石化、常州市新型碳材料等同领域集群差距明显。

三是科技创新有待加强。除潍柴动力、海尔等少数企业外,缺乏一批具有强大带动力、在产业链中处于核心位置的龙头企业。集群内企业参差不齐,多为相关产业的配套零部件生产型企业,在核心部件、组件、总成件等方面涉及不多。产业集群发展多数停留在形式的聚集上,产业链供应链上下游流通不畅,不同程度地存在"集而不群"问题。

四是跨区域协作不足。受行政区划影响,我省不同地区产业集群在政策协调、产业链协同、知识技术溢出等方面的机制不完善,如各地大量布局新能源汽车、生物医药、高端化工等产业,但产业协同发展不足,容易出现重复建设和资源分散等问题。集群促进组织发育缓慢,行业协会、产业联盟等功能转变较慢,对集群网络化合作支撑不足。

三、对策建议

坚持先进制造业强省建设导向,对标45个国家先进制造业集群,围绕强化政策扶持、创新培育方式、发展新兴产业、壮大市场主体等精准发力,优先推动一批重点集群加快突破发展。

一是政策支持,加大集群培育力度。结合标志性产业链"链长制"工作机制,开展产业集群培优培强工程,制定实施先进制造业集群培育提升行动,着力壮大产业集群规模,提升集群科技创新和综合配套能力。优化"要素跟着项目走"落实机制,引导资源要素优先向标志性集群高效集聚。

二是对标对表,突破一批重点集群。突出专业化和差异化发展,对标先进地区,实施"一群一策",推动生物医药、绿色石化、铝产业等集群突破发展。济南生物医药与大健康集群应着力在医药科技创新、医药医疗融合、优化园区布局等方面实现突破;烟台绿色石化集群应着力在裕龙岛炼化一体化项目、万华新材料产业园项目等方面实现突破,加快向新材料产业链延伸;滨州铝产业集群应着力在新能源汽车、太阳能光伏、交通轻量化等新兴工业消费领域实现突破。

三是前瞻布局,大力发展新兴产业。瞄准国家重大战略需求、国际前沿技术与关键领域，研究出台航空航天、数字孪生、未来生命健康等发展势头好、市场前景大、产业化程度高的产业专项发展规划，抢占未来产业赛道。从战略高度重视 ChatGPT 引发的新一轮人工智能革命，瞄准大模型、整合大数据、布局大算力，建设算力公共服务平台，培育以产品和市场导向为主的新兴人工智能产业。

四是完善机制，塑造集群发展合力。打破行政区划限制，探索建立跨区域的集群协同培育发展机制，促进大中城市及小城镇在产业链上的分工协作，打造跨区域的产业集群共同体。引导济南、淄博协同打造生物医药产业集群，引导滨州、聊城协同打造铝产业集群。开展省级产业集群竞赛，推动各地找准产业定位，构建“省级—国家级—世界级”集群梯次培育发展体系。引导行业协会、产业联盟等加快转型，培育新型集群促进机构，赋能产业集群发展。

附表　我省重点培育的产业集群与同类型国家先进制造业集群对比

产业类型	集群名称	集群定位	重点产业链	集群特色	创新举措
生物医药	苏州市生物医药及高端医疗器械集群	国际一流生物医药创新策源地、世界级生物医药产业地标核心区,到2025年,产业规模突破4000亿元	新药研发、医疗器械、分子诊断、植介入高值耗材、高端影像设备	规模以上工业产值2188亿元,集聚生物医药企业超2000家,包括自主品牌企业1800多家、外资企业200多家,创新型龙头企业数量、创新型人才规模、获批生物创新药临床批件数量、生物大分子药物总产能、企业融资总额等五项指标均占全国20%以上,综合竞争力位列全国第一	(1)量身定制“金融工具箱”,围绕基金、债券、信贷、融资、贴息六个方面制定举措 (2)聚焦审评审批、医保支付、产品进院进科室、税收减免等企业诉求,制定一系列突破性举措
	济南生物医药与大健康集群	特色鲜明、布局合理、结构优化、竞争力强的生物医药产业体系,到2025年生物医药与大健康产业规模突破3000亿元,其中生物医药产业达到2000亿元	生物医药、中医药、医疗器械、医美抗衰、特医食品	营业收入1267亿元,形成了涵盖生物医药、化学药、中药、医疗器械等较为完整的产业发展体系,初步形成了“双核双谷多园”产业布局;11个原料药市场占有率全球第一,近50个制剂产品市场占有率全国第一,玻尿酸市场占有率全球第一	(1)组建生物医药与大健康产业母基金,同步谋划推动成立国际医学中心和济南历城区、章丘区、莱芜区、高新区五只子基金 (2)形成“10个一”的推进措施
		发展建议:一是聚焦生物医药产业链重点领域加大医药化工龙头企业的培育和引进,加强政策推介、供需对接和人才引育;二是着力在医药科技创新、医药医疗融合、园区布局优化等方面实现突破			

续表

产业类型	集群名称	集群定位	重点产业链	集群特色	创新举措
高端化工	宁波市绿色石化集群	全球最重要的先进石化产业创新中心和绿色石化产业生产基地，到2025年打造世界级万亿元产业集群	以炼油乙烯为龙头，延伸发展二氧化碳、丙烷、精细化学品、化工新材料	拥有千亿级企业1家，百亿级企业7家，十亿级企业25家；拥有2个国家级绿色园区、11家绿色工厂；基本形成“油头化尾”的全产业链，规模以上工业总产值达到5221亿元，约占宁波规模以上工业产值的1/5	(1)成立我国首个“绿色石化产业链创新联合体” (2)牵头起草国内《绿色石化园区评价通则》团体标准，是全国第一部绿色石化园区团体标准
	烟台绿色石化集群	具有综合竞争优势的世界一流绿色石化产业基地，到2025年产值规模突破4800亿元	聚氨酯、高性能纤维及复合材料、热塑性弹性体、改性工程塑料	拥有4家国家级制造业单项冠军企业、6家国家级专精特新“小巨人”企业、1家省级独角兽企业；规模以上企业实现产值1740亿元，利润总额298亿元，分别占烟台市规模以上工业企业产值和利润总额的18.8%和44.2%；2021化工园区30强名单中，烟台化学工业园在单项园区利润排名中位列第一名	(1)以全产业链为发展方向，推动烟台绿色石化产业链条化、园区化、集群化协同发展 (2)依托6个省级化工园区和万华化学、裕龙石化两大龙头企业，加快绿色低碳发展
		发展建议：一是提升石化产业集群区域内绿色循环、生态环保、安全应急、基础设施等一体化协同水平；二是着力在裕龙岛炼化一体化项目、万华新材料产业园项目等方面实现突破，加快向新材料产业链延伸；三是加强石化新材料产业与本区域汽车、家电、纺织等产业链融合			

续表

产业类型	集群名称	集群定位	重点产业链	集群特色	创新举措
新材料	常州市新型碳材料集群	打造“东方碳谷”，到2025年，碳纤维及复合材料产业链企业销售收入突破500亿元，集聚企业超过80家，培育1家超100亿元企业、5家超10亿元企业	石墨烯、碳纤维及复合材料、电子化学材料、新型功能材料	形成了“一核、两区、多基地”的产业空间布局，并在多个细分领域产业规模居全国第一；主导产业产值超过1000亿元，集聚了近2000家企业，其中规模以上企业395家，高新技术企业357家，上市企业59家，国家级制造业单项冠军、专精特新“小巨人”企业48家	(1)设立江南石墨烯研究院促进机构，深化校地合作、产教融合，完善产学研协同创新网络 (2)实施“龙城英才计划”升级版，设立400亿元科创资金，建设龙城实验室以及300万平方米以上众创空间，构建创新创业生态
	滨州铝产业集群	打造世界级高端铝业基地的主阵地、核心区和先行区，到2025年，产业集群营业收入突破6500亿元，中高端铝制品占比达到85%以上	氧化铝、电解铝、高端铝产业	集群共有企业237家，其中规模以上企业142家，省级及以上创新平台12家，构建起从铝土矿、氧化铝到原铝、铝型材、铝精深加工的全产业链条；氧化铝产能、电解铝产能、铝型加工能力位居全国第一，高端铝业产能全球第一，营业收入4778亿元	(1)加快建设全国最大的再生铝循环产业基地，力争“十四五”末达到300万吨再生铝规模，实现由“煤电铝”向“绿色铝”转型 (2)设立打造集供应链金融、产业金融、创投资金支持等功能为一体的“中国铝谷”金融资产管理中心
		发展建议：一是持续推进轻量化材料、技术、工艺的研发应用，放大材料优势，深度聚焦新能源汽车、太阳能光伏、交通轻量化等新兴工业消费领域，不断丰富国内铝应用场景；二是大力推动由铝材出口向铝制品出口转变，提升产品附加值			

课题组成员：杜超　王安

山东制造业高质量发展面临的突出问题、原因及对策建议

党的二十大报告提出,“推进新型工业化”,“推动制造业高端化、智能化、绿色化发展”。[①] 山东省第十二次党代会强调,制造业是山东经济的根基所在、优势所在。中共山东省委书记林武在全省加力提速工业经济高质量发展大会上指出,要将工业经济摆在更加突出位置,深入实施先进制造业强省行动计划,加力提速工业经济高质量发展。改革开放40多年来,我省制造业发展取得长足进步,是全国唯一拥有全部41个工业大类的省份,在207个工业中类中拥有197个,其中制造业179个,2021年实现增加值23506.6亿元,居全国第四,100多种重点产品产量居全国前三,46种产品居全国首位,是毋庸置疑的制造业大省。但也必须看到,我省和制造业强省还有相当远的距离,实现制造业高质量发展还面临诸多难题。为此,山东省宏观经济研究院产业生态创新软科学研究基地许月恒博士课题组,深入分析我省制造业高质量发展面临的突出问题及原因,提出对策建议,形成以下研究报告。

一、我省制造业高质量发展面临的突出问题

近年来,我省制造业的整体质量实现显著提升,但对标国内先进地区,我省制造业实现由大变强还面临着诸多难题和挑战。

(一)制造业发展呈现放缓趋势

近年来,我省制造业增加值占生产总值比重基本保持在28%—34%,但总体呈下降趋势,由2016年的33.5%下降到2019年的27.8%,2020年继续下降到27.2%,2021年有所反弹,回升到28.3%,是近十年来的首次回升,2022年前三季度提高到28.6%,但仍未超过2016年的水平。在先进制造业

---

① 习近平:《高举中国特色社会主义伟大旗帜　为全面建设社会主义现代化国家而团结奋斗——在中国共产党第二十次全国代表大会上的报告》,人民出版社2022年版,第30页。

出口方面,我省高新技术产品出口额占全省出口总额的比重也呈总体下降的趋势,由 2012 年的 11.1%先上升到 2014 年的 14.2%,此后每年都在下降,2021 年下降到 7.4%,十年间累计下降 3.7 个百分点(见图 1)。

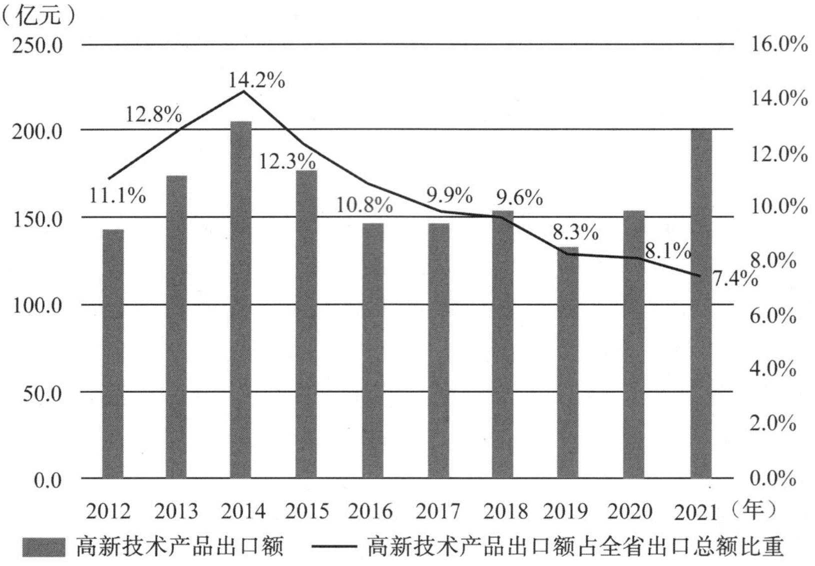

图 1　山东高新技术产品出口额及占全省出口总额比重情况

数据来源:《山东统计年鉴(2022)》。

(二)制造业竞争优势有所减弱

总体来看,我省制造业的劳动力要素供给约束逐步加强。在劳动力供给方面,制造业用工难现象较为明显。统计显示,2012—2021 年来,山东城镇非私营单位制造业就业人数呈快速下降态势,由 2013 年峰值的 437.2 万人下降到 2021 年的 276.3 万人;城镇非私营单位制造业就业人数占城镇非私营单位就业人数比重由 2012 年的 35.9%下降到 2021 年的 24.9%(见图 2)。在劳动力成本方面,2012—2021 年,我省城镇非私营单位制造业职工平均工资逐年上升,由 36833 元攀升至 83162 元,累计涨幅达 125.8%(见图 3)。

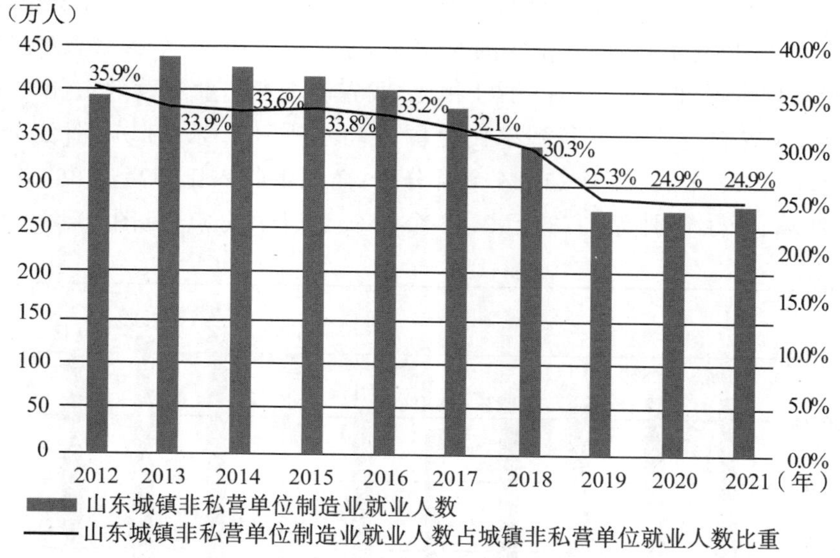

图 2　山东制造业劳动力供给变化情况

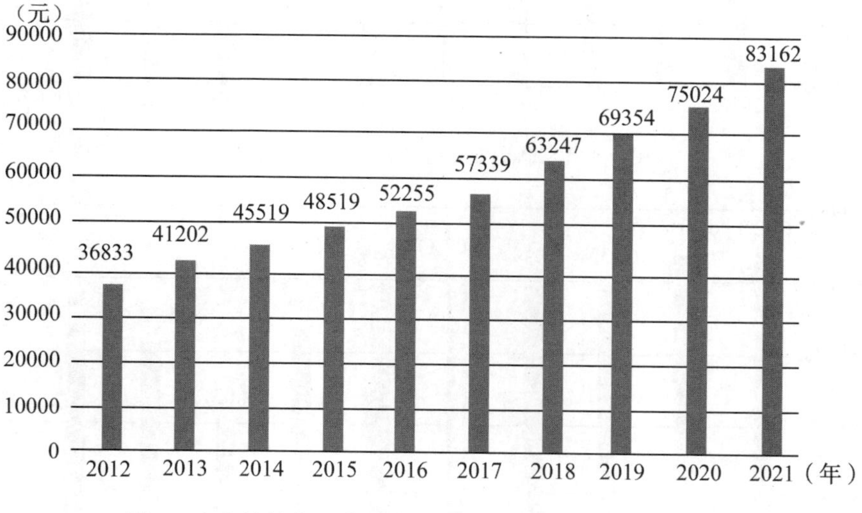

图 3　山东城镇非私营单位制造业职工平均工资变化情况

(三)制造业企业效益相对不高

从资产负债率来看，我省制造业企业资金紧张问题普遍存在且有所加重。2012—2021 年，规模以上非公有制造业企业资产负债率总体呈上升趋势，2012—2017 年维持在 50%左右，2018—2021 年上升至 60%左右，2021 年为

60.1%(见图 4)。从营收利润率来看,制造业企业营收利润率有所下降,由 2012 年的 6.42%下降到 2021 年的 5.36%,累计下降 1.06 个百分点(见图 5)。与全国平均水平和广东、江苏、浙江相比,我省制造业企业经营效益相对偏低。2021 年,我省制造业营收利润率比全国平均水平和广东、江苏、浙江分别低 2.59 个和 1.07 个、1.02 个、1.84 个百分点;而成本收入比却高达 86.33%,比广东、江苏、浙江分别高 3.78 个、2.16 个和 3.13 个百分点(见图 6)。

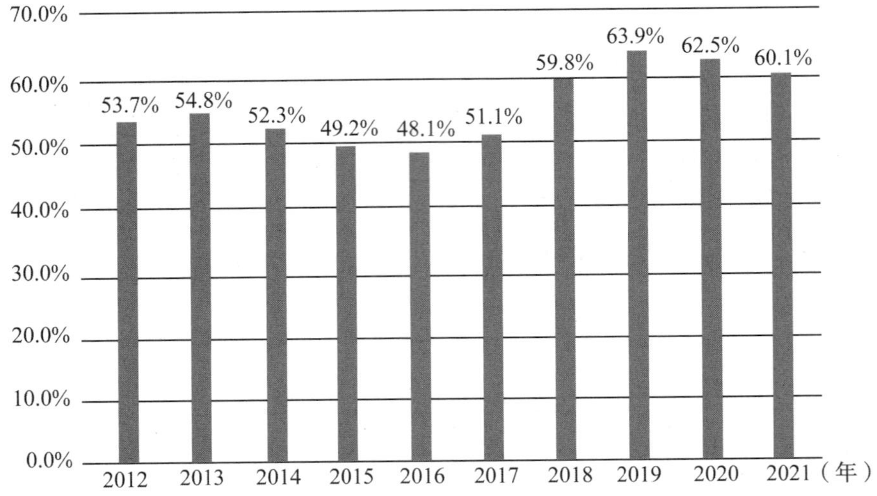

图 4　山东制造业企业资产负债率变化情况

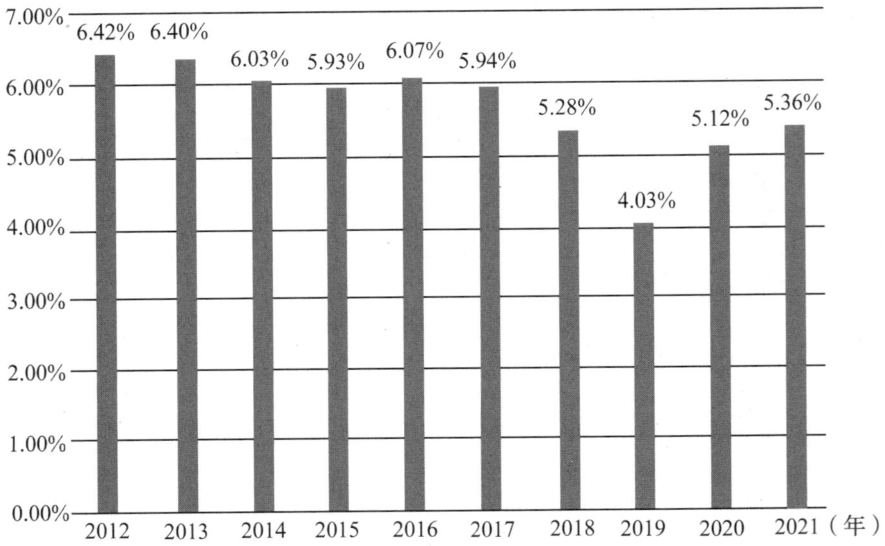

图 5　山东制造业企业营收利润率变化情况

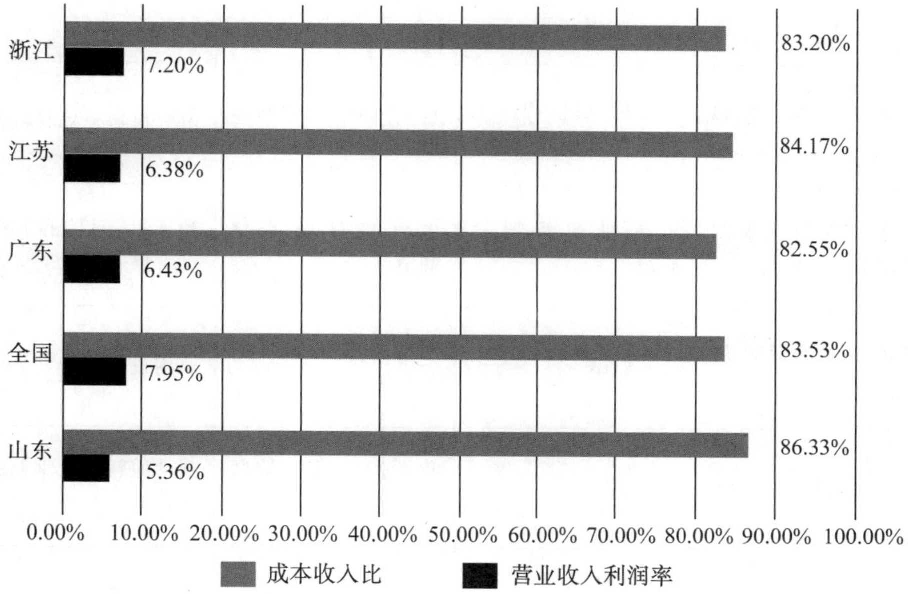

图 6　2021 年山东制造业营收利润率、成本收入比及与全国平均水平和粤苏浙对比

二、影响山东制造业高质量发展的原因

当前，影响我省制造业高质量发展的原因是多方面的，既有全球经济增速减缓等外部因素，又有我省制造业自身发展等内部因素，突出表现在以下五个方面。

（一）传统行业占比较高，制造业产业结构转型困难较大

长期以来，我省产业结构呈现出资源型、重化型特征。2021 年，我省制造业营收排前五位的分别是石油、煤炭及其他燃料加工，化学原料及化学制品制造，黑色金属冶炼及压延加工，农副食品加工，有色金属冶炼及压延加工，均为传统产业，合计占比达 50.5%；而广东、江苏、浙江居前五位的多为新兴产业或先进制造业（见表 1）。我省高技术制造业体量也较小，2021 年规模以上高技术制造业增加值占全省规模以上工业增加值比重仅为 28.3%，比广东低 1.6 个百分点。此外，我省以计算机、通信和其他电子设备制造等为代表的技术密集型制造业和新兴制造业发展不足，2021 年计算机、通信和其他电子设备制造业实现营收 4236.7 亿元，仅为广东、江苏和浙江的 9.1%、19.1%和 48.8%。

表1　山东与广东、江苏、浙江营收前五位产业对比

山东	广东	江苏	浙江
石油、煤炭及其他燃料加工	计算机、通信和其他电子设备制造	计算机、通信和其他电子设备制造	电气机械及器材制造
化学原料及化学制品制造	电气机械及器材制造	电气机械及器材制造	计算机、通信和其他电子设备制造
黑色金属冶炼及压延加工	汽车制造	黑色金属冶炼及压延加工	通用设备制造
农副食品加工	金属制品	化学原料及化学制品制造	化学原料及化学制品制造
有色金属冶炼及压延加工	非金属矿物制品	通用设备制造	汽车制造

(二)自主创新能力不强,制约制造业向价值链高端攀升

受传统思想禁锢、创新意识不强等影响,我省制造业中的许多企业不想创新、不敢创新的思想仍然较重,特别是对创新难度大、周期长的基础技术和共性技术研究投入少,创新产出质量不高。2021年,我省规模以上制造业企业研发投入为1499.15亿元,远低于江苏的2691.17亿元,仅是广东(2862.10亿元)的一半左右。高新技术企业数量较少,截至2021年年底,我省高新技术企业数量超过2万家,但仍比广东(超过6万家)、江苏(3.7万家)、浙江(2.8万家)分别少近4万家、1.7万家、0.8万家。优质企业技术中心数量不多,在国家发展改革委国家企业技术中心2021年度评价结果中,我省仅6家被评为"优秀",而广东、江苏则分别有8家和7家。高水平的创新也较少,2021年我省获得专利授权量33万件,其中发明专利授权量3.6万件,占比仅为10.9%,而广东、浙江发明专利占比分别为11.8%和12.2%。我省制造业产品档次仍然偏低,2021年机电产品出口占出口总值比重为43.1%,比全国平均水平(59.0%)和广东(69.1%)、江苏(66.4%)、浙江(45.8%)分别低15.9个和26.0个、23.3个、2.7个百分点。

（三）龙头企业数量较少，品牌带动竞争力提升效应不足

当前，我省制造业拥有较大规模、掌握核心技术、能够带动产业发展的行业龙头企业不多。截至2021年年底，我省拥有规模以上企业3.1万家，数量仅是广东、江苏、浙江的52.2%、59.7%、62.3%。在中国企业联合会和中国企业家协会联合发布的“2022中国制造业企业500强”榜单中，我省虽然有75家企业上榜，仅比浙江（78家）少3家，比江苏（57家）、广东（42家）分别多18家和33家，但仅有魏桥集团一家进入前20名，且排在第19位，而广东有华为、广汽集团2家企业进入前20名，其中华为排在第8位，江苏、浙江也分别各有1家企业入围前20名，分别是恒力集团、荣盛控股，恒力集团排在第5位，荣盛控股排在第15位，均排在我省的魏桥集团前面。从平均营收来看，我省上榜企业平均营收为653.3亿元，仅是广东（976.7亿元）、江苏（761.2亿元）的66.9%、85.8%，与浙江（693.8亿元）相当（94.2%）。在2021《财富》世界500强榜单中，我省仅有5家上榜，而广东有16家。另外，我省制造业还缺少有较大影响力的世界知名品牌。第三方品牌价值评估机构GYBrand联合过硬研究院发布的“2021中国品牌价值100强”榜单中，我省仅海尔、海信、潍柴动力3个品牌上榜，数量远低于广东的23个，比浙江少2个。

（四）产业链体系不完备，产业现代化的基础仍然不牢固

由于核心基础零部件（元器件）、先进基础工艺、关键基础材料等核心基础产业发展滞后，我省制造业的配套能力和成套生产能力仍然不足。比如，我省的液晶电视整机产品在全国市场占有一席之地，但家电制造所需的显示器、液晶显示屏、电子元器件等基础零部件产品基本处于空白状态。比如，青岛智能家电产业集群拥有海尔、海信两个世界级名牌企业和2000余家上下游企业，家电产业产值占全国的近30%，但全市家电产业本地配套率仅为40.5%。相比之下，合肥白色家电本地平均配套率约为70%，核心配套率约为75%。再如，我省是纺织服装大省，但以纺纱为主的纺织业增加值占全省规模以上工业增加值比重为71.6%，而服装服饰业仅占28.4%。电子信息制造业规模较大，但产品仍以零部件代加工为主，原材料、人才、科研等资源的对外依存度仍然较高，缺少拥有自主知识产权的高技术部件、高集成整机技术与能生产高端终端产品的大型企业。汽车制造业也尚未形成适应消费者个性的高端乘用车整车链条，关键零部件不仅品种少、规模小，而且产品技术含量和附加值也低。化工、电解铝等产业的部分产品基本停留在初级材料上，没有向终端延伸。

(五)产业要素支撑不够,制造业企业潜能未能充分释放

当前,我省制造业高质量发展还存在要素供给不充分的突出问题。一是数据赋能有待加强。根据中创时代《中国区域数字化发展指数报告(2021)》,我省数字经济发展水平仅居全国第六;中国大数据网《中国大数据产业白皮书(2021年)》显示,截至2021年年底,山东共有大数据优质企业705家,居全国第七,在工业互联网试点示范等方面与广东、浙江存在较大差距。二是金融输血能力不足。截至2022年年底,我省仅有青岛蓝海、淄博齐鲁两家区域性股权交易中心,A股上市公司数量289家,远低于广东的834家、江苏的636家和浙江的656家,甚至不如深圳一个城市的上市公司数量多(405家)。受资本市场发育不足影响,2022年年底我省经济证券化率①只有40.2%,远低于全国72.5%的平均水平。三是高技能人才仍然短缺。截至2021年年底,我省拥有技能人才总数1400万人,占全省总人口的13.8%,比全国和广东、江苏、浙江分别低0.4个和0.1个、2.7个、3.0个百分点。其中,高技能人才350万人,占全部技能人才的25%,比全国和广东、江苏、浙江分别低5.0个、8.7个、8.7个、8.6个百分点。四是服务动力短板犹存。2021年,我省引领制造业向价值链高端攀升的生产服务业(不含金融业)规模以上企业总营收为11665.4亿元,仅是广东的30%;尤其是高端生产服务业发展不充分,信息传输、计算机服务和软件业,科学研究和技术服务业等两大行业营收占全省生产服务业比重仅为19.2%。

三、推动山东制造业高质量发展的对策建议

制造业是强省之基。推动制造业高质量发展,必须聚力提质增效,大力培育制造业发展新动能新优势。

(一)加力科技创新,提升自立自强水平

一是加强产业创新平台建设。以新一代信息技术、轨道交通、动力装备、海工装备、海洋新材料、海洋生物医药、氢能等我省优势行业为重点,成体系推进以制造业创新中心为核心节点、企业技术中心等研发机构和创新联合体为支撑的多层次产业创新体系建设,争创国家区域科技创新中心。二是推动关

① 经济证券化率指上市公司总市值占地区生产总值比重。

键核心技术突破。聚焦装备、化工、信息、能源、材料、海洋等制造业重点领域和关键环节，每年组织实施一批制造业重大创新工程，加大对核心技术、基础工艺、重大装备、紧缺材料的攻关，不断增强核心技术产业化储备能力。三是强化科技型企业梯次培育。深入实施国家高新技术企业和科技型中小企业“双倍增”行动计划，加强高成长性科技企业扶持，推动新兴产业和先进制造业等领域企业做大做强，培育更多具有核心竞争力的“专精特新”“单项冠军”“瞪羚”“独角兽”。

(二)加力转型升级，提升产业能级水平

一是促进高耗能产业绿色转型发展。实施制造业绿色低碳转型行动，以化工、钢铁、有色、建材、纺织等为重点，深入开展“万项技改、万企转型”，推动企业能效对标达标。推进低碳企业园区建设试点示范，加大绿色产品、绿色工厂、绿色园区和绿色供应链管理企业创建，构建循环型制造业体系，全面降低能耗和物耗。二是加快发展科技含量高、资源利用率高、排放强度低的高精尖产业。深入实施战略性新兴产业集群培育工程，发展壮大新一代信息技术等前沿新兴产业，培育新兴制造业产业集群。以智能家电、轨道交通、动力装备、海工装备、先进核电、智能网联汽车等为重点，实施“上云用数赋智”行动，提升先进制造业数字化、网络化、智能化发展水平，打造国际领先的先进制造业集群。三是提升标志性产业链市场领导力。聚焦11条标志性产业链，开展强链补链专项行动，明确各产业链的引领功能区，有效发挥其他功能区的支撑作用，全面深化“链长制”，精准引进补短板、强弱项、锻长板项目，引导重点企业与上下游企业深化合作，共同做强做精优势产品链。

(三)加力数字赋能，提升数实融合水平

一是加快发展数字产业。以先进计算、新型智能终端、超高清视频、光电子、高端软件等为重点，推进核心基础产业创新突破，建设一批省级数字经济园区，培育数字产业生态，最大限度发挥数字对制造业高质量发展的牵引作用。二是加快产业数字赋能。以化工、钢铁、有色、食品加工、纺织、家电、建材等为重点，深入开展智能制造试点，深化产品设计、生产制造、使用、回收利用等环节数字化应用，构建“市级—省级—国家级”智能工厂梯次培育体系，培育新一代信息技术与制造业融合应用创新示范企业。三是实施“工业互联网+绿色制造”。以海尔卡奥斯、浪潮云洲等为牵引，瞄准新一代信息技术、智能家电、数控机床、农机装备、纺织服装等标志性产业链，推动主要用能设备、工序等数字化改造和上云用云，建设智能制造标杆企业、标杆车间和示范园区。

(四)加力企业培育,提升核心竞争力水平

一是实施“领航型”企业培育计划。有效发挥市场平台、资本纽带、政策引导的作用,推动新兴产业和先进制造业等领域有潜力的企业做大做强,分行业打造一批规模大、技术强、品牌响的世界级制造业龙头企业,全面增强对整个产业链的带动力。二是实施“专精特新”中小企业高质量发展计划。分梯度给予“专精特新”中小企业不同力度、全生命周期的政策扶持,引导中小企业做专做精,大力培育发展一批“瞪羚”“单项冠军”“独角兽”企业,不断强化对产业链关键环节的控制力。三是实施企业创新管理示范工程。推进“个转企、小升规、规改股、股上市”工程,引导企业加快建立现代企业制度,提高整体效益。实施“山东制造”品牌培育计划,挖掘一批有竞争力的企业品牌,加大品牌拓市场、提价值力度,打响“山东制造”品牌。

(五)加力要素配套,提升支撑保障水平

一是大力发展绿色金融。依托高新区、产业园、创业孵化中心等平台,积极开展“绿色＋创新”“绿色＋高端制造”等绿色金融创新试点,探索绿色金融助推制造业转型升级的新路径、新模式。二是实施“匠才”培养行动。深入开展科教融合、产教融合试点,建立更加高效的校院、院企和校企联合培养机制,培育新时代山东工匠队伍。广泛开展岗位练兵、技术比武、技能竞赛和创新竞赛等活动,培养选拔更多齐鲁大工匠、首席技师、技术技能大师等技能领军人才。三是推动“两业融合”(先进制造业和现代服务业融合)。实施服务型制造示范工程,充分发挥海尔卡奥斯、浪潮云洲、橙色云、蓝海等国家级“双跨”工业互联网平台示范作用,推动以服务为主导的反向制造、反向整合,大力发展服务型制造,培育国家级服务型制造示范企业、项目、平台;深入开展省级“两业融合”发展试点,积极争取国家试点,鼓励各地开展市级试点,培育“两业融合”试点区域和企业。加强“两业融合”公共服务平台建设,重点支持建设设计中心、研发中心、检测中心、信息中心等服务平台。

课题组成员:许月恒　王淑娟　尚蔚　鹿晔　史倩倩　于丽娟　王永彬

山东传统制造业数字化转型路径研究

近年来，随着云计算、物联网、大数据、人工智能、虚拟现实、区块链等新技术的快速发展，越来越多国家把发展数字化制造业作为推动传统产业改造升级的重要途径。在我国制造业低成本优势逐步减弱的背景下，要提高制造业发展质量，必须加快推动制造业的数字化转型。山东是工业大省和制造业大省，以冶金、化工、轻工、建材、纺织服装、机械等为代表的传统制造业是山东实体经济的中流砥柱和制造业的核心板块，是山东工业经济的根基和优势。在今后相当长一段时期内，传统制造业仍是山东经济的压舱石，是新时代社会主义现代化强省建设的重要支撑。

一、加快传统制造业数字化转型的重要意义

当前，传统制造业正面临日益激烈的市场竞争和技术变革的挑战。推动传统制造业数字化转型，对于山东重塑区域经济竞争优势、构建现代化产业体系、实现高质量发展等都具有十分重要的意义。

（一）传统制造业数字化转型是推进中国式现代化“山东实践”的内在要求

加快传统制造业数字化转型，是山东加快构建现代化产业体系的重要一环，也是推进中国式现代化“山东实践”的重要着力点之一，有利于山东充分运用前沿数字技术，对传统制造业生产模式进行全方位、全链条、系统化改造升级，提升传统制造业研发设计、生产制造、企业运维等产业链各环节的数字化水平。

（二）传统制造业数字化转型是推动山东经济实现高质量发展的迫切需要

推动传统制造业数字化转型，一方面有利于山东运用数字技术，构建柔性化、绿色化、智能化生产方式，让“傻大黑粗”的工厂变得更加轻巧灵便；另一方面，有利于重塑传统制造业生产流程、组织方式、商业模式和价值链分布，催生传统制造业的新技术、新产业、新业态、新模式，最终实现高端化、智慧化、绿色化发展。

(三)传统制造业数字化转型是重塑区域经济和产业竞争力的有效途径

随着外部环境的复杂多变,山东传统制造业大而不强、全而不优的问题日益凸显,产业竞争力有所下降。推动传统制造业数字化转型,不断释放信息化的巨大潜能,有利于山东将数字化作为加快经济发展的新引擎,持续增强区域和产业竞争力,最大限度发挥数字化对企业、行业和区域发展的放大、叠加、倍增作用。

(四)传统制造业数字化转型是加快培育经济发展新动能的重要着力点

持续推动传统制造业数字化转型,有利于山东进一步推动新技术创新、新产品培育、新模式应用、新业态扩散和新产业兴起,加快实现传统制造业发展从量的积累、点的突破逐步转为质的飞跃和系统能力的提升,持续增强山东经济发展活力,为加快新旧动能接续转换提供强劲动力。

二、山东传统制造业数字化转型态势

(一)转型阶段:数字化转型总体处于起步阶段

大部分企业仍处于转型的初步探索阶段。与大企业相比,中小企业在资金、人才、技术等方面处于相对劣势,整体数字化转型水平存在差距。

(二)区域分布:东部地区是数字化转型先行区

东部地区成为传统制造业企业数字化发展的先进地区。其中,青岛、济南、烟台由于本地制造业和服务业发达,且产业较为集中,在数字化转型方面存在领先优势,数字化转型水平较高。

(三)行业分布:部分行业数字化转型水平较高

从行业来看,计算机、通信和其他电子设备制造业,仪器仪表,汽车,家具,医药等行业的数字化转型水平位居前列。

(四)业务环节:生产和销售环节数字化应用较多

企业数字化转型虽然在生产、设计、物流、销售、服务等环节都有所覆盖,但对于制造业企业来说,更专注于生产制造模式的转型,因而大部分企业将数字化转型重点置于生产和销售环节。

三、山东传统制造业数字化转型成熟度分析

基于数字化转型成熟度情况调查问卷，测算山东传统制造业数字化成熟度。结果显示，山东传统制造业企业的数字化成熟度基本处于较弱、一般两个评价等级之间。第一，数字化成效是四个指标中最弱的，所调查企业基本处于一般和较弱水平。其中有 22 家企业处于一般水平，占比为 8%；254 家企业处于较弱水平，占比为 92%。这说明山东传统制造业企业在数字产出方面建设程度不够深。第二。数字化经营能力是四个指标中相对较强的，大部分企业处于较强和一般水平。其中 99 家处于较强水平，占比为 36%；155 家处于一般水平，占比为 56%；22 家处于较弱水平，占比为 8%。这表明山东传统制造业企业在数字经营方面做得相对较好，企业管理者对于数字化发展比较重视。第三，数字化管理能力在四个指标中处于一般水平，所调查企业基本处于一般和较弱水平。其中有 191 家企业处于一般水平，占比为 69%；55 家企业处于较弱水平，占比为 20%；30 家企业处于较强水平，占比仅为 10%。第四，数字化基础在四个指标中也处于一般水平，其中 11 家处于较强水平，占比为 4%；66 家处于一般水平，占比为 24%；199 家处于较弱水平，占比为 72%。总的来说，山东传统制造业企业数字化成效、数字化经营能力、数字化管理能力及数字化基础处于一般水平，企业数字化成熟度存在较大提升空间。

四、山东传统制造业数字化转型面临的痛点难点

山东传统制造业企业受限于资金储备、数字技能、战略认识等多方面因素，普遍面临数字化“转型找死、不转等死”的两难困境。

一是数字化转型战略不清。山东传统制造业中的许多企业数字化转型思路不清、意识不坚定，没有从企业发展战略的高度进行谋划，认为只要买硬件、上系统就会取得立竿见影的效果，短期看不到经营的提升就左右摇摆、打退堂鼓，导致转型失败。此外，还有许多企业缺乏对数字化战略的系统思考，往往仅进行局部数字化改造，难以发挥整体效应。

二是数字化改造成本较高。山东多数传统制造业企业仍然面临较大生产压力，数字化转型的投入远远不足。根据此次调查，山东传统制造业企业数字化转型投入超过年营业收入 20%的企业占比不超过 5%，超 95%的企业数字化转型投入低于年营业收入的 20%，其中 78.8%的企业数字化转型投入低于年营业收入的 10%。

三是数字化转型能力不够。调查发现,绝大多数企业的信息化水平仍然停留在文字处理、财务管理等办公自动化及劳动人事管理层面,大数据、企业云、数字化会议等在企业中的应用普及率仍然不高。比如,只有10%左右的企业使用了ERP(企业资源计划)、CRM(客户关系管理)、SCM(供应链管理)等软件,6%左右的企业使用了智能化机器设备、5G等先进网络及标识、二维码、传感器等物联网设备,进入信息化的高级阶段。

四是数字化人才储备不足。在此次调查的企业中,信息与通信技术(ICT)员工占总员工数的比重为1%—1.5%,而欧盟为2.5%—4%。当前,无论是政府部门,还是传统制造业企业,人才短缺是数字化转型发展的主要瓶颈。

五是多层级组织模式不灵活。现实中,山东传统制造业企业的组织模式普遍存在人为割裂数据生产、流通、加工等环节的现象,造成数据流通不畅。此外,通过统计分析,课题组发现,山东传统制造业的多数企业没有强有力的制度设计和组织重塑能力,部门之间数字化转型的职责和权利不清晰,普遍缺乏有效的配套考核制度和激励机制。

五、传统制造业数字化转型经验借鉴

(一)国外经验

一是美国"工业互联网"战略。美国是全球数字化转型最为成熟的国家之一,美国实施的"工业互联网"战略是推动制造业数字化转型的一个成功实践。

二是德国"工业4.0"计划。德国提出了以实施智能生产、打造智能工厂、建设智能物流为核心的"工业4.0"计划,通过将物联网、大数据、云计算等技术应用于制造业中,实现生产过程的智能化和全面数字化,既提高了生产效率和灵活性,又提高了产品的质量。

三是欧盟设立多支撑平台,扩大服务范围。欧盟通过可持续发展协会,评估制造业中小企业需求,为制造业中小企业提供转型建议并指导选择合作伙伴。欧盟还设置了数字创新中心(DIH),专门为制造业中小企业提供网络等接入技术方面的支持。

四是日本发展智能制造和互联产业。日本围绕创建世界最尖端的IT国家,以尖端ICT和互联工业为抓手,大力实施智能制造战略,鼓励和支持制造业企业加强数字技术应用,实现生产过程的高度自动化和智能化。日本还提出"互联产业"概念,旨在通过数据实现机器、技术和人的互联互通,使被分隔在各企业、各部门的数据相互连接。

五是韩国推进中小企业建设智能工厂。韩国推出“智能制造扩散和推进战略”，为制造业中小企业购买生产设备等提供资金支持。韩国推动建设的智能工厂主要分为政府主导普及型和公私合作型两类。

（二）国内经验

一是北京建设需求导向的应用场景。新场景建设是北京推进传统产业数字化转型的主要思路，具体举措是“一个牵引”和“一条主线”。“一个牵引”是通过大城市治理和高质量发展产生的需求拉动融合，“一条主线”是以经济发展和新经济培育为主线，实现“十百千”发展目标，即建设十个以上展示北京特色的示范性场景，打造一百个以上城市管理与服务的典型应用，培育一千家以上高成长企业。

二是上海借助信息技术推动数字化转型。上海积极打造用于大数据云计算的数据中心、建设无人工厂和企业云上平台、加快布局全网赋能的工业互联网集群等，高度自动化的生产极大地提高了传统制造业企业的生产效率，大幅降低了人工成本。

三是广东搭建制造业数字化转型生态。广东注重从生态体系、产业链群、空间格局三方面构筑制造业数字化转型生态体系。比如，围绕建设高标准数字经济产业园区，出台一系列极具吸引力的优惠政策，大力吸引数字经济领域世界500强企业及领军企业集聚等。

四是江苏培育数字化转型服务机构。江苏围绕重点行业和企业转型需求，主抓培育和引进数字化转型服务企业，面向不同行业、不同规模、不同类型企业，发展数字化转型支撑服务体系。比如，建立“智改数转”生态资源池，计划到2024年年底培育100家省级数字化服务领军企业等。

五是浙江推进产业链供应链协同转型。浙江提出“产业大脑＋未来工厂”转型模式，面向优势细分行业建设一批行业“产业大脑”，鼓励和支持龙头企业参与“产业大脑”建设，通过“一链一网一平台”模式，构建产业生态资源“一条链”、数据协同“一张网”、应用服务“一平台”，带动产业链上下游企业协同发展。

（三）对山东的启示

第一，健全完善数字化转型新基建。第二，加快“5G＋工业互联网”应用推广。第三，培育虚拟产业园和产业集群。第四，制定推广制造业数字化转型标准体系。第五，推进数字化转型公共服务体系建设。

六、加快山东传统制造业数字化转型对策建议

一是夯实数字转型基础设施。例如,发展工业互联网,加力推进数字化转型,助力智能硬件装备升级等。

二是推动形成转型融通体系。例如,推动大中小企业协同转型,推进产业链供应链协同转型,培育数字化新模式新业态,促进绿色低碳融合发展,开展安全生产数字赋能等。

三是加快构建转型服务生态。例如,构建数字化供给资源池,搭建公共服务平台,培育工业数字服务产业等。

四是创新推广重点行业应用。坚持应用牵引,以石油化工、有色金属、装备制造、食品加工、纺织服装、建材家居、绿色造纸等领域为重点,实施一批综合集成、协同创新应用示范项目,在生产、经营、管理等环节开展数字化创新应用探索实践,总结提炼可复制可推广的典型模式和应用场景。

课题组成员:许月恒　徐勤航　尚蔚　许秀静　姜斐然　姜胜　王淑娟　鹿晔　汤薇

加快构建山东优质高效服务业新体系研究

党的二十大报告强调，要“构建优质高效的服务业新体系，推动现代服务业同先进制造业、现代农业深度融合”[①]。这一论断为我省抢抓服务业发展新机遇、增强服务创新力、塑造竞争新优势指明了方向。本研究在把握现代服务业发展的规律的基础上，客观分析山东服务业发展的现状情况，结合山东实际，明确山东构建优质高效服务业新体系亟须突破的重点领域，提出推进服务业、高质量发展的建议。

一、优质高效服务业新体系的内涵和意义

（一）优质高效的含义和特征

应从两个方面来把握优质高效：一方面，通过优化服务业结构，高端化专业化生产性服务业、高品质多元化生活性服务业实现较快增长，占整个服务业的比重不断提高；另一方面，尽快提高服务业效率，重点提高增量资源配置效率、存量资源利用效率。从配置效率和利用效率角度出发提高服务业效率，这是实现服务业高质量发展的动力源泉。

优质高效的服务业体系要有以下特征：第一，高效的服务要与农业生产和社会生活新需求、工业生产需求相结合；第二，要引领和反作用于社会的生产生活活动；第三，要形成一个兼具产品生产供给、网络平台、法规、人才等要素的服务业产业体系；第四，要相互协同，提供从满足基本需求到高端配套的多元化供给。

（二）构建优质高效服务业新体系的重大意义

党的二十大报告强调：“构建优质高效的服务业新体系，推动现代服务业

① 习近平：《高举中国特色社会主义伟大旗帜　为全面建设社会主义现代化国家而团结奋斗——在中国共产党第二十次全国代表大会上的报告》，人民出版社 2022 年版，第 30 页。

同先进制造业、现代农业深度融合。”[①]这一论断为新时代新征程下我国抢抓服务业发展新机遇、增强服务业创新力、塑造竞争新优势指明了方向。发展服务业是促进服务业产业转型升级,构建优质高效、结构优化、竞争力强的服务产业新体系的必然选择,也是转变服务业发展方式的当务之急。目前各个省市地区都在加速构建优质高效服务业新体系,相继出台政策性文件,大力支持服务业优质高效发展。山东作为经济大省,服务业一直处于全国领先地位,在全国构建优质高效服务业新体系过程中,我省的实践将是重要一环。

二、山东服务业发展总体情况

(一)总量规模稳步扩大

近年来,山东服务业增加值持续上升,由 2016 年的 28367.17 亿元增加至 2022 年的 46122.3 亿元,是 2016 年的 1.6 倍,服务业增加值占 GDP 比重由 2016 年的 48.3%提高到 2022 年的 52.8%(见图 1)。2022 年,服务业对全省经济增长贡献率达到 50.6%,比 2015 年提高了 5 个百分点。“十三五”时期服务业固定资产投资年均增长 6.7%,快于全部投资 3.5 个百分点。2021 年,服务业固定资产投资占全部投资比重 65.7%,对全部投资增长的贡献率达 55.1%。

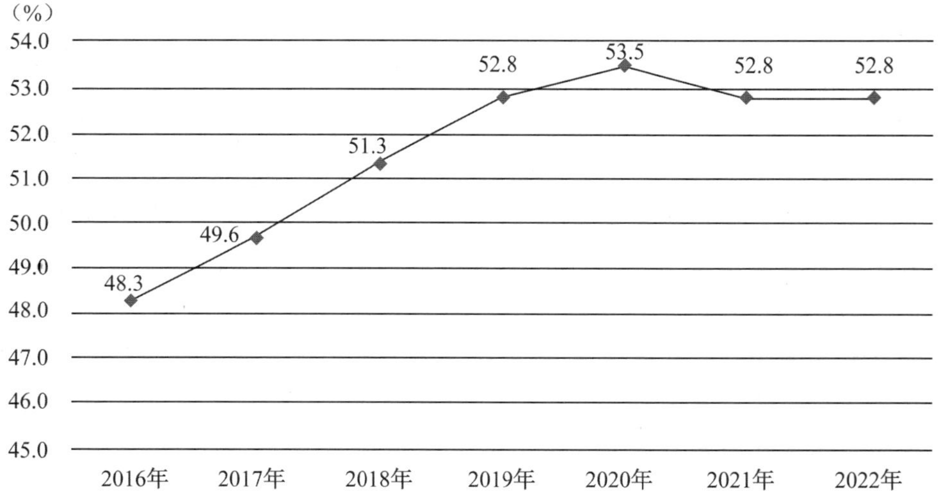

图 1　2016—2022 年山东服务业增加值占 GDP 比重变化情况

数据来源:《山东统计年鉴(2023)》。

① 习近平:《高举中国特色社会主义伟大旗帜　为全面建设社会主义现代化国家而团结奋斗——在中国共产党第二十次全国代表大会上的报告》,人民出版社 2022 年版,第 30 页。

(二)内部结构持续优化

2022 年 1—11 月,规模以上服务业营业收入同比增长 8.8%。十大行业门类中,7 个门类营业收入实现增长;32 个行业大类中,23 个大类营业收入实现增长,行业增长面为 71.9%。高技术服务业营业收入同比增长 12.0%,其中,研发与设计服务行业、信息服务行业分别增长 26.6%和 14.3%。高端生产性服务业增势良好,软件和信息技术服务业、商务服务业、研究和实验发展服务业、专业技术服务业营业收入分别增长 20.1%、15.0%、17.6%和 11.3%。

(三)新业态新模式加快发展

服务业加速数字化转型,"互联网+"等新兴服务业成为服务业发展新的增长点。2022 年,全省网上零售额 6698.7 亿元,同比增长 7.5%。其中,实物商品网上零售额 5957.1 亿元,同比增长 9.6%。2022 年,山东数字经济总量突破 3.9 万亿元,占 GDP 比重超过 45%,高于全国 3.5 个百分点;《中国数字政府发展大中城市指数报告》显示,山东的数字政府发展指数位列全国前三。

(四)对外开放水平显著提升

近年来,山东服务业开放领域不断扩大,2022 年全省服务贸易进出口额 456.4 亿美元,同比增长 12%。2021 年,服务业实际使用外资额 130.3 亿美元,增长 4.7%,占全省实际使用外资额的 60.5%。服务贸易进一步繁荣,2021 年,完成服务进出口额 2652.4 亿元,同比增长 29%,服务进出口占全国比重由 2020 年的 3.9%提高到 5.0%。服务外包离岸执行额首次突破 1500 亿元,完成 1526.4 亿元,增长 43.3%。烟台成功入围新一轮中国服务外包示范城市,中国(山东)自贸试验区济南片区成功申创第二批国家文化出口基地,威海连续入选国家服务贸易创新发展试点,探索形成了一批典型经验。

与此同时,山东服务业发展仍然存在一些问题和不足:一是发展层次总体偏低。当前,山东传统服务业占比仍然偏高,2021 年仅批发和零售业增加值占服务业增加值的比重就达到了 27%,远高于全国平均水平,而科学研究和技术服务业,信息传输、软件和信息技术服务业,金融业等新兴和知识密集型服务业发展不足(见图 2)。二是企业竞争力整体不强。根据中国企业联合会、中国企业家协会联合发布的"2021 中国服务业企业 500 强"榜单,山东仅 27 家企业上榜,而广东有 70 家、江苏有 53 家、浙江有 46 家。三是平台能级有待提升。由于可以带动全省发展的城市有限,山东能担当区域领头羊重任的服务集聚区还不多,区域的影响力明显不足。根据 2022 中国楼宇经济北京论坛发布的"中国商务区综合竞争力 20 强"榜单,山东仅 2 家上榜,而广东有 3

家。四是市场环境亟须改善。山东民营服务市场主体活力不足问题较为突出,根据中华全国工商业联合会发布的"2022 中国服务业民营企业 100 强"榜单,山东仅 4 家企业入围,而广东有 18 家、江苏有 8 家、浙江有 16 家,山东省排名最高的企业仅排第 78 位。五是开放水平需进一步提高。2021 年,服务业实际利用外资占全省的 60.5%,比江苏、浙江分别低 2.6 个、11.3 个百分点;服务贸易占对外贸易比重比全国平均水平低 4.5 个百分点,服务贸易量仅是江苏、浙江的 78.7%、58.7%。

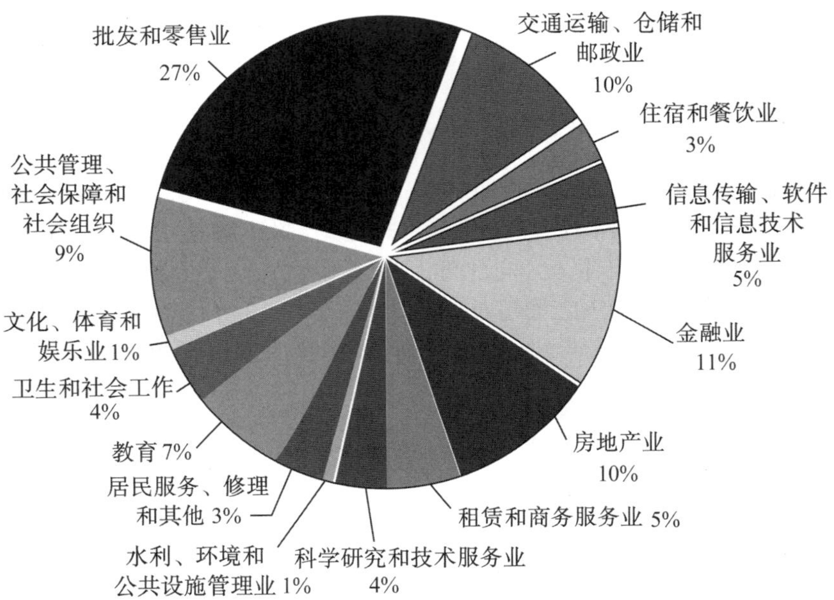

图 2　2021 年山东服务业内部构成情况

数据来源:《山东统计年鉴(2022)》。

三、山东服务业优质高效新体系指标体系构建与评价

(一)指标体系设计的原则与内容

本文基于科学性与针对性原则、可操作性与可行性原则、创新性与先进性原则、优质高效服务业新体系的内涵,在借鉴国内外指标体系的基础上,构建了包含结构、效率、规模 3 个一级指标和 12 个二级指标的服务业优质高效发展评价指标体系(见表 1)。

表 1　服务业优质高效发展评价指标体系

一级指标	二级指标	含义
结构	服务业产值占比	第三产业增加值/GDP
	现代服务业产值占比	现代服务业增加值/第三产业增加值 “现代服务业增加值”采用第三产业增加值减去“交通运输、仓储和邮政业”“批发和零售业”“住宿和餐饮业”和“房地产业”的增加值以近似替代
	生产性服务业从业人员占比	生产性服务业从业人数/服务业从业人数 “生产性服务业”选取“交通运输、仓储和邮政业”“信息传输、软件和信息技术服务业”“金融业”“租赁和商务服务业”“科学研究和技术服务业”5 个行业的数据来反映其发展状况
	知识密集型服务业就业比重	知识密集型服务业就业人数/服务业就业人数 参照 OECD 标准，“知识密集型服务业”包括“信息传输、软件和信息技术服务业”“金融业”“租赁和商务服务业”“科学研究和技术服务业”
效率	服务业生产总值增长率	(当期服务业生产总值—上期服务业生产总值)/上期服务业生产总值×100%
	服务业劳动生产率	第三产业增加值/第三产业就业人数
	服务业贡献率	第三产业增加值增长率/GDP 增长率
	知名品牌服务业企业数量占比	知名品牌服务业企业数量/服务业企业数量
规模	服务业就业占比	服务业从业人员占全部就业人员比重
	服务业固定资产投资额增长率	$\frac{(\text{期末服务业固定资产总值}-\text{期初服务业固定资产总值})}{\text{期初服务业固定资产总值}}$
	服务业法人占比	服务业法人数/总法人数
	人均服务产品占有量	第三产业增加值/地区总人口

(二)数据的选取、处理与测算

本文采用 2021 年山东、江苏、浙江、广东 4 个省份相关数据测算了部分地区服务业优质高效发展水平。本文计算服务业优质高效发展指数所采用的数据来自《山东统计年鉴(2022)》、《中国第三产业统计年鉴(2022)》、各省市统计年鉴以及政府年度报告。对各指标的原始数据进行无量纲化处理，选择归一化方法消除量纲。在此基础上,通过设定权重,再经过加总后计算得到服务业优质高效发展评价指数。

分维度指标显示,在三大维度中,结构评价值广东最高,山东最低;效率评价值四省差距不大;规模评价值浙江最高,山东最低(见图 3)。从二级指标看,现代服务业产值占比、服务业就业占比、生产性服务业从业人员占比、人均服务产品占有量、知识密集型服务业就业比重、知名品牌服务业企业数量占比6个指标值山东均相对较低。在整个样本中,浙江、广东的结构和规模指数均接近或高于服务业优质高效发展指数,说明产业结构优化和服务业规模的扩大是驱动服务业高质量发展的核心力量(见图 4)。山东在结构、规模等方面的提升空间依然较大。从整体看,制约我省服务业高质量发展稳步推进的主要因素是结构和规模,我省在扩大服务业总量的同时应考虑解决结构、人才、品牌等方面的问题。

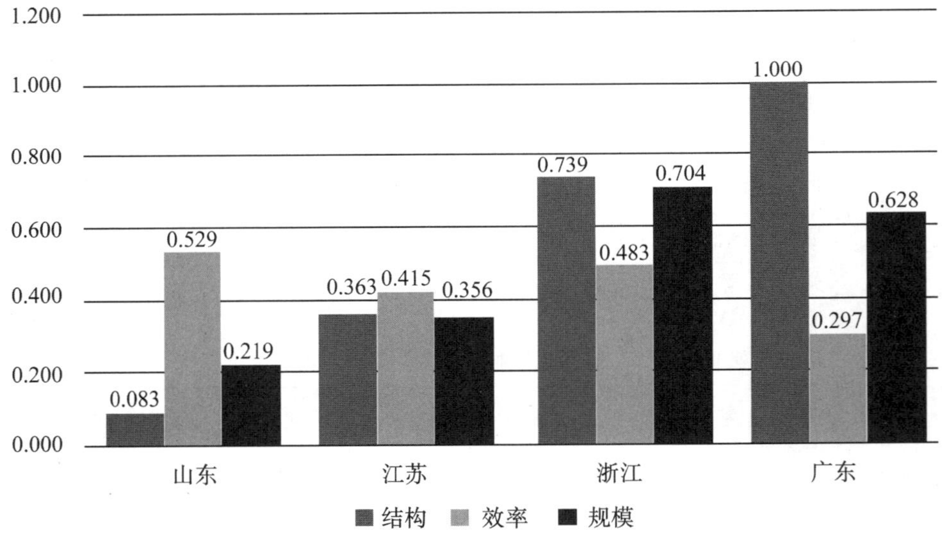

图 3　山东、江苏、浙江、广东 4 省服务业优质高效发展评价指标分维度结果

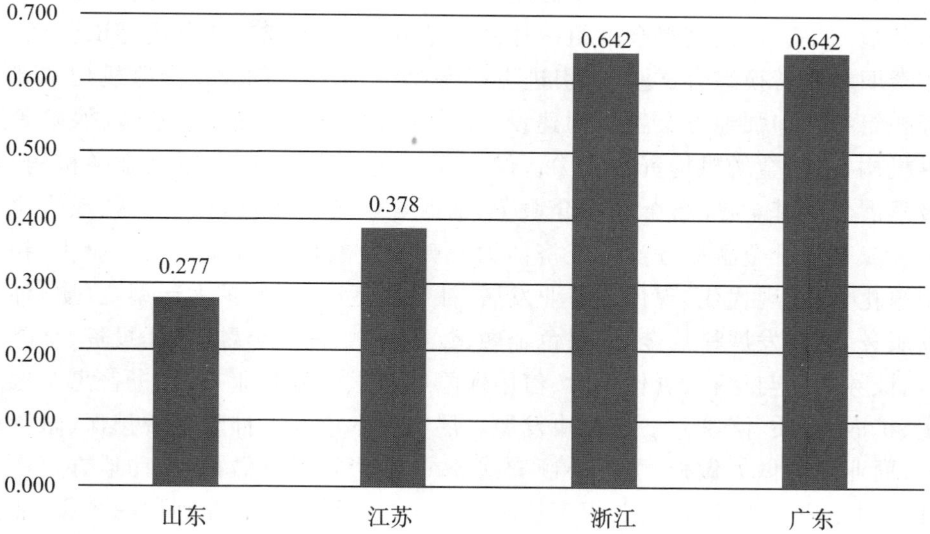

图 4　山东、江苏、浙江、广东 4 省服务业优质高效发展评价指标综合结果

四、山东构建服务业优质高效新体系的重点领域

(一)大力发展优势服务业

1.软件服务业

山东是软件产业大省,为进一步提升产业总体水平和竞争力,山东须在以下几个方面发力。一是延伸软件产业链条。大力发展基础软件、工业软件、嵌入式软件、应用软件等高端软件,加快发展人工智能、数字创意、区块链、工业互联网、网络安全等新兴软件,加速软件与各行业领域的融合应用。二是强化载体园区建设。高水平推进济南、青岛中国软件名城建设,引导省级及以上软件产业园扩容提质,探索"云上软件园"模式,建设一批有较高知名度的软件名园,推进产业聚集发展。三是培育龙头骨干企业。实施软件骨干企业培育工程,重点扶持一批创新能力强、特色鲜明、成长性好的企业发展壮大,培育一批引领性龙头企业。以龙头骨干企业为核心,加强产业链和创新链建设,培育细分领域专业化"小巨人"和单项冠军企业,形成一批特色产业集群。

2.现代金融业

良好的金融生态环境是金融机构生存和金融体系发育的必要条件。山东要建立适合区域经济发展的金融市场和服务体系,必须从建立良好的金融生态环境入手。一是完善金融组织体系。依托中国(山东)自由贸易试验区、山东新旧动能转换综合试验区,引进更多专业化、有特色的大型金融机构和新型金融组织。加强地方金融机构建设,加快组建地方法人证券、基金、保险等金融机构,增强金融机构资本实力。健全完善金融业态,培育新型金融机构,积极发展各类基金,完善金融中介服务,活跃金融要素市场,提升金融现代化水平。二是提升金融服务实体经济能力。鼓励金融机构围绕新型工业化、新型城镇化、农业现代化、现代服务业发展、社会民生改善等,扩大新型抵(质)押贷款服务,创新发展科技金融、绿色金融、数字金融、消费金融、信托投资、金融租赁、证券承销与保存、责任保险、信用保险等金融产品和业务,促进普惠金融增量、扩面、提质、降本。三是加快发展多层次资本市场。推动融资担保、融资租赁、商业保理做大做强,引导小额贷款公司、典当行做优做精,推动地方资产管理公司专注主业、区域性股权市场脱虚向实。鼓励优质企业到沪深主板、北交所、港交所、科创板、创业板上市,支持符合条件的企业发行公司债券、资产证券化产品、公募基础设施 REITs 产品融资,拓宽企业直接融资渠道。

3.现代物流业

山东是经济大省,也是物流大省。为更好发挥物流业基础性、战略性、先导性作用,山东应在以下方面继续发力。一是加快构建现代物流体系。大力发展专业化物流、跨境物流、冷链物流、电商物流、航空物流、应急物流等物流业,积极发展供应链物流、农村物流、快捷物流、精益物流等,推广多式联运等运输方式,推进物流业与农业、制造业、商贸业深度融合发展。二是完善物流枢纽网络。推进国家物流枢纽承载城市和国家骨干冷链物流基地承载城市建设,加快省会、胶东、鲁南经济圈物流一体化发展,完善重要物流园区、物流节点、通道建设,健全城乡配送与快递物流、冷链物流网络,打造对接重点中心城市、融入区域经济循环的物流通道。三是培育物流新业态新模式。加快物流数字化智慧化发展,推进物流设施和服务的全流程绿色化、智能化、标准化、一体化提升改造,推进无人配送、分时配送、共同配送等先进物流组织方式,促进新兴技术和自动化、无人化、智能化设备应用,推动物流企业“上云用数赋智”,建设一批智慧物流园区。

4.现代旅游业

近年来,山东旅游业发展势头强劲,新模式新业态持续涌现,但仍然存在旅游产品单一、竞争力弱、服务水平不高等突出问题。为推动旅游业高质量发展,山东应突出抓好以下几个方面工作。一是丰富旅游产品供给。深入挖掘和利用齐鲁文化资源,深化文化和旅游融合,推广“旅游+”“文化+”业态,推动休闲度假游、红色旅游、乡村旅游、生态旅游、城市旅游等传统业态提质升级，开发文化体验游、研学旅游、自驾车旅居车游、商务会展游、工业旅游、康养旅游等新业态产品，积极发展海洋海岛游、通用航空游，探索未来系列旅游产品，建设标志性旅游产品和项目，打造旅游精品线路，塑造鲜明旅游品牌。二是做大做强旅游市场主体。实施旅游龙头企业培育工程，通过整合资源、技术创新、品牌输出、跨界经营、兼并重组等方式支持一批品牌企业做大做强，积极引进全国旅游企业集团 20 强和文化企业集团 30 强等知名企业，培育一批现代旅游市场主体。三是推进数字赋能旅游发展。推动 5G(第五代移动通信)、AI(人工智能)、VR(虚拟现实)等新技术、新装备在旅游业中的广泛应用，建设沉浸式文化和旅游体验项目，推动智慧景区建设，完善智慧旅游平台，构建数据支撑、科技引领、业态创新、跨界融合的智慧旅游服务体系。

5.农业服务业

山东是农业大省，应着眼提升农业竞争力，把握创新发展方向，做大做强农业服务业。一是大力培育服务主体。鼓励各类涉农服务主体充分发挥各自功能和优势，积极开展农业生产托管服务；推进强强联合，鼓励各类农业社会化服务组织加强合作，组建服务联合体、服务联盟等新型农业社会化服务组织，打造覆盖农业全产业链的服务组织体系。二是不断拓宽服务领域。坚持需求导向，推动服务领域从粮油等大宗农作物向果菜茶、中药材等经济作物和养殖业延伸，从产中向产前、产后等环节及金融保险等配套服务延伸，提升对农业全产业链的支撑作用。推进农业生产托管服务，鼓励服务组织围绕油料作物扩种的整地播种、施肥打药、收割收获等关键环节开展全托管或半托管社会化服务。三是推进服务模式创新。积极开展农业社会化服务创新、农业生产托管规范化建设试点，鼓励服务主体探索多层次、多类型的专业化服务，实现业务拓展、创新发展，着力打造一批创新基地，培育一批创新主体，形成一批创新模式，规范服务标准，完善服务机制，提升服务组织发展质量，充分发挥引领带动作用。

(二)壮大发展成长型服务业

1.健康服务业

随着山东居民收入的增加和健康意识的增强，对健康服务业的需求呈快速上升态势。加快山东健康服务业发展，应重点做好以下工作。一是推进优质健康服务资源扩容。加快发展健康医疗、养生养老、体育健身、健康保险、健康管理等产业，提升健康教育、慢病管理和残疾康复服务质量，鼓励支持社会资本发展健康体检、医学检验、专业护理、养生康复、心理健康和母婴照料等多样化的第三方健康服务，推进健康产业平台和载体建设，丰富服务和产品供给。二是推动健康服务融合互促发展。大力发展“互联网＋健康”，加强“智慧健康”服务建设，扩大“互联网＋医疗健康”便民惠民服务覆盖面。推动精准医疗、移动医疗等新兴领域加快发展，培育壮大互联网医院、共享医院和医生集团等健康服务新业态。推进健康服务与旅游、文化、养生康复、运动休闲和食品等产业联动融合发展。

2.养老服务业

山东人口老龄化呈现基数大、增速快、程度高的特点，亟须通过整合各方资源，加快激发市场活力，推动养老服务业高质量发展。一是完善多层次养老服务体系。支持商业保险机构兴办养老服务机构及服务设施，引导境外资本参与发展养老服务。推动机构专业护理服务向居家养老延伸，完善社区养老服务网络，建设综合性街道社区养老服务设施(机构)，推行“物业服务＋养老服务”居家社区养老模式。二是推进养老产业融合发展。推进养老服务综合体建设，拓展旅游养老、森林康养、中医康养等新型消费领域，促进养老服务与文化、旅游、餐饮、家政、健康等行业融合，打造健康养老产业聚集区。三是提高智慧养老服务水平。鼓励运用新一代信息技术，开发形式多样的智慧养老服务应用，推进“互联网＋养老服务”，推动居家养老服务线上线下相融合，建设智慧健康养老示范基地。

3.教育培训业

相比职业教育大省，山东职业教育培训发展仍有较大提升空间。一是优化职业教育供给结构。鼓励职业院校和社会力量共同举办职业培训机构、生产性实训基地等，鼓励通过政府购买服务等方式支持非营利性民办职业院校发展，加大欠发达地区和农村地区的职业培训扶持力度。二是全面深化产教融合发展。推动职业院校依托优势专业与企业加强合作，建设覆盖全产业链、辐射区域发展的职教集团；引导行业企业深度参与职业教育专业规划、课程设置、教材开发等，鼓励依托产业园区、龙头企业和骨干学校，建设公共实习实训基地，推进校企协同育人。三是建设职业教育高质量发展样板。进一步改善中等职业学校办学条件，建设一批优秀中等职业学校和优质专业。增强优质高等职业教育资源的示范辐射作用，建设一批省高水平高等职业院校和省高水平专业群。高标准建设本科层次职业学校，打造更多省高水平本科专业和重点学科。

4.人力资源服务业

为促进山东人力资源服务业持续健康发展，推动在人力资本服务领域新增长点、新动能的培育，山东必须在以下几个方面发力。一是加快发展各类人力资源服务机构。通过兼并、收购、重组、联盟等方式，培育成长性好、竞争力强的综合性人力资源服务企业集团；积极引进业态先进、规模较大、拉动效应较强的高端人力资源服务机构。二是推进人力资源服务业态和产品创新。引导人力资源服务机构细化专业分工，开发特色服务，推进管理创新、服务创新、产品创新。加快发展高级人才寻访、人才测评、人力资源管理咨询等高端业态，支持发展人力资源法律顾问、大数据监测分析、职业征信等延伸服务。三是推进人力资源服务产业园建设。依托区域中心城市和重点产业布局，建设一批有特色、有规模、有辐射力的人力资源服务产业园，推进省级人力资源服务产业园建设，发挥集聚、培育、展示、服务功能和示范引领作用。

（三）突破发展先导型服务业

1.大数据服务业

大数据具有巨大的产业发展潜力和广阔的应用前景，山东要顺应趋势，加快推进大数据产业发展。一是优化数据中心总体布局。推进大数据产业集聚区建设，支持有条件的地区结合自身产业基础，因地制宜建设绿色、高能效大数据中心，推动大数据产业集聚发展。二是加强大数据企业培育。引进一批行业影响力大、产业带动性强的大数据龙头企业，培植一批技术水平高、市场竞争力强、具有自主知识产权的大数据骨干企业，扶持一批在大数据细分领域深耕细作的创新型中小微企业，形成一批全国知名的大数据企业。三是推动大数据创新应用。加速数据资源化、资产化、资本化进程，推进“上云用数赋智”行动，发展工业、农业大数据应用，推进大数据在智慧医疗、智慧教育、智慧城管、智慧公安、智慧交通、智慧环保等公共服务领域的运用，稳妥发展区块链产业，持续开展大数据应用试点示范。

2.工业互联网服务业

为持续深化互联网与先进制造业融合，加快工业互联网发展，山东应继续在以下几个方面发力。一是持续打造多级网络平台。围绕提升服务支撑水平，发挥工业互联网平台的引领作用，依托行业龙头，建设一批工业互联网基础赋能平台和面向特定行业、特定集群的行业级平台、专业化应用平台。二是培育工业互联网龙头企业。鼓励制造业龙头骨干企业搭建工业互联网“双创”平台，带动上下游中小企业融入大企业创新链，培育一批工业互联网领域“瞪羚”“独角兽”等创新企业。三是打造服务与应用示范园区。开展工业互联网产业园区建设试点，加强“现代优势产业集群＋人工智能”、工业互联网、5G应用等试点示范，带动更多企业提升工业互联网创新和应用水平。

3.人工智能服务业

山东具有完备的工业基础和完善的产业体系,人工智能发展潜力巨大。一是构筑人工智能全产业链条。突出部件、产品、装备、系统协同发展,加快布局发展智能传感、高端智能芯片等产业,大力发展智能制造装备、智能机器人、智能无人机、智能家居、智能硬件等人工智能产品,推动智能装备与大数据、云计算、物联网等深度融合。二是建设人工智能创新平台。瞄准国际前沿,围绕重点领域,依托资源较为完善的高校、科研单位和龙头企业,统筹布局一批人工智能重大创新平台,推动人工智能产业重点领域突破发展。三是打造人工智能产业集群。依托济南—青岛人工智能创新应用先导区和有条件的高新技术产业园区、工业园区、经济开发区,建设人工智能产业聚集区,打造国家级人工智能创新试验区和产业示范园区,培育人工智能产业创新集群和企业集群。

五、推进山东服务业优质高效新体系建设的对策建议

(一)深化改革探索,加强对服务业创新发展的引导支持

一是结合构建全国统一大市场,深化首创性、集成化、差别化改革探索。探索放大济南、烟台、潍坊、德州、青岛即墨等国家服务业综合改革试点城市改革效应,激发民营企业、小微企业、外资企业和其他社会力量参与,增加服务业有效供给的积极性、创造性。二是结合优化营商环境,优先支持服务业企业的创新发展和数字化转型。优先支持发展创业指导、供应链管理等服务的现代服务业战略性产业,推动形成生态主导型企业、行业领军企业、中小微企业优势互补、网络连接的发展格局。三是增强服务业发展政策的稳定性和可持续性。一方面,注意借鉴国内外经验,强化常态化支持和常态化监管机制建设;另一方面,防止因盲目出台政策和监管规则而形成对新产业新业态新模式产业属性、发展形势的误判和对发展过程的误伤。

(二)强化服务业开放,拓展产业发展新优势

一是以开放发展塑造我省服务业发展新优势。推进深化现代服务业对外开放和建立全国统一大市场,健全外商投资准入前国民待遇加负面清单管理制度。按照“法无禁止皆可为”的导向,清理外资准入负面清单之外的各种明限制、潜约束,切实保护外资和民营企业参与公平竞争的合法权益。二是积极对标高标准国际经贸规则,优化规则、规制、管理、标准等,实现制度性开放。注意学习借鉴先进经验,引导支持服务业在深度参与全球服务业竞争合作中

培育国际竞争合作新优势。三是加快发展高层次外向型服务业。鼓励服务企业在全球范围内配置资源、开拓市场，完善服务贸易促进体系和发展模式，提高服务贸易开放程度和便利化水平。

(三)强化品牌标准引领，全面提升服务业质量

一是加强服务业质量管理。推动服务业企业采用先进质量管理模式，推进现代服务业重点行业质量监测。二是推进服务业标准建设。瞄准国际标准，推动国内国际服务标准接轨，逐步建立与国际接轨的现代服务业标准体系，提高现代服务业标准化、国际化水平。三是大力培养山东服务品牌。引导企业开展自主品牌建设，加快形成一批在全国乃至全球范围内有影响力的山东服务品牌企业和山东服务区域品牌。

(四)推进集聚化发展，着力提高集聚示范效能

一是推动集聚区提档升级。合理布局现代服务业集聚区，培育现代服务业高质量发展集聚示范区，打造一批业态高端复合、产业特色鲜明、配套功能完善的服务业集聚发展载体。二是推进集聚区特色化发展。引导各类集聚区增强发展特色和优势，提高集聚区集聚化、专业化、国际化发展水平，充分发挥现代服务业集聚区的集聚和带动作用。三是培育高能级服务业创新发展区。引导各类集聚区主动承担服务业领域国家和省级战略，加快建设数字赋能、特色鲜明、业态高端、能级突出的现代服务业创新发展区。

(五)加快融合发展，拓展现代服务业发展新空间

一是推动先进制造业和现代服务业深度融合。强化服务业对先进制造业的全产业链支撑作用，推动制造业企业向附加值高的服务环节延伸、向制造领域拓展，大力发展服务型制造，推动制造业和服务业高质量发展。二是促进服务业与农业融合发展。推进农村一二三产业融合发展，积极发展农村电商、乡村旅游、数字农业、创意农业等乡村新产业新业态。三是加强服务业内部融合发展。深入运用“互联网＋”“文化＋”“生态＋”“金融＋”“健康＋”“旅游＋”等新理念新手段，推进服务业内部渗透融合，促进服务业优化升级，不断提升服务业附加值。

(六)培养引进并重，强化服务业人才支撑

一是加大人才引进力度。广泛开展服务业人才聚集推介活动，着力招引一批现代服务业高层次人才、领军人才和团队，多渠道汇聚各类人才。二是强

化在地人才培养。通过合作培养、“订单式”人才培养、开放式办学、“请进来”和“走出去”等方式,加快培养一批符合现代服务业重点发展方向的服务业领域实用人才。三是全力确保留住人才。建立更加科学合理的人才评价体系,完善人才在住房、配偶就业、子女教育等方面的保障,确保人才引得进、留得住、发挥得好。

课题组成员:尚蔚　许月恒　许秀静　汤薇

加快推动山东生产性服务业高质量发展研究

近年来，我省生产性服务业发展速度较快，新兴业态不断出现，传统业态服务效益不断提升，但与先进地区相比，与高质量发展的要求相比，仍存在新兴业态比重低、传统业态服务能力低等突出问题。当前，我省正处于新时代中国特色社会主义现代化强省建设继往开来、跨越提升的关键时期，如何加快实现我省生产性服务业高质量发展，需要给予特别关注。

一、生产性服务业概念范围及新趋势新特征

（一）生产性服务业的概念范围

不同时期我国对生产性服务业行业范围的界定不尽相同（见表1）。

表1　生产性服务业范围界定

文件	范围界定
《国务院关于加快发展服务业的若干意见》（国发〔2007〕7号）	现代物流、信息服务、金融服务、科技服务、商务服务、商贸流通
《国务院关于加快发展生产性服务业促进产业结构调整升级的指导意见》（国发〔2014〕26号）	研发设计、第三方物流、融资租赁、信息技术服务、节能环保服务、检验检测认证、电子商务、商务咨询、服务外包、售后服务、人力资源服务
《关于新时代服务业高质量发展的指导意见》（发改产业〔2019〕1602号）	电子商务、供应链管理、节能环保、知识产权服务、商务服务、检测认证服务、人力资源服务
《关于推动先进制造业和现代服务业深度融合发展的实施意见》（发改产业〔2019〕1762号）	智能化解决方案服务、工业互联网、供应链管理、工业文化旅游、现代物流、研发设计服务、新能源生产服务与金融服务

续表

文件	范围界定
《关于加快推动制造服务业高质量发展的意见》(发改产业〔2021〕372号)	科技服务业、商务咨询、工业设计、检验检测认证服务业、工业软件、工业互联网、现代物流服务体系、节能环保服务、金融服务、人力资源管理服务、大数据、供应链服务体系

本文采用统计年鉴行业分类口径，将生产性服务业的统计范围界定为交通运输、仓储和邮政业，信息传输、计算机服务和软件业，租赁和商务服务业，科学研究和技术服务业，水利、环境和公共设施管理业等5个领域。

(二)生产性服务业发展的新趋势新特征

随着新一轮科技革命和产业变革的不断深化发展，生产性服务业呈现出一些新的趋势特征。

1.生产性服务业发展呈现与区域竞争力跃升同频共振趋势

世界区域经济的演进规律表明，区域经济能级的跃升过程也是生产性服务业日益发达的过程。我省发展进入全面求强、大踏步向现代化迈进的新阶段，加快建设绿色低碳高质量发展先行区、充分发挥黄河流域龙头作用等区域功能不断升级，这要求生产性服务业更加规模化、多元化、高端化、集聚化，为我省生产性服务业发展注入更为强劲的需求动力，打开更为广阔的外部市场。

2.生产性服务业发展呈现高能级高密度空间集聚性特征

作为知识、信息和技术密集型产业的生产性服务业，依托现代高新技术特别是信息技术，以知识的生产、应用和传播完成服务的产出和交付，同时将人力资本、知识资本和技术资本引入实物和服务产品的生产过程中，呈现出高能级高密度空间集聚性特征。高能级高密度的空间集聚性趋势，为我省优化生产性服务业空间布局、加速打造产业集群、提升生产性服务业的空间集聚度和产业显示度指明了方向。

3.生产性服务业发展呈现融合化数字化智慧化新趋势

在新一轮科技革命和产业变革的背景下，生产性服务业与其他产业相向发展正成为经济发展的显著特征，产业边界更加模糊。融合化数字化智慧化趋势将进一步催化生产性服务业的引领作用，为我省加快构建现代化经济体系和实现经济高质量发展注入新的活力。

4.生产性服务业发展呈现深化开放提升要素连接能力趋势

在全球产业专业分工合作日益深入的背景下，生产性服务业成为全球产业竞争的战略制高点。在生产性服务业成为各国经济发展新的增长点的背景下，我省必须不断加大生产性服务业领域的开放力度，大力发展现代物流、信息服务、商务服务等生产性服务业，加快融入全球产业链分工体系，以增强自身连接世界的能力。

二、我省生产性服务业发展的总体情况

（一）发展现状

1.总体规模稳步增长

近年来，我省以交通运输、仓储和邮政业，信息传输、计算机服务和软件业，租赁和商务服务业，科学研究和技术服务业，水利、环境和公共设施管理业等为主的生产性服务业快速发展，企业经营状况持续向好，营业收入总量持续增长。2022 年前三季度，全省规模以上生产性服务业实现营业收入同比增长 12.1%，对全部规模以上服务业增长的贡献率达到 96.5%。

2.重点行业发展快速

我省生产性服务业已全面覆盖十大类，形成了以交通运输、仓储和邮政业，租赁和商务服务业等传统产业为主，信息传输、计算机服务和软件业，科学研究和技术服务业等新兴产业发展势头良好的局面。2022 年前三季度，交通运输、仓储和邮政业，信息传输、计算机服务和软件业，租赁和商务服务业营业收入分别增长 10.6%、14.6%、13.8%，在全省规模以上服务业中居前三位，合计占比为 79.9%，拉动全部规模以上服务业增长 8 个百分点。高端生产性服务业增势良好，2022 年信息传输、计算机服务和软件业，租赁和商务服务业，科学研究和技术服务业企业营业收入分别增长 12.5%、12.1%和 9.2%。

3.产业聚集态势初显

各地生产性服务业加快发展，产业集聚区、园区平台支撑作用进一步强化，初步形成了一批生产性服务业集聚区。2022 年，认定齐河黄河国际生态城等省级现代服务业集聚示范区 20 个。其中，从集聚领域看，新一代信息技术、数字经济、总部经济、精品旅游、现代金融、医养健康等领域有 14 个示范区，占集聚示范区总数的 70%；从集聚效果看，20 个集聚区使 8.7 万人解决就业；从集聚企业看，20 个集聚区共入驻企业 2494 家。生产性服务业在中心城市、制造业集中区域发展充分，初步形成“点—线—面”的空间布局。

4. 新业态新模式竞相涌现

近年来，我省生产性服务业数字化转型深入推进，制造业企业“上云用数赋智”进程加快，新模式、新业态、新场景不断迸发。截至 2023 年 7 月，我省国

家级“双跨”平台达到7家,总数由全国第三跃升至全国第二;在双跨平台排名中,海尔卡奥斯4年蝉联榜首,浪潮云洲稳居第六位;赛轮集团橡链云等29个平台入选国家级特色专业型平台,居全国第一。获得工业和信息化部认可、具有全国影响力的工业互联网平台中,山东数量最多。我省入选国家级工业互联网平台创新领航应用案例31个、新型工业化产业示范基地工业互联网平台赋能数字化转型提升试点4个、国家移动物联网应用典型案例11个,均居全国首位。

(二)存在问题

与此同时,我省生产性服务业高质量发展仍然面临一些突出问题亟待解决,主要表现在以下几个方面。

1.生产性服务业供给水平偏低

生产性服务业是我省产业结构中的一条“短腿”,传统生产性服务业仍占主导地位,与经济发展实际需求差距较大。2021年,我省交通运输、仓储和邮政业营收占全省生产性服务业的比重达51.7%;高端培训、研发设计、文化创意、会计法律、信息咨询和技术标准检测等高端生产性服务业发展不足,新兴服务业,尤其是对技术密集型产业发展影响较大的信息传输、计算机服务和软件业,科学研究和技术服务业等占比仅为19.2%。

2.平台要素支撑仍然不足

能担当区域领头羊重任的服务集聚区影响力不够,生产性服务业中心城市地位不突出。根据2022中国楼宇经济北京论坛发布的“中国商务区综合竞争力20强”榜单,我省仅济南、青岛2家上榜,而广东有3家。服务业态和模式创新能力不足,如信息传输、计算机服务和软件业在信息获取、商务交易、网络娱乐、安全服务等新兴领域涉足较少;再如,物流园区内企业或项目大部分仅局限于简单地提供运输和仓储服务,而在流通加工、物流信息服务、物流成本控制、物流方案设计以及全程物流服务等高层次增值领域缺乏服务。公共服务平台如设计中心、研发中心、检测中心等建设乏力,人才、技术、资金等不足的问题依旧制约着生产性服务业高质量发展。

3.龙头企业竞争力不强

目前,我省生产性服务业企业规模总体仍然偏小,知名龙头企业缺乏,竞争优势仍然不突出。2021年,我省规模以上生产性服务业企业平均营收、平均利润分别为12941.4万元和711.5万元,分别是广东的80.3%和35.5%。在中国企业联合会、中国企业家协会联合发布的“2022中国服务业企业500强”榜单中,我省仅27家企业上榜,而广东有70家、江苏有53家、浙江有46家。

在长城战略咨询发布的《中国独角兽企业研究报告 2022》中，我省仅在产业互联网、云服务、物联网、智能制造等领域产生了浪潮云洲、海尔卡奥斯、日日顺物流、中商惠民、能链集团、创新奇智等少数几家生产性服务企业独角兽，缺少像阿里巴巴、腾讯、百度等有较强国际影响力的新兴服务业企业。

4.营商环境有待优化

当前，我省生产性服务业中尚有一些行业市场化改革和产业化发展不足之处，市场准入障碍未真正消除。在中华全国工商业联合会发布的“2022 中国服务业民营企业 100 强”榜单中，我省仅 4 家企业入围，而广东有 18 家、江苏有 8 家、浙江有 16 家。服务业开放还存在不均衡问题，交通运输、仓储和邮政业，租赁和商务服务业仍是利用外资的主体，2021 年，两大领域合计实际利用外资占比达 60.1%，而科学研究和技术服务业，信息传输、计算机服务和软件业等新兴领域实际使用外资占比仅为 38%。

三、推动我省生产性服务业高质量发展的路径建议

（一）实施数字赋能创新行动

加快推动大数据、人工智能等新一代信息技术与生产性服务业深度融合，培育智能化生产性服务新业态，形成新动能、新增长点。一是加快传统领域数字化转型。积极推进云计算、大数据、人工智能、虚拟仿真、区块链等技术在咨询、信用、知识产权、广告等领域的应用，大力发展智能物流、智慧交通、数字金融等新模式，稳步发展元宇宙等新业态。二是积极发展在线新经济。重点发展在线研发、在线检测、工业电商、在线咨询等在线新经济，培育智能汽车、智能家居、智能新零售、智能服务机器人等人工智能创新产品和服务。三是打造数字化转型示范标杆。建设一批省级生产性服务业数字化转型标杆，打造全国生产性服务业数字化转型引领城市。

（二）实施融合发展试点行动

顺应产业升级趋势，推进生产性服务业与先进制造业、现代农业相融相长、耦合共生，不断拓展服务业新领域、新功能。一是推进生产性服务业与先进制造业深度融合。实施服务型制造示范工程，鼓励制造业企业发展总集成总承包、定制化服务、全生命周期管理、共享制造、供应链管理等融合发展新业态新模式，培育国家级服务型制造示范城市、企业、项目、平台。聚焦关键环节和重点领域，鼓励龙头骨干企业、行业领军企业牵头组建跨行业、跨领域、跨区

域的“两业融合”发展产业联盟。二是推进生产性服务业与现代农业融合。实施农业产业化服务体系建设工程,发展农村金融、涉农物流、农产品质量安全监管、农村劳动力培训、农机租赁等为农服务产业链,推进农业生产向生产、服务一体化转型。围绕农村一二三产业融合,大力发展“互联网+农业”,培育乡村旅游、智慧农业、创意农业等农业新业态。

(三)实施集聚区提质增效行动

围绕提升发展能级和影响力,推进生产性服务业集聚发展,建设一批高能级载体平台,推动生产性服务业加快形成规模效应。一是引导生产性服务业专业化集聚发展。以服务功能优化为重点,以绩效考核为手段,以竞争力提升为核心,加快实施生产性服务业集聚区提档升级工程,依托优势区域和产业集群,打造一批规模优势突出、品牌效应明显、产业特色鲜明、高端要素集聚、业态深度融合的生产性服务业集聚示范区。二是提升生产性服务业集聚区层级。坚持高端化导向,注重因地制宜,强化集聚区发展的分类指导,引导各类集聚区增强发展特色和优势,鼓励同区域、跨区域集聚区实现产业链动、空间联动、业务互动,强化集聚区数字赋能,提高集聚区专业化水平。三是打造生产性服务业优质发展平台。加强生产性服务业公共服务平台建设,实施一批研发设计、质量认证、检验检测、信息服务等公共服务平台改造升级项目,培育一批集战略咨询、管理优化、解决方案创新、数字能力建设、合作交流于一体的综合性服务平台。

(四)实施企业主体培育行动

注重生产性服务业企业培大育强,提升生产性服务业市场主体创新力、影响力和竞争力。一是强化龙头企业引领作用。实施生产性服务业企业培育计划,分行业建立龙头企业培育库,重点支持信誉好、服务质量高的生产性服务业企业发展壮大,加快打造一批有较强影响力的领军企业。支持有实力的企业通过并购、联合等方式,加强产业链整合和价值链延伸,引领带动产业链深度融合和高端跃升。二是扶持中小企业发展壮大。围绕技术创新、业态创新、品牌创新等方面,完善中小微企业孵化体系和创新服务体系,发掘生产性服务领域的创新型企业、独角兽企业,提升中小企业专业化水平,打造创新型生产性服务业企业群。三是大力培育总部企业。实施总部企业发展裂变计划和引凤计划,积极引进跨国公司总部、地区总部和国内大企业集团总部,引导本地企业加强研发中心、运营中心、结算中心等功能建设,打造生产服务、销售管理、决策运营、科技研发等功能性总部,培育一批优势本土总部企业。

(五)实施全方位开放合作行动

在更深层次、更宽领域,以更大力度推进全方位高水平服务业开放,是加快我省经济高质量发展的必由路径。一是加快生产性服务业重点领域改革。放大济南、烟台、潍坊、德州、青岛即墨等国家服务业综合改革试点效应,积极开展新一轮省级服务业综合改革试点,争取新一轮国家服务业综合改革试点,探索服务业改革发展新模式。二是积极融入全球产业链分工体系。搭建生产性服务业领域多层次国际交流合作平台,加大咨询、研发设计、节能环保、环境服务等知识技术密集型服务引进力度,争取落地一批高端化、国际化、规模化生产性服务业企业和重大项目。三是推进生产性服务业全方位开放。依托自由贸易试验区、综合保税区等重大开放平台,扩大新兴服务业开放,建成一批服务业对外开放强支点。积极争取新一轮服务业扩大开放综合试点,在科技服务、金融服务、数字服务等领域先行先试。

(六)实施营商环境优化行动

聚焦制约生产性服务业发展的难点和痛点,进一步优化生产性服务业发展的“软环境”,健全完善资金、土地、人才等要素配套。一是深化管理制度改革。建立规范的市场准入机制,根据不同产业特点,制定相应的市场准入门槛,避免无序竞争。大力推进行业协会改革与发展,充分发挥行业协会在知识产权保护、行业标准化建设、行业自律等方面的作用。研究制定规范各类生产性服务业发展的地方性法规、规章,构建公平、透明的法治体系。二是加大政策扶持力度。认真清理、修订不利于生产性服务业发展的政策措施,建立与工业同等的财政、电价、土地等政策扶持体系。财政方面,服务业发展引导资金向生产性服务领域倾斜,主要用于生产性服务业重点项目的贴息或补助。土地方面,在符合土地利用总体规划和城镇建设规划的前提下,对生产性服务业项目建设用地优先安排。三是强化服务业人才支撑。依托国家和省各类人才工程,广泛开展服务业人才聚集推介活动,大力引进国内外优秀的生产性服务业专业人才和团队。在高等院校和中等职业学校增设相关专业,探索由企业、高校和政府共同投入的生产性服务业人才实训基地建设,全面推进职业资格证书制度。

课题组成员:许月恒　尚蔚　许秀静　汤薇

山东省培育乡村新产业新业态的财税政策研究

《中共中央国务院关于做好2023年全面推进乡村振兴重点工作的意见》明确要求，要培育乡村新产业新业态。培育和发展乡村新产业新业态，是促进乡村产业高质量发展，全面推进乡村产业振兴，加快实现农业农村现代化的重要抓手。财税政策在支持乡村新产业新业态发展中发挥重要作用。本文在分析乡村新产业新业态的内涵特征和现状的基础上，梳理了当前财税政策支持乡村新产业新业态发展的现状和不足，并提出了相应的改进建议。

一、乡村新产业新业态的内涵、特征、类型

(一)乡村新产业新业态的内涵

乡村新产业新业态是指基于现代农业发展和农村一二三产业融合发展，借助新技术、新模式、新理念，通过分工细化、链条延伸、融合渗透等方式，在农村形成的新型产业组织形态。特点是空间在乡村、资源在乡村、特色在乡村。

新产业新业态所指的"新"是一个相对概念，很难有一个标准的区别界定。当前国家倡导的乡村新产业新业态，其"新"特征表现为技术进步、农业多功能拓展以及新要素价值凸显[①]，旨在促进产业发展，保障农产品充分供给，实现农民充分就业，增加农民收入，传承农耕文明，维护乡村生态环境，拓展农业多种功能，挖掘乡村的经济、社会、生态等多元价值。

---

① 参见经济日报社中国经济趋势研究院新型农业经营主体课题组：《农业新业态发展情况调查报告》，2019年。

(二)乡村新产业新业态的主要特征

1.技术引领性

乡村新产业新业态通过创新的理念、革新的技术,产生了新产品、新技术、新服务,再造了传统产业发展的新优势,产业引领性突出,具有较好的发展后劲和市场扩张能力,业态发展速度明显快于传统产业。

2.产业融合性

不同行业之间的融合使得农业新业态具有高度融合的特征,与其他产业的关联性强。

3.多元价值性

乡村新产业新业态能够发掘更多的乡村功能价值,聚集更多资源要素,延长产业链条,拓展价值实现渠道。

(三)乡村新产业新业态的主要类型

乡村新产业新业态种类繁多,根据不同类型的产生路径,将现有乡村新产业新业态划分为以下五大类别。[①]

1.服务型

农业与服务业融合衍生出服务型乡村新产业新业态。服务型乡村新产业新业态以满足人们对休闲、度假、教育等的多元需求为主,通过拓展农业的生态、休闲、教育、养生等服务功能,推进农业产业链横向拓宽,通过与商业、旅游业、文化产业等交叉融合形成农业新业态,如休闲农业、会展农业、创意农业、阳台农业等。

2.创新型

现代生物技术、信息技术、航天技术等高新技术向农业领域渗透、扩散,进而引起农业生产方式和经营管理方式的变革,技术创新落地产业化形成新产业或新业态,如智慧农业、农产品电子商务、农业大数据应用、生物农业等。

3.社会化衍生型

组织方式变革衍生出社会化乡村新产业新业态。伴随城乡一体化的发展和城乡要素的流动,社会组织方式变革催生了一批社会化乡村新产业新业态,如农业众筹、订单农业、社区支持农业、农村养老服务业、农产品私人定制等。

---

① 参见陈慈、陈俊红、龚晶等:《农业新产业新业态的特征、类型与作用》,《农业经济》2018年第1期。

4.内部融合型

种植业、畜牧业、水产业等农业内部的子产业之间或子产业内部细分的产业之间,通过生物链的有机链接,各子产业发生融合,产生不同于现有生产方式的新业态,如生态牧场、稻田立体混养等。

5.综合型

这是一种因现代生物技术、信息技术、环境控制技术和现代材料等一批新技术、新材料在农业集成创新应用而出现的新型业态。工厂化农业是综合型农业新业态的代表性业态之一,其采用现代工业的生产方式进行农业生产,使得农业生产呈现类工业化属性,摆脱了自然因素的制约,推动了农业高效集约生产。中央一号文件中关于乡村新产业新业态发展的核心要点见表1。

表1 中央一号文件中关于乡村新产业新业态发展的核心要点

年份	中央一号文件关于乡村新产业新业态发展的核心要点
2017	深入推进农业供给侧结构性改革,加快培育农业农村新动能,发展壮大农村新产业新业态,提高农业供给质量
2018	明确实施乡村振兴战略的总体要求与重点任务,并提出产业兴旺是重点,培育乡村发展新动能,构建农村一二三产业融合发展体系
2019	坚持农业农村优先发展总方针,充分发挥乡村资源、生态和文化优势,发展壮大乡村产业,特别要发展适应城乡居民需要的休闲旅游、餐饮民宿、文化体验、健康养生、养老服务等产业
2020	重点培育家庭农场、农民合作社等新型农业经营主体,培育农业产业化联合体
2021	鼓励开发专属金融产品支持新型农业经营主体和农村新产业新业态,增加首贷、信用贷
2022	规范发展新就业形态,培育发展家政服务、物流配送、养老托育等生活性服务业,大力开展适合农民工就业的技能培训和新职业新业态培训
2023	培育乡村新产业新业态。继续支持创建农业产业强镇、现代农业产业园、优势特色产业集群。支持国家农村产业融合发展示范园建设。深入推进农业现代化示范区建设。实施文化产业赋能乡村振兴计划。实施乡村休闲旅游精品工程,推动乡村民宿提质升级。深入实施"数商兴农"和"互联网+"农产品出村进城工程,鼓励发展农产品电商直采、定制生产等模式,建设农副产品直播电商基地。提升净菜、中央厨房等产业标准化和规范化水平。培育发展预制菜产业

二、山东培育乡村新产业新业态面临的主要问题

(一)农业生产优势向乡村新产业新业态优势转化力不足

山东省作为农业大省,农业生产能力领跑全国,粮食总产量连续9年稳定在千亿斤以上,粮菜果、肉蛋奶、水产品等产量均居全国前列,农林牧渔业总产值2022年达1.2万亿元,稳居全国首位。但乡村新产业新业态的规模相对较小,质量水平有待提高。农产品加工产业未充分挖掘农业大省优势,相关产业链延链、强链水平有待提高。农业新业态创新能力不足,如在技术研发方面,种子企业没有品种研发能力,核心竞争力欠缺。高端农产品加工制造优势不明显,如食品加工业,小麦、玉米、大豆等加工企业产品低端化,对膳食纤维、蛋白肽、植物蛋白等精细化深加工产品开发不足,副产品综合利用率低,对高附加值深加工产品开发不足。山东规模以上农产品加工企业近万家,占全国的1/10,预制菜企业8400多家,数量居全国第一,但产品多、品牌少,尤其价值链高端品牌缺乏。

山东文旅资源丰富,区位条件优越,发展基础良好。截至2022年年底,山东规模化乡村旅游点3500余个,国家级休闲旅游和乡村旅游示范点33个,乡村旅游经营业户8.9万户,吸纳安置就业58万人。到2025年,山东将打造200个省级重点村,1000个景区化村庄。但目前多数休闲旅游、乡村旅游项目功能单一,配套不完善,游客停留时间较短,人均消费不高。由于经营理念、管理水平有限,许多乡村文旅项目都存在对现有乡村生态资源的破坏性开发。

(二)基建资源对乡村数字基础设施建设投入相对落后

乡村数字化基础设施建设相对落后,电商发展水平较低。截至2022年年底,山东省农村公路路网规模达到26.26万公里,路网密度达167.6公里/百平方公里,居全国前列。但在当前路网基础设施建设基础上的乡村物流配送网络还需进一步完善,实现乡镇、村一级配送网全覆盖。目前山东乡村数字基础设施建设尚在起步阶段,根据规划,到2025年,山东所有行政村(社区)建成“百兆乡村”,行政村5G网络通达率达到99%,建设智慧农业典型应用场景500处。根据“2021年数字乡村百强县”榜单,山东有5个县上榜,浙江有32个县上榜且在前十位中占据8席。根据《县域数字乡村指数报告》,我省乡村数字基础设施指数排名位于中后段,位列29省份中的第18位。而在“中国县域电商竞争力百强榜”上,浙江省17个县域入榜,广东省、江苏省各13个,我

省仅8个。我省在数字化赋能乡村新产业新业态发展方面的潜力有待挖掘。

(三)"人财地"矛盾问题制约乡村资源要素有效开发

一是乡村人才资源相对匮乏。乡村新产业新业态呈现复合型产业特征，迫切需要既懂种养技术又懂包装设计、营销策划、品牌推广、文化创意等的综合型人才。以休闲农业和乡村旅游为例，其从业人员多数为周边农民，缺乏系统专业的培训，餐饮、住宿、康体娱乐等综合型服务人才缺乏；从农村电商来看，根据中国农业大学智慧电商研究院发布的《2020中国农村电商人才现状与发展报告》，全国农村电商人才缺口超百万，尤其是运营、推广销售、IT、美工等岗位；从农产品加工业来看，该行业以小型规模企业为主，高素质人才引不来、留不住，严重制约企业转型升级。

二是乡村产业发展的资金来源渠道有限。农村金融服务是世界性难题，风险大导致贷款难，成本高导致服务难。资金的活水不往乡村洼地流。财政支农投入巨大，金融服务相对滞后。山东省财政对农业的投入无论从绝对规模看，还是从相对规模看，都是增长的。其绝对规模从2001年的47.89亿元增长到2022年的1027亿元，年均增长16.6%；相对规模也从2001年的6.35%提高到2008年的8.7%，其后的10年一直维持在10%以上，近两年由于新冠疫情的影响，比重有所下降。

三是"用地难"问题普遍存在。在当前土地指标趋紧的大背景下，用地政策与实际需求存在较大差距，乡村新产业新业态项目用地问题突出。盘活建设用地，重点用于支持乡村新产业新业态和返乡下乡创业，仍需进一步细化政策。乡村新产业新业态发展离不开必要的配套厂地、用房和设施，但触碰土地红线的风险很大，土地要素供给不足导致许多新业态项目难以正常实施。乡村项目开发存在盲目性与无序性，"乱用地"问题突出，如以土地流转发展新业态名义"下乡圈地"现象。

(四)乡村新产业新业态治理有待加强顶层设计和监管

农村新产业新业态作为新事物，受概念与内涵不清影响，相关数据统计滞后。2018年8月，国家统计局出台《新产业新业态新商业模式统计分类(2018)》，其中与农业相关的新业态既包括设施农业种植、设施林业经营、设施畜牧养殖和设施水产养殖等设施农业，也包括农业生产托管服务、农林牧渔业智能管理服务、专业化农业服务等其他现代农林牧渔服务业。但在实际统计调研中，尚未开展对相关门类的统一调度，乡村新产业新业态的详细情况并无统计口径和具体数据。

乡村新产业新业态发展所涉及的相关部门较多，如田园综合体建设涉及部门农业农村厅，乡村道路修整涉及交通运输局，乡村旅游开发涉及文化和旅游局，乡村电商涉及商务厅，同时新业态落地所需要的土地资源又涉及自然资源厅，而乡村新产业新业态中的企业经营与监管则涉及市场监督管理局。乡村休闲旅游产业、农村电商和现代食品产业等行业相互影响、相互制约，相关部门之间的政策协调、地区之间的政策衔接以及监督管理等方面存在多处空白，亟须进一步加强。

三、财税政策支持乡村新产业新业态发展情况

（一）对乡村产业政策的财政奖补资金支持

中央层面培育和发展乡村新产业新业态的财税政策抓手是乡村产业发展的重大项目建设和财政奖补资金扶持。重大项目有创建农业产业强镇、建设国家现代农业产业园、推进农业现代化示范区等（见表 2）。重点培育扶持乡村休闲旅游和乡村电商。

表 2　中央乡村产业重大项目情况

项目	主要内容	发展情况
农业产业强镇	支持建设乡土经济活跃、乡村产业特色明显的农业产业强镇；农业产业强镇示范建设，关键是要在“融合”二字上做文章	2018—2022 年累计有 1309 个农业产业强镇项目获得批复，其中 2018 年、2019 年、2020 年、2021 年及 2022 年五年分别批复建设 254 个、298 个、259 个、298 个、200 个
国家现代农业产业园	按照“一年有起色、两年见成效、四年成体系”的总体安排和“先创后认、边创边认、以创为主”的工作要求，启动并批准创建国家现代农业产业园	2017—2022 年，第一批 11 个，第二批 30 个，第三批 21 个，第四批 52 个，第五批 39 个，第六批 50 个
优势特色产业集群	聚焦具体品种类别且在省内有较强优势，产业基础较好，种（养）规模大，加工转化能力强，在全国有一定影响力，全产业链总产值达到 50 亿元以上，并具有较大的发展潜力；已初步形成集中连片发展格局	2020 年创建 50 个项目，2021 年创建 50 个项目，2022 年创建 40 个项目

续表

项目	主要内容	发展情况
国家农村产业融合发展示范园	为充分发挥示范引领作用,加快推进农村一二三产业融合发展,充分挖掘地区特色,围绕农业内部融合、产业链延伸、功能拓展、新技术渗透、产城融合、多业态复合等六种类型,有针对性地创建农村产业融合发展示范园	第一批148家,第二批110家,第三批116家,三批共计374家
农业现代化示范区	围绕提高农业产业体系、生产体系、经营体系现代化水平,建立指标体系,加强资源整合、政策集成,以县(市、区)为单位开展创建,到2025年创建500个左右示范区,形成梯次推进农业现代化的格局	2021年首批创建100家,2022年8月公布了第二批100家创建名单

1.中央层面的部署

实施文化产业赋能乡村振兴计划。2022年发布《关于推动文化产业赋能乡村振兴的意见》,实施乡村休闲旅游精品工程。举办中国美丽乡村休闲旅游行精品景点线路推介活动,推动乡村民宿提质升级。深入实施"数商兴农"。2022年中央一号文件提出实施"数商兴农"工程,推进电子商务进乡村。实施"互联网+"农产品出村进城工程。鼓励发展农产品电商直采、定制生产等模式,建设农副产品直播电商基地。2023年中央一号文件提升净菜、中央厨房等产业标准化和规范化水平,培育发展预制菜产业。

2.省级层面的部署

2016年,山东省出台《关于积极开发农业多种功能大力促进休闲农业发展的通知》,针对如何有效加快全省休闲农业的发展、更好推动农村三产融合给出了具体的指导意见。2017年,山东省发布《山东省农业现代化规划(2016—2020年)》,针对四大休闲农业产业带建设给出了具体指导和部署。2020年,山东省发布《山东省促进乡村产业振兴行动计划》,进一步强调要继续深入开展乡村产业融合推进行动,大力推进教育、文化、康养等与农业的深度融合,大力发展休闲农业和乡村旅游。2021年,山东省发布《共同推进现代农业强省建设方案(2021—2025年)》,提出要大力实施乡村休闲旅游精品工程,建设中国美丽乡村30个,并积极支持返乡入乡人员发展农村新产业新形态。2022年,出台《山东省文旅康养强县财政激励政策实施方案》,政策实施期内每年在全省遴选10个产业基础好、发展潜力大的文旅康养强县，丰富新型文旅康养业态。省级财政给予每个文旅康养强县1000万元的资金支持。

（二）对拓宽资金渠道的地方财税金融支持

1.财税补贴体系支农

一是拓宽财政资金的筹集渠道。《山东省人民政府关于进一步推进涉农资金统筹整合的意见》提出，将设置涉农资金专项，并在整体统筹的基础上拓展资金来源、优化投入结构。二是加大对"三农"增信服务，加快向县域拓宽涉农担保业务。可通过多部门综合信息评定贷款主体的信用等级，运用财政资金为小农户、小微企业和新型农业经济主体提供贷款担保，为乡村从业者开辟新的融资渠道。三是优化财政投入方式，以财政补贴为主，采取多种辅助手段，重点支持乡村产业规模经营、绿色生产和可持续发展，提高投资效益。重点为新型农业主体提供贷款利息补贴，为农产品质量检测及认证提供补贴等。政府投资性资金应以资本金的新方式注入符合条件的乡村项目，并采取先建后补、以奖代补、设立产业投资资金等多种方法提高财政资金的投资效益。

2.金融保险体系助农

围绕金融保险体系助农，通过金融手段满足乡村产业融资需求，引导与撬动社会资本流向农村。一是完善金融支农组织体系，鼓励各类金融机构到县和乡镇设立分支机构，实现村镇银行县域全覆盖，扩大乡村金融的服务范围。二是创新金融支农产品和服务，推出新型农业经营主体贷款和林权抵押贷款、土地承包经营权抵押贷款以及农民住房所有权抵押贷款等多种金融产品。三是完善政策性农业融资担保体系，建立现代农业保险体系，为新型农业经营主体提供更多的融资渠道，在原有的政策性农业保险之外，鼓励保险机构推出涉农的综合商业保险产品，同时推动多种农业保险的发展。

（三）围绕涉农税收优惠政策的税收政策支持

1.乡村产业税负改善方面

在增值税方面，农业生产者销售自产的农产品免征增值税；采用公司联合农户模式销售畜禽的乡村企业可免征增值税；农民专业合作社销售农产品、向本社成员销售规定的农业物资纳入免征增值税的范畴；纳税人将国有农用地或将承包地转给农业生产者用于农业生产的，免征增值税；以休闲旅游为代表的乡村服务产业，从2019年1月1日起的三年内，生活性服务业纳税人可在当期加计15%的进项税额进行抵扣。企业所得税和个人所得税方面，企业从事农林牧渔业的所得可以按照规定免征或减征企业所得税；一部分高附加值的种植或养殖可减半征收企业所得税;个人独资企业或者合伙企业在种植、养殖、饲养和捕捞业四大行业所取得的收入暂不征收个人所得税。

2.乡村产业融资改善方面

《财政部　税务总局关于租入固定资产进项税额抵扣等增值税政策的通知》(财税〔2017〕90号)第六条规定,为农户、小型企业、微型企业及个体工商户融资担保提供再担保取得的再担保费收入,免征增值税。《财政部　税务总局关于延续支持农村金融发展有关税收政策的通知》(财税〔2017〕44号)规定,对金融机构农户小额贷款利息收入,在计算应纳税所得额时,按90%计入收入总额,对保险公司为种植业、养殖业提供保险业务取得的保费收入,在计算应纳税所得额时,按90%计入收入总额。

四、财税政策支持乡村新产业新业态发展存在的不足

(一)财政资金支持存在重"物"轻"人"倾向

在乡村新产业新业态培育和发展的初期探索阶段,关注重点较多地放在"物"的更新方面,在村容村貌、基础设施等方面投入较多,客观上导致农村教育、科技、卫生、文化等公共资源投入偏少,影响了乡村人口素质提高和人才队伍建设。农民的主体地位缺乏政策保障,在乡村招商引资中,通常注重企业的实力与知名度,往往忽视农户的对等权,使得农户和村集体在三次产业融合过程中处于被动的跟随地位,利益逐渐边缘化。

(二)财税政策对新产业新业态发展的引导倾向不明显

一是财税支持的惠及对象有限,欠缺有针对性的专项政策。目前还没有专门针对乡村新产业新业态的税收优惠政策,现行政策设计存在享受优惠门槛较高、覆盖面偏窄和优惠时限过短等缺陷,相关政策的精准性和长效性不足。现行的财税政策多追求普遍适用,覆盖的可适用主体范围有限,对社会主体参与度的动员激励不强。二是财税资金扶持力度偏弱。从山东省统计局披露的数据看,近年财政支出用于农林水利方面的支出占比在10%左右,远低于国际现代农业发达国家35%—50%的投入水平。在财税优惠政策设计上没有惠及产业上下游,如税收优惠集中在种植和养殖生产环节,与农产品仓储运输、保鲜、批发零售、精深加工等环节相关的优惠较少。三是财税政策碎片化现象突出,弱化了整体链式效应。目前山东省的相关财税政策对第二、三产业的支持相对较少,易导致一、二、三产业配套升级时缺少相对应的、环环相扣

的资金支撑体系。四是产业融合方面的政策指引不强。促进乡村三次产业融合发展的创新性扶持政策不多，土地、水电等重要领域也缺乏有针对性的补贴和减免等优惠政策，融资担保服务尚未落实。

（三）防范风险的财税政策监管体系有待完善

乡镇政府本身难以获得乡村产业振兴的资金，通常依靠上级财政转移支付来维持运转，而上级政府财力投入有限，在转移支付资金的使用上目标不明确、管理不规范、缺乏必要监督等现象仍明显存在。在乡村产业投入上，一些村镇不考虑财政的可承受性和金融的安全性，只做“显功”，不做“潜功”，大干快上，过度干预市场和片面强调政府投入，造成财政金融风险。一些地方假借发展乡村产业之名，违法违规变相举债，引发债务风险，增加了社会风险和生态风险等公共风险。此外，涉农税收减免政策存在负面效应，催生了大量“空壳”农民专业合作社，如为套取“公司＋农户”经营模式税收优惠政策，虚设“空壳社”和假联合体。据有关数据披露，“空壳社”问题在我国各地普遍存在且比例较高，一些地区“空壳社”占比甚至在60%以上。

五、培育乡村新产业新业态的财税政策优化建议

充分发挥财税政策的先行、引导、带动作用，通过乘数效应和带动效应发挥政策的作用，为乡村新产业新业态发展提供全面、系统、有力的财税政策支持。

（一）坚持以人民为中心，持续深化乡村财税改革

坚持以人为本理念，瞄准“人”的问题补短板。以财政投入支持乡村人才引育工作，完善人才体系建设，提升乡村人力资源水平。要加快乡村产业专业技术人才知识更新，运用定额拨款、财政补助等手段，支持高校、职业学校加强乡村产业学科建设和人才培养，对组织相关培训的企业院校按规定进行职业培训补助和技能鉴定补助。在引进人才方面，加快乡村科技服务体系和人才体系的建设，推进科技人才下乡。树立柔性引进人才理念，适应乡村新产业新业态发展的新要求。

（二）理顺市场与政府的关系，调整优化财税政策细则

坚持有效市场和有为政府相结合的原则，对与这一原则有冲突的财税政策措施和实施细则及时调整优化。不断完善乡村产权制度，赋予广大农民更

多的财产权益和经营权益，优化要素市场化配置，激活土地、劳动力、资本、技术等基本生产要素，实现产权有效激励、要素自由流动、价格反应灵活、竞争公平有序、企业优胜劣汰、政府发挥作用，要避免过度投入形成债务风险。推进政府职能的转换，加强服务型政府建设，发挥政府政策指引、投入引导的作用。建立多元化财税保障机制，激活社会资本参与，坚持政府引导、市场运作的原则，构建财政金融联动机制。构建政企银担保为一体的协同支持体系，形成以新型农业经营主体为主要支撑对象、以产业发展和新型农业经营主体需求为导向的银保贷联动机制。

(三)健全动态和长效监管系统，防范化解财政风险

健全对财政资金使用全过程的动态监督机制，确保财政资金的精准投入、高效使用。深化财政绩效管理改革，确保财政资金用到实处。强化系统性预算绩效管理改革，以政府和部门职责、中长期发展目标为导向，把事前评估、事中监控、事后评价有机结合起来，建立全过程管理体系。统筹整合财政支农资金，从根本上改变财政资金碎片化状况，探索建立涉农资金统筹整合长效机制，确保将有限的资金集中投放到重点领域，发挥财政资金的综合效用和引导作用。

课题组成员：田焱　孙斌　马春晓　王永冲　傅增清　孔凡革　陈玉婷

借鉴京沪等地经验加快山东未来产业发展的对策建议

习近平总书记在黑龙江考察时强调："整合科技创新资源，引领发展战略性新兴产业和未来产业，加快形成新质生产力。"[①]当前，国内各地高度重视未来产业发展，纷纷发布未来产业行动方案或行动计划，前瞻布局面向未来的新质生产力。我们梳理了主要省市未来产业发展方向、推动未来产业的行动计划，为我省布局未来产业提供借鉴。

一、各地未来产业布局的重点方向及主要措施

自 2022 年以来，北京、上海、深圳、南京、苏州以及浙江、江西等陆续发布未来产业行动方案或实施意见，重点围绕信息智能、健康、能源、空间、材料等方向的细分领域展开。从推进举措来看，主要集中在基础研究、科技成果转化、创新企业梯队、示范应用场景、产业生态打造、人才队伍建设等方面。

第一，注重加强基础研究。北京提出原创成果突破行动，支持国家实验室、国家科研机构、高水平研究大学、科技领军企业牵头或参与国家级创新平台建设，实现更多从 0 到 1 的突破。上海提出未来技术"筑基计划"，谋划建设未来产业研究院、未来技术学院、未来产业创新中心，完善全球创新网络。截至 2022 年，上海已创建两个国家级未来产业科技园(未来能源与智能机器人、自主智能领域)，成立了国内首个合成生物学创新战略联盟。

第二，注重成果转化孵化。北京实施中试孵化加速行动，着力构建涵盖验证中心、中试平台、技术标准的全链条式未来产业公共服务网络。上海提出发挥未来产业科技园作用，建设一批推动创新成果转化的加速器；支持企业和科研院所联合建设中试基地和验证平台，实施跨界融合示范工程，推动产业加速孵化。

---

① 《习近平在黑龙江考察时强调　牢牢把握在国家发展大局中的战略定位　奋力开创黑龙江高质量发展新局面》，《人民日报》2023 年 9 月 9 日。

第三,注重企业梯度培育。北京提出创新伙伴协同行动,着力培育产业生态主导型企业,支持"链主"企业牵头组建产业创新中心等创新联合体,带动培育一批独角兽企业、专精特新"小巨人"企业。苏州提出创新主体"引培行动",突出发挥大型科技领军企业引领作用,鼓励创新创业型中小企业专业化、精细化、特色化发展,优化大中小企业协同创新机制。

第四,注重空间载体支撑。上海谋划多层次载体空间,推动未来产业集群发展。一是谋划未来产业先导区,主要承担创新策源、产业引领和制度示范功能,2023 年 3 月挂牌成立张江科学城、临港新片区、闵行"大零号湾"首批三个未来产业先导区,分别编制各自的实施方案和行动计划。二是谋划未来产业加速园,依托未来产业细分领域具有一定基础和特色的园区基地,授牌一批未来产业的加速园,主要承担技术成果转化和产业加速功能,全市首批未来产业加速园已经评审完毕。

第五,注重应用场景示范。未来产业的发展依赖于场景驱动。北京提出应用场景建设行动,探索"未来场景+试点示范+推广应用"的全周期场景设计机制。上海提出未来场景"开源计划",提出打造未来产业试验场,谋划未来工厂、未来社区、未来医院、未来农业等场景。南京针对人工智能领域提出加快建设创新应用先导区,针对元宇宙领域,提出推动元宇宙赋能重点行业应用。

第六,注重领军人才作用。如北京提出创新人才集聚行动,引进一批具有世界影响力的顶尖科技人才,遴选一批科技领军人才、青年科技人才和卓越工程师。上海提出未来人才"雁阵计划",启动全球"未来产业之星"大赛,着力吸引全球顶尖人才,培育未来产业创新人才。浙江提出完善人才引育体系,支持高校建立未来产业特色学院;实施"启明计划"等引才工程,打造卓越工程师团队,加强未来产业领域高层次制造人才引育。

第七,注重产业生态营造。北京将金融支持、融入国际创新网络作为生态构建的重点,实施科技金融赋能行动和国际交流合作行动。上海推出未来生态"雨林计划",设立先进核能、新型储能、脑机接口等专家委员会;组建未来产业投资专家委员会,即国内首个聚焦未来产业投资的合作交流平台;依托上海超级计算中心建设人工智能公共算力服务平台,满足科研机构和中小微企业算力需求。浙江探索设立面向未来产业发展的研究基金,鼓励科研人员自主探索原创性、颠覆性成果。

二、我省未来产业发展基础及问题短板

近年来，我省各地各部门积极行动，加强未来产业发展谋划布局，形成了一定的工作基础。《山东省国民经济和社会发展第十四个五年规划和2035年远景目标纲要》提出，聚焦氢能与储能、量子信息、类脑智能、基因技术、深海极地、空天信息等前沿领域，实施产业孵化与加速计划，建设未来产业重要策源地，支持济南、青岛等市建设未来产业先导区。2021年制定《山东省"十四五"未来产业发展实施方案》。2023年7月制定实施《山东省未来产业培育发展行动计划》，9月印发《山东省加快元宇宙产业创新发展的指导意见》。2024年1月，印发《山东省航空航天产业发展规划》。从重点城市看，济南市建成全球首张5600公里确定性骨干网络，发展空天信息产业，成为全国首个完成商业航天通信、导航、遥感卫星全面布局的城市；青岛市积极培育未来科技产业园，吸引集聚未来产业优质企业；潍坊市规划建设元宇宙科创产业园，着力打造元宇宙产业制造基地。

与先进地区相比，我省未来产业发展仍存在短板与不足。一是产业布局不够聚焦。尽管我省对量子信息、类脑智能、深海极地、空天信息等未来产业领域均有所涉及，但竞争优势不够突出，亟须寻找1—2个突破点，选取1—2个核心城市，聚焦发力，打造未来产业旗帜标杆。二是重大场景设计不足。与上海、北京、合肥、成都等城市相比，省内各市对场景创新认识不到位，可复制推广、开放合作的大场景少，缺乏场景创新促进中心等机构，影响了未来产业的发展壮大。三是创新支撑有待加强。科研经费投入偏低，2022年我省科研经费投入2180.4亿元，居全国第五，但科研经费投入强度仅为2.49%，低于全国0.05个百分点。四是培育机制不够完善。缺乏面向科研机构、中小企业的公共算力服务平台；现有产业金融机制仍然以政府补贴为主，产业私募基金、风险投资等市场主导的新型金融产品缺乏，与未来产业相适应的创新运作体系尚未形成。

三、加快未来产业发展的建议

未来产业呈现更加明显的"先行者优势"和"后入者锁定"特征，一旦走在后面，将很难赢得市场，必须以"慢不得""等不得""拖不得"的紧迫感，坚持全省一盘棋，前瞻布局、加力推进，抢占未来产业发展制高点。

第一，强化统筹布局，选准未来产业赛道。立足我省发展基础，响应国家

战略需求,优先在元宇宙、航空航天等领域集中发力,整合资源,有针对性地进行重点突破,打造未来产业标杆行业,形成核心竞争优势。研究制订济南、青岛未来产业先导区建设方案,优先布局未来产业重大项目,集中力量打造未来产业集群,避免各地项目一哄而上和资源浪费。组建未来产业投资专家委员会,搭建未来产业投资桥梁。

第二,强化场景创新,打造应用场景示范。研究制订应用场景推广计划,组建场景创新促进中心,以"揭榜挂帅"、公开遴选等方式打造一批标杆性应用场景。布局建设未来研究实验室,按照人才链、教育链、创新链、产业链"四链"融合的思路,打造高水平未来技术创新和概念验证平台。支持高水平研究型大学、地方政府(或国家高新区)和科技领军企业协同,依托济南空天信息产业园、青岛未来科技产业园、潍坊元宇宙科创产业园等,争取国家未来产业科技园建设试点。

第三,强化企业培育,壮大未来产业生力军。定期组织开展未来产业融链固链专项行动,组建未来产业联盟,建立精准挖掘机制,甄选并引进一批有实力、有潜力的大型企业予以重点培育和扶持,完善供应链上下游协作配套,支持前沿技术转化和在鲁落地。组建未来产业新型孵化机构,完善集验证中心、中试平台、技术标准等功能于一体的未来技术孵化网络,培育孵化未来产业高技术、高成长、高价值企业。

第四,强化政策扶持,支持未来产业长效发展。设立未来产业发展专项基金,支持前瞻性未来技术研发、先导性重大产业化项目。支持各地建立面向科研机构、中小企业的公共算力服务平台,降低算力使用门槛,强化普惠算力供给,赋能科研机构和未来产业创新。依托山东大学、中国海洋大学等高校优势学科,加强未来产业领域学科建设,建立一批面向未来产业的人才培养基地。推广"监管沙盒"制度,按照鼓励创新的原则,对未来产业实行包容审慎监管。

课题组成员:王安　赵祎煊　刘佳

优化提升产业园区企业服务效能对策研究

我省在开发区落户的高新技术企业占69.2%，落地的“十强”产业投资占79.1%，吸引的外商投资占75.6%，主导产业集聚度达到74.7%。产业园区是承载产业集聚的主阵地，是引领地方经济增长的主战场。近年来，园区运营发展模式随着产业进步不断创新，招商引资竞争焦点从“拼政策”“拼价格”过渡到了“拼服务”“拼生态”。以专业化运营为企业营造良好的发展环境，以优质服务吸引留住更多企业成为园区发展的新趋势。但课题组在调研中发现我省产业园区在通过产业运营、企业服务提升园区核心竞争力，赋能产业招商、企业孵化、集群培育方面与先进地区相比还存在一定差距，迫切需要借鉴先进经验，优化企业服务体系，进一步提升园区吸引力、承载力、集聚力。

一、当前我省产业园区在企业服务方面的短板

一是企业全生命周期服务体系有待完善，“招商专业性强、服务协调性弱”。调研发现，园区通常都设有专业化招商机构，对招商策略、招商政策有精准研究，但设置一条龙企业服务机构的园区少，企业服务职能多散落在各个部门，并联协调机制弱，企业需要自己对接寻找职能部门落实支持政策或服务事项。有些园区仅是通过建立微信群简单发布消息通知。有的园区虽然设置了专门服务机构，但受制于编制额度，人员偏少，如青岛高新区企业服务部仅有两人，面对成百上千家企业，完成日常工作尚且“应接不暇”，遑论协调扩大服务职能。调研中有些中小企业反映面临融资问题，期待能有针对园区企业优惠的金融服务，为此我们走访了部分商业银行和融资担保机构，他们反馈曾有过提供金融服务的相关想法，但针对园区的金融服务需要机构、园区、企业三方共同协商形成适当模式，最终出于种种原因难以落地，而在长三角、珠三角等地许多园区已有了成熟的金融服务机制。

二是个性化特色服务能力有待增强，“共性服务强、个性服务弱”。调研发现，当前我省园区高度重视服务体系，对于企业共性要求高的服务基本能满

足,但对于专业化、特色化、个性化要求高的服务,由于其技术含量高、操作难度大、需求频次低等,成为企业服务中的“硬骨头”。青岛三利集团反映,企业每年获得专利200多项,需要在科技方面申报大量材料,而企业内技术研发人员没有多余的精力应付此类工作,希望能有外部机构提供服务,政府部门提供辅导,但所在园区内有同样需求的企业很少,园区想支持也心有余而力不足。临工重机(济南高新区)前两年受美国“双反”政策波及,在应对过程中由于周边专业化咨询机构、咨询人员很少,难以得到有效帮助,“走了不少弯路”。

三是园区体制改革有待深化,“物管服务强、政务服务弱”。前一阶段,我省园区积极推进开发区体制机制改革,在瘦身强体、回归本位方面取得了明显成效,但有的园区在“去行政化”中出现了开发区与行政区职责边界划分不够清晰、部分既需要管理又需要服务的职能“两不靠”等问题,有的园区虽能通过引入专业化运营管理机构来弥补服务“缺位”问题,但市场运营机构只能提供物业管理、信息咨询等基础服务,承接不了政府管理服务职能,如社会事业、数据管理等。园区需要继续深化改革,因地制宜理顺职能。

四是现代化服务手段供应有待优化,“传统服务手段多、数智化服务手段少”。调研发现,很多园区顺应数字化发展趋势,积极打造数智化管理服务平台,但智慧园区应用垂直化建设现象突出,存在“数据烟囱”“信息孤岛”“场景不联动”等诸多问题,数智化服务手段供应不足,企业反映的很多困难、诉求难以得到及时有效解决。特别是对于小微企业,调查显示,全省约有40%的小微企业处于非正常营业状态,如果没有先进的技术手段,只用传统手段很难精准掌握、分析、解决其问题。

二、外省创新服务机制赋能园区高质量发展的做法借鉴

新冠疫情期间,园区发展面临招商引资困难、产业增长乏力等问题,许多园区为了应对企业发展、产业升级的新需求,在产业运营、企业服务方面探索形成了一些新模式、新机制。

(一)构建专业化服务体系,提升园区运营服务水平

随着“管委会+公司”模式的日益成熟普及,深耕优势领域、形成专业特色成为园区专业运营机构非常重视的核心能力,能够带动各地主题型园区或专业园中园快速成长。武汉东湖高新集团以运营东湖高新区形成的信息、生物、环保等专业优势为核心,向前挖掘科研链,向后延伸资本链,为运营园区提供资源整合、项目挖掘、产业图谱、对标分析、精准招商、政策咨询、客户管理等专

业化服务，既实现服务增值、盈利提升，也助力园区引得好、管得准、服务优。

（二）完善数字化管理服务体系，促进园区拓展服务领域

对于数量众多的中小企业园区，充分发挥大数据智慧平台优势，打造“政府为后台、企业为前台”“数据为基、链通世界”的园区管理服务平台，能够有效弥补部门服务精力有限等短板。平台瞄准企业共性和个性服务需求，建立包括企业孵化、金融对接、技术人才服务、市场推广、政务服务等100余项内容在内的，涵盖智能诊断、要素导入、管理赋能等的一体化数字化赋能服务，提高企业服务的精准性、普惠性。招商蛇口智慧园区一体化平台“InPark招商蛇口”为企业提供360°全方位服务，配合不同的产业主题提供特色行业差异化服务，促进企业业务增长，并整合园区商业和项目周边生活配套，为企业员工提供生活便利。上海临港在运营园区建设产业大数据平台，围绕园区产业链做服务，比如在松江科技城，临港与一家文具企业结成战略联盟，这家企业拿出一个好的办公用具服务方案，园区企业通过大数据平台采购的价格比市场价低20％，临港还可以拿到服务佣金。临港集团在这方面形成了包括餐饮、人力资源、能源管理、咨询类服务等在内的几十条线的细分服务产品，既增加了园区运营收入，也提升了园区的产业质量和园区人民的生活质量。

（三）构建产业“运营＋投资”体系，促进园区与企业融合共赢

传统的园区运营机构依赖空间销售收入、租金及物业服务营收，运营期现金流十分有限，而国内前沿的园区已经开始探索股权投资与产业运营融合发展模式，这种模式既能够一定程度地解决园区内中小微企业的融资问题，又可以在租金和服务收入之外增加投资回报收入。张江高科2014年提出以“科技投行”为战略发展方向，大力推动产业投资，针对不同企业在不同时期的融资需求，公司以直接投资、参股基金投资、管理基金投资等多种方式精准投资，并通过与武岳峰资本、金浦基金、经纬创投、源星资本等合作，实施从天使、VC、PE到产业并购的全投资链布局。通过“投资一批、股改一批、上市一批、退出一批、储备一批”，形成了产业投资的良性滚动循环。上海临港积极引入合作伙伴，搭建创投金融平台和投资团队，深入挖掘园区内科创企业，采取直接投资和产业基金投资等方式开展产业投资业务，推动园区产业发展。上海临港2020年投资了思尔芯、壁仞科技、上海智能网联汽车、字节跳动等公司下属园区内的人工智能、半导体、车联网领域的科创企业，2021年投资了壁仞科技、思尔芯等园区的头部企业及科创企业。上海临港2021年财报数据显示，产业投资基金获得分红收益3.9亿元，较上年增长97.36％。

(四)完善技术服务体系,促进园区企业快速成长

瞄准创新需求,构建技术服务体系。企业服务的深度代表了园区运营的高度。深入了解企业的运作模式,实际触达企业的真实需求,特别是对高新技术企业、“专精特新”企业相对集中的园区,聚焦重点行业共性需求,打造公共技术服务平台,为企业提供仪器设备租赁、检测认证等科技创新服务。南京江北新区生物医药公共服务平台建成了亚洲最大的基因测序中心等六大专业技术中心,可以为生命健康产业领域各类企业、科研院所、医疗机构提供专业的分析检测、研发转化、人才培训、科技信息、创业孵化等“一站式”公共服务。浦江园区(浦江创芯之城)定位国内一流集成电路创新研发与总部基地,除了引入壁仞科技、云骥智行等高科技企业外,还搭建算力共享平台,推出集成电路芯片测试特色服务清单,提高产业集群聚合力。

三、加快提升我省园区服务效能的建议

一是综合施策,制定提高我省园区服务能力的专项鼓励政策,破解服务短板背后的机制瓶颈,鼓励园区创新服务模式,丰富服务内容,提高企业与园区的发展黏性,实现以园区为依托的高端产业集群蓬勃发展。

二是加快形成山东的专业化、市场化产业园区运营品牌。园区服务创新的主要载体是园区运营商,园区专业化运营服务已成为有较大容量和前景的市场,而我省园区运营商在这个市场中尚无知名度和影响力。根据亿翰智库发布的“2023中国产业园区运营商综合实力50强”,我省无一家运营商进入前30,排名最高的济高控股仅列第35位,而广东有3家位于前10,浙江的万洋集团居于第6位,江苏的苏高新集团居于第12位。这不仅与我省经济大省的地位不匹配,而且也不利于未来的产业集群竞争,应当予以关注。

三是加快园区数字服务体系建设,数字化服务能力是提高园区精细化服务,打造“千企千面”的个性化服务体系的基础。一方面鼓励信息企业研发应用园区数字化综合服务平台,另一方面推动政府、园区与企业建立起更为高效的多向数据共享沟通机制,打破数据壁垒,提高服务效能。

四是深化园区管理体制改革,鼓励各地勇于梳理前期改革中出现的园区服务与行政管理的重叠、空档、模糊等问题,根据实际情况提出解决方案并不断优化完善,营造良好的企业发展环境。

课题组成员:迟泓　张磊

济南加快数字经济高质量发展对策研究

当今世界,数字经济已经成为经济发展中创新最活跃、增长速度最快、影响最广泛的领域。在我国,数字经济推动经济高质量发展的引擎也更为强劲。数字经济具有明显的空间集聚特征,正呈现出区域化"马太效应",即一旦某一地区在数字经济产业链上的某一环节抢占先机,该地区将在这一环节长期占据优势地位。从我省来看,数字经济在我省经济发展中的引领性、主导性、支柱性地位和作用日益凸显,2022 年数字经济总量突破 3.9 万亿元,占全省地区生产总值的比重超过 45%。黄河流域生态保护和高质量发展战略明确了济南作为黄河流域中心城市的定位。我省也明确提出,实施"强省会"战略,提升济南城市能级,支持济南争创国家中心城市。济南数字经济起步较早,已成为支撑全省经济增长和制胜发展的"利器",需省级层面持续加力,助推济南打造数字经济高地,引领带动全省数字经济高质量发展。

一、现状分析

(一)数字经济规模持续壮大,引领作用突出

2022 年,济南数字经济增加值达到 5652.9 亿元,是 2017 年的 2.26 倍,年均增长 17.7%,增速比地区生产总值增速高 4 个百分点;占地区生产总值的比重由 2017 年的 34.7%提高到 2022 年的 47.0%,上升 12.3 个百分点,年均提高 2.46 个百分点。济南在山东 16 市数字经济发展中稳居首位,在黄河流域数字新经济城市 20 强榜单中拔得头筹,数字经济发展水平跻身 2022 全国城市排名第 6 位。在中国电子信息产业发展研究院发布的"2022 数字经济城市发展百强榜"中,济南成功跻身数字经济新一线城市。

(二)核心产业发展快速,数字产业化持续领跑

2022 年,济南数字经济核心产业增加值占地区生产总值比重达 17%,较 2021 年上升 1 个百分点,约是全国平均水平的 2.43 倍,比全省平均水平高

9.5 个百分点。分行业来看,2022 年,济南大数据与新一代信息技术产业实现营收 5853.2 亿元,同比增长 15%。其中,软件行业试点示范持续领跑全省,软件业务实现营收 4382 亿元,占全省的 41.1%,连续 19 年居全省首位,同比增长 15.6%,增速高于全国 4.4 个百分点;集成电路设计产业同比增长 40.6%,位居全国第七,连续两年增速位列全国前十,是“十强”中唯一的北方城市,也是国家人工智能创新应用先导区、新一代人工智能创新发展试验区和国家工业互联网示范区“三区叠加”的城市,大数据产业试点示范项目、首版次高端软件产品等数量均居全省第一。

(三)集群集聚态势显现,初步形成全省发展高地

初步构建起以大数据与新一代信息技术、软件、集成电路、大数据等为主的数字经济核心产业集群。截至 2022 年年底,累计培育国家鼓励的重点软件企业 11 家、全国软件百强企业 13 家,上市软件企业达到 19 家,浪潮集团、华天软件、金现代、山大地纬、普联软件、山大欧玛、积成电子、兰剑智能等企业在相关领域市场占有率均居前列,培育联曝半导体、清河电子 IC 载板等一批集成电路企业。部省市共建的中国算谷重大生态项目、华为三大创新中心及区域总部、阿里区域总部、百度山东数据标注基地、科大讯飞英语北方听说总部、SAP 北方智慧企业赋能中心、海康威视山东总部、东华软件东区总部基地、比亚迪半导体研发中心等项目先后落地济南,打造了齐鲁软件园、国家超级计算济南中心、济南智能计算产业园、浪潮云服务基地、济南高新区大数据产业集聚区、国家健康医疗大数据北方中心、济南人工智能科技谷、北斗导航信息产业园、济钢防务空天信息产业基地等一批引领数字经济发展的特色产业集聚区,为济南经济高质量发展奠定了强劲的动力基础。

(四)数字技术深度渗透,产业数字化转型加快

工业数字化转型不断提速,软件行业试点示范持续领跑全省,培育浪潮云洲 1 个国家级“双跨”工业互联网平台,截至 2022 年年底,省级工业互联网示范平台总数达到 52 个,上云企业数量突破 6 万家,均居全省首位,工业互联网和人工智能发展水平均居全国第 8 位。两化融合贯标企业总数达到 480 家,获评省级智能制造场景 36 个、智能工厂 7 个、数字化车间 5 个,智能制造系统解决方案供应商 15 个,居全省前列。服务业数字化水平提质增效,新零售、跨境电商、在线经济等新业态、新模式蓬勃发展。在 2022 年度国务院督查激励中,济南以第一名的位次入选建设信息基础设施和推进产业数字化成效明显市推荐名单。2022 年,济南成功入选全国首批数字化绿色化协同转型发展

（双化协同）综合试点。

（五）数字治理水平提升，城市数字化走在前列

截至2022年年底，建成开通济南国家级互联网骨干直联点，获批建设国家“星火·链网”超级节点，启动全球首张5600公里确定性网络，建成3个千兆城市示范区，固定宽带平均可用下载速率位居全国主要城市第四，累计建成5G基站设施4万处，均居全省首位；“山河”超级计算平台综合算力处于国际前列；成功入选国家首批5G商用城市、千兆城市、新型信息消费示范城市、智慧城市基础设施与智能网联汽车协同发展试点城市。数字政府建设成效显著，新型智慧城市建设蝉联全国“智慧城市十大样板工程”，连续5年入选“中国领军智慧城市”。

二、存在的问题

（一）综合竞争力还不够强

根据“2022数字经济城市发展百强榜”，济南仅居全国第16位，排名远低于同样作为省会城市的杭州（第4位）、广州（第5位）、成都（第6位）、南京（第8位）、合肥（第12位），也不如省内的青岛（第13位）和作为地级市的苏州（第7位）。

（二）核心产业高端化不足

客观来看，济南数字经济核心产业主要是软件、大数据与新一代信息技术、集成电路设计等，工业互联网、云计算、物联网、人工智能、5G、区块链等高端产业占比较小。2022年，核心产业增加值占地区生产总值比重比深圳（27.8%）、杭州（27.1%）分别低10.8个、10.1个百分点。从细分行业来看，2022年，软件行业营业收入居全国副省级城市第6位，仅是杭州的53.1%、南京的59.2%、广州的67.8%，不到深圳的一半（43.9%）；集成电路2021年实现营业收入88亿元，仅是无锡、深圳、南京、杭州、合肥的4.9%、8.0%、18.5%、21.3%、22.0%；大数据产业无一家企业上榜“2022中国大数据企业50强”，工业互联网发展指数仅居全国第8位，人工智能产业创新指数居全国第15位，区块链产业发展水平尚未入围中国区块链综合指数前十城市。

(三)引领型大企业数量少

与国内先进地区相比,济南数字经济产业链式集群规模化程度还不高,仅有浪潮等少数几家大型企业,缺少华为、百度、阿里巴巴、腾讯等级别的龙头型、平台型企业,也没有占据技术优势和资金优势的领军企业。在北京大数据研究院联合大数据分析与应用技术国家工程实验室、北京治数科技有限公司共同发布的《中国大数据产业发展指数报告(2022 版)》中,济南头部企业指数排名仅居全国第 17 位,排名远落后于深圳(第 3 名)、杭州(第 4 名)、广州(第 5 名)、南京(第 6 名),也不如处于中西部地区的成都(第 7 名)、武汉(第 12 名)、西安(第 13 名),以及作为地级市的苏州(第 8 名)、无锡(第 11 名)、合肥(第 14 名)和省内的青岛(第 10 名);大数据上市企业、独角兽企业、瞪羚企业和高新技术企业数量也均未入围全国前十城市。

(四)城市数字化仍存短板

目前,济南公共数据资源开发利用还处于起步阶段,公共服务、社会治理等领域数字化创新应用还不足,数字基础设施智能支撑能力、融合渗透能力还不够强。在清华大学发布的《2022 年中国数字政府发展指数》报告中,济南数字政府发展水平在 15 个副省级城市中仅居中游位置,排在第 8 位,排名不如深圳(第 1 位)、杭州(第 2 位)、广州(第 3 位)、青岛(第 4 位)、厦门(第 5 位)、成都(第 6 位)、武汉(第 7 位);在全部省会城市中也排在第 8 位,比同处东部地区的福州(第 7 位)低 1 位,也不如位于中西部地区的贵阳(第 3 位)、成都(第 4 位)、长沙(第 5 位)、武汉(第 6 位)。

三、对策建议

(一)实施数字核心产业提升行动

着眼济南产业基础和资源禀赋,瞄准前沿和引领未来,聚焦比较优势,大力培育具有济南特色的数字经济核心产业集群。

一是提升发展基础优势产业。深入推进产业基础再造与产业链提升行动,提升软件产业竞争力,做大集成电路产业规模,推动基础优势产业加快迈向价值链中高端。软件产业方面,实施“名城、名园、名企、名品”工程,支持齐鲁软件园等软件产业园扩容提质,依托省级以上开发区建设一批专业软件园区,支持齐鲁软件园争创“中国软件名园”,大力培育全国软件百强企业、隐形冠军和独角兽企业，增强自主软件产品供给能力，全面做优高端软件产品。集成电路产业方面，依托济南高新区和有条件的省级以上开发区，以集成电路设计为切入口，加速高性能集成电路、功率器件、智能传感器等细分领域企业聚集，聚力打造国家集成电路设计济南产业化基地。

二是加快发展新兴产业。聚焦大数据、云计算、工业互联网、物联网、人工智能、区块链等六大领域，靶向引进一批世界500强企业和行业领军企业重大项目，打造一批百亿级产业集群。大数据产业方面，依托中国算谷、国家超级计算机济南中心科技园，发挥浪潮集团龙头带动作用，大力引进超算产业链薄弱环节重点企业，开发新一代云服务器，推进新一代神威E级(百亿亿次级)原型机系统高质量运行，加快超算互联网建设，支持创建大数据方向国家级新型工业化产业示范基地。云计算产业方面，发挥国家超级计算济南中心、浪潮云服务基地等基础优势，面向制造业、医疗、交通、教育等领域，支持建设一批行业公共云服务平台，深入开展云计算行业应用试点，构建国内领先的云计算产业生态。工业互联网方面，实施"一行业一重点"工业互联网平台建设工程，支持浪潮云洲做大做强，发展一批面向行业和区域的特色型平台，以及面向工业元宇宙、设备预测性维护等领域的专业型平台，打造国家级工业互联网应用创新体验中心。物联网方面，以济南高新区和齐鲁物联网创新园为主，大力吸引具有全球竞争力、产业链供应链控制力的平台型企业和链主企业，培育物联网安全设备、可信云等新一代技术架构和云服务业态。人工智能方面，依托济南高新区和有条件的经济开发区，建设一批人工智能产业聚集区，支持国家人工智能创新应用先导区和国家新一代人工智能创新发展试验区建设，加快建设一批人工智能创新应用场景，打造济南人工智能岛品牌。区块链方面，依托济南高新区和有条件的省级及以上开发区，支持创建区块链产业园区，加大区块链企业引培力度，吸引政、产、学、研、资、用等各类主体加入，打造区块链产业生态。

三是布局发展未来产业。聚焦量子信息、空天信息等领域，鼓励加快创新成果转化和试点应用，开拓商业化应用场景，打造未来产业先导区。量子信息方面，依托量子信息国家实验室济南基地，加快形成一批具有竞争力的量子通信、超导量子器件和量子精密测量等领域应用产品，率先落地一批环保、气象、通信和测量等领域典型应用示范项目，打造国家级"量子＋"标准应用示范基地，培育济南量子谷品牌。空天信息方面，依托空天信息产业园、北斗导航信息产业园、北斗新时空产业园等园区以及齐鲁卫星总装测试基地、卫星物联网核心产业示范基地建设，推动卫星产业和商用航空航天企业集聚，打造全国空天信息产业基地。

(二)实施制造业数字化赋能行动

依托日益成熟的5G、大数据、物联网等新一代信息技术,大力实施数字产业化和产业数字化“双轮驱动”,利用数字新技术对传统产业进行全方位、全链条的改造,推动数字技术与制造业深度融合。

一是全面推行企业“智改数转”。支持深入实施技改投资“双千工程”,加快推进一批“智改数转”项目,培育制造业数字化转型标杆企业。聚焦场景、车间、工厂、园区四个维度,支持建设一批智能工厂(数字化车间)、智能生产应用场景,遴选发布一批可复制、可推广的实践案例,打造智能制造国家级示范工厂、世界级灯塔工厂。

二是推进重点行业数字化转型。鼓励开展规模以上企业两化融合、智能制造成熟度等线上评测,围绕37条产业链和40个产业集群,提出有针对性、指导性的解决方案,形成数字化转型路线图,促进重点装备产品智能网联化迭代升级。

三是加快推动园区数字化转型。鼓励省级及以上开发区、高新区围绕本地特色产业集群,搭建“园区大脑”“智慧大脑”等数字化管理平台,打造园区数字化管理平台建设标杆。

(三)实施产业融合发展转型行动

突出数字技术对产业链的基础配套和提升带动作用,提高数字技术与服务业、农业交叉跨界融合的广度与深度,着力拓展产业边界和面向不同应用场景的新业态新模式。

一是推动服务业数字化转型。推动生产性服务业数字化转型,支持依托济南市交通物流大数据平台,建设智慧物流公共信息平台,打造区域物流大数据中心;引导驻济金融机构加快智慧银行建设,积极发展数字文创产业,加强数字商务平台载体建设,争创省级数字商务企业;建设智慧文旅平台,构建文旅资源“一张图”。实施数字生活新服务行动,支持布局建设一批数字商圈、智慧旅游、数字康养、智慧出行等高品质数字生活服务示范场景,不断提升国家信息消费示范城市建设水平。

二是促进农业数字化提升。以特色粮经、园艺产品、畜产品等产业为重点,鼓励开展数字田园、数字果园、数字菜园、数字养殖场等示范创建,建设智慧农业试验区,打造一批智慧农业应用示范基地。积极发展数字农业工厂和“农业产业大脑+未来农场”新模式,构建农业智慧大脑。

三是大力培育新模式新业态。推广定制化服务、供应链管理、共享制造、总集成总承包等服务型制造新模式，培育一批服务型制造示范企业、工业设计中心（研究院）。加快培育无人经济、共享经济、微经济等新业态，推广社交营销、“云逛街”等云端零售新模式。

（四）实施智慧城市加速建设行动

聚焦打造黄河流域信息枢纽中心城市和中国智慧名城，深入推动物联网、大数据、5G 等新一代信息技术与城市建设深度融合，加快补齐智慧城市建设短板。

一是推进数字政府建设。指导分阶段完善政务服务“在泉城 · 全办成”平台、“泉惠企”企业服务综合智慧平台，拓展“爱山东”App 服务领域。聚焦城市运行“一网通办”，推进政务云创新升级，依托济南新旧动能转换起步区建设“城市大脑”。依托“泉城链”平台，打造统一的政务服务区块链平台，整合教育、社保、交通、医疗、水电气等行业数据，建设一批跨地区跨部门跨层级的高质量主题库、专题库。

二是推动公共服务数字化。加强智慧校园建设，鼓励完善市级数字化公共服务平台，推进“云—网—校”一体化，建设优质数字教育资源云超市，打造数字资源众筹众创、统一标准、开放建设、普及应用的济南模式。推动实施数字医疗服务工程、中医药数字化工程、基层医疗卫生服务数字化能力提升工程、“一老一小”健康服务数字赋能工程，支持开展移动医疗示范。大力发展智慧交通，支持加快济南新旧动能转换起步区招商产业园车路协同系统建设，深化智慧城市基础设施与智能网联汽车协同发展试点，推动智慧交通与智能网联汽车协同发展。深化“互联网＋人社”，鼓励积极探索以社会保障卡为载体的“一卡通”服务管理模式。

三是推动新型智慧城市建设向乡村延伸。统筹数字城乡建设，推进千兆网络、5G 网络、移动物联网城乡同步规划建设，深化省级数字乡村试点县建设，联动推进未来社区、未来乡村建设，打造一批未来邻里、低碳、交通、治理等多跨场景，争创国家数字乡村试点。

（五）实施新型基础设施升级行动

聚焦 5G、大数据、人工智能、工业互联网等，支持加强信息基础设施建设，加快布局算力基础设施，为各行各业智能化发展提供支持。

一是完善新一代信息网络设施。持续推动基础电信企业在城市及重点乡镇规模化部署 10G PON 设备，优化人口集聚区、重点园区和重点行业 5G 深度覆盖，扩大双千兆光网覆盖范围。统筹推进骨干网、城域网、接入网及终端

IPV6改造,拓展电信及广电运营企业IPV6产品和用户。推进工业标识解析二级节点建设,支持争创国家新型互联网交换中心试点。提前布局卫星互联网、量子通信网等未来网络设施。

二是强化算力基础设施建设。面向重点领域需求,推进新一代绿色数据中心部署,打造区域级数据中心集群。支持依托国家超级计算济南中心构建国家级超算互联网,鼓励面向黄河流域提供超算应用服务。

三是加快传统基础设施智慧化升级。加快城市神经元节点部署,鼓励完善城市信息模型(CIM)基础平台,全面推进物联感知终端在道路桥梁、地下综合管廊、重点建筑、景观景点、人防工程、环卫等基础设施中的应用,形成具备边缘存储、计算等能力的终端感知网络,支持打造一批NB-IoT百万级连接规模应用场景,加快构建城市数字孪生体。

(六)实施数字科技创新攻坚行动

围绕数字经济技术创新需求,汇聚优势创新资源,健全完善数字经济创新生态。

一是建设数字科技创新平台。围绕软件、集成电路、大数据、人工智能等重点领域和关键环节,依托行业骨干企业、科研院所、行业协会等,推进建设一批省产业创新公共服务平台。鼓励企业与高校、科研院所共建企业技术中心、工程(技术)研究中心、工业设计中心、重点实验室等各级各类创新平台。重点加快提升山东产业技术研究院、中科院济南科创城、国家超级计算济南中心、山东大学龙山创新港四大创新圈,高标准建设好山东未来网络研究院。鼓励和支持各县(市、区)、国企平台和龙头企业主动与省内外知名高校和科研机构对接,共建数字产业创新育成中心,培育新型研发机构。

二是推进数字技术攻关和成果转化。推动数字经济产业关键环节的重点企业联合科研院所、高校等组建一批大中小企业融通、产学研用协同的创新联合体,支持实施一批省级重点领域研发计划。通过"双向征集、双向推送",促进高校院所科技成果与企业技术需求共享对接,推动成果转化和企业加速培育。支持定期举办数字经济产学研协同创新活动,大力推介数字经济领域科技创新需求和技术成果,推动集中签约一批产学研合作项目。

(七)实施数字经济生态构建行动

顺应数字经济集聚发展趋势,支持引进更多企业、人才等资源,大力营造良好数字生态,充分释放数字对经济发展的放大作用、叠加作用和倍增作用。

一是建设数字经济特色载体。鼓励和支持围绕区县创特色、园区有聚焦、市区显亮点、产业树标杆，依托中国算谷产业园、齐鲁软件园、国家健康医疗大数据北方中心、济南人工智能科技谷、北斗新时空产业园、济钢防务空天信息产业基地等重点园区，建设一批数字经济细分领域的专业化园区，打造数字经济创新示范区和数字技术融合应用先导区，争创省级以上数字经济园区。

二是加快培育市场主体。统筹省属国有企业数字资源、数字技术和数字资产，发挥省属国有企业在助力济南数字经济高质量发展中的引领作用。支持实施“微成长、小升高、高壮大、大变强”的数字经济企业梯次培育行动，指导做好数字经济小微企业“升规入库”工作，鼓励筛选一批市场景气度高、效益好的企业作为重点培育对象，大力培育数字经济领域高新技术企业和专精特新企业。支持位于产业链前端的数字经济制造企业发展壮大，引导龙头企业对标国际先进水平实施平台化战略，加力打造具有生态主导力、产业链控制力、全球竞争力的平台型、“链主”型领航企业。

三是构建跨区域数字产业生态圈。聚焦软件、集成电路、大数据、云计算、工业互联网、物联网、人工智能、区块链、量子信息、空天信息等领域，以济南高新区数字经济特色功能区为重点，在青岛、潍坊、烟台等其他地市遴选一批有较强实力的数字经济特色功能区，明确各产业链的引领功能区，有效发挥其他功能区的支撑作用，鼓励协同开展产业成链、集群招商，推动人才、技术、信息、平台等资源共享，共同构建具有国际竞争力的数字经济产业生态圈，不断提升标志性产业链的市场领导力。

课题组成员：刘德军　许月恒　鹿晔　于丽娟　尚蔚　王淑娟　许秀静　汤薇

第三篇　统筹新型城镇化和乡村全面振兴

统筹城乡融合发展
助力全面推进乡村振兴研究

中央经济工作会议强调:“要把推进新型城镇化和乡村全面振兴有机结合起来,促进各类要素双向流动,推动以县城为重要载体的新型城镇化建设,形成城乡融合发展新格局。”[①]习近平总书记在中央农村工作会议上强调:“坚持农业农村优先发展,坚持城乡融合发展,把责任扛在肩上、抓在手上,结合实际创造性开展工作,有力有效推进乡村全面振兴,以加快农业农村现代化更好推进中国式现代化建设。”[②]全面推进乡村振兴,必须走城乡融合发展之路。但是,当前我省城乡发展不平衡、农村发展不充分问题制约着乡村全面振兴的实现。要着力打破城乡二元结构,推动形成工农互促、城乡互补、全面融合、共同繁荣的新型城乡关系,助推我省在农业农村现代化、推进中国式现代化、推动共同富裕上走在前列。

一、推进城乡融合发展的重要意义

城乡融合与乡村振兴战略相辅相成的内在关系决定了实现乡村振兴必然要推进城乡融合。

(一)城乡融合发展是全面推进乡村振兴的必由之路

我国人口基数庞大,尤其是农村人口规模大,区域差异显著,这决定了我国乡村发展道路的复杂性和艰巨性。改革开放以来的城乡关系演进和乡村发展脉络表明,乡村难以单纯依靠自身力量实现跨越式发展。而以城市为主导的发展模式不仅难以带动乡村发展,反而会拉大城乡之间与乡村内部的发展

---

① 《中央经济工作会议在北京举行 习近平发表重要讲话 李强作总结讲话 赵乐际王沪宁蔡奇丁薛祥李希出席会议》,《人民日报》2023 年 12 月 13 日。

② 《中央农村工作会议在京召开 习近平对“三农”工作作出重要指示》,《人民日报》2023 年 12 月 21 日。

差距。正因这些客观因素的存在,迫切需要搭建城乡融合的体制机制,构建乡村可持续发展的政策体系,从而推动城乡融合与乡村振兴。

(二)城乡融合发展是破解城乡二元结构的重要举措

党的十八大以来,我国农业农村发展取得了显著成效,但城乡发展不平衡、乡村发展不充分的问题仍然突出。从城市看,以城带乡的功能还不强,长期以来形成的二元户籍制度以及依附于其上的二元福利制度,不仅阻碍了农民市民化进程,还导致了优质要素资源被不断挤出乡村,影响乡村经济社会的发展。从乡村看,乡村发展活力没有充分发挥,乡村基本公共服务水平和质量仍然较低,乡村基础设施落后,城乡人居环境差距还很大,各类要素还处于从乡村向城市单向流动状态,导致乡村严重"失血"、活力不足。为解决这些问题,迫切需要建立健全城乡融合发展制度和政策。

(三)城乡融合发展是实现共同富裕的必然选择

城乡融合发展以产业发展为核心,以社会发展为保障,以文化发展为纽带,以生态发展为依托,从不同领域推动乡村发展,有助于为农民创造美好生活提供新范式。城乡融合发展要求加强乡村交通、通信、水利、电力等基础设施建设;要求完善公共服务,巩固乡村社会保障体系,积极发展公益事业,有助于为农民共同致富提供新保障。城乡融合发展要求完善空间规划制度,克服"城市中心主义"倾向,更加关注乡村地区的规划;要求创新土地制度,完善农村承包地制度、农村宅基地制度、集体经营性建设用地入市制度,有助于为农民共同致富提供新动力。

二、我省城乡融合发展基本情况

近年来,山东坚持新型城镇化和乡村振兴"双轮驱动",以共同富裕为导向,以缩小城乡差距为出发点,以县域为重要切入点,推动城乡要素、服务、设施和经济"四个融合",加快构建新型工农城乡关系。

(一)城镇化水平不断提高

我省印发《贯彻〈中共中央、国务院关于建立健全城乡融合发展体制机制和政策体系的意见〉加快推进城乡融合发展的实施意见》,为全省城乡融合发展指明了方向。截至2022年年底,我省常住人口城镇化率达64.54%,城镇人口规模达6559.48万人,居全国第二。16设区市常住人口城镇化率均超过

50%，其中，济南、青岛、淄博和威海超过70%。城乡发展相对差距逐渐缩小，城乡居民人均可支配收入比由2020年的2.33降到2022年的2.22；城乡居民人均消费支出比由2.16降到1.94。

（二）城乡要素融合成效显著

持续加大改革创新力度，破除妨碍城乡要素自由流动和平等交换的体制机制壁垒，促进各类要素更多向乡村流动。促进人口要素双向流动，我省全面放开城镇落户限制，成为全国首个实行以经常居住地登记户口制度的省份。推动城市资本下乡，发挥省新旧动能转换高效农业基金的引导撬动作用，全省农业贷款发放量超过1.5万亿元，居全国首位。深化农村产权制度改革，完成农村集体产权制度改革试点省任务，农村土地流转服务中心（农村产权交易中心）实现涉农县市全覆盖。

（三）城乡公共服务均等化进程明显加快

深入实施《山东省"十四五"公共服务规划》，健全全民覆盖、普惠共享、城乡一体的基本公共服务体系。推进城乡教育均衡发展，推动镇域学前教育集团化办园、标准化管理，全省新普惠性幼儿园覆盖率达到89.81%，高于全国0.26个百分点。提高基层医疗服务能力，全省基层医疗卫生机构达到8.2万余个，社区医院建设实现县（市、区）全覆盖。提升养老文化服务水平，全省建有县级敬老院158处、乡镇综合养老服务中心1164处、农村幸福院13185处、城乡助老食堂1.1万处。推动优质文化资源向农村延伸，以乡镇（街道）综合文化站、村（社区）文化服务中心等为服务点设立文化馆分馆、图书馆分馆4300余个。

（四）城乡设施互联互通水平不断提升

把县域作为城乡融合发展的重要单元，制定实施《山东省城镇设施向农村延伸导则》，推动乡村基础设施提档升级。完善城乡道路交通网络，深入推进"四好农村路"提质增效，全省农村公路总规模达26.26万公里，居全国第4位，7个县（市、区）入选"四好农村路"全国示范县。推动城镇基础设施向农村延伸，推进城乡供水一体化，全省农村自来水普及率达到97.3%；深入开展美丽乡村建设，打造2500个省级示范村、292万户美丽庭院。完善城乡物流配送网络，深入开展城乡高效配送专项行动。

(五)城乡经济协同发展能力持续增强

以城乡融合试验区、农业产业园区、特色小镇为载体,积极培育新产业新业态,促进农民收入持续增长。搭建城乡产业协同发展平台,发展省级及以上各类农业产业园区 500 余个,现代农业产业园实现涉农县全覆盖。拓宽城乡居民增收渠道,累计开发城乡公益性岗位 124.5 万个,安置上岗 91.31 万人;为符合条件的返乡入乡创业者个人和小微企业落实创业担保贷款、创业补贴等扶持政策,创业担保贷款发放量居全国前列;发展壮大村级集体经济,集体经济收入 10 万元以上村占比超过 97%。深化城乡融合试验区改革创新,国家级城乡融合发展试验区济青局部片区形成制度成果 113 项,流转承包地 276.06 万亩,15 个省级城乡融合试验(片)区探索集体股份有偿转让退出 622 笔。

三、以城乡融合推动乡村全面振兴存在的主要问题

(一)农村基础设施和公共服务建设力度有待增强

我省农村市政公用设施投资不足城市的三分之一,部分农村道路路面窄、路况差,农村公路养护经费缺口较大。农村新型基础设施建设相对不完善,农村集体经济数字化转型进程相对较慢。我省基本公共服务整体水平有一定的提高,但城乡之间教育、养老、医疗、社会保障等方面的差距已经成为社会民生最大的痛点之一。这不仅直接影响农村地区的基本公共服务供给水平和质量,还会影响农村居民自我发展的机会,甚至可能会抵消之前为促进收入公平而出台的政策效果。

(二)城乡人口双向流动需持续推进

随着城镇化进程的推进,越来越多的农民进城务工,农村劳动力大幅减少,农村“空心化”“老龄化”现象日益突出,极大阻碍了农业农村现代化发展进程。青壮年劳动力流失,基层农业技术队伍后备力量不足,懂技术、懂市场、懂农业的实用型人才稀缺。比如,潍坊市涉农专业技术人才占比仅为 6.5%。农村人口老龄化严重,老龄农民对现代化科技和业态的掌握能力有限,管理经验偏传统农业生产,新型职业农民较少,难以满足农业农村现代化发展要求。

(三)产业融合发展仍存在短板

乡村产业融合发展不充分,产业链条较短,农产品精深加工水平有待进一步提升。比如,蔬菜、水果仍以销售初级产品为主,粮食产业以面粉、面条、淀粉、油脂等初加工为主,量大利薄、产能过剩,膳食纤维、蛋白肽、辅酶、维生素等高端产品少。新型农村集体经济发展相对不足,发展模式单一,多数农村集体经济以土地租赁、光伏发电和村集体入股企业分红为主,产业基础相对薄弱。家庭农场、农业合作社等新型农业经营主体规模小,辐射带动能力有限,抵御风险能力相对较弱。特色农业的多种功能挖掘不够,发展相对较慢。

(四)农民持续增收紧迫性提高

山东省是全国首个农业总产值过万亿的省份,农产品出口额连续 24 年领跑全国,粮菜果、肉蛋奶、水产品等产量均居全国前列。与总量在全国具有绝对优势相比,我省农民人均可支配收入多年居全国第八,仅为浙江的 59%、江苏的 78%、福建的 88%,城乡收入绝对差距由 2015 年的 18615 元扩大到 2022 年的 26940 元,增收动能有所减弱,增收障碍不断增加,增收压力依然存在。

四、以城乡融合助力全面推进乡村振兴主要经验借鉴

(一)国内经验借鉴

1.浙江:“两进两回”推动城乡资源融合

“两进两回”指科技进乡村、资金进乡村,青年回农村、乡贤回农村。以浙江湖州为例,“两进两回”长效机制深入推动了“人才引领助推乡村振兴战略示范区建设行动”战略,着力破解了乡村人才引不进来、沉不下去、活不起来的困境,乡村人才队伍逐步健全。

一是搭建载体,优化环境,加强政策保障。湖州市率先在全国制定出台了农业标准地政策,每年安排一定的建设用地计划指标,优先保障乡村振兴人才创业创新需求;以市校合作、地校合作形式整合力量,积极创建“技术联盟+产业联盟+创业联盟”的创业创新共同体,提升创业载体能级;实施“百名专家驻百村服务”工程,建立“首席专家”结对帮扶制度,全力推进科技进乡村;加强政银合作,全领域制定涵盖项目、用地、金融等方面的政策链,覆盖人才“引育用留”各环节。

二是精准引才,强化育才,吸引贤才,深化创新机制。湖州市紧扣当地现

代农业产业体系，着力培育打造以领军人才、专业精英、乡村创客、能人乡贤、工匠能手五类英才为主的湖州特色人才品牌，实施“南太湖精英计划”“南太湖本土高层次人才特殊支持计划”“万名大学生招聘计划”等，并配套不同的补助政策；创新体制机制，深化农科院农业科技人员体制改革，打造“技能型”农民；以“名誉村主任”“乡贤参事会”等新社会组织为载体，实施“万名贤人回乡计划”，实现县、镇、村三级乡贤组织全覆盖。

2.江苏：始终突出体制改革和政策创新

2019 年 12 月，国家发展改革委等 18 个部委联合印发的《关于开展国家城乡融合发展试验区工作的通知》中，南京市溧水区和高淳区、宜兴市、常州市金坛区、溧阳市被整体作为“江苏宁锡常接合片区”，围绕建立农村集体经营性建设用地入市机制、科技成果入乡转化机制、城乡产业协同发展平台、生态产品价值实现机制和农民持续增收机制等五项重点任务先行开展试验。

一是顶层设计上突出多措并举、统筹谋划。南京围绕五大重点改革任务，注重统筹衔接，突出体制改革，注重政策创新，在推进试验区建设方面开展了大量探索和实践，主要做了“五个一”工作：制定一个总体方案，编制一项专项规划，建立一套工作机制，印发一批支持清单，形成一份工作要点。

二是重点任务上突出试点先行、真抓实干。在集体经营性建设用地入市方面出政策。围绕土地入市的范围程序、地价制定、利益分配、融资抵押等方面进行全方位探索。在科技成果入乡转化方面出实效，聚焦试验区农业科技创新创业需求，强化技术创新与市场需求无缝对接，推动更多科技成果转化为现实生产力，打造高标准、全过程、一体化的科技服务体系。在城乡产业协同方面出成果，着力打造各类高能级平台载体，强化试验区城乡产业联动发展，构建形成共建共享的城乡融合发展共同体。在农民持续增收方面出成绩。持续加大对六合、高淳两区高质量发展的支持力度，聚焦三个集中连片欠发达地区以及乡村振兴重点街镇、重点村，发展片区特色产业，不断推动就业富民、创业富民、产业富民、改革富民。

(二)国外经验借鉴

鉴于日本在乡村发展体制化推进方面与中国具有相似性，德国的城乡融合发展成效卓著，本文选择日本和德国作为考察对象。

1.日本：组织化设计和体制化运作的农业振兴体系

一是设置治理机构，构建体制化运作模式。为配合乡村振兴政策顺利实施，保证政策实施的有效性，2001 年日本政府将主管农田水利的构造改善局改组为农村振兴局，下设总务课、农村政策部、整备部 3 个机构。农村政策部主要负责农业振兴制度设计和发展规划编制，设有都市农村交流课推进城市和农村的共生交流。同时，日本在省级地方农业局设立了农业振兴科，协调民间团体与农业协同组合（简称“农协”）、森林协同组合及渔业协同组合参与乡村振兴规划的制定和实施，确保地方与中央规划有效衔接。日本还建立了由农林水产省牵头，国土交通省、厚生劳动省、环境省、经济产业省等作为成员单位的乡村振兴联席会议机制，制定了跨机构的中层干部互派制度，从而有效统筹相关部门的政策资源来共同支持乡村发展。

二是组建农协，提升振兴政策执行效率。日本于1947年出台了《农业协同组合法》，确立了农协制度，99%的农户都加入了农协，该组织成为日本政府推行国家农业政策的重要辅助机构。通过集中有计划地销售，农协大大提高了农户的议价能力，这对提高日本农民的收入起到了决定性作用。日本农协以农村社区为基础，提供销售、供应、金融、保险、生产经营、仓储运输以及福利文化等各方面服务。政府还鼓励农协的理事长兼任地方自治机构领导，使其代表农民参与政策制定。农协也承担部分行政职能，如指导农民填写涉农项目申请书，代理政策性资金征信调查，协助地方政府核准农业补贴等，以提高政策扶持的精准度。

三是进行“六次产业化”，促进城乡融合。日本在发展乡村时坚持促进城乡交流的工作理念，认为城市要为乡村发展蓄积人才、资金和知识，乡村要为城市居民提供良好的休闲环境。为此，日本于1994年提出“六次产业”概念，指出要通过三次产业的交叉融合，形成集农产品生产、加工、流通、销售、服务于一体的高附加值产业链。自2010年起实施《六次产业化·地产地消法》，鼓励农民开发销售本地特色农产品。为吸引城市人口到农村消费，日本放宽了农户修建民宿、农家乐等营利性住宿设施的限制，拨付专款支持农户改造闲置房屋，支持农村修建特色产品加工设施、直销店、体验店和餐厅，还对帮助城市居民选择出行地点的项目给予补贴。

2.德国：从对乡村边缘化的被动调整到“城乡等值化”的主动改革

一是基于“城乡等值化”发展理念，转变城乡二元关系。“城乡等值化”有以下三方面内容。第一，推进社会公平，即城乡居民应有同等的公共服务和社会保障机制。建立农业事故保险基金，对农场的安全情况进行检查，提供安全培训。与医疗和养老保险一样，德国的农业事故保险也具有强制性。第二，发展城乡经济，尤其是发展有助于城乡经济双向联系的市场经济体系。第三，保护自然环境和资源。

二是打造多功能农业和多功能乡村的新发展模式。多功能农业主要有三方面内容：在农业生产中兼顾环境；保护乡村景观文化；促进“半农业”和旅游业、手工业发展,为乡村人口充分就业和增收提供稳定保障。为此,德国对农户给予了大规模直接补贴。农民近60%的收入来自欧盟和国家各级财政补贴。德国还高度重视农业职业教育和培训,建立了农业准入门槛,即最低学历和从业资格证书。

三是突破部门和层级限制,实施“自下而上”的乡村规划。基于欧盟资助的农村发展计划,德国于1991年推出“农村地区发展联合行动”(LEADER)项目。这一方面扩大了乡村发展的资金来源;另一方面也形成了利益相关者对于乡村发展的共同价值认知,使乡村经济多样化发展、环境保护、生活质量提高等不同诉求得以充分反映,与传统的“自上而下”乡村规划形成有机互补。

(三)主要启示

基于对国内外城乡融合发展经验的梳理分析,有以下几方面的经验可学习借鉴。

1.健全乡村振兴体制机制

日本乡村发展的经验表明,体制化设计和运作对统筹资源和“自上而下”有效推动乡村转型至关重要,但过度依赖政府推动又往往造成个人、组织和地方缺乏主动性,不仅可能导致乡村发展模式单一,也可能无法充分体现利益相关者的不同诉求,阻碍共同价值认知的形成。地方政府应在条件适宜的前提下学习德国的“自下而上”发展规划经验,开展具有地方特色的乡村发展规划和组建地方行动小组,发展高效生态农业、特色优质农业、休闲创意农业、土地适度规模化经营等。

2.优化城乡融合的产业布局

要坚持“宜农则农、宜工则工、宜商则商、宜游则游”的原则,推动农业“接二连三”地向产业融合的发展方向转型。为此,必须进一步完善以市场需求为导向的要素双向流动市场,破除城乡二元的体制性障碍,为产业重新布局和多元化发展提供资源保障,特别是要以完善土地流转市场为抓手,进一步健全农村土地经营权的入股和担保融资权能,适度放活宅基地和农民房屋使用权。为推动产业融合发展,可借鉴日本“六次产业化”、德国多功能乡村、江苏城乡产业联动的发展经验,加速推进产学研一体化,坚持创新引领技术改造,促进传统涉农产业提质增效,向高效现代农业产业链转型。

3.推进“城乡共生型”发展

针对我省城乡间仍存在明显的规模和质量双重不平衡的矛盾,可借鉴德国以基本公共服务均等化为主要表现形式的“城乡等值化”和“共生型”发展经验,为实现城乡再平衡发展提供长效保障。可借鉴浙江、德国经验,在农村人居环境整治基础上拓展生态产品价值实现路径，完善生态环境保护与乡村可持续发展的联系机制。鉴于农村老龄化发展趋势，在推进城乡共生发展中应格外重视培育新型农民和多种类型的农村从业者，可以适当借鉴浙江、德国的经验，逐步建立新生代农业和乡村新兴行业从业者的从业资格门槛。应当通过建立与城乡融合发展的产业布局需求相适应的教育培训体系和内容，完善农业服务、资金、科技、基础设施和信息技术等配套网络，为农民联动外部市场和推动乡村可持续经济转型提供支持条件。

五、以城乡融合助力全面推进乡村振兴的举措建议

在城乡融合发展中推进乡村振兴，要坚持一体发展、全面进步，加快梳理和破解城乡融合发展堵点，着力解决要素流动障碍和资源配置不均衡问题，打通城乡融合发展通道，努力打造工农互促、城乡互补、全面融合、共同繁荣的城乡发展新格局。

（一）打通基础设施建设堵点，推动城乡共建共享

农村基础设施是农村经济社会发展的重要支撑，覆盖范围十分广泛。当前，我省城乡基础设施供给水平存在较大差异，一定程度上阻碍了城乡融合发展。在城乡融合发展中振兴乡村必须坚持城乡共建共享，继续把公共基础设施建设的重点放在农村，积极推进城镇基础设施向乡村延伸。

一是建立城乡基础设施一体化规划机制。要建立健全城乡一体、全域覆盖、层级分明、多规合一的科学规划体系，统筹规划和推进城乡基础设施建设网络。推动城乡路网一体规划设计，畅通城乡交通运输连接，加快实现县乡村（户）道路联通、城乡道路客运一体化，完善道路安全防范措施。统筹规划城乡污染物收运处置体系，加快建立乡村生态环境保护和美丽乡村建设长效机制。加强城乡公共安全视频监控规划、建设和联网应用，统一技术规范、基础数据和数据开放标准。

二是健全城乡基础设施一体化建设机制。健全分级分类投入机制，对乡村道路、水利、渡口、公交和邮政等公益性强、经济性差的设施，建设投入以政府为主；对乡村供水、垃圾污水处理和农贸市场等有一定经济收益的设施，政府加大投入力度，积极引入社会资本；对乡村供电、电信和物流等经营性为主的设施，建设投入以企业为主。支持有条件的地方政府将城乡基础设施项目整体打包，实行一体化开发建设。

三是建立城乡基础设施一体化管护机制。合理确定城乡基础设施统一管

护运行模式,健全有利于基础设施长期发挥效益的体制机制。对城乡道路等公益性设施,将其管护和运行投入纳入一般公共财政预算。明确乡村基础设施产权归属,由产权所有者建立管护制度,落实管护责任。以政府购买服务等方式引入专业化企业,提高管护市场化程度。明确农村基础设施的公共产品定位,强化政府投入和主导责任,健全投入长效机制,形成主体多元、充满活力的投融资体制。

(二)打通基本公共服务供给堵点,实现城乡公共服务一体化

缩小城乡差距,促进城乡均衡发展,是乡村振兴和城乡融合发展的重要目标。目前,城乡之间的差距主要体现在公共服务方面。在城乡融合发展中振兴乡村,重点是提升农村基本公共服务水平,实现城乡公共服务一体化。

一是建立城乡教育、医疗资源均衡配置机制。优先发展农村教育事业,建立以城带乡、整体推进、城乡一体、均衡发展的义务教育发展机制。推动教师资源向乡村倾斜,通过稳步提高待遇等措施增强乡村教师岗位吸引力。实行义务教育学校教师"县管校聘",推行县域内校长教师交流轮岗和城乡教育联合体。健全乡村医疗卫生服务体系。增加基层医务人员岗位吸引力,加强乡村医疗卫生人才队伍建设。改善乡镇卫生院和村卫生室条件,鼓励县医院与乡镇卫生院建立县域医共体,鼓励城市大医院与县医院建立对口帮扶、巡回医疗和远程医疗机制。全面建立分级诊疗制度,实行差别化医保支付政策。因地制宜建立完善全民健身服务体系。

二是健全城乡公共文化服务体系。统筹城乡公共文化设施布局、服务提供、队伍建设,推动文化资源重点向乡村倾斜,扩大服务的覆盖面,增强服务的适用性。推行公共文化服务参与式管理模式,建立城乡居民评价与反馈机制,引导居民参与公共文化服务项目规划、建设、管理和监督,推动服务项目与居民需求有效对接。支持乡村民间文化团体开展符合乡村特点的文化活动。推动公共文化服务社会化发展,鼓励社会力量参与。建立文化结对帮扶机制,推动文化工作者和志愿者等投身乡村文化建设。划定乡村建设的历史文化保护线,保护好农业遗迹、文物古迹、民族村寨、传统村落、传统建筑和灌溉工程遗产,推动非物质文化遗产活态传承。发挥风俗习惯、村规民约等优秀传统文化基因的重要作用。

三是完善城乡统一的社会保险、社会救助制度。完善统一的城乡居民基本医疗保险、大病保险和基本养老保险制度。构建多层次农村养老保障体系,创新多元化照料服务模式。做好城乡社会救助兜底工作,织密兜牢困难群众基本生活安全网。推进低保制度城乡统筹,健全低保标准动态调整机制,确保

动态管理下应保尽保。全面实施特困人员救助供养制度,提高托底保障能力和服务质量。做好困难农民重特大疾病救助工作。健全农村留守儿童和妇女、老年人关爱服务体系。健全困境儿童保障工作体系,完善残疾人福利制度和服务体系。改革人身损害赔偿制度,统一城乡居民赔偿标准。

(三)打通要素流通堵点,促进城乡资源要素优化配置

实现乡村振兴,推动城乡融合发展,关键在于改变农村要素单向流出格局,破除城乡要素市场化配置体制机制障碍,推动城乡要素平等交换、双向流动。

一是健全农业转移人口市民化机制。加快推动已在城镇就业的农业转移人口落户,全面实施居住证制度,确保有意愿的未落户常住人口全部持有居住证。全面落实支持农业转移人口市民化的财政政策、城镇建设用地增加规模与吸纳农业转移人口落户数量挂钩政策,加大省级财政对农业转移人口落户较多地方的资金奖励力度,在市县国土空间规划编制、用地计划等方面统筹考虑安排进城落户人口和城镇新增建设用地。维护进城落户农民土地承包权、宅基地使用权、集体收益分配权,支持引导其依法自愿有偿转让上述权益。

二是激励引导城市人才入乡。落实返乡入乡人员创业扶持政策,在创业担保贷款等方面予以倾斜,宣传推介一批创新创业带头人。新招录选调生优先派到农村任职,选派专业技术人才到基层服务,建立第一书记派驻长效工作机制。落实乡镇专业技术人才"定向评价、定向使用"政策,推动职称评定、工资待遇等向乡村教师、医生倾斜。专业技术人员通过兼职方式为农户、合作社等提供增值服务,所得收入不纳入本单位绩效工资管理。允许地方提高乡镇工作补贴标准。

三是积极推动农村土地制度改革。完善农村承包地"三权分置"制度,落实第二轮土地承包到期后再延长30年政策,依法平等保护并进一步放活土地经营权,强化流转管理和服务。鼓励有条件的地方推广农村党组织领办土地股份合作社模式,发展适度规模经营。在符合国土空间规划、用途管制和依法取得前提下,允许农村集体经营性建设用地入市,允许就地入市或异地调整入市;允许村集体在农民自愿前提下,依法把有偿收回的闲置宅基地、废弃的集体公益性建设用地转变为集体经营性建设用地并入市;推动城中村、城边村、村级工业园等可连片开发区域土地依法合规整治入市;推进集体经营性建设用地使用权和地上建筑物所有权房地一体、分割转让。

四是健全乡村金融服务体系。开发多维度、定制式金融产品,对扶持乡村振兴力度较大的金融机构,加大再贷款、再贴现力度。积极稳妥推广农村承包

土地经营权抵押贷款，因地制宜探索宅基地使用权抵押贷款，扎实推进农村集体资产股权质押贷款试点。完善农业保险制度，扩大农业大灾保险试点范围，建立省级地方特色农产品保险奖补政策。

(四)打通产业发展堵点，积极推进城乡产业融合

产业是乡村振兴的经济基础，是乡村发展的重要动力。无论是产业振兴，还是农村一二三产业融合发展，都是促进城乡融合发展的重要内容。要充分发挥资源与区位优势，完善产业支撑体系，积极融入国内大循环。

一是做好“土特产”新文章。产业振兴是乡村振兴的基础，是做大财富蛋糕、解决农村一切问题的前提。做强农业全产业链，培育一批百亿级农业“链主”企业，梯次打造沿黄肉牛、沿黄大豆等7—8个千亿级和一批五百亿级优势特色产业集群；以沿黄河、大运河、齐长城、黄渤海四大文化体验廊道和沿胶济铁路文化交通线建设为重点，深化文旅融合，实施乡村休闲旅游精品工程；共建共享“好品山东”，打造一批品质过硬、竞争力强的农产品精品品牌。

二是多渠道增加农民收入。完善促进农民工资性收入增长环境，广泛开展新生代农民工培训。健全农民经营性收入增长机制，积极培育家庭农场，开展家庭农场典型监测和示范家庭农场创建活动，抓好农民合作社规范化提升行动。引导农业产业化龙头企业联合农民合作社、家庭农场组建农业产业化联合体，有序推进土地经营权入股发展农业产业化经营试点。

三是完善农业支持保护制度。探索利用财政资金开展棉花目标价格保险，对适合的农业项目采取先建后补、以奖代补等方式，鼓励农业项目实施主体通过政府和社会资本合作等方式撬动金融和社会资本。完善对农民直接补贴政策和生产者补贴制度，探索建立普惠性农民补贴长效机制。创新涉农财政性建设资金使用方式，支持符合条件的农业产业化规模化项目。完善特色农产品目标价格保险补贴政策，逐步扩大省级补贴规模，健全农产品市场价格风险保障机制。

课题组成员：倪艳亭　张辉　孔峻岩　崔雁冰

山东省发展新型农村集体经济的对策建议

乡村振兴是我们党在农村为促进发展、消除贫困、实现共同富裕所实施的重大战略，发展新型农村集体经济就是实现这一战略的主要举措。2023 年中央一号文件提出，"赋予农民更加充分的财产权益"，"探索资源发包、物业出租、居间服务、资产参股等多样化途径发展新型农村集体经济"。[①] 这为我们进一步推动新型农村集体经济发展指明了方向，提供了根本遵循。我们要深入学习贯彻习近平总书记重要讲话和党的二十大精神，加快落实中央一号文件部署安排，加快发展新型农村集体经济，为促进共同富裕贡献力量。

一、新型农村集体经济的发展背景及意义

集体经济作为社会主义公有制经济的重要组成部分，在市场经济条件下以何种形式得到有效实现，是全面推进乡村振兴绕不开的重要议题。2017 年，党的十九大首次提出实施乡村振兴战略之时，就将"壮大集体经济"作为实施乡村振兴战略的重要内容。2018 年，《中共中央国务院关于实施乡村振兴战略的意见》以及《乡村振兴战略规划（2018—2022 年）》又进一步提出了"探索农村集体经济新的实现形式和运行机制""发展新型农村集体经济"等政策主张，这充分表明了农村集体经济的创新发展在实施乡村振兴战略中占据重要地位。

新型农村集体经济，是指在农村地域范围内，以农民为主体，相关利益方通过联合与合作，形成的具有明晰的产权关系、清晰的成员边界、合理的治理机制和利益分享机制，实行平等协商、民主管理、利益共享的经济形态。2023 年中央一号文件表示新型农村集体经济要产权关系明晰、治理架构科学、经营方式稳健、收益分配合理。新型农村集体经济的实现形式并不是唯一的，共有产权、共同劳动和共同收益的村级集体所有制经济，只是集体经济的原型和一

---

① 《中共中央国务院关于做好 2023 年全面推进乡村振兴重点工作的意见》，人民出版社 2023 年版，第 13 页。

种组织形态。

新型农村集体经济与传统的农村集体经济具有本质的不同。传统的农村集体经济主要是简单的劳动者的劳动联合,而新型农村集体经济不仅包括劳动者的劳动联合,还涵盖劳动力与资本、技术、管理等因素的联合,这一联合的目标是促进个体的发展。实际上,在城乡融合发展的背景下,不局限于农村居民(劳动者),来自城市的资本、技术和管理等要素也应成为新型农村集体经济的重要组成部分。培育新型农村集体经济是乡村振兴不可或缺的关键议题,对于促进农民持续增收、保障和改善农村生活水平、推动农业现代化进程等具有至关重要的作用。

一是有利于助力农民增加收入。新型集体经济以其高度组织化的特点,将分散的生产资源、资金和技术等要素协调整合,通过有计划、有组织的生产经营活动来克服分散经营的不足,降低市场风险,建立农村产业发展联盟机制,推动农村市场化发展,实现规模经济效益。这有助于提升农村居民的生活水平,促进共同富裕目标的实现。

二是有利于保障和改善农村福利。新型集体经济通过集体积累资金,建设农村公共服务体系,完善农村基础设施,提供社会保障服务,同时在经济发展的过程中坚持公平分配,改善和保障农村居民的生活水平,维护农村社会的公平正义。

三是有利于推动农业农村现代化。新型集体经济涵盖劳动、资本、技术、管理等多方面的合作,将分散的农户联合起来,形成互利共赢的利益共同体,有助于满足农业规模化经营所需的资本投入、技术服务水平以及与市场对接等方面的要求,同时有助于农民提高抵御经营风险的能力。在新型集体经济的推动下,农业生产的组织方式、规模、风险控制和盈利水平都发生了根本性的变化,为中国特色的农业现代化和共同富裕提供了有力支持。

二、我省新型农村集体经济的发展现状

近年来,我省高度重视发挥集体经济组织作用,坚持以党建为引领,以规范促发展,以发展促振兴,取得了显著成效。

(一)集体资产稳步提升

我省把农村集体产权制度改革扩大到所有的涉农乡镇(街道),重点开展了清产核资、成员身份确认等基础性工作。截至 2022 年年底,全省农村集体经济收入总额达到 367.4 亿元,行政村村均收入 67.4 万元。2017 年以来,我

省每年组织开展农村集体资产清查登记，摸清集体资产底数，目前已基本完成涉农村（居）清产核资工作。完成改革的涉农村（居）成立了新型集体经济组织，基本建立起符合市场经济要求的农村集体经济运行新机制。据 2021 年统计数据，全省农村集体经济组织资产总额超过 7500 亿元。

（二）产权制度改革初有成效

我省作为全国首批农村集体产权制度改革整省试点之一，制定了《关于稳步推进农村集体产权制度改革的实施意见》，出台了《山东省农村集体产权制度改革试点方案》，在选择 8 个县（市、区）开展国家试点、34 个县（市、区）开展省级试点的基础上在全省推开，于 2020 年年底基本完成产权制度改革，目前全省共成立 8.8 万余个集体经济组织，全部在农业农村部门进行了登记赋码。同时，推行村党组织书记通过民主程序担任集体经济组织负责人，指导集体经济组织健全“三会”（成员代表大会、理事会、监事会）制度，完善新型农村集体经济组织管理制度。

（三）集体资产分配逐步完善

通过改革，我省将农村集体经营性资产折股量化到集体经济组织成员，赋予成员集体资产收益分配权；制定印发《山东省农村集体资产股权质押贷款管理办法（试行）》，鼓励支持农村集体经济组织和成员拓宽融资渠道，促进了村集体和农民增收。在省级成立了山东农村产权交易中心，市县依托农村经营管理部门或农村综合产权交易市场开展流转服务，全省农村土地流转服务中心（农村产权交易中心）达到 1500 余家，基本覆盖所有涉农县（市、区）。产权交易体系的完善推动了城乡资源要素的双向流动，2022 年全省农村产权流转交易总额突破 240 亿元。

（四）党建引领带动发展

近年来，在政策牵动、典型带动、服务促动下，村党组织领办合作社扩面提质取得显著成效。截至 2022 年年底，我省村党组织领办合作社达到 4.24 万家，入社户数 480 万户，带动增加村集体收入 18.9 亿元，增加合作社成员收入 73.5 亿元。通过党组织领办新型合作经济组织，构建起集体与农户之间新的利益联结机制。全省所有的村集体经济组织通过居间服务、直接服务等方式，参与农业社会化服务，年服务收入达到 8.1 亿元，村均增收超过 10 万元，平均每个合作社增加集体收入 4.46 万元，成员户均增收 2416.31 元。

三、存在的主要问题

农村集体经济一直是中国农村经济的重要组成部分,发展新型农村集体经济不仅关系我省农民的切身利益,也关系农村社会稳定和乡村振兴战略的实施。尽管我省在过去几年里取得了一些进展,但新型农村集体经济的发展仍然面临一些问题和挑战。

(一)部分农村存在基层组织观念滞后、管理不规范的问题

一是部分村庄的党支部书记、村委会主任、村集体股份经济合作社董事长等班子成员因年龄偏老、知识有限、视野狭窄等,思想观念相对滞后,缺乏自我激发的创新动力。因此,现有农村集体经济发展模式难以适应不断变化的市场环境,农村集体经济发展模式创新主要依赖借鉴或完全复制其他村庄的模式。二是当前存在集体资产承包和租赁问题随意性较大的问题,承包和租赁合同缺乏规范性。有些村庄将集体的房产和土地以低价长期出租,甚至被私人无偿占用,损害了集体的权益。此外,一些村庄在处理集体预留的机动地和荒地等资源时存在随意性和人情化问题,承包费用过低,承包时间过长,这严重消耗了村庄发展的物质基础。三是存在侵占村居集体资源的情况。例如,不按规定交纳承包费,长期占用土地;不遵守机动地 3 年承包的规定,而是长期违规占用机动地,甚至拒绝或逃避支付承包费;此外,还存在着“一户多宅”和超标准占用宅基地的问题。

(二)新型集体经济的发展优化整合亟待加强

一是有些村庄缺乏用于发展新型集体经济的可利用资源。在实行家庭承包责任制时,许多村庄将所有的集体资产一次性分配完毕,这导致村级集体经济失去了发展经济的物质基础。一些村庄的集体经济仅仅依赖于微薄的机动地承包费和土地出让费来勉强维持运转。以我省中部地区某村为例,其位于丘陵地区,总共拥有土地 1250 亩,其中机动地仅有 42.9 亩,每年的集体收入仅为 4000 元。村级集体经济只能依靠这 42.9 亩的机动地来支撑,而新增人口需要分地,导致机动地越来越有限,这也意味着集体收入将会不断减少,村集体经济发展面临越来越大的困难。二是村庄的资源优势并没有得到充分发挥。许多村庄都有未被有效利用的土地,如废弃的场院、池塘及合并学校后留下的旧校址等。村级集体本可以通过招商引资、外部租赁或者将土地用于股份分成等方式来充分利用这些资源,从而为集体经济发展注入新的活力,然而

很多村庄没有充分挖掘和利用这些资源，导致资源浪费。

（三）产业结构不合理弱化了市场竞争力

一是农民采用分散的农业生产经营方式，个体经营难以满足现代农业的专业化、标准化、规模化和信息化要求。这种情况不符合当前消费结构升级的趋势，人们对安全和高质量的农产品需求日益迫切。二是由于生产单一、技术水平陈旧及思想观念较为保守，一系列新型产业链规划未能有效实施，导致产业附加值较低，难以带来明显的经济效益。村庄的产业结构主要停留在农林牧渔等一级产业领域，难以参与农村电商、网购和乡村旅游等新兴产业的发展，也无法促进一二三产业的深度融合。三是村庄的人口规模和产业规模都相对较小，农产品的分工和分业程度较低。这种经营模式难以充分整合现有的经济资源，使产业结构调整、农超市场对接以及招商引资等工作受到了较大的制约。大部分农业生产都是分散进行的，缺乏规模化的生产基地，市场服务体系不够健全，产品的深加工程度较低，因此市场竞争力和品牌影响力较弱。

（四）乡村干部队伍断层，技术人才短板凸显

引领村民发展新型农村集体经济的能力有限，有些村干部仅限于使用传统方法和行政手段来管理群众，而在激发农民发展新产业和新业态方面的能力不足。此外，许多村庄的集体经济主要依赖单一的资金来源，缺乏新的可持续收入来源。经营管理体制改革后，经营管理人员大量减少，导致村级审计和记账部门人手严重不足。一些村庄的会计年龄较大，但由于没有明确的退休和离职政策，他们仍然坚守在工作岗位上。这种情况造成了管理水平下降，财务管理混乱。

四、外省市的典型经验

近年来，省内外在发展新型农村集体经济、统筹推进乡村振兴方面取得了许多阶段性成效，各地围绕新型农村集体经济探索形成了许多行之有效、各具特色的经验做法。

（一）资本运营型

资本运营型是指将村集体历年积累的资金、土地补偿费等货币资产，通过参股经营等方式转为经营资本以获取股金、利息和资产增值等资本运营收入。

浙江省金华市婺城区西南山区是典型的饮用水源涵养功能区，有 5 座中

型水库,是百万市民的“大水缸”。由于保护饮用水源的政策,与供水设施和保护水源无关的建设项目,如周边的民宿、农家乐、乡村旅游等经营项目,都被关停,且无法发展可能污染水源的工业项目,导致部分村集体“返薄”。

饮用水源涵养功能区行政村以“飞地”形式参与婺城区村级集体经济产业园项目,推进饮用水源涵养功能区村级集体“抱团”致富。项目总投资 1.28 亿元,其中,国有资本 6000 万元,村级入股 6800 万元,涉及参股村 85 个。为降低经济薄弱村参与项目的融资成本,村级入股的资金中包含省级试点资金 1350 万元和区财政配套补助 1350 万元。同时,婺城区政府与当地农商银行联合推出金融消薄产品——“乡村振兴·富村贷”,经济薄弱村可按 3.625‰ 的月息享受基准贷款利率,额度最高可达 50 万元;此外,对参与集体经济发展项目的经济薄弱村,给予 70%的贷款贴息。产业园重点发展汽摩配产业,委托第三方运营团队开展厂房出租、小微企业入驻、基础设施维护、消防安全等日常经营管理。“飞地抱团”项目形式打破了地域、资源限制,让更多行政村得以参与其中。园区建成后,可供 10 个左右汽摩配小微企业入驻,每年可产生租赁收入约 1000 万元,减除税费、运营成本等必要开支后,85 个参股村平均每村每年可获得经营性收入 5 万元以上。

(二)基金运作型

基金运作型是指利用各级财政扶持资金和村级自筹资金组建发展集体经济基金池,由政府国有资产投资公司负责运作,营利返还给被纳入扶持范围的经济薄弱村。

浙江省三门县的经济薄弱村数量多、资源匮乏,主要通过异地建造或购置物业来发展村级集体经济。为加快经济薄弱村脱困转化,发展壮大村级集体经济,三门县探索推行基金式扶持村级集体经济发展模式,确保村集体获得稳定收益。

通过省级及以上财政补助资金 1500 万元、县级配套资金 200 万元、村集体自筹资金设立基金,由三门县农村综合改革领导小组管理,用于扶持经相关部门确认的经济薄弱村。基金运作主要有两种模式:一是对于目前无自主发展项目的经济薄弱村,经有关部门确定列入三门县村级经济发展有限公司股东的,基金暂存该公司,公司再将资金委贷给县国有投资公司,国有投资公司给付的利息收入每年以股东红利方式拨付给股东,作为经济薄弱村的经营收入。二是对于列入基金式扶持的经济薄弱村,有较为成熟的发展村集体经济项目的,经有关部门审核同意,可退回其投资款,用于项目建设。基金设立 6 年以来,共取得利息收入近 1100 万元,支付扶持村分红 1025 万元,消除了 38

个无区位优势、无资源优势发展村级集体经济的薄弱村，村集体每年至少有5万元的稳定收入。

（三）资源开发型

资源开发型是指依托特色农业资源、特色旅游资源优势，以土地、资金入股的方式开展村企合作共建产业化项目，实现村集体经济“自我造血”。

广东省潮州市潮安区凤凰镇叫水坑村依托生态资源、人文资源和名茶产业优势，携手进村帮扶企业，通过“公司＋经济联合社＋农户”的运作模式，以增强造血功能和建设特色乡村全域旅游体验区为目标，走出了一条以“托管联营”“村企共赢”为特色的乡村振兴发展新路子。

该村成立了叫水坑茶叶专业合作社，村民以投资入股形式加入合作社，与潮州市玉瑶山庄生态旅游有限公司达成契约，计划投资近100万元建设现代化茶叶加工厂，发展茶叶深加工。叫水坑村引进玉瑶公司作为村全域旅游投资主体，双方共建生态欢乐谷，以山水资源引资引智，以民宿客栈接待接引，采用“公司＋专业合作社＋基地＋农户”模式，把村集体、公司、贫困户联系起来，让村民享受收益兜底分红。

五、对策建议

为进一步发展壮大农村集体经济，下一步我省需要从制度和机制入手，增强统筹聚能意识，提升农村集体经济组织市场主体能力，着力培养人才，努力促进一二三产业融合发展，完善利益分享机制，着力推动集体经济发展迈上新台阶。

（一）加快农村集体产权制度建设

一是要明晰产权主体、产权范围，核心在完善农村集体资产股份权能。过去在农村集体经济发展过程中，集体产权主体和成员的边界不清晰，权益被固化，要素流动不畅，导致集体经济形态过于单一、发展十分困难。发展壮大新型农村集体经济，前提是产权关系清晰明确，并且资产权益可以流转。二是要加快探索农村集体资产权益流转模式。在市场经济体制下，只有集体资产股份自由流转才能显示出它们作为生产要素的潜在市场价值，否则，集体资产价值就会大打折扣，农村集体经济将难以焕发生机，很难实现活跃发展。

(二)提升农村集体经济组织市场主体能力

要加快推动赋予农村集体经济组织特别法人资格政策落地,加快配套政策调整,推进农村集体经济组织法人化改造,使其成为真正的现代市场竞争主体。必须厘清集体经济组织与基层政府、农村党组织和村民自治组织的关系。推动集体经济组织集体资产运营功能的实现,并纳入政府政策支持框架体系和监管体系,强化发展保障和规范监管。

(三)着力培养农村集体经济组织带头人

结合乡村人才振兴工作,加强农村集体经济组织带头人的引进和培养,切实提升带头人能力素质,鼓励有条件的地区聘请职业经理人充实带头人队伍。加强新型农村集体经济组织管理人才队伍建设,培养造就一批熟悉市场经济规则、有专业经营管理能力的人才队伍,为新型农村集体经济发展注入新鲜血液。

(四)有序推进农村一二三产业高效融合

一是促进农业与农产品加工业的融合发展,提高农产品加工转化率。从产业和业态的角度出发,根据“延伸产业链、提升价值链、完善利益链”的理念,破除产业层次和价值利益链中的壁垒,以促进农村产业的融合发展。二是注重促进农业与第三产业的融合发展。需要提高农业的价值创造和就业吸纳能力,通过实现农村三次产业协同发展,提升农业产业链供应链现代化水平,让农户共享增值收益。三是着力推进一二三产业融合的社会化生态农业发展。推动种植业、养殖业与工业、物流业、休闲旅游业、服务业等多元化业态进一步融合。注重农业多功能性的开发与利用,结合本地资源环境条件推动农业多功能开发和多元价值实现。

(五)推动完善村民的利益分享机制

一是需要建立明确的利益共享和风险共担机制。以各方的参与和投入为基础,确保合作伙伴之间的互利互惠,建立紧密的利益联结机制,使农户能够参与农业全产业链并获得稳定收益。二是根据本地情况,创新合适的利益分享方式。积极借助农业龙头企业、农民专业合作社和家庭农场的带动作用,建立和完善多元的利益联结机制,通过股份合作、订单合同、服务协作、土地流转等各种方式来实现农民与其他农业主体之间的利益共享。

课题组成员:兰晓青

山东省加强农业社会化服务组织建设研究

发展农业社会化服务，是实现小农户和现代农业有机衔接的基本途径，是构建现代农业经营体系、转变农业发展方式、加快推进农业现代化的重大战略举措。党的二十大报告指出："发展新型农业经营主体和社会化服务。"①习近平总书记强调："要发展适度规模经营，支持发展家庭农场、农民合作社等新型经营主体，加快健全农业社会化服务体系，把小农户服务好、带动好。"②近年来，我省农业社会化服务不断探索创新、蓬勃发展，对巩固完善农村基本经营制度、保障粮食安全和重要农产品有效供给、促进农业稳定发展发挥了重要作用。但与打造乡村振兴齐鲁样板的定位和要求相比，在供需两端还存在差距与不足，亟须通过加强主体培育、机制创新、资源整合、供需对接、政府引导，促进农业社会化服务提档升级。

一、我省农业社会化服务组织发展现状

"全国农业看山东"，我省作为传统农业大省，具备良好的农业发展基础以及推动农业农村改革的优良传统和丰富经验，农业发展成就瞩目。2022 年，我省农林牧渔业总产值达 1.2 万亿元，农业社会化服务收入居全国首位。在新的发展阶段，我省成为推动农业社会化服务的先行军和主力军，多元化、多层次、多类型的农业社会化服务体系初步形成。

（一）服务规模持续扩大

截至 2021 年年底，我省农业社会化服务组织总数 12.2 万个，较上年增长 22.2%；从业人员 79.5 万人，同比增长 29.6%；营业收入 220.2 亿元，较上年

---

① 习近平：《高举中国特色社会主义伟大旗帜　为全面建设社会主义现代化国家而团结奋斗——在中国共产党第二十次全国代表大会上的报告》，人民出版社 2022 年版，第 31 页。

② 《习近平在中央农村工作会议上强调　锚定建设农业强国目标　切实抓好农业农村工作》，《人民日报》2022 年 12 月 25 日。

增长10.2亿元,增幅为4.6%。从结构分布看,农业服务专业户在各类服务组织中占比仍然最高,为58.2%;农民合作社次之,占比为29.7%;农村集体经济组织和服务型企业占比分别为6.4%和2.9%。从增长速度看,农民合作社、农业服务专业户增长最快,数量较上年分别增长20.8%、18.7%。从服务对象看,各类服务组织持续把小农户作为服务重点,服务小农户数量1223.8万个,占服务对象总数的89.2%;服务小农户营业收入152.4亿元,占服务营业收入总额的69.2%。

(二)服务主体多元发展

一是农民合作社仍为农业社会化服务的主要力量。2021年,服务型农民合作社3.6万个,服务营业收入80亿元,较上年增长5.5%,占服务营业收入总额的36.3%。服务对象602.5万个,占全省服务对象总数的43.9%;其中服务小农户530.5万个,占全省服务小农户总数的43.4%。服务营业收入、服务对象数量均居首位。

二是农村集体经济组织发展加快,组织优势不断凸显。开展社会化服务的农村集体经济组织0.77万个,服务营业收入7.9亿元,服务对象125.1万个,其中服务小农户113.2万个,分别较2020年增长11.6%、88.1%、85.9%、106.2%。

三是企业服务能力最强,代表行业发展方向。服务型企业3590个,服务营业收入77.9亿元,服务对象178万个,其中服务小农户157.2万个,分别较上年增长15.1%、-3.1%、107.9%、124.3%。企业平均服务对象496个,平均营业收入达到217万元。虽然企业在各类服务组织中占比不高(仅为2.9%),但从单体情况看,其服务范围最广、对象数量最多、营业收入和专业化程度最高、带动能力最强。

四是农业服务专业户数量众多、贴近农户。服务专业户7.1万个,占全国服务专业户总数的12.8%;服务营业收入46.7亿元,较2020年增长14.7%。服务对象394.2万个,其中服务小农户358.2万个,占比达90.9%,在各类服务对象中小农户所占比重最高。

(三)服务结构加快演化

一是各环节托管面积不同程度增长。农业生产托管是社会化服务的主要方式,2021年,全省农业生产托管服务对象达到959.6万个,服务面积22986万亩次,较上年增长47.6%。耕、种、防、收环节托管服务面积均大幅增长,分别为0.55亿亩次、0.61亿亩次、0.52亿亩次、0.61亿亩次,同比增长49.3%、

44.0%、91.6%、41.2%。

二是服务粮食作物比重大幅上升。我省作为粮食主产省，托管服务粮食作物面积18103万亩次，较2020年增长117.2%，占全国的13.4%；服务粮食作物面积占全省托管服务总面积的78.8%，比上年提高25.3个百分点。生产托管在保障国家粮食安全方面发挥了不可或缺的重要作用。

三是服务小农户水平持续提高。农业生产托管服务小农户879.5万户，占全省服务对象总数的91.6%；服务面积17810万亩次，较上年增长63.8%，占全省托管服务总面积的77.5%，比上年提高7.7个百分点。在农业生产过程的耕、种、防、收四个主要环节，小农户接受托管服务面积分别占各环节全省托管服务面积的78.7%、78.3%、74.2%和78.4%，比重均超过七成。以临沂金丰公社为例，其已设立县级金丰公社560家、乡镇服务中心和村级服务站3.47万个，成为贴近服务小农户优秀典型。

(四)服务机制高位创新

一是联合发展模式不断涌现。依托优势资源，开展主体间联合合作，实现了优势互补、共同发展。以高唐县为例，该县充分发挥各类服务组织优势，探索形成“国有企业+村集体+农户”“民营企业+村党支部领办合作社+农户”“合作社联合社+公司+农户”三种托管类型。2021年，高唐县瑞杰农机专业合作社完成托管服务作业面积35.42万亩，其中全程托管、多环节半托管31073.92亩，经营收入1900余万元。

二是区域性农业综合服务平台持续发力。服务主体围绕农业全产业链，提供集农资供应、技术集成、农机作业、仓储物流、市场营销等服务于一体的农业生产经营综合解决方案，有力破解了生产主体做不了、做不好的共性难题。以青岛丰诺农化有限公司为例，其利用自身在农资供应、农机作业等方面的独特优势，通过打造综合农事服务中心、搭建农事服务信息化管理平台，为农业生产经营提供集成高效的服务综合解决方案。以山东省金银花行业协会为例，其围绕全产业链，构建起以农户为生产基础、以基地为联农纽带、以农民合作社和联合社为服务支撑、以协会为行业服务平台的服务体系，平邑金银花优质产品基地品牌价值于2021年达到322亿元。

三是托管服务持续深化。探索创新“保姆式”全程托管、“菜单式”多环节托管、“点单式”单环节托管等多类型服务模式。以乐陵市为例，该市围绕解决“谁来种地”“怎样种好地”问题，大力推进以农业生产托管为主的农业社会化服务，以增收托管、全程托管、订单托管等模式，实现稳粮保供促增收。2022年，乐陵市10万亩“吨半粮”示范区粮食产量达1.4亿公斤，核心区单产1502.9公斤。

二、存在的短板弱项

近年来，我省农业社会化服务持续快速发展，但仍存在需求分布小而散，服务迭代成本高，供给专业化、社会化水平总体较低等问题。

(一)需求端

一是需求的分散化、小型化分布与农业社会化服务的规模化升级存在矛盾。小农户是推进农业农村现代化必须面对的省情、农情，散小的一家一户生产是农业农村发展最突出的短板。2021 年，我省小农户托管的面积比重为 77.5%，远高于全国的 67.3%。山东省内地理环境复杂，西部、北部地势相对平坦，其他地区以山地丘陵为主，小农户经营土地规模小而分散，大型耕种、收获等现代农业机械装备难以推广，非"团购式"农业机械服务成本较高。

二是需求的集成化、高端化趋势与传统的农业社会化服务模式不相匹配。农业分工深化导致农业社会化服务需求正在从生产环节向育秧育种、信息服务、金融服务等产前产后环节拓展，从粮棉油糖等大宗农作物向果菜茶药等经济作物、畜禽养殖拓展，从单一生产托管向全产业链的集成高效服务拓展。以服务作物为例，2021 年我省服务粮食作物的托管面积比重达到 78.8%，大幅高于全国的 72.2%。服务作物、服务环节、服务区域单一固化的传统服务模式难以满足快速变化和增长的农业社会化服务需求。

(二)供给端

一是主体发展质量不高。目前农业社会化服务仍处于产业发展初期，部分主体对政策依赖度偏高，社会资本主动参与建设农业社会化服务体系的积极性较低。大多数服务主体散弱小，水平不一，竞争意识薄弱，无序发展较为普遍。相当一部分服务主体负责人的教育程度、经营管理水平较低，缺乏必要的规章制度、议事程序和科学决策方法，不利于其在市场竞争中良性发展。服务型企业管理规范、模式先进，全省仅有 3590 个，占服务组织总数的 2.9%。

二是要素保障水平偏低。从人才输入看，一方面农业社会化服务提档升级缺乏专业人才，如熟练的农机操作手、农机维修保养人才、科技人才、农产品深加工人才、电商人才；另一方面服务主体与农业院校、科研院所间合作机制不畅通，协同创新、技术转化不足。从资金支撑看，农业社会化服务的扶持资金还未能有效与农机购置补贴、农业金融贷款形成联动。从土地保障看，库房、维修场地等申请困难，仍是制约多数农业社会化服务主体发展的因素。

三是本地服务能力较弱。由于市场信息不畅和服务能力有限，本地农业社会化服务主体缺乏主动拓展服务领域与扩大服务范围的积极性。同时，本地主体服务类型通常具有相似性，服务关系依赖相对稳定的社会网络，主体相互之间存在利益边界，合作意识不强。2021 年我省农业社会化服务专业户达 70923 个，占全省服务主体总数的 58.2%，但平均营收仅有 6.58 万元，远低于服务企业、专业合作社等主体。大多数农村集体经济组织以提供“居间”服务为主。

三、先进地区典型经验

北京、广东、安徽等地聚焦农业社会化服务发展的重点领域和关键环节，形成了一批富有创新、成效明显的典型经验，值得我省学习借鉴。

（一）因地制宜创新服务模式

各地根据资源禀赋、产业特点、劳动力转移程度、农业机械化水平、小农户生产需求等因素，创新形成了各类服务模式。

1.“农资＋科技＋服务”模式

河北省根力多生物科技股份有限公司围绕农业产前、产中、产后的需求，通过“讲给农民听、做给农民看、带着农民干”的服务理念，拓展“农资＋科技＋服务”的社会化服务模式。上游聚资源，通过院校合作、种养结合、搭建平台，提供绿色农业服务支撑；中游建网络，通过为农服务中心带动、大基地大合作社辐射、新媒体平台引流，打造利益联结新模式；下游讲技术，通过打造技术服务团队、建设高标准示范田、成立“农民田间学校”，有效解决土壤地力提升和产品提质增效难题。

2.农业生产“大托管”模式

安徽省淮南市农业农村局自 2019 年起推行农业生产“大托管”改革试点，采取“两委托两跟进一托底”模式，引导分散农户将土地“委托”给村集体经济合作社，再由其将土地“委托”给农业生产服务主体生产经营，同时协调“跟进”农技、贷款服务，引入保险“托底”，推动小农户与现代农业发展有机衔接。“大托管”做实了集体经济组织“统”的功能，在实施耕、种、防、收全程托管的基础上，将服务链条延伸到品种选定、农资供应、订单生产、品牌打造、烘干仓储服务、金融保险等多领域。2021 年淮南市 2.38 万名托管农户户均增收 2470 元，135 个村平均增收 7 万元，累计减少“冬闲田”面积约 10 万亩。

(二)多种形式开展联合合作

各类服务组织发挥各自优势，积极探索以资金、技术、服务等为纽带，与其他涉农主体形成利益共同体，开展联合合作。

1.“服务组织＋村集体＋农户”形式

江西省上饶市玉山县农三强农业服务有限公司发展“服务组织＋村集体＋农户”的组织形式。首先跟村集体经济组织积极协调沟通，由村集体经济组织做好各小农户思想工作，推动土地集约化、种粮规模化，经过服务组织全程托管，实现收益最大化，确保了小农户和村集体经济组织收入。2021 年公司流转耕地 7000 余亩，开展标准化、集约化、智能化“保姆式”服务面积 5000 余亩，实现了企农互惠共赢。

2.“全程托管＋双向订单”形式

湖北省随州市众联粮食生产专业合作社联合社创新了“全程托管＋双向订单”的服务机制，种植农户与供种企业、加工企业形成“双向订单”三方协议，建立起利益联结机制，推行统一管理、统一农机服务、统一农资、统一种植、统一技术、统一销售的“六统一”规范化服务，促进了粮食增产提质、农民持续增收，成为区域现代农业发展的重要引领带动力量。2021 年，联合社已建立托管服务基地 23 个，为周边 5 个乡镇 1 万多户农户约 11 万余亩土地提供集中连片托管服务，其中全程托管面积 2 万亩，节约劳动力约 20 万人次，助力农户降低成本约 2750 万元，户均增收 1850 元，被确定为全国农业社会化服务创新试点组织。

(三)整合资源搭建服务平台

服务组织围绕农业产前、产中、产后各环节，探索形成集农资供应、技术集成、农机作业、仓储物流、金融保险、市场营销等服务于一体的农业生产经营综合解决方案或区域性农业综合服务平台。

1.精准的农业金融服务

北京中和农信项目管理有限公司坚持“一个电话，上门服务；无须抵押，快速到款”的服务方式，依托 6000 多名基层员工，为不能充分享受传统金融机构服务的农村中低收入群体及小微经营者提供资金支持。同时，公司紧跟数字技术的发展趋势，大力推进数字金融建设，提升服务效率及便捷性。通过金融服务 App 申请的农户平均到款时间为 1.7 天，2022 年在贷客户 42.7 万户，贷款余额 149 亿元，户均余额 3.7 万元；客户分布中，71％为农户，68％为女性，初中及以下文化水平客户占比 68％；10 万元以下贷款占比 97％，无抵押贷款占比 99%，真正做到了支农支小。

2.灵活的农业保险服务

山西省晋中市农业农村局积极与银行、保险机构对接，联合出台《关于开展农业生产托管金融创新服务试点工作的意见》，对从事农业生产托管的社会化服务主体提供融资、保险等服务。特别是其独创的"粮食作物目标收入保险"，以最低目标收入作为保险标的，解决了困扰农业生产托管主体的自然灾害风险，为农业生产托管规模化、多元化、规范化快速发展提供了保障，被确定为"全国农业农村典型案例"。2021 年 10 月，当地玉米作物因强降水大幅减产后，平均每亩补偿 230 元，共计 90 万元，赔付率达到了 418%。

(四)政府搭台推进行业指导

各地利用市场化机制探索组建服务联盟、协会、指导中心等，为各类主体提供政策法律咨询、业务交流合作、服务供需衔接、金融保险对接等指导和服务。

1. 覆盖全省的县、镇、村三级协办体系

广东省现代农业服务业联盟打造了一支政府主导、公益属性、市场运营的专业队伍，汇集各类服务主体以及银行金融、保险机构、涉农服务部门等多方资源，整合服务需求，推进供需精准匹配。联盟与各县生产托管运营中心共同探索生产托管县、镇、村三级协办体系，将全省的农服组织有效组织起来，制定落实专业化、标准化的农业服务规范，推动全省现代农业服务业发展，为小农户融入大市场、大农业提供桥梁和纽带，为加速实现广东农业农村现代化提供了重要支撑。

2.深入基层的县级托管运营中心

广东省阳山县农业生产托管运营中心积极发挥平台的资源集聚作用，整合全县大中型农机、农机操作员、村级农技员等资源，实现机械化、规模化、集约化、现代化生产；整合涉农资金，推进土地整治整合和耕地规模化流转工作，解决了土地细碎化难题；坚持市场导向，引导大型超市或生鲜店与托管服务对象签订农产品订购协议，形成"全程托管＋订单销售""多环节托管＋产品销售"模式。

四、对策建议

农业社会化服务高质量发展是全面推进乡村振兴的有力支撑。我省应继续围绕促进小农户和现代农业发展有机衔接这条主线，用好主体培育、机制创新、资源整合、供需对接、政府引导五大抓手,促进农业社会化服务提档升级。

(一)进一步培育服务主体

一是充分发挥各类主体优势,着力增加企业数量。推动农民合作社健全组织机构,优化服务流程;促进专业户扩大服务规模,强化科技运用;发挥好农村集体经济组织的组织优势。二是吸引社会资本。向社会资本全面开放能够商业化运营的农村服务业,支持社会资本设立经营性农业社会化服务组织;鼓励家庭农场、合作社、农业企业、涉农科研院所领办创办各种形式的专业化服务组织。三是培育新型服务主体。大力培育会计审计、资产评估、政策法律咨询等涉农中介服务组织;通过政府购买服务、以奖代补等方式,支持服务组织承担公益性农业生产服务。

(二)进一步创新服务机制

一是创新组织形式。优化提升“服务主体+农村集体经济组织+农户”“服务主体+新型农业经营主体+农户”“服务主体+农户”等组织形式,引领带动更多小农户进入现代农业发展轨道。二是优化服务模式。推动农资企业、农业科技公司、互联网平台通过“农资+服务”“科技+服务”“互联网+服务”等多种方式,向农业服务业延伸,实现技物衔接、技服结合、创新发展。三是抓好生产托管。继续把农业生产托管服务作为推进农业社会化服务的主要方式,围绕耕、种、管、收、加、贮、销等农业生产环节,因地制宜发展推广“保姆式”“菜单式”托管。

(三)进一步整合要素资源

一是推进服务规模化。探索开展土地宜机化改造,鼓励通过村集体的居间协调将小农户闲散的土地、资金、劳动力等要素整合,推动农业社会化服务需求向适度规模化转变。二是促进服务集成化。整合农资、农机、农艺、技术、信息、人才等要素,建设集农资供应、技术指导、动植物疫病防控、农产品营销等服务于一体的区域性综合服务平台。三是实现金融便民化。加快建设农业农村金融数据服务平台,推动各类农业社会化服务平台与金融机构、政府性融资担保机构加强信息互联互通,助力农业社会化服务业发展。

(四)进一步优化供需对接

一是加强基础农业服务建设。持续改善耕地质量,推进水电建设,增大机械化覆盖面积;完善农村商品流通服务体系,统筹规划地区农产品流通设施布局，完善覆盖城乡的农产品流通网络。二是加快新兴市场建设。定期动态调整行业规范内容，将新产业新业态服务需求及时纳入现有政策支持体系，推动服务范围从粮棉油等大宗农作物向果菜茶等经济作物拓展，从种植业向养殖业等领域推进，从产中向产前、产后等环节及金融保险等配套服务延伸。三是优化需求市场。大力支持农业经营主体把干不了、干不好、干了不划算的生产环节托管出来，集中连片地购买或接受服务主体的专业化服务，提高农业生产组织化程度，形成服务需求规模。

（五）进一步发挥政府引导作用

一是抓好对农衔接。充分发挥基层农技推广等公益性服务机构作用，强化基层党组织在推动集体经济发展方面的战斗堡垒作用，鼓励有经济管理服务职能的部门向农村延伸服务，打造为民服务综合平台。二是强化政策扶持。深入实施农业社会化服务财政补助项目，逐年扩大项目覆盖面，提升项目实施效果。落实对农业机耕、排灌、病虫草害防治、农业保险以及相关技术培训业务免征增值税等税收优惠政策。落实设施农业用地政策，切实保障服务主体的合理用地需求。三是健全评价体系。科学评估政策实施绩效，给予效果好、潜力大、带动性强的主体重点支持，创造合理公平的信用环境和利益分配系统。

课题组成员：王昊宇　孔峻岩　张辉

山东黄河沿线生态农文旅共融促进乡村振兴模式分析

推进农文旅深度融合是实现乡村振兴的重要途径。黄河沿线的农文旅融合发展要牢牢把握黄河流域生态保护和高质量发展这一战略基准线，挖掘黄河沿线生态资源优势，进一步升级“生态＋”农文旅共融模式，全面推动乡村“五大振兴”，共同绘就习近平总书记关于“促进全流域高质量发展、改善人民群众生活、保护传承弘扬黄河文化，让黄河成为造福人民的幸福河”的美丽图景。

一、生态农文旅共融模式的内涵与价值

生态农文旅共融模式是乡村特色产业的独特形态，是乡村自然风貌、历史人文及社会经济发展的综合集中性展现。作为传统农业的转型升级，在促进资源节约和环境友好的“两型农业”的基础上，进一步纳入农业多功能性和多元价值所内含的教育文化、历史传承等非经济功能，同时也将乡村生态景观和乡土文化，以及“土特产”、本地化标志等纳入休闲旅游文化康养等进行多元开发。

生态农文旅共融模式是多产融合的产业创新，是综合性产业集群，是构建资源节约和环境友好型农业、促进城乡结合广泛参与的社会化农业、实现生态产业化和产业生态化发展的重要途径。要实现这样的产业创新，必须以多元资源系统开发为基础，实现资源开发与资源配置的有机结合。

二、我省沿黄生态农文旅融合发展典型模式及分析

黄河在山东境内绵延 628 公里入海，流经我省 9 市、25 县（市、区），自菏泽市东明县流入，在东营市垦利区入海，流域面积达 1.83 万平方公里，是黄河流域唯一河海交汇区，也是下游生态保护的主场地。近年来，通过加快打造生态保护样板区、长久安澜示范带、绿色低碳发展先行区、对外开放新高地，黄河流

域生态环境质量持续改善，黄河沿线生态农文旅发展欣欣向荣。截至2022年年底，我省黄河文化旅游带已建设国家4A级及以上旅游景区103家。其中，5A级景区5家，省级及以上旅游度假区13个，国家级、省级全域旅游示范区19个，国家级乡村旅游重点村、镇17个，省级旅游民宿集聚区创建单位15家。下面选取典型案例做进一步分析。

(一)依托乡村度假区多产业融合模式

东营市杨庙·黄河里是以传承黄河文化、留住滩区迁建记忆为主题的沉浸式乡村微度假区，主体占地200余亩，主要依托山东文化体验廊道建设重点村罗盖村原址村落，分两期对140套老房子进行了改造提升。在保留房台村原始风貌的基础上，建设了游客服务中心、餐饮民宿、文创非遗、民俗广场、乡村振兴学院等复合功能板块，打造了覆盖周边2.5小时车程的综合性乡村微度假旅游目的地。

杨庙·黄河里旅游度假区是生态、农业、文化和旅游融合发展的典型模式，依托黄河沿岸生态廊道建设和滩区自然景观，建立了以乡村文化体验旅游为主导的农业产业体系，提升了农业全产业链的发展水平，辐射带动了董集镇罗盖村乃至东营市周边地区产业结构的快速调整升级，有效整合了杨庙社区红色文化和周边林地、牧场、设施农业等资源，融入了设施农业、林果种植、草编工艺品等元素，展现了黄河文化、乡村记忆。杨庙村采取“政府＋企业主体＋农村农民参与”方式，依托杨庙社区股份经济联合社，整合社区周边土地、劳务、产业等资源参与项目实施运营全过程，实现乡村振兴红利共享。

(二)依托自然保护区开发多产业融合模式

淄博市高青县借助山东省沿黄九市打造黄河下游绿色生态走廊暨生态保护重点项目的优势条件，规划了天鹅湖湿地观光区、艾李湖生态保护区，并在保护区周边村镇建设了安澜湾休闲度假区、温泉养生养老区等项目，预计每年可接待游客150万人次，为片区及周边镇村提供就业岗位1000余个，通过带动餐饮、民宿、休闲娱乐等产业发展，拉动地区经济产值增加5000万元以上。高青县蓑衣樊村地处大芦湖湿地自然保护区中心，三面环水，村里2/3的土地是黄河沉沙池，沉淀出4000余亩原生态湿地。该村依托黄河自然生态湿地景观和天鹅湖慢城湿地景区，建设宜居宜业和美乡村，开启了“蓑衣水乡”乡村旅游新模式，开发了乡村休闲垂钓、农耕体验等特色旅游项目，并推广了黑牛观光旅游产业园、大芦湖农庄、龙虾小镇体验等在地特色物产，打造了“黄河文化旅游节”“小龙虾节”“荷花节”等特色品牌活动，实现了生态农文旅融合发展。

2022年,蓑衣樊村累计接待游客40万人次,村民人均可支配收入达到3.5万元,村集体收入超50万元,同时带动超过200人实现就近就业。

(三)依托生态庄园建设多产业融合模式

冯庄生态园位于黄河岸边菏泽市鄄城县,是近年来鄄城县打造的黄河精品旅游带,建设黄河生态园项目、实现生态农文旅融合高质量发展的典型代表。冯庄生态园采用"生态园+村民+N"的运行模式,规划建设多功能文旅休闲园区——游乐区、观赏区、垂钓区、采摘区、餐饮文化区等,推广采摘、游玩、餐饮、民宿一体的产业链条,满足游客吃、住、玩、游、购、学等多元需求。游乐区占地约300亩,设有大型摩天轮、过山车等28个游乐项目;采摘区包含5个集中果木采摘区,包含苹果、梨、桃等20余个瓜果品种;餐饮文化区建有大食堂及多间民宿,可同时容纳1200人就餐。冯庄生态园建设至今,提供就业岗位400余个,带动村集体收入增加至58万元,户均年增收1.2万元以上。以冯庄生态园建设为桥梁,冯庄村在基层党组织建设、产业发展、乡村治理方面取得了显著成效,先后被评为乡村文明家园省级示范点、省级文明村、省乡村振兴示范村。

(四)依托新科技应用拓展生态农文旅融合模式

济南新旧动能转换起步区鹊华烟雨生态示范园,创新开发了黄河沿岸"生态露营+现代农业"的村庄发展新模式,借助"好脚力+千里眼"的智慧巡河对园区进行精细化管理,让无人机担任"巡河员",有效弥补了传统人工巡查的不足,全面排查巡河困难区域,缩短工程巡查时间,提升综合管理效能,无人机巡航新技术的有效应用成为创新工程管理模式的有力支撑点。

济南历城区桃花源生态庄园,创新采用数字化新技术有效支持园区生态农文旅发展。通过对闲置土地重新规划、统筹开发,创建共享菜地,推出了"一米菜园"认养耕地种菜项目,让"地主"通过"认养农业"手机小程序随时查看菜园情况,在线上实现城市居民和乡村土地的互联互通,借助新科技应用、智慧农业升级、互联网优势,在保证黄河流域生态治理的前提下实现了乡村生态与经济的双增收。

淄博市鲁南山镇的"水墨鲁山·云中朱阿"绿色乡村之旅项目,将鲁山国家森林公园、沂源九天洞景区、鲁山神农药谷等景区串连成线,打造集营地度假、亲水娱乐、休闲观景、地质研学等于一体的绿色低碳科技文旅融合发展新场景,建成云坪花境、云扉彩径、"'云'石说"地质文化科普长廊、"在云端"绿色低碳宿营区、"云舍山宿"民宿区等"云"系列景点10余处。其中"云舍山宿"民宿区项目引进成都中建材的碲化镉发电玻璃技术，有效破解了山顶的用水用电难题，建成可以自发电、自制水、自分解的“在云端”零碳宿营仓套，打造零能耗、零污染、零排放的“云舍山宿”零碳民宿区，践行环境友好、资源节约的绿色乡村，探索“绿水青山就是金山银山”的可持续发展模式。

三、山东黄河沿线生态农文旅发展中存在的困难与挑战

（一）资源的系统规划和开发有待加强

在当前的生态农文旅融合发展项目中，普遍存在缺乏系统规划的问题。由于乡村生态农文旅融合涉及农业、文化、旅游等多个领域，需要从全局角度进行规划，确保各项资源的有效整合和利用。然而，目前很多农文旅融合项目缺乏系统规划，导致资源利用不充分、项目重复建设、同质化竞争等问题。

（二）精品产品和特色品牌的开发有待提升

虽然在当前政策支持、市场看好等多重利好因素叠加下，黄河沿线农文旅建设项目欣欣向荣，各地纷纷规划和上马各类农文旅项目，但目前还缺乏叫得响、立得住、传得开的精品产品，尤其是在品牌化、产业化、规模化、连锁经营方面还很不完善，产品同质化、低质化的现象依然突出，农家乐仍是主要业态，产业链条短，综合收益较低。

（三）基础设施建设和新技术应用水平有待提高

乡村生态农文旅融合发展需要完善的基础设施建设作为支撑，包括道路、交通、餐饮、住宿等方面，但是受制于自然资源条件和历史遗留问题，黄河沿岸村镇大多在基础设施建设方面存在短板。目前一些运营中的农文旅项目所在地的基础设施建设不完善，影响了游客的出行和体验。同时，由于缺乏统一的管理和规划，一些项目在建设过程中存在乱占耕地、破坏环境等问题。许多项目受制于传统开发思维，对新兴电子科技、环保技术等的接纳和应用水平比较低，影响了“互联网＋”和数字化转型对生态农文旅项目的提质赋能。

（四）资源要素制约瓶颈问题有待破解

“人、地、钱”的矛盾仍然是乡村振兴进程中的主要矛盾。人才、土地和资金等资源要素制约乡村生态农文旅融合向更高质量和水平发展。土地方面，产业融合所带来的产业集聚、园区扩大、功能增加等，都会增加长期用地需求，

而农户承包导致的土地经营权分散以及建设用地政策的限制,使土地使用困难、项目拓展缓慢,制约着产业融合的规模和效益。融资方面,虽然政府有专项资金扶持,但乡村产业融合投资周期长且收效慢,需要持续的资金投入,融合项目多是农民自发项目,风险大、缺乏可抵押物,通过金融机构贷款难度较大,其他融资渠道成本高,使用率低。人才方面,支撑乡村生态农文旅融合发展的经济、管理、科技人才比较缺乏,亟须爱乡村、懂乡村的专业人员和复合型人才。此外,地区人才引进机制不健全,先进生产理念与技术的普及率不高。

四、对策建议

(一)在生态农文旅资源的整体开发上做文章

在省域层面,完善黄河沿线规划体系,做好生态资源和文旅资源的科学衔接布局。通过提炼和归纳生态资源和文化资源的核心焦点,对黄河生态旅游项目进行主题化线路的分类和规划,开发多样化生态和文化主题线路内容。打造黄河生态旅游地图,将沿黄九市黄河生态旅游目的地和项目,包括4A级和5A级旅游景区、国家级乡村旅游重点村镇、旅游民宿集聚区等内容进行汇集、整合,再根据不同生态资源和文化资源的特点,按照一定的特色主题进行组织、编排、规划,从而形成依托于景区的线性旅游地图。

(二)在文旅产品升级和精品打造上做文章

乡村生态农文旅共融,要在增量基础上突出质量提升,积极融合现代化元素,促进产品提质升级,做强深精文章,打造品牌精品。当前“80后”用户已成为乡村旅游最主要客群,根据携程度假用户数据分析,“80后”占49%,“90后”占超30%。针对年轻游客群体提升吸引力和消费频次是文旅产品升级的重要方向。要坚持市场导向,加强渠道建设。可借助大数据手段深入研究不同类型消费人群特别是新时代社会主流消费人群的消费特征,挖掘其现实和潜在需求,采用数字化手段精准营销,畅通市场渠道。借助电商平台,线上线下结合,创新销售模式,提升产业品牌价值和集群效应。推动绿色规划、绿色设计、绿色建设,在实现乡村建设与自然生态环境有机融合上形成特色模式、特色品牌。推动传承、保护传统村落民居和优秀乡土文化,突出地域特色和乡村特点,打造融合传统文化和现代精神的特色文化品牌。将山东沿黄地区旅游资源进行有效串联,推进建设沉浸式的沿黄文化体验旅游廊道和黄河沿线生态农文旅精品旅游线路,开发自驾、骑行、露营、夜游等多种业态。

（三）在新技术应用和数字化转型上做文章

随着新技术的应用和消费市场的不断升级，产业融合发展的持续深入将催生出更多新产业、新业态和新模式。要抓住数字化转型发展机遇，让数字新技术与乡村经济加速融合，推动农业生产智能化、经营网络化、管理高效化、服务便捷化发展。注重技术转化应用，与其生硬嫁接5G、AI、云计算、大数据等技术，不如用好现有乡村数字基础设施，依托智能广电、政务新媒体等，打造乡村数字化媒体融合体系。从发展成熟的产品与服务着手，充分挖掘短视频、自媒体、直播等融媒体，让直播成为"新农事"，让手机成为"新农具"，让流量成为"新农资"。一方面自建新媒体宣传账号，另一方面搭建新平台宣传平台，培育融媒体矩阵账号，形成官方账号、乡村网红达人、活跃素人等多层次宣传效应。推动田间到餐桌的"超短链"，从乡村生态农文旅的一次体验促成多次"土特产"等生态农产品消费。同时要加大对中老族群农民的应用技能培训，进一步推动乡村全产业链上下游手机端衔接，扎实做好新时代农技和知识的推广、普及、应用工作，让农民能够"学得会""接得住""乐得干"，带动更多乡村、农民"触电"致富。

（四）在加强要素保障和政策扶持上做文章

破解"人、地、钱"矛盾，要加大要素保障和政策扶持力度。完善产业融合发展用地政策，推广点状用地政策，促进土地集约化和高效化利用。加大对乡村产业融合相关项目的财政倾斜，加大对基础设施建设的投入，重点解决融资难、贷款难的问题。加强黄河沿线的地区协作，鼓励地区间产业协同发展和创新合作。加快培育新型职业农民，着重提高劳动者技能素质，培育青年"乡村主理人"，搭建乡村文旅实践基地等平台，引入青年人才，在农业产业融合项目申报、资金补助和信贷扶持方面给予青年人才一定的优待。此外，还要进一步强化农业保险及风险管理工作，建立危机管理基金，结合社会保险、社会救助等共同增强农业及关联产业抵御风险的能力。

课题组成员：田焱

创新发展价格指数型农业保险支持乡村产业振兴的对策研究

党的二十大报告指出："加快建设农业强国，扎实推动乡村产业、人才、文化、生态、组织振兴。"[①]乡村产业振兴是指通过农业资本的流动、要素的重组、资源的优化实现农业产业化的过程，其中必然伴随自然风险和市场风险，因此天气指数保险、价格指数保险、收入保险、"基本保险＋金融衍生工具"等各类新型保险不断涌现。本课题立足农业生产面临的市场风险，从近几年山东特色农产品目标价格保险实践出发，验证山东目标价格保险通过保持价格平稳、稳定农民预期、优化资源要素投入三个维度对产业可持续发展的重要影响，为农业保险多元化发展以及促进价格指数型农业保险（简称"价格保险"）支农支小助力特色乡村产业振兴提供新的思路和参考。

一、创新发展价格保险对实施乡村振兴战略具有重要意义

（一）政策性农业保险已成为世界各国防范农业风险的重要手段

当前，农业保险是世界各国普遍采用的降低风险、提高生产竞争力和增加农民福利的重要手段。2007年《中共中央国务院关于实施乡村振兴战略的意见》提出建立完善农业保险体系，扩大农业政策性保险试点范围，之后每年的中央一号文件都对我国农业保险提出了具体指导意见，对农业保险发挥功能的需求从建立完善保险体系逐渐延伸至增加收入、稳定价格、粮食安全、精准扶贫、产业振兴以及促进农业现代化发展等。2021年我国已有约1.88亿次农户参与农业保险，获得4.78万亿元风险保障，保费规模达到965.18亿元，比2020年增长了18.4%；截至2023年9月底，我国农业保险保费规模达1059亿元，同比增长26.7%，保持农业保险保费规模全球第一，已实现三大主粮完

① 习近平：《高举中国特色社会主义伟大旗帜　为全面建设社会主义现代化国家而团结奋斗——在中国共产党第二十次全国代表大会上的报告》，人民出版社2022年版，第31页。

全成本保险和种植收入保险政策 13 个粮食主产省份 826 个产粮大县全覆盖。现阶段我国农业发展面临的自然风险已经有了基本的保障。

(二)我国实施乡村振兴战略需要更加多元的风险保障

从风险防范和补偿类型看,农业保险可分为传统的损失补偿性保险和指数型保险。传统损失补偿性保险主要是为农业生产过程中大面积减产或绝收提供风险保障,对价格波动带来的市场风险无法进行有效规避,因此当前农业产业发展亟须自然和市场风险双保障。价格保险属于指数型保险的一类,选取某一特定指数为保险标的,当满足预定阈值条件时,便会启动赔付,是管理市场风险的有效方式。因此,在传统农业保险的基础上,研究创新实施价格保险等,聚焦粮食安全,落实好中央对于三大粮食作物完全成本保险和种植收入保险的部署要求,走好中国特色社会主义乡村振兴道路,具有极其重要的现实研究价值。随着国家层面对农业保险工作重视程度的逐步提高,各省份均进行了有益的探索,全国农产品价格保险试点已在全国 31 个省、自治区、直辖市全面启动,保险标的涉及生猪、蔬菜、粮食作物和地方特色农产品共 4 大类 72 个品种。广西糖料蔗价格保险试点,覆盖了全区“双高”糖料蔗基地 1/3 的面积。湖北、海南等 20 个省份研发了 68 个天气指数保险产品。上海、河南、黑龙江、吉林等地开展了小麦、水稻、大豆收入保险试点。

(三)实施乡村振兴战略为山东开展价格保险创造了有利条件

发达国家的做法和国内的实践表明,运用农业保险这种市场化工具,能够将农业直补改为农业间接补贴来配置政府的财政资源,运用市场的方式防范农业风险、稳定农业生产、保障农民基本收益,政府和市场“两只手”同时发力,提高财政补贴资金的效能。自 2014 年以来,我省农业保险步入快速发展阶段,以特色农产品目标价格保险为代表的价格保险逐步在全省探索开展(见图 1)。从初步提出试点方案,到 2015 年金乡县签出第一单大蒜目标价格保险保单,再到 2017 年调整各保险品种保障水平和保费费率以及补贴比率,特别是 2018 年大蒜、蒜薹价格降至十年最低、赔付率超过十倍,农产品目标价格保险兜底作用十分明显。2019 年山东将大蒜、蒜薹、大葱、马铃薯、大白菜、辣椒、生姜、生猪 8 个品种纳入了省级保费补贴范围,同年将大蒜险种纳入全国第一批中央奖补资金补贴范围,2020 年将平阴玫瑰、乐陵小枣等特色险种纳入省级以奖代补补贴政策,特色农产品目标价格保险已经展示出独特的经济、社会效益,支持农业发展、保障农民收入进而促进乡村振兴的效应凸显,逐步迈入高质量发展阶段。

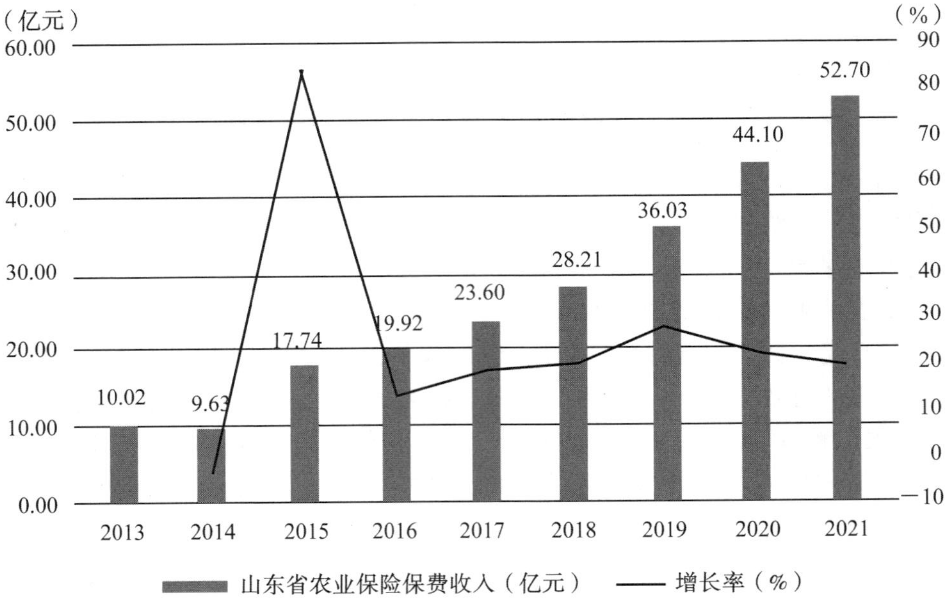

图1 2013—2021年山东省农业保险保费收入

数据来源:山东省财政厅网站。

二、探索价格保险的可行性分析

(一)农业市场风险主要表现为价格波动

一方面,多数农产品种植周期较长,农户只能靠上一轮的行情调整下一轮的种植供给,同时中间收购商压价竞争行为频繁出现,在自发运行的市场上,农产品很难实现市场均衡出清价格;另一方面,农业生产全球化、地缘政治、区域冲突等因素都会给国内农产品带来明显的价格冲击,这不仅威胁农业生产者利益,也会破坏国民经济和社会发展等全局稳定性。以2021年金乡大蒜为例,当年总产量增加了32.6%,新蒜上市时大蒜整体库存相对富裕,但受年初疫情影响,国内物流运输较为不畅,出口加工困难,市场需求大幅下滑,价格较上年下降近1/3,蒜农面临大规模亏损风险。

(二)实施农产品价格保险的比较优势

一是分散和转移系统性风险。价格保险标的为集中销售期农户的地头销售价格,目标价格成为农户议价和保障再生产的托底价格,这样便对零散种植户的价格波动风险实现了集中转移,保险公司也能够发挥保费资金规模作用,达到风险分散或套期保值的目的。二是有效降低信息不对称。监测期内,所有保险参与方和监督方均可查悉当日价格,避免传统农业保险的道德风险和逆向选择问题。三是提升政府财政补贴效率。在政府参与支持的政策保险背景下,财政支付的保费金额远远低于政府执行托市收购政策所付出的成本,可以看作为农户购买看跌期权的期权费,因此政府补贴的方式是高质量、高效率的市场调控和风险管理方式之一。四是便于保险公司定损和赔付。全面、高效、快速、精准定损,当地头收购价低于目标价格时,视为保险事故发生,对所有被保险人执行同样的赔付标准,能够有效避免保险双方当事人因谎报和利益驱动造成的逆向选择和道德风险问题。

(三)价格保险助力乡村产业振兴的影响路径

一是风险对冲。价格保险在合约中提前确定的目标价格,能够发挥引导市场价格定位的作用,稳定收购期内的价格不出现明显的大涨大跌,一定程度上保持实际交易价格的合理性和接纳性。二是稳定预期。乡村振兴是我国缩小城乡收入差距、推动共同富裕的重要战略举措,价格保险设定的保险标的是集中交易期的实际价格,低于预定的目标价格时,农户就低出的部分获得赔付,弥补了因价格下跌而引发的收入损失。三是可持续发展。根据蛛网理论,农产品价格弹性较小,极易出现“价格下跌—来年不种(养)—供给不足—价格上涨——拥而上—量大价跌”的怪圈,农户通过参保可避免临时收储和销售困境,保证再生产的持续稳定。

三、山东省特色农产品目标价格保险促进产业持续发展的实践检验

(一)充分发挥市场形成价格作用,提高了农业市场风险保障水平

为有效防范和化解农产品市场价格风险,2015 年以来,山东以农业增效、农民增收为目标,立足化解农产品市场价格风险,坚持政府指导、多方参与、市场运作,连续 8 年开展了马铃薯、大白菜等 8 个险种的特色农产品目标价格保险工作。从具体操作层面看,市场价格高于目标价格,农民收益有保障;市场价格低于目标价格,农民再生产能力有保障。同时,以少量的保费支出把不可预知的市场风险转移和分摊出去,有效避免了农户的临时收储和销售困境,农户敢种、想种,市场供给也就有了基本保障。截至 2021 年年底,全省参保面积累计约 1453 万亩,保费收入近 19 亿元,共计为全省农户提供保障 264 亿元,在完善农产品价格形成、探索风险分散、保障市场供给、健全金融支农等方面取得了积极成效(见图 2)。

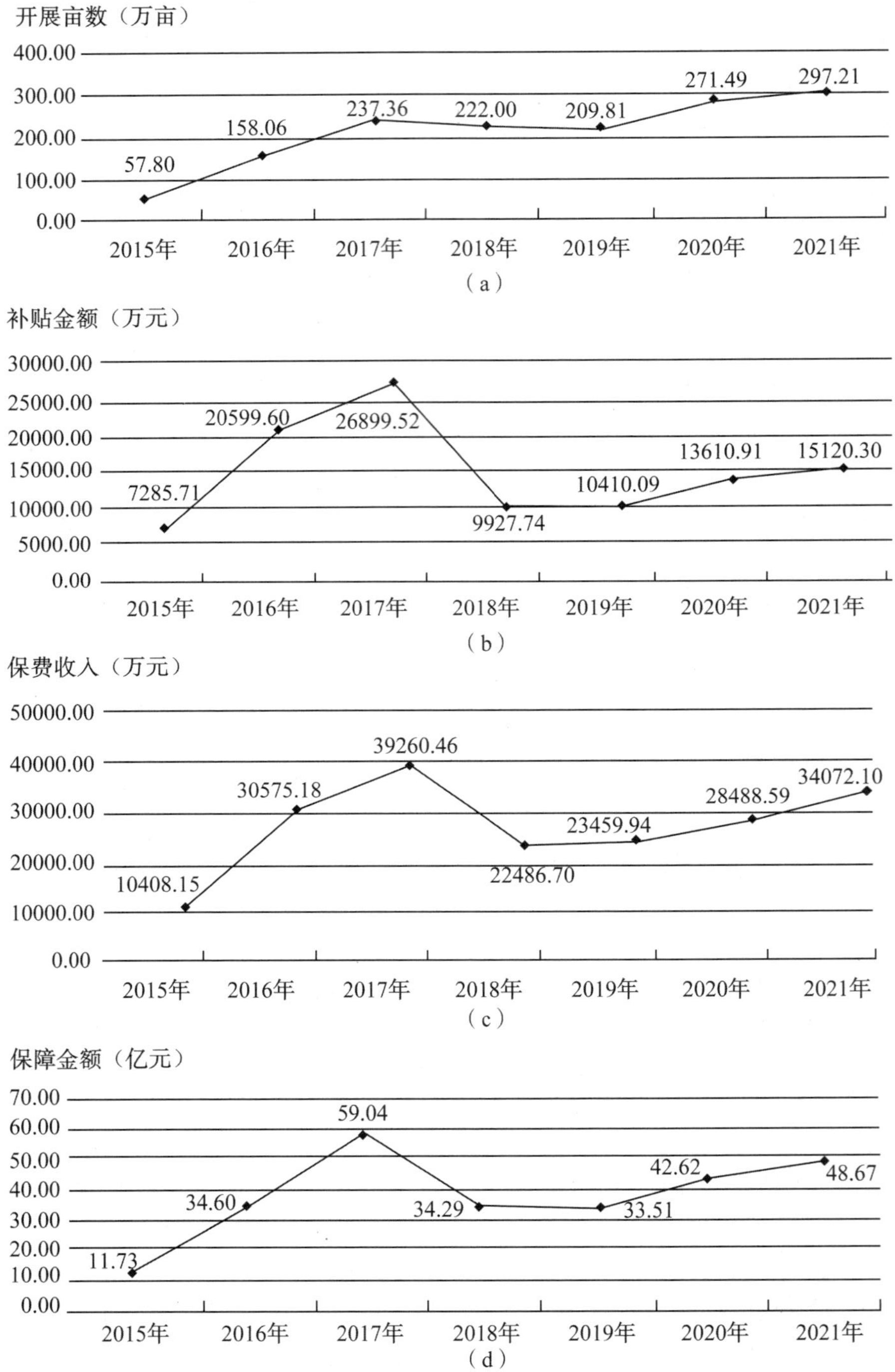

图 2　2015—2021 年山东特色农产品目标价格保险开展亩数、补贴金额、保费收入、保障金额

数据来源：山东省发展和改革委员会。

(二)满足农业发展对于保险多元化的需求,平抑了市场价格波动

根据每年的交易情况,我们从山东省价格监测预警网选取了价格保险工作开展以来每年交易量较大地区的品种进行统计,并将标准差作为价格波动衡量指标,将参保地投保品种监测期间的每日价格作为实验数据,将监测期内对应品种的全省日定基价格指数作为对照数据,分别计算标准差。标准差越小,说明监测期内的日价格离散程度越小,市场越稳定,农户面临的风险越小,反之则表明监测期内市场日价格差距大。从图 3 可知,对于所选品种,同一时间段内的同一品种在参保地区内的价格标准差均显著小于对应的全省价格标准差,也就是说,在保险政策执行过程中,监测到的参保地区内蔬菜价格波动水平远低于该品种全省的价格平均波动水平,蔬菜目标价格保险的开展确实能起到减轻价格波动、稳定市场价格的作用。

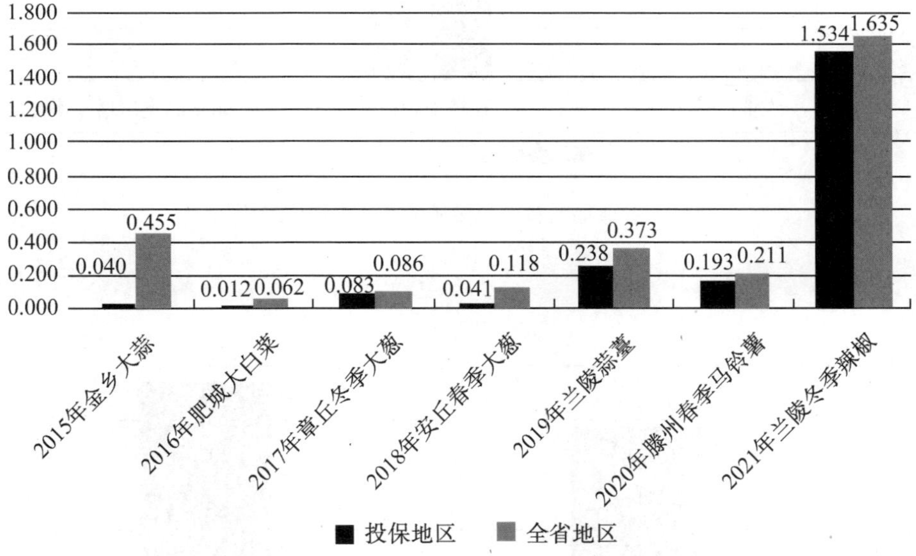

图 3　各年份主要品种监测期内价格标准差对比

数据来源:山东省价格监测预警网。

(三)保障特色产业再生产的稳定性,提升了农业产值,优化了支出结构

本文采用山东省市级数据对比参保地区和未参保地区之间农业产值、蔬菜种植面积及农户非食品收入等相关指标差别情况,同时考虑到青岛农业产业生产的现代化程度高于省内平均水平,为避免极端值的影响,剔除了青岛市样本进行统计,所使用数据来源于各级发展改革部门和《山东省统计年鉴》,根

据数据的可获取范围,选择时间范围为2015—2020年,结果见图4至图6。据统计分析,自2015年农产品目标价格保险开展以来,从农业对当地经济的带动情况看,参保地区农业产值占总产值的比重、蔬菜种植面积占总面积的比重均高于未参保地区,分别高出9.6个和6.4个百分点;从农业产值和种植面积增长率看,参保地区保持了显著持续的增长态势;从农村居民消费支出情况看,目标价格保险的"托底"平稳了农户收入预期,优化了消费结构,参保地区非食品支出的增长率是未参保地区的近三倍。

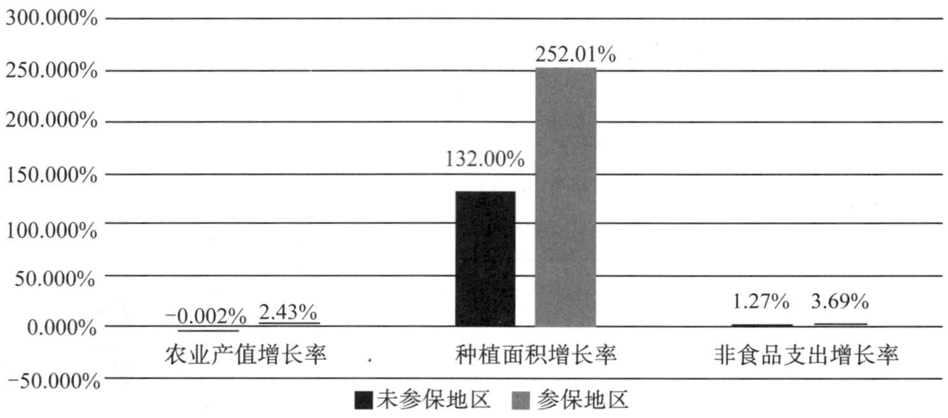

图4　参保地区和未参保地区增长率均值对比

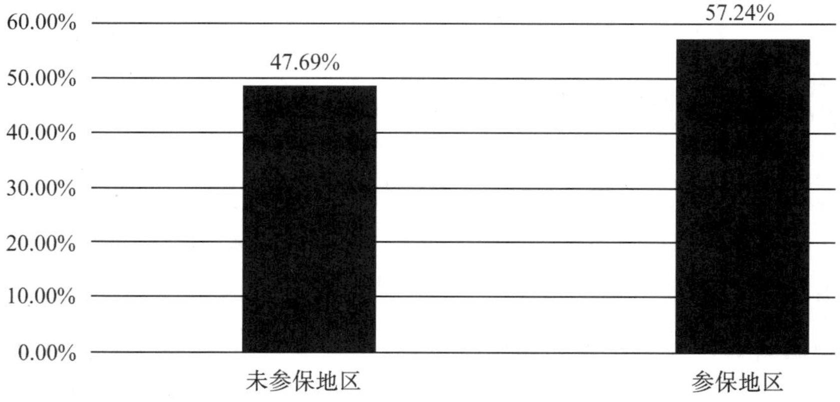

图5　参保地区和未参保地区农业产值占总产值比重均值对比

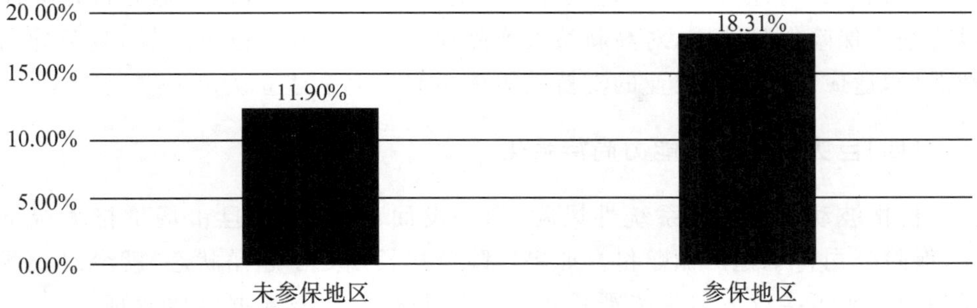

图 6　参保地区和未参保地区蔬菜种植面积占总面积比重均值对比

四、当前价格保险探索实践中存在的问题分析

(一)保险法律不够完善

《农业保险条例》提出了农业保险的制度框架雏形,农业保险发展有了基本的法律依据和遵循,为近年来农业保险的快速发展奠定了基础,但随着农业保险的快速推进,在具体实践中不可避免地产生了许多新情况、新问题。如何为农业保险高质量发展提供有效的法律制度保障,如何建立和完善农业保险法律制度以适应和满足农业保险发展新要求,是当前行业发展亟待解决的新问题。

(二)市场秩序有待规范

随着农业保险市场规模的不断扩大,大量新主体涌入,在为行业提供更高承保能力、为农民提供更多选择的同时,在部分区域范围内形成了农业保险市场过度竞争的局面,局部市场不断变换承保主体。激烈的竞争和市场主体的更迭变换一定程度上影响了农户对于经营稳定的预期和农险效果的信赖,提高了综合成本,弱化了强农政策效果,不利于农业保险持续健康发展。

(三)保障力度亟须加强

目前我省各类新型农业经营主体大量涌现,农业现代化进程不断加快,农业生产呈现投入大、市场化程度高等特征,市场波动所带来的风险影响以及连带效应更加明显,农业生产经营者为了规避农业风险,需要更加多元化的保险品种。但目前我省保险品种较为单一,风险保障水平偏低,特色险种的市场风险保障仅有针对地头农户进行投保的目标价格保险一类,很多地方特色产品没有纳入保险保障范围,对高新特农产品保险需求的激发强度不够,政策导向性滞后,适应现代新型农业的支持政策体系尚未完全建立。

(四)巨灾风险分散能力尚待强化

价格波动风险属于系统性风险,牵一发而动全身,一旦市场价格大幅下跌,保险公司将承担巨额赔付。如果保险公司长期处于超赔状态,就会对农业保险的健康可持续发展带来严重损害。根据有关调查数据对比发现,2020—2022年在全国无大范围严重性灾害发生的情况下,财险赔付率在49%—55%,而农险赔付率集中在63%—72%,高出15—20个百分点,我省金乡鱼台大蒜目标价格保险赔付率则在0—348%,远高于平均水平。保险公司作为营利机构,在出现突发不利因素时,极易陷入"赔本赚吆喝"的亏损窘境。

(五)服务基层能力仍需提升

受制于保险机构基层网络体系不健全等因素,理赔工作通常需要乡镇、村干部的协助,但由于基层部门和协保员的保险代理营销资格尚不明确,也没有专门的农业保险基层服务管理制度,保险公司即使愿意也无法正常支付报酬并列支费用,导致基层队伍的积极性不高,基层服务体系不够完善,需要相关制度予以支持保障。

(六)"保险+"体系需进一步健全

目前我省试点的"保险+期货"项目多为相关业务主管部门的"以奖代补"专项项目资金补贴或纯商业性合约项目,农户负担较大,且资金支持的不确定性也会导致项目的可持续性受到影响。同时,保险与金融衍生品的结合,也极易出现产品设计及运作脱离农业生产,甚至变相成为投机炒作的金融工具。例如,生猪"保险+期货"创新试点中,"保险+期货"模式若不与实际养殖头数、产量产出等结合,极易成为纯粹投机炒作的金融工具,违背初衷。

五、省外经验做法

(一)因地制宜,精准施策

江苏省根据农业发展需要,不断完善农业保险体系,在保险标的选择上,更加注重保障地区特色农业,资金奖励对象集中于物化成本较高、风险损失更大的蔬菜大棚、内塘螃蟹以及肉鸡养殖等高效设施农业，同时，注重市场和社会效益，选定运营两年以上且规模和赔付比达到一定水平的成熟保险险种。

（二）动态调整，分类施策

内蒙古在种植业保险中，对无灌溉设施、靠天然降水种植旱作物的“旱地”和灌溉设施完备以及水源充足的“水地”分别设定不同的费率；在养殖业保险中，根据投保标的的生理价值、市场价格和饲养成本确定不同的保险金额，如根据奶牛产奶量以及饲养成本将奶牛的费率划分为三档。

（三）防范风险，科学施策

内蒙古探索了农业大灾准备金制度，并不断完善以适应当地农业保险的发展。2013年出台的《内蒙古自治区农业保险大灾风险准备金管理办法》规定，从种植业和森林保险中提取5%的保费收入作为准备金来源，由自治区财政专户管理资金。

（四）联办共保，创新施策

江苏省探索出政府与保险公司风险共担、协同推进的“联办共保”运行机制，保费收入按5∶5的比例分别进入县（市、区）政府财政专户和保险公司账户，灾害发生后，政府和保险公司各承担50%的赔付责任。

六、创新发展价格保险助力实施我省乡村产业振兴战略的对策建议

（一）加大开发力度，科学优化保险方案

一是进一步完善保险政策顶层设计。充分发挥市场决定价格作用，更好发挥政府调控引导作用，坚持需求导向，加强政策支持。农业保险承担的使命应适应所处时代的政策要求，构建更好满足新型农业经营主体多层次、多元化风险保障需求的农业保险，打造与农业农村现代化发展阶段相适应、与农户风险保障需求相契合、中央与地方分工负责的多层次农业保险体系。

二是进一步完善政策实施配套措施。结合乡村振兴战略目标，统筹规划，因地制宜，循序渐进地提升价格保险保障水平。同时，在“保险＋”相关创新模式推进过程中，进一步简化产品设计，做好相关的宣传动员工作，提高农户对

新兴事物的接受度。充分考虑不同地区种植(养殖)户的多样化、特色需求,确定符合市场价值规律的合理目标价格,并建立动态调整机制,使确定的目标价格既能够保障农民持续的再生产能力和参保积极性,也能够避免保险公司的巨赔风险。

三是进一步完善信息收集服务能力。鼓励和支持市场主体加大投入,创新整合,充分利用各类市场资源,加强价格保险基层服务网络体系建设,不断提高农村基层服务网络覆盖率、农村基层服务网络人员服务能力和服务水平,使农村服务网络真正成为保险主体连接农村市场的"互联网"、价格保险的"服务网"、保险政策的"宣传网"。

(二)加大推进力度,健全风险分散机制

一是建立联合协调监管机制。加强部门之间、部门内部的联动,各政策的联动集成,各参与主体的联动协同。完善市场准入和退出机制,提升服务能力和水平,建立政府组织推动、保险公司经营运作和农户积极参与的各负其责、合理推进的监督体系,严厉打击替保、虚保、补贴落实不到位等利用农产品目标价格保险非法牟利的行为,确保补贴资金等政府惠农政策落实到位,规范市场秩序。

二是建立巨灾风险分散机制。坚持多方共赢,兼顾各参与主体公平合理的利益诉求,协调好市场与政策、直保与再保、国内与国际再保险市场等的关系。加强部门之间、中央与地方之间、直保与再保市场、国内与国外再保险市场等的协同,特别是中央层级的大灾风险分散机制与地方已有的大灾风险分散实践的过渡衔接。建立农产品价格保险风险基金,建立大灾风险分散基金,当赔付额超过保险人和再保险人承担的最高责任限额时,可根据赔付程度由巨灾风险基金按照赔偿顺序、分担比例进行赔付。

三是建立专业人才供给机制。加强价格保险专业人才的培养,培养懂价格、懂保险、懂农业的复合式人才,打造知农情农事、有情怀情操的高质量人才队伍,做好各级机构的农业保险部门、人员队伍的培养和规划,加大网点建设和人才资源投入,做好"最后一公里"服务。建立保险公司与地方部门人员的交流机制,为农业保险发展营造高质量的政策平台和监管环境。

(三)加大创新力度,提升惠农能力和水平

一是实行支持现代金融创新的保险政策。大力推进农业保险与农业担保、农业信贷、农业投资等农村金融政策和要素的融合发展,推进"保险+担保""保险+信贷""保险+质押""保险+期货(权)"等金融工具的联动,积极探

索“保险＋银行＋农业产业化龙头企业＋农户”的多方信贷风险分担补偿机制，探索价格保险与互联网科技的结合，推动农村金融创新。

二是实行支持全产业链发展的保险政策。开展“乡村振兴＋价格保险”模式试点，围绕农业产业生态，推动风险保障不断从农业向农村和农民扩展、从农业生产向农民生活和农村生态拓展，织密乡村生产生活生态“保障网”，不断满足农业全产业链风险保障需求。探索农业从产中向产前、产后延伸，从第一产业向第二、三产业及产业融合转变。

三是实行支持国家战略落地的保险政策。将价格保险与“十四五”时期价格调控工作相结合，促进价格保险不断向农产品加工流通业、休闲农业等全产业链以及专业大户、家庭农场等新型农业经营主体延伸。推进脱贫攻坚与乡村振兴相衔接，不断完善保险扶贫产品体系和工作机制，扩大扶贫保险覆盖面。支持农村一二三产业融合发展示范园和科技示范园区建设，探索推动从农业生产向生活和生态拓展，从产业保障向农民农村领域、防灾减灾社会管理、农村金融体系建设等方面延伸，提供多元化、宽领域、全方位的风险保障。

课题组成员：张钰

江苏沛县县域经济发展解析及经验启示

沛县位于江苏省西北部，与我省的微山县、鱼台县接壤，面积 1806 平方公里，户籍人口 130 万，辖 13 个镇、4 个街道、2 个省级经济开发区、1 个国有农场。近年来，沛县县域经济综合竞争力显著提升，GDP 连续突破 800 亿元、900 亿元大关；2022 年突破千亿元，达到 1012.23 亿元；一般公共预算收入达到 50 亿元，居徐州市第二。2023 年初，沛县有“四上”企业 1689 家，其中规模以上工业企业 451 家，经济整体实力位居全国 40 强。2010 年沛县的 GDP 刚刚达到 300 亿元，经过 10 多年的发展，沛县不仅成长为百强县、千亿县，还获得了全国科技进步先进县、国家卫生县城等诸多荣誉称号，沛县经济社会发展经验对我省县域具有较高的借鉴意义。

一、沛县经济社会发展成效

近年来，沛县紧扣县域经济高质量发展核心目标，加快建设综合实力更强、发展活力更足、城市品质更高、乡村生活更美、百姓福祉更实、治理效能更优的现代化新沛县，经济社会发展取得一系列新成效。

（一）综合实力跨越提升

一是经济总量连上三个台阶。2020 年 GDP 达到 805.1 亿元；2021 年达到 926.36 亿元；2022 年突破千亿元大关，达到 1012.23 亿元。2022 年，全县第一产业增加值 128.28 亿元，增长 3.1%；第二产业增加值 450.25 亿元，增长 5.0%；第三产业增加值 433.69 亿元，增长 3.3%。二是财政收入稳步增长。2022 年实现一般预算收入 50.01 亿元，较上年增长 1.2%，其中，税收收入 39.02 亿元，减少 9%；非税收入 11 亿元，增长 38%。三是共同富裕扎实推进。全年居民人均可支配收入 34015 元，较上年增长 5.5%，其中，城镇居民人均可支配收入 41377 元，增长 4.6%；农村居民人均可支配收入 26051 元，增长 6.5%。城乡居民可支配收入比降至 1.59，显著优于全国水平。四是居民消费持续扩大。居民人均消费性支出 21102 元，较上年增长 5%。其中，城镇居民人均消费性支出 24632 元，增长 3.6%；农村居民人均消费性支出 17277 元，增长 6.9%。全年实现社会消费品零售总额 597.45 亿元，比上年增长 6%，总量连续 3 年居徐州市前列。

（二）产业发展提档升级

一是粮食产量再创新高。粮食生产实现“十九连丰”，2022 年，总产量达到 66.34 万吨，较上年增产 0.06 万吨；粮食播种面积 150.3 万亩，较上年增加 0.52 万亩。二是现代农业高效发展。“天下丰沛”品牌正式启用，新建高标准农田 10.9 万亩。获评江苏省农业现代化先行区、江苏省农村一二三产业融合发展先导示范区。三是工业经济持续向好。工业经济总量位居徐州市前列，完成规模以上工业总产值 615 亿元，增长 8%；工业投资 320 亿元，增长 14%；工业开票销售收入超 900 亿元，增长 15%。四是建筑业提质扩量。净增资质等级建筑业企业 18 家，总产值达 470 亿元，增长 7%，实现税收 10 亿元，产业规模保持徐州市第一、苏北领先。五是现代服务业加快升级。完成服务业增加值 447 亿元，增长 4.9%；规模以上服务业营收 94.5 亿元，增长 26%，总量、增幅均居徐州市前列，东方物流成功入选“2022 中国服务业企业 500 强”。2022 年，全县三次产业结构优化调整为 12.7∶44.5∶42.8。

（三）发展支撑不断壮大

一是重大项目支撑有力。2022 年，全年在库项目增长 13.7%，其中 5000 万元及以上项目增长 15.2%。“765”计划新签约、开工、投产项目数均居徐州市前列；156 个重大产业项目完成投资 360 亿元，增长 18.4%。二是投资结构持续优化。固定资产投资 474 亿元，增长 3.2%。外商及港澳台商投资增长 11.9%，民间投资增长 23.8%，基础设施投资增长 13.3%；全年工业投资较上年增长 13.2%，其中，工业技改投资增长 13.3%，制造业投资增长 19.7%。三是企业培育成果丰硕。全县共登记市场主体 14.66 万户，新增市场主体 1.6 万户，注册资金 315.8 亿元；净增“四上”企业 253 家，其中规模以上工业企业 80 家、限额以上贸易业企业 120 家；发放助企贷款 25 亿元，完成留抵退税 8.6 亿元。四是数字经济加快发展。实施“智改数转”项目 218 个，完成 5000 万元以上工业技改项目 48 个；新增五星级上云企业 3 家、四星级上云企业 29 家，上云企业总量居徐州市前列。

(四)科创能力持续增强

一是科技企业量质齐升。2022年,完成国家高新技术企业认定47家,科技型中小企业入库393家。2家企业获批国家级专精特新"小巨人"企业,1家企业获批国家制造业单项冠军示范企业。二是创新平台初具规模。国家级孵化器1家,省级加速器1个,省级孵化器1个,省级众创空间1个。拥有省级及以上科技公共服务平台1个,省级工程技术研究中心11个。三是研发活动较为活跃。战略性新兴产业产值增长25%,规模以上工业企业研发投入增长18.2%。全县专利授权量7207件,较上年增长28%。其中,企业专利授权量达到6570件,发明专利授权量1551件。万人发明专利拥有量达到15.08件,较上年增加1.89件。全年技术合同登记成交额(输出额)25.22亿元。获评"科创江苏"试点县,居全国科技创新百强县第54位。

二、沛县推动县域经济发展的主要做法

沛县坚持"工业立县、产业强县"战略,牢固树立"大抓产业、重抓制造业"导向,紧紧咬定地区生产总值和工业开票销售收入"双超千亿"目标,加快推进工业发展三年行动计划,在做大总量中调优结构,在提升质量中转型升级。

(一)强化转型升级、结构调整,做优产业支撑体系

重点发展壮大新能源、新型铝材两大特色产业,转型升级煤焦电、冶金铸造、纺纱纺织三大传统产业,产业结构优化、层次提高步伐加快。一是做强创新引擎,提升县域核心竞争力。把创新驱动作为核心战略,增强创新优质态,构筑了以县经济开发区为主园区,沛北开发区为副园区,龙固、大屯、安国、敬安四个板块为特色园区的"一主一副四特"园区发展新格局,推动资源、要素、项目向园区集中。大力推动"555"人才工程,实施"创新驱动沛10条""高企培育沛9条",战略性新兴产业产值、高新技术企业、科技型中小企业入库数量明显增加,获评国家火炬特色产业基地、国家知识产权强县建设试点县、省知识产权建设示范县。二是狠抓重大项目,加快培育新增长点。把项目建设作为产业发展的重中之重,组建成立粤港澳大湾区、长三角地区等4个驻外招商分局,五誉兴纺织新材料等一批50亿级重大项目落地,珀然二期、华昌铝业等重点项目全面投产,项目建设的"沛县速度"赢得广泛赞誉。积极推动能源转型

升级，全力打造江苏首家国家级“源网荷储”一体化示范基地，新氢动力、海卓氢燃料发动机等一批新能源项目签约落地，获批国家级整县推进屋顶分布式光伏开发试点县。三是优化营商环境，全面深化招商引资。认真贯彻徐州市打造全国营商环境样板城市三年行动部署，切实打通服务企业“最后一公里”，打响“有求必应、无事不扰”营商品牌，微山湖周边地区“两省八县”36 项“通办”事项清单正式施行，在江苏县级层面率先实现不动产登记跨省通办，以创新举措优化营商环境，促进招商引资的氛围更加浓厚。

（二）强化产城互动、融合发展，提升城镇化建设水平

高标准对接徐州市淮海经济区中心城市、省域副中心城市建设，加速提升城乡融合发展水平。一是以提升城市能级为突破，不断优化空间布局。围绕建设 50 平方公里、50 万人口现代化中等城市目标，坚持规模扩张与功能扩展齐抓，形态优化与品质提升并举，积极推进“多规合一、多图合一”，明确功能分区，发挥比较优势，抓住徐沛快速通道全线通车的机遇，全面融入徐州半小时经济圈。G518 大微路正式通车，跨丰沛铁路大桥实现阶段性通车，获评江苏省农村公路建设示范县；不断打造特色鲜明宜居之城，获批国家新型城镇化建设示范县城。二是以强化功能服务为重点，加快基础设施建设。以入选省级城市更新试点为契机，不断完善雨污管网、口袋公园、停车场等城市基础设施，老大院片区更新等项目入选江苏省首批城市更新试点，加快形成“15 分钟社区服务圈”和“5 分钟便民生活圈”，获评省生态园林城市。三是以创新城市管理为抓手，推进城市品质提升。以获批国家生态文明建设示范县为契机，集中力量开展精神文明引领、城市环境提质、民生福祉普惠等“十大行动”，完善数字化城管信息平台，实行网格化管理，打造形成精致、细腻、整洁、有序的城市环境，获评全国文明城市提名城市。

（三）强化改革引领、协调发展，打造乡村振兴样板

坚定不移贯彻落实乡村振兴战略总要求，深入推进农业供给侧结构性改革，全面提升农业稳定发展能力和农村发展水平，实现农业持续增效、农民持续增收、农村持续增美的良好局面。一是深化综合改革，让“农业更强”。放大全国农村集体产权制度改革试点等三大国家级改革试点效应，突出做好改革“后半篇文章”，全面激活农村要素资源，最大限度释放改革红利。农村产权流转交易标准化试点成为江苏省标杆，农村承包土地经营权抵押贷款普惠度居

江苏省前列,沛县连续两年获评全省农村产权交易市场先进集体。系统谋划“两沿”战略,大沙河、大运河两大现代农业产业带建设成效显著,成功创建国家级渔业健康养殖示范县,获评国家级区域性(蔬菜)良种繁育基地、中央财政农作物秸秆综合利用重点县、江苏省农业现代化先行区、全国农村一二三产业融合发展先导示范区、农业生产全程机械化示范县。二是促进产业兴旺,让“农民更富”。深入实施农民收入十年倍增计划,用足用好“强村十法”“联农带农”等增收模式,加快培育家庭农场、农民合作社等新型农业经营主体,吸引更多的资源投向农村,农村居民收入增长连年位居徐州市前列,走出了一条具有沛县特色的强村富民发展之路。三是整治人居环境,让“农村更美”。大力实施农村人居环境整治,一体推进农民住房条件改善,现有省级生态宜居美丽乡村示范村 10 个、省市级特色田园乡村 24 个,农村生活垃圾处理模式在全国推广,获评全国乡村建设评价样本县。

三、几点启示

沛县从苏北整体实力偏弱的县域成长为千亿县,实现了县域经济的跨越式发展。2022 年,沛县的经济体量在山东可以进入前四位,沛县的经济社会发展经验给我们以下几点启示。

(一)坚持创新发展

高质量发展的第一动力是创新,县域经济应该加快构建创新体系,提升创新能力,激活创新元素,营造创新环境,有效提升县域经济的创新氛围。大量县域经济的发展经验表明,哪里有创新,高质量资本就流向哪里,高端人才就汇集在哪里。强化企业的科技创新主体地位,最大限度调动企业创新的积极性。围绕特色产业集群部署创新链,整合县域各类创新要素,搭建公共技术服务平台,探索创新资源跨区域联动共享合作机制,大力承接发达地区和中心城市创新资源外溢。依托各类科技成果转化机构,摸排征集产业集群科技创新瓶颈和卡脖子难题、企业技术需求,定期开展校企直通车、科技成果推介对接活动,破解科技成果转化“中间一公里”难题,促进技术成果转化运用。

(二)做强主导产业

推动县域依据自身资源禀赋、产业基础,加快构建现代化产业体系,筑牢县域经济高质量发展的“四梁八柱”,不断夯实中国式现代化的县域发展基础。

壮大产业支撑能力，各县域应选择确定1—2个优势主导产业，加快培育特色产业集群。加快互联网、大数据、人工智能和实体经济深度融合，推动新兴产业加速崛起，大力培育带动性强、比较优势突出、掌握核心技术的龙头企业。改变县域大而全的产业结构，精准选取切入点，引导骨干企业加快嵌入国内国际产业链、供应链。引导骨干企业做精做专细分市场，通过小切口撬动大市场，把小产品做成大产业。培育一批制造业单项冠军、瞪羚企业，助力县域企业成长为国内国际产业链的"配套专家"。

（三）强化园区支撑

园区是县域经济高质量发展的重要增长极。赋予县域园区体制机制创新更大自主权，加快推动形成"专业化定位、市场化机制、企业化运营、平台化支撑"的发展格局，提高县域园区自我发展能力。加强省级层面对县域园区发展规划编制的支持和指导，明确园区的功能定位、发展重点，围绕强化龙头骨干企业纵向延伸、横向联合能力，推动各类优质资源要素向园区集聚，延伸完善产业全链条，形成竞争力强、配套完善、成长性好的特色产业集群。强化对园区产业集中度、主导产业占比等方面的考核，引导园区更加注重引进同类产业、关联企业、配套企业，加快培育壮大分工协作紧密的优势产业集群，加快形成以园聚链、以链集群、各具优势的园区发展态势。

（四）优化营商环境

围绕推动有效市场和有为政府更好结合，聚焦市场主体所需所盼，加大先行先试力度，打造市场化、法治化、国际化营商环境。通过营造高效便捷的政务服务环境、公平有序的市场竞争环境、公正透明的法治环境、亲清新型的政商环境，形成尊商、敬商、爱商的良好氛围，有效减轻市场主体负担，降低制度性交易成本和经营性成本，激发市场主体活力。着力破解用地用能难题，进一步挖潜存量土地，盘活闲置用地，减少粗放用地，有效缓解土地供求矛盾；加快土地整理整治，积极参与新增建设用地指标跨区域交易。推动能耗指标瓶颈制约有序破解，在控制能耗总量的前提下，加大省级留存部分能耗指标向能效利用率高县域的倾斜力度，省级能耗指标收储交易资金重点对节能降碳效果明显的项目予以支持。

（五）推进城乡协调

加快推进以县城为重点载体的新型城镇化建设，把"宜居宜业和美"作为县域的新定位,打造富有活力、宜居宜业的现代化县城。坚持以人为核心推进新型城镇化,尊重县城发展规律,统筹县城生产、生活、生态、安全需要,因地制宜补齐县城短板弱项,促进县城产业配套设施提质增效、市政公用设施提档升级、公共服务设施提标扩面、环境基础设施提级扩能;推进数字化改造,建设新型基础设施,提升信息化水平,发展智慧县城。增强县城综合承载能力,提升县城发展质量,更好满足农民到县城就业安家需求和县城居民生产生活需要,为实施扩大内需战略、协同推进新型城镇化和乡村振兴提供有力支撑。以推进就地就近城镇化为主要抓手,加快提升县域常住人口城镇化水平。提升农业转移人口的就业能力,使其在子女教育、卫生、社保等方面享受同等待遇。重点破解县域城镇化进程中的难点问题,不断提升满足群众就业、就医、入学、养老等生活需求的供给能力。

课题组成员:李继伟　王安　徐长顺

第四篇　扩大高水平对外开放

山东与日韩重点领域全产业链对接合作研究

山东是我国东部重要的沿海开放省份，与日本、韩国隔海相望，在中日韩产业合作中占据重要地位。深入推进山东与日韩重点领域全产业链对接合作，有利于山东借鉴日韩的先进技术和管理经验，推动传统产业转型升级，培育新兴产业，进一步优化产业结构；有利于提高山东与日韩地区的产业集聚效应，形成产业链互补优势，提升整体国际竞争力；有利于加强山东与日韩在技术创新领域的交流与合作，促进技术研发与成果转化，提高整体技术创新能力；有利于拓展三方经贸往来，提升区域合作水平，在互利共赢的基础上推动区域经济一体化进程；有利于三方加强人才培养与交流，提高人才素质，为产业发展提供人才与智力支持；有利于推动山东与日韩地区绿色发展，在新能源、环保技术等领域取得突破，实现节能减排目标，为全球绿色发展作出贡献。

一、山东与日韩产业合作情况

近年来，随着区域合作深入推进，自由贸易协定(Free Trade Agreement，FTA)谈判达成更多共识，山东全面深化与日韩产业合作，形成了全方位、多层次的合作发展格局。

(一)山东的优势条件

1.优越的地理区位优势

毗邻日韩是山东对外开放最大的门户优势。从地理位置看，山东地处我国东部沿海地区，与日本一衣带水，与韩国隔海相望。优越的地理位置是形成地缘经济的基础，山东是我国距离日本、韩国最近的地区，与日韩合作有天然的地理便利。山东半岛的俚岛镇距离韩国仁川最近处仅为93海里，距离日本最近处为174海里，山东威海拥有我国到韩国仁川最近的海运航线。

2.良好的经贸合作基础

山东毗邻日韩，经贸往来有着深厚的合作基础。目前，日本是山东第三大外资来源地、第五大贸易伙伴，鲁日贸易额占中日贸易总额的7%以上；韩国是山东第二大外资来源地、第四大贸易伙伴，鲁韩贸易额占中韩贸易总额的近10%。2022年，山东与日本进出口总额达1922.7亿元，同比增长5.8%；与韩国进出口总额为2783.3亿元，同比增长3.6%。山东与日韩产业发展具有梯度性和互补性，早在2004年，山东就提出了“积极承接日韩产业转移，打造半岛制造业基地”的思路。目前，由山东半岛、韩国西南海岸地区、日本九州地区组成的环黄海经济圈快速发展，以山东半岛城市群、韩国仁川—首尔—釜山城市群、日本下关—北九州—福冈城市群为主线的跨国城市走廊基本形成，山东半岛制造业基地成为承接日韩国际产业转移的有效平台。

3.独特的人文资源优势

山东是儒家文化的发源地，日本、韩国都属于东亚文明圈，国民思想、思维方式、生活方式深受儒家文化影响。山东与日韩文化交流交往源远流长，频繁举办友城、美术、音乐、经贸等系列活动，友好合作成果丰硕。近年来，山东注重以文为媒、深化交流，举办了“韩国·中国山东文化年”“中日韩儒学对话会”及“山东与世界500强连线”韩国专场等系列文化交流活动，持续推动发展国际友城合作，与日韩建立了151对友城或友好合作关系。

4.完备的交通设施体系

山东是全国重要的物流运输枢纽，立体化交通网络发达，公路、铁路、航空、航运等运输条件便利。山东公路密度大、质量好，通车里程7万多千米，其中高速公路超过3000千米。“齐鲁号”中欧班列国际运营线路达52条，可直达“一带一路”沿线23个国家54个城市，构筑起东连日韩、西接欧亚的国际物流大通道。以济南、青岛国际机场为枢纽的空中运输通道日趋完善，目前已开辟国内外航线300多条，其中国际航线16条。山东拥有中国1/6的海岸线和众多国际贸易港口，远洋航线可抵达日本、韩国等100多个国家和地区的360多个港口。目前，山东港口已开通至东京、大阪、横滨等日本主要港口的集装箱班轮航线10余条，每周航班量13—16班。山东威海拥有到韩国仁川最近的海运航线，青岛、烟台、威海、日照、荣成等港口仅与韩国平泽、仁川、群山等港口开通的客箱班轮航线就有10条，每周航班量32班。

5.显著的产业互补优势

经过多年的发展，山东已经建立起完整的工业体系，但第二产业中传统能源消耗型产业占比较大，新兴产业占比相对较小，第三产业占比较低，结构性矛盾突出，传统产能在生产总值中仍占据主导地位。日本是亚洲发达国家的代表，二战后经济迅速发展。由于日本国内资源稀缺，日本的产业多集中在高新技术、高端制造、服务业等产业，第三产业极其发达。韩国在20世纪80年代开始调整产业结构，第一产业不断下降，第二产业保持平稳，第三产业不断上升，并建立起现代化工业体系，涌现出三星、LG 等一批企业。由此可见，山东与日韩的产业结构有明显的差异性和互补性，在实施重点领域全产业链对接方面有极大的合作空间。

(二)产业合作现状

1.政策支撑体系逐步完善

近年来，山东省政府相继出台一系列政策措施，包括政策引导、资金支持、税收优惠等，为日韩企业在山东投资兴业提供便利。在经贸往来方面，出台了《山东省与日本、韩国经济贸易合作三年行动计划》，旨在提高制造业、服务业等领域的全产业链合作水平；在营商环境方面，出台了《关于支持外商投资企业高质量发展的实施意见》，优化外商投资环境，提高山东对日韩企业的吸引力；在重点产业方面，出台了《山东省鼓励外商投资产业目录》，明确鼓励外商投资的产业领域，引导外商投资企业进入山东重点发展的产业，推动产业结构优化；在合作领域拓展方面，出台了《山东省人民政府关于进一步加强与日本、韩国合作的若干意见》，加强山东与日韩在制造业、服务业、技术创新等领域的合作，提升合作水平；在知识产权保护方面，出台了《山东省关于加强外商投资企业知识产权保护的意见》，加强对外商投资企业的知识产权保护，提高日韩企业在山东投资的信心和创新积极性，促进技术创新领域的合作。

2.合作交流基础不断夯实

山东与日韩隔海相望，互为重要合作伙伴。一方面，互联互通水平大幅提升。山东投资建设了中(鲁)韩、中(鲁)日欧亚国际物流通道统一服务平台，推进了齐鲁号“日韩陆海快线”运行，推动了威海与韩国仁川实施中韩“四港联动”项目，开展了陆海空多式联运，构建了东北亚区域物流中心。另一方面，人文交流日益密切。山东与日本山口县建立文物交流合作机制，组织了“华夏美玉展”“黄河与泰山展”等 30 余次交流互展，双方观众总数超过百万；共同出资发起“友好林合作交流系列活动”，在黄河河畔和泰山山麓共造林 750 公顷，带动双方 5000 余人次的友好交流。山东与韩国京畿道建立高校合作联盟，推进了双方高校间的交流合作。山东社会科学院与韩国高校发起举办中韩儒学交流大会，增进了双方对儒家文化的交流与理解。

3.科技创新合作不断深化

山东与日韩在技术创新领域的合作取得积极成效，围绕技术研发、人才培养、科研合作等领域，加快创新资源集聚，共同推动产业转型升级，国际科技合作实效和影响力进一步提升。一是签署政府间科技合作协议。2019 年，山东省人民政府与日本科学技术振兴机构、山东省科技厅与韩国京畿道经济室签署科技合作协议,合作共建了山东(烟台)中日产业技术研究院、青岛天安中韩科创园等。二是搭建高能级创新平台。山东与首尔大学、神户大学、韩国科学技术研究院、日本工程院等机构合作,共建了一批院士工作站、联合实验室、联合研发中心,为开展高层次人才交流、产学研合作等提供了重要支撑。三是推动科技人才交流。实施海外优青项目、海外工程师计划等,支持高端装备、新能源新材料等领域日韩籍科技人才202名;实施“樱花计划”,支持省内300余人赴日交流学习。全省集聚了日韩籍科技人员7000余名,主要分布在制造、科研和技术服务等行业。四是深化企业科技合作。海尔、潍柴动力、华菱光电等企业在日本建设研发中心,海信、即发、博宇等企业与日立、松下、韩国生物产业公司等日韩企业合作,在信息技术、新材料等方面取得了突破性技术成果。

4.产业投资合作成效显著

一是扩大使用日韩资金规模。日韩均为山东重要外资来源地,2022年,山东实际使用日本资金19.01亿美元,同比增长71%;实际使用韩国资金21.38亿美元,同比增长202.6%。二是促进产业投资双向合作。日韩在山东现存投资企业近6000家,日本住友商事、伊藤忠商事、三井物产,韩国现代汽车、大宇造船、LG集团等世界500强企业均与山东省有投资合作;山东的海尔、潍柴动力也积极“走出去”赴日韩投资兴业。三是合作空间不断拓展。围绕新一代信息技术、高端装备、医养健康、现代金融、节能环保、商务服务、跨境电商等重点合作领域,先后举办了中日韩对接合作发展山东行、山东与世界500强连线暨深化与日韩合作推进会、中日韩地方政府合作对接会等交流活动。

(三)主要制约因素

受贸易摩擦、市场竞争等影响,山东与日韩深化产业合作还面临一系列制约因素。

1.贸易摩擦

随着我国产业结构的转型升级以及新兴经济体低成本劳动力的竞争,山东与日韩贸易互补性虽然仍旧存在,但这种互补性在被逐渐削弱,贸易竞争和摩擦现象日趋明显。一方面,日韩两国在贸易领域都存在一定的贸易保护主义现象。近年来,两国分别对对方的钢铁、化工、家电等产业实施了一系列反倾销、反补贴措施,导致山东与日韩之间的贸易受到影响。山东与日韩之间涉及知识产权的贸易摩擦不断,部分企业损失重大,如韩国法院裁定中国智能手机制造商中兴侵犯韩国高通专利,要求赔偿。中日、中韩在贸易数据的统计方面存在分歧和差异，导致贸易摩擦不时出现。另一方面，日韩的外贸政策左右摇摆。当今世界百年未有之大变局正在加速演进，大国竞合关系更趋复杂，原有的全球贸易可持续发展生态正在被打破，将不可避免地影响日韩外贸政策的选择和应对，从而给山东与日韩的产业合作带来巨大影响。例如，在面向未来科技的投资过程中，许多日韩企业不得不同时启动面向中美的两套研发体系。

2.市场竞争

市场竞争是影响山东与日韩深化产业合作的一个重要因素。随着我国制造水平的不断提高，山东与日韩产业结构逐步趋同，同质竞争上升，互利互补下降。在机电产业尤其在半导体产业领域，山东对日韩贸易中，机电产品出口比重最大，出口竞争力较强；日韩对山东出口商品中，机电产品占比约为50%。在新能源汽车和锂电池领域，日韩在节能减排领域经验丰富，在推动新能源汽车发展方面力度很大，中国拥有全球规模最大的新能源汽车用户，也是在政策方面发力较早的国家之一，在新能源汽车领域具备一定的先发优势和规模优势。山东作为全国新能源汽车大省，与日韩在新能源汽车领域的竞争进一步加剧。此外，中国在数字经济领域处于领先地位，韩国在商用5G方面全球领先，日本在推动数字产业化、产业数字化方面积极跟进。

3.外部经济体竞争

随着美墨加三国协议（USMCA）、全面与进步跨太平洋伙伴关系协议（CPTPP）、韩美自由贸易协定（FTA）等的签署，这些新兴的外部经济体都会给中日韩的合作带来压力和影响，从而影响山东与日韩经贸关系的深化。例如，美墨加三国协议“非市场经济”条款规定，美墨加三国都不得擅自与“非市场经济”国家签署协定；如果某一缔约方与其他“非市场经济”国家签订自贸协定，则必须允许其他缔约方在发出通知6个月后终止本协定，并代之以新协定。总体说来，在经贸合作方面，中日韩受全球经济形势影响明显，在合作上缺乏对全球经济下滑压力的集体应对能力，巨大的贸易潜力未能得到充分发挥，贸易互补性随着我国产业结构升级在逐渐削弱，贸易缺乏整体协调性。

二、山东与日韩产业优势互补分析

山东与日韩产业发展各具优势，既存在一定的趋同性和竞争性，也存在很大的差异性和互补性，三方具备在互利共赢的基础上进行全产业链对接合作的基础条件。山东的产业优势主要集中在“十强”产业，在产业规模、创新能力、场景应用等方面取得了积极成效。其中，新一代信息技术、高端装备、新能源、医养健康、文化创意五大新兴产业发展迅速，在入库培育的五批“十强”产业雁阵形集群和集群领军企业中占比达55%，是我省与日韩进行产业对接的主要领域。

(一)新一代信息技术产业对接合作

1.山东发展现状

新一代信息技术产业是我省重点发展的战略性新兴产业之一，近年来在产业规模、创新能力、场景应用等方面都取得了积极成效。按照“优势领域争一流、核心领域补短板、前沿领域抢布局”的思路，大力发展三大领域的12个重点产业，分别是属于优势领域的大数据、云计算、工业互联网、高端软件、智能家居，属于核心领域的集成电路、新型显示、新一代信息通信，属于前沿领域的人工智能、量子科技和北斗卫星导航、虚拟现实、区块链，着力吸引头部企业落地，成功打造新一代信息技术链式产业集群。

2.日韩的优势

日本的优势领域主要集中在半导体技术、物联网技术、人工智能等方面。日本的半导体技术在全球范围内具有领先地位，尤其是在制造工艺、材料研发等方面，主要企业有东芝、瑞萨、日立等；日本在物联网技术领域具有较强的研发能力，涉及传感器、通信技术、数据分析等方面，主要企业有索尼、松下、三菱电机等；日本在人工智能领域的研究起步较早，涉及机器学习、自然语言处理、图像识别等方面，主要企业有NTT(日本电报电话公司)、日立、索尼等。韩国在5G、大数据、人工智能等领域具有较强的竞争力。

3.对接合作重点

在5G领域，我省在天线射频、通信设备及解决方案等方面技术与产品缺失，而韩国三星等企业具备优势，双方具备互补对接基础。在集成电路领域，我省的上游材料和制造环节是短板，而日本具备“材料—元器件制造—封装测试—应用”全产业链，拥有居全球垄断地位的高纯度硅晶圆片、氢氟酸和高品质光刻胶等上游材料和中游元器件制造优势，与我省构成互补，双方可在半导体(晶圆)、芯片制造、光刻胶及设备、模组等领域探讨交流合作与对接。在软件领域，我省软件定义制造的系统性不强、研发及市场运作不力，是目前最大的软肋。日韩系统软件和应用软件优势突出，合作基础较好。优先选择基于互联网平台发展工业软件、工业PaaS平台和社交软件等开展对接，寻机向基础软件领域拓展。

(二)高端装备产业对接合作

1.山东发展现状

近年来,我省高端装备制造业发展持续加快,创新成果不断涌现,培育出一批龙头企业,带动产业加快向集群化发展,围绕汽车、工程机械、农机装备、数控机床、海工装备、轨道交通、氢燃料电池七大领域,实行“链长制”工作机制,支持省内重点企业与产业供应链上下游企业联合开展深度合作,构建“设备—原材料—零部件—整机”全产业链。

2.日韩的优势

日本的制造业以高品质、高精度、高效率著称,汽车、机床、机器人、航空、船舶等产业优势突出,拥有丰田、本田、日产等世界知名汽车企业,大隈、天田、西铁城等机床企业,发那科、安川电机等机器人企业,三菱重工、今治造船等航空船舶企业。韩国在钢铁、化工、汽车等领域具有领先地位,重点企业有现代汽车、起亚汽车、浦项制铁等。

3.对接合作重点

我省在汽车、工程机械、轨道交通、海工装备等领域的优势突出,但汽车芯片、液压件、机床功能部件、船用发动机等产业链关键环节存在不足。在汽车芯片领域,日本优势突出,我省可以在汽车芯片及工业自动化、物联网、基础设施、通信设备和汽车电子等方面加强与日企瑞萨对接;在液压件领域,日本川崎、韩国东部液压件都有优势;在机床功能部件领域,日韩的机床行业体系完整、规模较大,日本大隈、马扎克及韩国优技因特、研一机械、AM技术等在数据系统、伺服驱动、转摆头和高速主轴等核心功能部件方面有特色优势,我省可以与日韩开展研发合作,重点突破数控系统、主轴单位、数控回转工作台、数控刀架等机床部件薄弱环节。在船用发动机领域,韩国企业现代重工集团、大宇造船海洋、三星重工的船用发动机技术世界领先,拥有世界顶级的液化天然气运输船及动力船技术,日本今治造船、日立造船的新一代船用主机技术也居世界前沿,与我省既有竞争又有互补,我省可以与日韩开展研发合作。

(三)新能源产业对接合作

1.山东发展现状

近年来,我省坚定不移走生态优先、绿色发展的现代化道路,持续推动一批重大绿色低碳技术成果转化落地,聚焦风电、核能、氢能等新能源重点领域,持续推进产业创新,培育发展新业态新模式,全力打造了新能源汽车、风电装备、光伏发电装备、核电装备、氢能装备、储能装备等六大产业链,全省新能源产业蓬勃发展、势头强劲。

2.日韩的优势

日本在新能源产业方面具有较强的优势，在薄膜太阳能电池、高转化率晶硅电池、海上风电技术、风电设备制造方面研发能力较强，在核电站建设、核燃料循环利用、生物质燃料、生物质发电等方面技术实力雄厚，主要企业有夏普、京瓷、三菱电机、日立、三菱重工等。韩国在太阳能、风能、核能等方面具有一定的优势，重点企业有 LG 新能源、韩华集团等。

3.对接合作重点

在新能源和可再生能源领域，山东在风能、太阳能、潮汐能、生物质能、氢能等方面具备全产业链优势；日本重点推进海上风电发展，研发新型浮动式海上风电技术，参与国际标准制定，已形成具有竞争力且相对可靠的供应链，但受制于国土面积小、人口密度高、投资成本高等诸多因素，对外寻求合作的意愿强烈。在氢能发展方面，山东具备了氢能大规模推广需要的“制、储、运、加”全产业链环节；日本布局氢能较早，技术研发实力强，在部分氢能关键技术领域拥有强大的研发团队，且在氢能应用方面积累了较丰富的实践经验；韩国优势主要集中在工业副产氢、高效电解水制氢等领域。同时，山东和日韩在氢能贸易等方面也具有广阔的合作空间。在绿色低碳能源技术创新领域，协同推进储能、氢能、小型堆、CCS(碳捕集与封存)、CCUS(碳捕集、利用与封存)、负排放或脱碳等关键共性技术、前沿革命性技术方面的创新合作，推进零碳工业流程再造、零碳建筑、零碳交通运输工具、新能源大规模友好并网技术、先进生物液体燃料等技术创新合作，推进绿色船舶领域的技术创新合作，推进氢燃料船、氨燃料船、二氧化碳捕集船、超高效液化天然气燃料船等零排放船舶技术在散货船、集装箱船、油船、客船、滚装客船中的示范应用。在节能环保领域，日本和韩国在节能环保和提高能效领域拥有先进的技术、管理经验和人才队伍，尤其是日本在节能领域积累了丰富的技术和经验，日本也是发达国家中单位 GDP 能源消耗率最低的国家之一。山东在节能和能效提升领域具有广阔的市场空间，三方在此方面的合作具有较强的互补性。

(四)医养康养产业对接合作

1.山东发展现状

近年来，山东省医养健康产业规模效应持续攀升，新业态新模式蓬勃发展，经济支撑带动作用显著增强，初步构建起了全生命周期、全产业链条的健康服务体系，促进了经济发展和民生改善良性互动，整体走在全国前列。医养健康产业雁阵形集群不断发展，齐鲁制药、山东颐养健康产业发展集团等 24

个医养健康产业领军企业逐步壮大，产业链条上下游的关键环节实现贯通，与相关产业跨界融合取得显著进展。

2.日韩的优势

日本的医疗技术水平较高，尤其在癌症治疗、心血管病治疗等方面有突出表现，重点企业有武田制药、优时比等。同时，日本是世界上老龄化程度最高的国家，在多元化医养结合养老、老年期疾病预防和康复护理、医疗外包等领域拥有突出优势。韩国在医疗美容、微整形、干细胞治疗、DNA（基因）检测、癌症筛查、抗衰老、健康体检等方面优势明显，重点企业有爱茉莉太平洋、韩美生物等。

3.对接合作重点

顺应当前我省消费升级和需求转旺的趋势，推进中韩在医美文化、消费趋势、消费医疗等方面开展高级别、大规模、全方位的交流研讨，重点在健康干预、医药创新研发、医疗金融投资、医学美容、前沿科技等领域深入合作，推动医养健康产业优势互补与协同发展，完善我省的大健康产业链。借助日方先进的养老介护经验，在健康养老、人工智能应用、产业投资和人才培训等重点领域开展广泛合作，提升我省健康养老服务水平。加快引进日方健康领域高端企业，补足山东医养健康产业链条。依托山东优质创新创业环境，与日方共同培育大型企业集团和产业紧缺人才。

（五）文化创意产业对接合作

1.山东发展现状

近年来，我省高度重视文化创意产业发展，先后在文化旅游、文化科技、文化金融等方面出台了一系列政策措施，产业规模持续壮大，新业态、新模式、新动能加速成长，山东手造、创意设计、文化智能制造、影视创意、网络视听、动漫游戏、数字演艺娱乐、文化会展、数字出版与绿色印刷、研学文旅等十大重点领域加快发展，初步形成以新动能为主导的文化创意产业高质量发展新格局。

2.日韩的优势

日本在动漫产业方面具有较强的实力，特别是在动画制作、游戏开发、创意设计等方面，重点企业有迪士尼、任天堂、角川等。在影视产业，东宝、角川、日活在电影、电视剧制作等方面优势明显。日本的电子游戏、手机游戏产业发达，任天堂、索尼互动娱乐、角川等企业世界知名。韩国在全球文化方面产业具有较高地位，尤其是在音乐、影视、游戏等领域，重点企业有SM娱乐、YG娱乐等。

3.对接合作重点

围绕我省文化创意产业重点发展领域,实施山东手造、创意设计、文化智能制造、影视创意、网络视听、动漫游戏、数字演艺娱乐、文化会展、数字出版与绿色印刷、研学文旅等建链延链补链强链工程。日本文创产业起步早,以动漫、影视、游戏、音乐等为主体的文创产业尤其发达,在对日合作上,不仅要加强与其优势产业对接,还要重点借鉴其相对成熟的管理模式。在创意设计领域,韩国的优势主要在服装、汽车、消费电子产品等产品设计/工业设计,以及视觉设计、空间设计、影像设计等领域,其文创消费类电子行业优势突出。与三星和LG等企业对接,可有效弥补我省短板。同时,加强与日韩在文化领域共性关键技术研发合作,可推动我省5G高新视频、新媒体、数字出版、4K/8K电视、VR/AR等新业态、新模式发展。

三、山东与日韩加强产业合作的对策建议

山东作为全国唯一拥有全部41个工业大类的省份,要发挥与日韩合作的基础优势,在合作共赢的基础上,主动与日韩加强全产业链对接,打造具有链主地位且安全稳定的区域全产业链发展体系。

(一)加快强链补链延链,推动全产业链跨越式发展

围绕建设产业链集群生态,聚焦"十强"产业领域,支持省内重点企业与日韩企业在上下游协同、供应链集约等方面联合开展深度合作,优化区域产业链条,助力全产业链跨越式发展。

1.做大培强全产业链关键环节

瞄准产业高端化、智能化、绿色化转型发展方向,推动山东与日韩企业在全产业链关键环节上的深度合作,实现优势互补、共同发展,提高全产业链整体竞争力。征集山东与日韩企业对接需求,有针对性地组织产业链上下游企业、高校院所专家学者、数字化转型及金融等服务商深化沟通合作,在产业结构优化升级、产业链条融通发展、新技术研发、新产品推广、绿色低碳发展等方面形成合力,推动产业不断加快转型升级步伐,向高端产品链延伸,向高新技术领域进军,向高质量发展迈进。以新能源汽车为例,松下、丰田、现代等企业具有明显优势,山东可以依托一汽、重汽等企业,与日韩在电池、电机、电控等关键环节加强合作,提高整体竞争力。

2.打造具有区域竞争力的全产业链集群

以山东现有的中日、中韩产业合作园区为平台,吸引日韩企业投资兴业,

推动新能源、新材料、高端装备等战略性新兴产业的优质项目落地，形成产业链集群效应。加强政策层面的沟通与协调，为日韩企业发展提供优惠政策、资金支持等，鼓励企业在产业链关键环节进行投资。鼓励金融机构为日韩在鲁投资企业提供多元化的金融服务，支持产业链关键环节的项目融资、并购重组等活动。积极参与国际产业合作，与日韩等国家共同应对全球产业竞争挑战，推动全球产业链供应链的稳定与可持续发展。推动山东与日韩企业建立长期稳定的战略合作关系，通过兼并重组、技术引进、股权投资等方式，整合双方优势资源，共同拓展市场。具体而言，可以推动山东如意科技集团与日本伊藤忠商事株式会社在纺织品、服装等领域合作，共同开发市场；推动东阿阿胶与韩国现代制药公司在阿胶保健品、药品等领域开展合作，共同研发新产品。

3.优化全产业链发展生态

积极培育产业链链主企业和生态主导型企业，理顺整条产业链上的企业分工协作关系，提高畅通融合发展水平，构建起更具话语权和主导权的本土价值链，增强产业链发展合力和整体竞争力。在《区域全面经济伙伴关系协定》（RCEP）框架下，加强与日韩企业创新合作，提高国际分工位势，推进国内产业链协作关系向国际化拓展延伸。建立“产业—要素协同”发展机制，推动源头性基础研究和市场化应用研究深度契合，打通基础研究、技术开发、工程应用和产业化各环节，加快构建金融有效支持实体经济的体制机制，壮大支撑新兴产业发展的创新资本。聚焦重大装备、关键材料、核心技术等领域重点施策，加强产业上下游衔接、前后侧配套、全周期协作等全链条政策协同，提高政策的互补性和系统性。

（二）链接日韩科技资源，以科技创新合作带动全产业链优化升级

顺应全球创新资源向东亚地区加速转移的趋势，深化山东与日韩国际科技合作，将山东产业链条完整、市场规模庞大、应用场景丰富的优势与日韩高端技术优势、人才优势相结合，以科技创新合作带动全产业链优化升级。

1.建设中日韩联合创新中心

以“深化中日韩交流合作，建设国际区域合作标杆”为发展目标，聚焦关键共性技术，深化中日韩多元主体合作，以联手打造创新链、技术链为着力点，推动科技创新平台共建、科技项目共研、科技人才共通、科技成果共享。搭建重点面向日韩的招才引智平台，建立以企业为主体的新兴技术创新联盟、以高等院校为主体的基础研究和应用研究的合作机制，发挥山东应用场景潜力巨大的优势，共同抢占新兴领域研发创新制高点。完善符合国际惯例的技术成果产业化、创新项目落地激励机制，深度嵌入全球科技创新链，实现“科研资源双

向开放和共享、创新人才双向交流和互动”,打造国际技术创新合作引领高端产业发展示范区和具有全球竞争力的国际人才集聚新高地。

2.建设中日韩科技大市场

以市场机制为牵引,完善科技创新服务体系,推动资金链、服务链与创新链融合发展。成立中日韩科学技术国际交流中心,强化与日本科学振兴机构、韩国科学技术研究院等日韩机构合作,开展中日韩联合创新大会、重点领域学术交流等科技合作与经济交流活动,打造集国际交流、人才培养、科创活动为一体的合作机构。构建日韩离岸育成中心,将产业孵化育成环节和产业建设发展环节进行空间分离,把孵化、育成环节转移到日韩,开展异地孵化、育成、对接,实现科研成果和产业项目在国内落地转化。设立日韩知识产权运营中心,发挥知识产权激励创新、促进开放的支撑保障作用,加强中日韩知识产权保护国际合作,共建知识产权联盟。推动日韩国际标准化合作中心建设,为中日韩企业提供市场准入的产品对标、标准研制及转化服务,助推面向日韩市场的产品和服务贸易的开展。

3.建设日韩中小企业产业基地

一方面,依托日本中小企业产业基地,强化与社团法人环球技术资源翰林院等机构合作,设立日本企业技术转移中心,吸引日本中小科技企业入驻,完善技术创新和成果转化服务体系;另一方面,加快推动韩国中小企业产业基地建设,深化与韩国中坚企业联合会、韩国能率协会、韩国中小企业技术革新协会等的合作,提升中韩科创孵化合作效率。联合韩国技术风投财团、韩国社会投资、韩国中小企业银行(IBK)创工筹建中韩科创引导基金,不断优化升级创业生态系统,开拓创新孵化服务。

(三)创新合作机制与模式,促进全产业链协同发展

聚焦日韩高端人才与产业技术资源,建立产业急需人才联合培养机制和产业技术转移转化机制,同时积极利用好RCEP规则,探索RCEP框架下产业合作新模式,促进全产业链协同发展。

1.建立产业急需人才联合培养机制

聚焦前瞻性、颠覆性技术创新领域,与日韩共建产业发展紧缺急需的人才联合培养机制,充分利用各地教育资源,共同建立人才培养基地,加快集聚高层次科技创新人才,实现资源共享和优势互补。实施国际科教协同育人计划,开展研究生联合培养,加大行业领军人才和创新团队的培养力度,探索基于重大科技创新平台的校企联合培养人才模式,推进跨学科合作,培养一批复合型、实用型人才。组织开展先进适用技术、科技创新管理等联合培训,培育一

批技术经理人、技术经纪人、评估师、咨询师等专业技术中介人才。

2.建立产业技术转移转化机制

搭建涵盖山东与日韩高等院校、科研院所、智库机构、商业协会、重点企业、社会团体、专业中介服务机构等组织的先进产业技术转移转化协作网络，在山东、日本、韩国分别设立先进技术转移转化中心，为技术转移转化提供支撑。建立中日韩先进技术转移信息对接机制，通过建设中日韩三语技术转移网站，动态发布中日韩技术合作供求信息，实现技术、人才、科技条件、项目等信息共享。完善技术转移转化配套服务，为日韩技术到山东转化落地提供融资、知识产权保护、创新政策咨询、项目招引政策咨询等服务，在平台载体搭建、科技型中小企业入库、技术合同登记等方面为企业提供全生命周期科技服务支持。共建知识产权数据库，支持省内科技企业加快日韩海外知识产权布局，健全知识产权快速协同保护、纠纷多元化解机制，形成更高效率、更高质量的知识产权服务体系。

3.探索 RCEP 框架下的产业合作新模式

以 RCEP 规则为引领，以新能源、新能源汽车、半导体、智能制造等新兴产业领域合作为抓手，以双向投资项目为重点，着力改善营商环境，更好吸引和服务日韩企业到山东投资。积极探索"两国双园"合作模式。推动 RCEP 框架下国际产业园区合作，探索建立产业互联、设施互通、政策互惠的双园结对合作机制，搭建以投资贸易为核心，金融服务、生产研发、人才交流、数据信息为支撑的平台，促进以海洋经济、食品轻工、工业 4.0 等为主的国际产业链分工合作，打造 RCEP 合作示范区。积极参与"中日韩＋X"国际合作。在 RCEP 框架下，联合实施产能合作、节能环保等领域项目，发挥三方在装备、技术、资金、工程建设等方面的各自优势，共同开拓"中日韩＋X"第四方甚至多方市场。

课题组成员：冀晓群　王昊宇　张正威　姜晶　孔峻岩

绿色贸易壁垒对我省外贸的影响及对策研究

近些年来，以气候变化为主题的新型国际贸易体系和竞争格局正在形成，全球碳达峰碳中和的步伐不断加快，推动全球产业链供应链向绿色低碳转型，绿色贸易规则成了国际贸易发展的新趋势。美国、欧盟等纷纷提出碳中和目标，加大对降低碳排放、使用清洁能源的政策支持力度，对进口国实施一系列的绿色关税、技术标准、环境标志、绿色包装、卫生检疫制度等限制措施，意图打造新的贸易壁垒，实施贸易保护。我省是制造业和农业大省，也是外贸进出口大省，在新的外贸发展形势下，应积极应对绿色贸易壁垒给产品出口及稳外贸稳外资带来的挑战，找准贸易低碳转型突破点，因势利导，助力外贸企业绿色低碳转型，提高国际市场抗风险能力。

一、绿色贸易壁垒的内涵及趋势

(一)绿色贸易壁垒的内涵及特点

绿色贸易壁垒，也被称为绿色壁垒、环保壁垒、生态壁垒，通常指一个国家出于可持续发展、生态环保和大众健康的考虑，对国外货物进口所设置的贸易阻隔。绿色贸易壁垒一般具有形式的合法性、技术的高标准性、内容的广泛性、手段的灵活性、保护方式的隐蔽性等特点(见表1)。

表1　绿色贸易壁垒的特点

形式的合法性	绿色贸易壁垒以一系列国内国际公开立法为依据和基础，其中最具权威与普遍性的国际贸易多边条约是世界贸易组织(WTO)的相关文件。文件赋予了发达国家采取严格的绿色贸易壁垒措施的合法权利。从而发达国家会更多地以环境保护的名义，更微妙地设置环境标准，以抵制外国商品的进口
技术的高标准性	绿色贸易壁垒起源于西方发达国家，由于其经济实力雄厚、科技发达，对商品的生产、使用、消费和处理过程的鉴定包括较多的高技术性要求

续表

内容的广泛性	绿色贸易壁垒应用范围不断扩大，涉及出口产品研制、原料购买、产品生产、包装设计、产品运输、市场销售等领域，甚至对厂房环境、操作人员的身体健康情况都有所要求
手段的灵活性	由于各国的环保标准不统一，可选择的余地大，实施国家可以根据实际情况制定灵活多变的技术标准和检测手段
保护方式的隐蔽性	绿色壁垒是在保护环境和符合国际法规的基础上，提高技术标准和准入难度，没有明显的歧视性和不合理性，不容易引起贸易摩擦。因此，绿色贸易壁垒所带来的负面影响更大

（二）绿色贸易壁垒的表现形式

绿色贸易壁垒的表现形式经过了多种演变，最后形成了绿色关税、技术性贸易措施、绿色环境标志、绿色包装、绿色补贴、绿色卫生检疫等形式（见表2）。绿色关税和技术性贸易措施（TBT）是一国设置绿色贸易壁垒最常使用的手段和形式。

表2　绿色贸易壁垒表现形式及运用举例

表现形式	主要内容	运用举例
绿色关税	主要是发达国家以保护环境和人类健康为名，对一些危害环境、危害人类及动植物健康的产品征收进口附加税以限制和禁止其商品进口，甚至对其实行贸易制裁	美国环保署对在美国九大城市销售的汽油制定了新的环境标准，规定了汽油中硫、苯等有害物质的最高含量，国内生产的汽油可以逐步达到相关标准，进口汽油必须在规定生效时立即达标，否则禁止进口。2022年3月15日，欧盟碳边境调节机制（CBAM）在欧盟理事会获得通过，对高能耗产品将征收碳关税，旨在提高进口产品的进口成本。单边碳边境调节税可能扭曲国际贸易，拖累依赖高碳产品出口的低收入国家低碳转型

续表

表现形式	主要内容	运用举例
技术性贸易措施	发达国家基于自身生产能力和技术优势地位,以保护环境为名,通过立法手段,制定严格的强制性技术标准,以限制国外不符合要求的产品进入本国市场。这些标准对发展中国家来说一定时期内很难达到	欧盟建立了较为完善的技术法规,凡在欧盟市场销售的产品必须符合欧盟技术法规的要求,针对游离甲醛含量、可萃取重金属、杀虫剂、禁用偶氮染料、含氯苯酚(五氯苯酚)、芳香胺染料、致敏染料、有机锡化合物、PVC 增塑剂、色牢度等建立相关技术指标;美国针对儿童产品提出了铅、邻苯二甲酸酯等有害物质的限量要求;日本对重金属、甲醛、阻燃剂、防虫蛀剂等都有限量法规
绿色环境标志	依据有关环境法规和标准,由政府部门或由政府部门授权的认证机构检测、确认,并通过颁发认证标志和证书,表明该产品不但质量符合标准,而且在生产、使用和处理过程中符合环保要求,对生态环境和人类健康均无损害。发展中国家产品为进入发达国家市场,必须提出申请,经批准取得绿色环境标志	截至 2006 年,世界上有 50 多个国家实行了绿色环境标志,标志涉及的产品范围越来越广。从 1978 年德国率先推出“蓝色天使”计划以来,许多发达国家纷纷效仿,如北欧四国的“白天鹅制度”、欧盟的“EU 制度”、加拿大的“环境选择制度”、日本的“生态标志制度”等。环境标志制度对环境保护的独特作用是毋庸置疑的,但其也为贸易壁垒提供了可能
绿色包装	指对生态环境和人体健康无害,能节约资源、减少废弃物,用后易于回收再用或再生,易于自然分解、不污染环境的包装,在发达国家广泛流行强制性实施商品包装和标签等规定	日本的《再利用法》《新废弃物处理法》;丹麦颁布法令,要求所有进口的啤酒、矿泉水、软饮料一律使用可再装的容器,否则拒绝进口。绿色包装制度的严苛性大大增加了出口产品的成本,对发展中国家构成贸易壁垒
绿色补贴	发达国家将严重污染环境的产业转移到发展中国家,以降低环境成本,发展中国家的环境成本因此提高。发展中国家绝大部分企业无力承担治理环境污染的费用,政府有时只能给予一定的环境补贴。发达国家又以这种“补贴”违反 GATT 和世界贸易组织的规定为由,限制发展中国家向发达国家进口	2001 年年初,美国以环境保护补贴为名,对来自巴西的人造橡胶鞋和来自加拿大的速冻猪肉提出了反补贴

续表

表现形式	主要内容	运用举例
绿色卫生检疫	为了确保人类及动植物免受污染物、毒素、微生物、添加剂等的影响，对产品进行全面的严格检查，防止超标产品进入国内市场。绿色卫生检疫影响最大的产品是药品和食品	许多国家建立了严格的动植物、食品检验检疫制度。对食物的安全卫生指标十分敏感，尤其对农药残留、放射性残留、重金属含量的要求日趋严格。加之各国卫生检验检疫指标水平和检测方法不同，以及检验指标的设计非常灵活，在一定程度上限制了发展中国家的出口贸易

(三)绿色贸易壁垒的趋势走向

趋势一:绿色贸易壁垒正成为发达经济体实施“碳收割”的重要手段。美国 2022 年 6 月发布《清洁竞争法案》，首次向外界展示了美版“碳关税”雏形。七国集团 2022 年 12 月正式设立“气候俱乐部”，加强对全球碳排放核算和报告机制的国际合作。欧盟碳边境调节机制已于 2023 年 5 月正式生效实施。加拿大、英国、日本等国家也相继制定了碳税政策，未来各国制定并实施碳关税将成为常态。

趋势二:绿色贸易壁垒对出口产品适用范围和监管内容不断拓展。绿色贸易壁垒应用范围不断扩大，涉及出口产品研制、原料购买、产品生产、包装设计、产品运输、市场销售等领域，甚至对厂房环境、工作人员的健康状况都有要求。监管过程逐步深化，从对产品的环保性监管向对产品生产全过程监管转变。

趋势三:技术性贸易措施(TBT)已成为各国实施贸易保护、获取贸易竞争新优势的重要工具。联合国报告统计，全球有高达 70%的贸易受到 TBT 影响。世界贸易组织成员在 2016—2021 年对 TBT 新修改数量呈现迅速增长的态势，增加了 55%。美国消费品安全委员会(CPSC)于 2022 年发布了 293 起召回通报，其中 157 起为中国消费品，同比增加了 17.2%，占到了全部召回事件的 53.6%，涉及金额达 36 亿美元。

(四)绿色贸易壁垒的挑战与机遇

1.挑战

一是出口产品竞争力下滑，出口额缩减。我国出口产品附加值较低、碳排放较高。发达国家为保护本国市场，提高进口产品的环保要求，将会对我国焦炭、石油冶炼、钢铁、纺织等产业出口造成较大冲击，尤其是碳关税实施后，将显著降低高碳商品出口量,降低其出口市场规模,削弱出口产品竞争力。二是企业成本增加,盈利减少。随着发达国家开征绿色关税、设置绿色认证、实施绿色贸易限制措施,企业出口产品必然面临越来越严苛的贸易规则,多数工业企业面临低碳技术改造、设备更新和购买碳排放指标等新增成本,不可避免地带来企业成本上升,出口产品价格优势削弱,出口企业利润进一步减少,尤其是金属机械及运输设备、轻纺、石化、重金属冶炼与压延加工企业出口成本及盈利受影响较重。三是增大双边或多边贸易摩擦。近年来,某些发达国家打着环保旗号,对国外进口商品采取单边贸易措施,致使双边或多边贸易摩擦不断增加。欧盟和北美自由贸易区作为两大区域性经济组织,在环境保护方面有着相似的标准,这些国家以区域内的自由贸易为借口,将其他地区的产品排除在区域外。

2.机遇

一是带动我国贸易绿色转型升级。绿色贸易壁垒能够促进我国外贸体系的低碳转型,降低出口产品能源消耗和提高生产效率,增加我国清洁能源技术和绿色产品出口,进一步提升我国绿色出口产品的附加值和国际竞争力,增强新的国际竞争优势。二是有助于构建绿色低碳的现代产业体系。当前,碳中和、清洁能源技术已经成为国际竞争新的焦点。借助我国完备的工业体系基础,加速低碳技术的研发与产品的制造,从而突破发达国家对低碳技术的垄断,在碳中和技术竞争中占据制高点,构建起绿色低碳、节能环保、完善的现代产业体系。三是数字技术加速产业绿色化融合发展。数字技术的快速发展为赋能经济社会绿色低碳转型提供了新思路、新方法,为我国“双碳”目标的实现注入了新的动力,更为新贸易竞争优势的形成开辟了新的赛道。

二、绿色贸易壁垒下我省外贸现状及影响

(一)我省外贸出口现状

2022 年,全省外贸进出口总额 3.33 万亿元,其中出口 2.03 万亿元,增长 16.20%,出口增速高于全国 5.7 个百分点。出口商品金额居前十名的商品分别是机电产品,文化产品,农产品,高新技术产品,服装及衣着附件,汽车零配件,纺织纱线、织物及制品,钢材,橡胶轮胎,塑料制品(见图 1)。

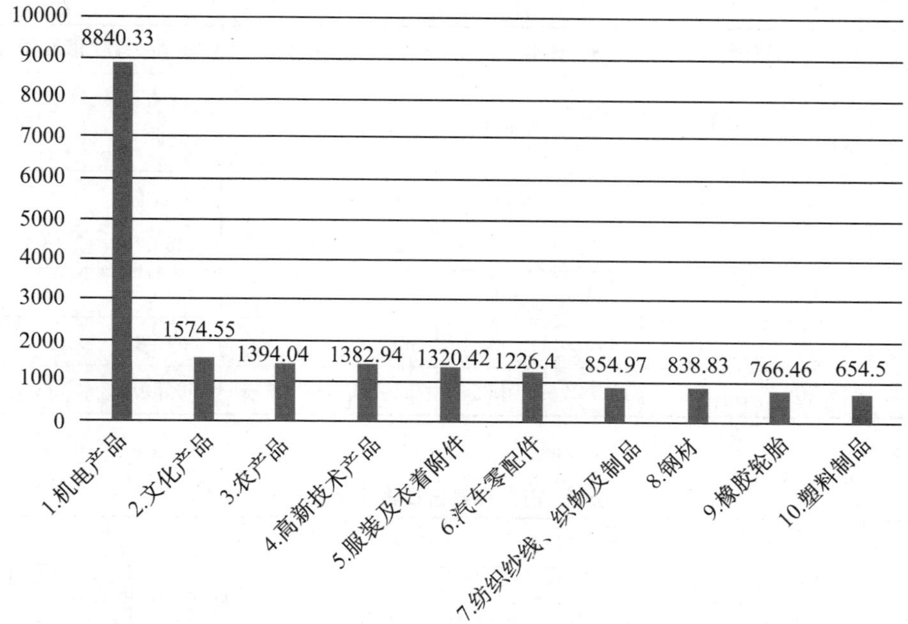

图 1　2022 年我省出口商品前十名出口额占比

相关数据显示，东盟、美国、欧盟、韩国、俄罗斯、日本、澳大利亚是我省外贸出口的重要市场。这些国家和地区都是我省机电产品、钢铁、塑料制品、服装纺织、农产品等商品的主要出口地。2022 年七大市场外贸进出口总额合计占全省外贸进出口总额的 65.7%。全省对“一带一路”沿线国家出口总额为 6945 亿元，同比增长 28.9%，其中钢材占 59.0%，基本有机化学品占 41.5%，塑料制品占 39.6%，汽车零配件占 33.4%。对 RCEP 其他成员国出口总额为 7455.6 亿元，增长 24.7%（见表 3、表 4）。

表 3　我省对主要国家和地区货物进出口总额及增长速度（2018—2022 年）

年份	东盟		美国		欧盟		韩国	
	出口总额（亿元）	同比	出口总额（亿元）	同比	出口总额（亿元）	同比	出口总额（亿元）	同比
2018	1209.9	15.9%	1914.6	8.6%	1611.0	5.1%	1050.1	1.0%
2019	1400.1	15.7%	1608.9	−16.0%	1729.6	7.4%	1153.3	9.8%
2020	1818.8	29.9%	1996.9	24.1%	1748.2	10.8%	1333.5	15.6%
2021	2415.5	32.8%	2722.7	36.3%	2214.6	26.7%	1746.8	31.0%
2022	3450.3	42.8%	2954.3	8.5%	2403.3	8.5%	1856.1	6.3%

续表

年份	俄罗斯		日本		澳大利亚		"一带一路"沿线国家	
	出口总额（亿元）	同比	出口总额（亿元）	同比	出口总额（亿元）	同比	出口总额（亿元）	同比
2018	231.99	−25.3%	1134.5	4.8%	211.94	7.3%	2824.0	5.7
2019	261.80	12.8%	1192.8	5.1%	221.81	4.7%	3286.2	16.4
2020	270.54	3.3%	1203.3	0.9%	295.08	33.0%	3883.5	18.2
2021	477.05	76.3%	1396.2	16.0%	393.53	33.4%	5418.4	39.5
2022	587.06	23.1%	1540.2	10.3%	550.61	39.9%	6945.0	28.2

表 4　山东贸易出口市场情况

市场	主要出口商品
东盟市场	以新加坡、印度尼西亚、泰国等国家为主，重点推动轮胎、轴承、电力设备等产品出口。山东对东盟出口以工业制成品为主，主要出口产品涉及机电产品、工业设备、钢铁，化工原料、家具等
美国及拉美市场	美国是我省第一大出口市场，北美市场是全球最大的汽配需求市场。轮胎汽配是我省传统出口优势行业。积极应对中美经贸摩擦，扩大纺织服装、汽车配件、五金建材等产品出口
欧盟市场	以德国为重点，着力推动节能装备、医药化工、绿色建材、深加工农产品、机械设备等产品扩大出口
日韩市场	日本是山东第三大外资来源地、第五大贸易伙伴。韩国是山东第二大外资来源地、第四大贸易伙伴。推动食品农产品、纺织服装行业企业提升产品档次、稳住出口规模
俄罗斯市场	俄罗斯是山东第七大贸易伙伴，双方在能源、农业、旅游、电子商务和人文交流等方面合作潜力巨大
"一带一路"市场	以俄罗斯、阿联酋、匈牙利等国家为重点，提升机械装备、五金建材、轮胎汽配等产品市场占有率
RCEP 市场	持续提升钢材、基础有机化学品、塑料制品、汽车零配件在 RCEP 市场的出口优势
非洲市场	进一步巩固我省农业机械、建筑机械、电力设备、汽车配件等产品对非出口优势

我省主要产品出口受到绿色贸易壁垒保护措施限制，贸易摩擦事件逐年增加。机电是我省第一大类出口商品，2022 年我省机电产品出口 8840.3 亿元，占出口总额的 43.4%，呈连年上升趋势，但从我省统计局和海关出口部门数据统计看，我省出口到欧盟的机电产品在总出口中的占比逐年下降。欧盟碳关税的实施以及欧盟针对进口机电产品贸易形成的《关于报废电子电气设备指令》(WEEE)、《关于限制在电子电气设备中使用某些有害成分的指令》(RoHS)和《耗能产品环境化设计指令》(EUP)三大绿色指令的实施，将进一步阻碍我省机电产品进入欧盟市场。欧盟实施的农产品出口补贴、内部价格支持措施及繁杂的绿色标准和高门槛的贸易壁垒，也同样阻碍了我省农产品进入欧盟市场。海关在 2020 年对全国外贸产品受绿色贸易壁垒的影响情况开展了调查，结果显示我省出口商品直接损失额较高，位列全国第二，占到了 13.88%，企业新增成本较高，排名仅次于广东，新增成本占全国新增成本总额的 15.29%。

（二）绿色贸易壁垒对我省外贸的影响分析

1.维度一：按出口国政策分析绿色贸易壁垒影响情况

通过整理山东主要出口国绿色贸易壁垒政策体系（见表 5）可知，东盟国家多采用通用国际标准，技术法规体系相对完善。美国的危害分析与关键控制点（HACCP）质量管理体系是目前美国影响力最大的贸易壁垒体系，对进口商品的限制集中于技术标准、包装和标签。欧盟积极推进碳边境税，推行的“绿色新政”对欧盟进口产品提出了更多更新的要求。日本采取肯定列表和命令检查制度，严格设置检验检疫流程。韩国颁布严苛的技术法规并推行一系列技术标准和质量认证制度。

东盟、美国、欧盟、日本、韩国对我省设置的绿色贸易壁垒，多以各项法律和技术法规为依据，多采取绿色碳关税、制定进口标准、设立产品认证、产品检验等技术性措施，多以质量规格、有害物残留、环保包装、生物安全等为审核项目。关税和非关税壁垒手段的联合施加，对我省出口东盟、美国、欧盟、日本、韩国的工业制成品、轮胎汽配、节能装备、医药化工和农产品、纺织服装等劳动密集型产业提出了更为苛刻的产品认证、准入要求和更高的绿色环保、安全健康需求。这要求我们，一是要详细搜集和比较各国家、地区现有规范标准和认证条件，建立出口商品应检应测项目清单，为出口企业自测提供便利；二是要推动内销产品的标准规范升级，倒逼生产企业提高产品质量，改进工艺，促进产业升级，满足国际市场要求。

表5 山东出口国绿色贸易壁垒政策体系

东盟绿色贸易壁垒政策体系	一是东盟国家多采用国际标准。如老挝共有441项国家标准,主要涉及食品、电器和检测方法,其中采用IEC标准(国际电工委员会制定和发布的一系列技术规范和要求)275项,采用ISO标准(国际标准化组织制定的国际标准)127项,国际标准采用率超九成。柬埔寨有804项标准,主要涉及食品、电器和测试方法,近83%的柬埔寨标准与国际标准等同或基本一致,显示其较高的标准化工作与国际接轨程度 二是东盟国家技术法规体系相对完善。以农食产品领域为例,越南基本完成了食品安全管理和动植物卫生保护的立法,并以政府或部委令、标准和技术法规的形式明确并协调法律、条例的实施,建立并完善了相关政府部门的执法体系,规定了主管部门食品质量安全管理的权限,以保障消费者健康和动植物卫生安全。印度尼西亚也形成了较为完善的食品安全法规体系,食品安全限量法规颁布时间较晚,部分法规修订频繁,新法规的发布会及时通报世界贸易组织
美国绿色贸易壁垒政策体系	一是HACCP质量管理体系是美国目前影响力最大的贸易壁垒政策,是世界公认的技术标准,对我国实施限制相当频繁。HACCP质量管理体系对从原料采购、产品加工到消费的各个环节可能出现的危害进行分析、评估,根据分析和评估结果设立某一食品从原料直至最终消费全过程的关键控制点,建立能有效监测关键控制点的程序 二是美国对进口商品的限制集中于技术标准、包装和标签方面。例如,与食品药品有关的规定就有《食品、药品、化妆品法》《公平包装和标签法》等法规,其要求进口产品在满足环保标准的同时,还要满足其他法规 三是碳关税。美国计划从2024年开始对未明显降低碳排放的国家征收惩罚性碳关税,征税对象涵盖石油、天然气、钢铁、水泥、铝制品等,适用于美国约12%的进口商品
欧盟绿色贸易壁垒政策体系	一是大力推行碳边境税。为平衡较高环境标准造成的欧盟本土竞争力劣势,避免高污染企业转移到其他国家出现"碳泄漏",以及增加欧盟财政收入,欧盟推动对出口至欧盟的碳排放密集型产品征收碳边境税。欧盟碳边境调节机制(CBAM)是欧盟"绿色新政"战略的核心内容。根据欧盟"绿色新政",将对出口到欧盟的高碳产品征收额外关税,包括生产过程产生大量二氧化碳的钢铁、水泥等产品。碳边境税的征收将加大我省企业出口欧盟的贸易成本 二是欧盟"绿色新政"对出口至欧盟的产品提出了新的要求。如在食品方面,新政提出不符合欧盟环境标准的进口食品不得在欧盟市场销售,并要求提供生产环境足迹;在自然资源方面,欧盟将重点推广不涉及森林滥伐和退化的进口产品;在化学品方面,要求提高对进口化学品内分泌干扰物的审查,确保实现无毒环境

续表

日本绿色贸易壁垒政策体系	一是肯定列表制度。《食品中农业化学品残留肯定列表制度》是日本于2006年正式引入的制度，其通过确定"豁免物质"、实行限量标准和实行一律标准三种方式来实施。该制度对包含维生素、矿物质和氨基酸等在内的65种物质不设置残留限量要求，针对各种具体农业化学品和具体食品制定最大残留限量标准，对最大残留限量标准和"豁免物质"之外的农业化学品制定一律标准，农作物农药残留为0.01ppm。标准繁多且变化多样，该制度对我省农产品出口起到很大的限制作用 二是命令检查制度。自主检查、监视检查、命令检查是日本三种行政性检查手段。其中，命令检查主要对具有比较高的规章制度违反率的进口食品实施检验检疫。被检查的进口货物检查比例为100%，即所有货物都要被强制检查，而检查费用是由被检查企业独立承担，并且只有在检测合格后才能办理通关手续，是三种行政性检查中最严格的一种，降低了我省农产品出口的价格优势和出口竞争力，对出口企业影响最大 三是检验检疫流程设置。日本主要由农林水产省与厚生劳动省两个政府部门依据农产品相关的法律法规与标准体系共同完成检验检疫工作。所有出口日本的农产品，首先要经过日本厚生劳动省的检疫之后再进行书面审查。若出现审查不合格的农产品，日本方面会勒令其进行自主检查与行政检查，无法通过的农产品会直接被回退或销毁
韩国绿色贸易壁垒政策体系	一是技术法规与技术标准。韩国利用技术法规、标准、检验等多种技术性措施进行严格控制。根据韩国KS认证，韩国将所有农产品都置于质量安全和检疫法规保护下，其主要制度包括转基因加工食品标识制度，水果、蔬菜、花卉病虫害检疫制度，口蹄疫及疯牛病疫区产品紧急进口限制制度，家禽肉检疫制度，水产品安全检疫检验制度，177种进口农产品原产地强制标识制度，农药和有害物质成分标准规定等 二是质量认证制度。韩国的质量保证体系基本框架包括KS标志认证制度、ISO 9000认证制度、ISO 14000认证制度、环境标准制度、环境成绩标志制度

2.维度二：按重点行业和出口商品分析绿色贸易壁垒影响情况

(1)机电产品。机电产品是我省外贸出口拳头产品。2022年我省机电产品出口额为8840.3亿元，同比增长16.5%（见表6）。产品主要销往美国、日本、韩国、德国、英国等。其中，美国约占30%，日本、韩国各约占20%，德国、英国约占10%。2020—2022年我省主要机电产品出口结构如表7所示。

表6　2018—2022年我省机电产品出口一览表

年份	机电产品出口额（亿元）	机电产品出口额同比增长	全省出口额（亿元）	占全省出口总额比重
2018	3980.6	2.7%	10569.6	37.7%
2019	4162.3	4.6%	11130.4	37.4%

续表

年份	机电产品出口额（亿元）	机电产品出口额同比增长	全省出口额（亿元）	占全省出口总额比重
2020	5590.7	34.3%	13054.8	42.8%
2021	7585.6	35.7%	17582.7	43.1%
2022	8840.3	16.5%	20355.8	43.4%

表 7　2020—2022 年我省主要机电产品出口结构

	2020 年		2021 年		2022 年	
	出口额（亿元）	同比增长	出口额（亿元）	同比增长	出口额（亿元）	同比增长
汽车零配件	916	−7.4%	1086.4	18.6%	1226.4	12.9%
电工器材	286.8	30.8%	402.8	40.4%	522.0	29.6%
游戏机及其零附件	344.2	42.3%	518.7	50.7%	771.1	48.7%
家用电器	209.2	72.7%	401.2	91.8%	396.0	−1.3%
电子元件	312.2	48.3%	435.4	39.5%	475.2	9.1%
高新技术产品	1063.5	15.7%	1312.9	23.5%	1382.9	5.3%

发达国家重点对我省机电产品的噪声、节能性、电磁污染、安全性、兼容性等设置技术标准限制。主要的绿色贸易壁垒采用形式有：机电产品技术法规、技术标准与评定程序，欧盟产品检验制度，欧美信息技术壁垒，美国产品包装和标识机制及评定程序强制加严产品出口流程。

(2)农产品。2022 年，我省农产品出口总额为 1394.0 亿元，同比增长 12.6%，占全省出口总额的 6.9%(见表 8)。水产品、蔬菜及食用菌为我省主要出口产品。产品主要出口到日本、东盟和欧盟，出口总额分别为 308.9 亿、247.8 亿和 179.2 亿元。其中，日本是我省农产品出口第一大市场，对日农产品出口占全省的近 1/4。

表 8　2018—2022 年我省农产品出口一览表

年份	农产品出口额（亿元）	农产品出口额同比增长（%）	全省出口额（亿元）	占全省出口总额比重（%）
2018	1150.3	−0.2	10569.6	10.9
2019	1234.5	7.3	11130.4	11.1
2020	1257.4	1.9	13054.8	9.6
2021	1238.4	−1.5	17582.7	7.0
2022	1394.0	12.6	20355.8	6.9

我省农产品贸易出口引发贸易摩擦、产品召回事件频繁发生，出口形势不容乐观（见表 9）。不符合检疫规定、药物残留、不可食用添加物等是我省农产品出口所遭遇的主要绿色壁垒。日本的肯定列表制度和碳标签制度、欧盟严苛的农药残留限量标准、美国繁杂的检测标准贸易保护制度都给我省外贸出口带来极大影响（见表 10）。

表 9　2017—2022 年我省农产品出口遭遇绿色贸易壁垒典型事件

年份	绿色贸易壁垒典型事件
2017	美国对中国进口柑橘实施了压迫性检疫，将我省列为柑橘高风险区，柑橘出口遭遇限制
2018	欧盟发布新的食品安全法规，对进口的食品产品提出了更加严格的标准要求。我省的一些蔬菜、水果因为不符合欧盟的标准而被拒绝进口
2019	日本针对中国的进口水稻强制执行了放射性检测，我省的水稻出口受到影响
	荷兰检测山东葡萄干二噁英超标，要求召回
	马来西亚检测山东某批次葡萄干氧化铝超标，拒绝清关
	韩国检测山东大闸蟹产品发现多氯联苯超标，暂停入境
2020	韩国对中国出口的苹果实施了更加严格的检验和检疫措施，我省苹果出口受限
	意大利检出山东某种水果存在果蝇，拒绝入境
	泰国检测出山东鸡肉产品存在沙门氏菌超标，暂停入境
	日本检测到山东蔬菜产品中农药残留超标，一度要求停止入境
	韩国检测出山东某批次海产品中组胺含量超标，拒绝入境
	美国检测出山东某种梨产品中二噁英超标，实施进口警告

续表

年份	绿色贸易壁垒典型事件
2021	东盟要求所有蔬菜、水果必须通过检测，并且实施零农药标准，这给我省的蔬菜水果出口带来了一定的压力
	德国检测到山东海产品存在非法添加剂，禁止入境
	新加坡检出山东某种圆贝类海鲜存在苯甲酸酯超标，拒绝入境
	日本检测出山东葡萄干中硫代二氧唑超标，拒绝清关
	美国检测山东葡萄干中芬必尼和扎来普隆超标，提高监督频次

表 10　美国、日本、韩国、欧盟对农产品出口企业设置的绿色贸易壁垒措施

	绿色技术标准	卫生检验检疫	认证体系	绿色标志及包装制度
美国	《联邦农药、杀虫剂、鼠药法》 《茶叶进口法》 《联邦进口牛奶法》 危害分析与关键点控制(HACCP)质量管理体系	《联邦植物虫害法》 《植物检验法》	美国食品药品监督管理局认证	《食品标签法》 《公平包装和标签法》
日本	《食品中农业化学品残留肯定列表制度》 《农药取缔法》 《农林物资规格化和质量表示标准法规》	《植物检疫法》 《食品安全法》 《家禽传染病预防法》	日本有机农业认证、有机农产品认证	原产地标签
韩国	《水产品质量管理法》 《畜产品加工处理法》	《家畜传染病预防法》	有机农产品认证	《韩国食品标签法》
欧盟	《欧洲议会和理事会条例》	肉类兽医检验	全球良好农业操作(Globle GAP)认证	欧盟生态标签、包装法令

(3)纺织服装产品。我省是传统的服装纺织出口大省。2022 年，我省纺织服装出口总额 2177.4 亿元，占出口总额的 10.7%。其中，服装及衣着附件出口额 1320.42 亿元，纺织纱线、织物及制品出口额 854.97 亿元，同比分别增长 8.4%和 3.0%(见表 11)。我省纺织品主要外销美国、日本、英国、韩国、德国、荷兰、法国等国家和地区。

表 11　2018—2022 年我省纺织服装产品出口一览表

年份	纺织服装产品出口额（亿元）	服装及衣着附件出口额（亿元）	服装及衣着附件出口额同比增长	纺织纱线、织物及制品出口额（亿元）	纺织纱线、织物及制品出口额同比增长	占全省出口总额比重
2018	1521.4	829.92	5.7%	691.44	4.9%	14.4%
2019	1558.1	872.36	5.1%	685.73	−0.8%	14.0%
2020	1867.4	978.60	15.7%	851.94	27.2%	14.3%
2021	2056.1	1224.43	25.1%	831.62	−2.3%	11.7%
2022	2177.4	1320.42	8.4%	854.97	3.0%	10.7%

碳关税、认证、标签、包装、材料、环保、技术标准、有毒有害物质限量要求是我省纺织服装出口需应对的主要绿色贸易壁垒。其中，欧盟共将纺织服装行业中 63 种经济活动或产品（包括纺织纤维制备和纺丝、非织造布和非织造布制品生产制造）纳入欧盟“第四阶段”碳排放市场碳泄漏清单。德国、美国、日本、瑞士、加拿大等国家积极开发“生态标签”认证制度，对进口国纺织服装品加以限制。

三、绿色贸易壁垒下我省外贸面临的堵点难点分析

（一）出口产品高碳化结构依旧明显

按照大类商品划分，我省出口贸易中排在前 10 位的大部分都是碳资源密集型的工业制成品，如纺织服装。研究显示，我国纺织行业在整个生产过程中能耗大约为 4.84 吨标煤/吨纤维，能耗较高，是传统的耗能大户。加工制造业也是我省出口贸易的主导产业，大部分加工制造业都属于高碳产业。我省制造业中高耗能行业投资占比达到 36.4%，消耗的能源总量占制造业能耗的 82.3%。在生态环保压力逐步增大的背景下，高耗能行业受发展惯性影响，能耗总量短期内难以大幅降低，传统“三高一低”（高投入、高能耗、高污染、低效益）类别对外贸易额仍占据较大比重。

（二）绿色外贸政策及规则研究不深不透

绿色外贸规则体系建设存在缺项。发达国家不断更新对进口商品质量认

证、国外注册等方面的要求,对商品包装在回收再利用、易于自然分解、保护消费者健康等方面层层加码。我国在绿色产品的生产工艺、加工水平、检测技术、标准体系等方面还较为落后。企业对外贸政策及规则运用存在盲区。以2022年1月生效的《区域全面经济伙伴关系协定》(RCEP)为例,作为高水平的自贸协定,RCEP不仅涉及关税减让,还包括技术性贸易壁垒等系列条款。我省贸促会调查显示,60%的企业对RCEP关税减让规则不了解,仅有4.3%的企业计划根据RCEP规则实施供应链调整、生产线转移等。

(三)国际合作层次和领域不够深入

我省在全球绿色低碳环保合作领域呈现出地理位置上的“东热西冷”的不均衡态势。我省现有绝大部分环保合作项目、技术来自日本和韩国,在中亚、中东、非洲等地的合作尚未完全打开局面,与欧美国家的绿色低碳合作进程不够深入。目前,我省环保产业国际竞争力较弱,主要是作为欧美国家低碳产品需求市场。我省出口市场高度集中,产品抗风险能力不强。以我省家纺产品为例,出口主要集中在美国、欧洲等,这种市场高度集中的贸易发展模式不利于规避国际贸易风险,企业容易受制于某个国家或地区的贸易制裁政策和反倾销措施。

(四)绿色技术政策保障体系仍不完善

绿色贸易政策更新反应不及时。向企业发送有关法律法规、外贸数据分析、外贸摩擦预警和相关政策信息,帮助企业提高应对外贸风险能力仍有提升空间,政策落地和执行效果有待完善。在进出口全流程各环节及延伸配套服务上仍待优化,如潍坊外贸企业对境外商法、保险存在较大政策诉求。部分外贸中小企业遭遇海外贸易纠纷、失信、国际商账追讨等问题,法律咨询成本高,法律维权难。当地保险公司还未推出外贸企业相关的正品险、货损险、有效期险、延时险、跨境货物运输保险等业务,保额比较低,不能满足外贸企业需求。

(五)企业风险防范及应对能力不足

我省企业作为绿色贸易壁垒的直接当事方,对海关程序和规则制度及出口国相关法律细节了解不足。前期调查问卷显示,我省许多企业缺乏处理国际贸易摩擦应对经验,不能及时反馈贸易出口中遇到的问题,存在被动应对产品召回或扣留等情况。企业缺乏精通绿色贸易规则,规避绿色贸易风险的高层次业务人才。企业绿色产品生产、绿色技术研发积极性较低,不利于我省企业应对国际更高的绿色产品认证标准等贸易要求。

四、绿色贸易壁垒下优化我省外贸发展的对策建议

(一)加快贸易低碳转型,构建绿色贸易体系

一是抢抓市场先机,助力贸易绿色转型。鼓励我省外贸企业前瞻性布局低碳高潜绿色赛道,全面融入绿色低碳产业链,推动对经济增长拉动作用强但耗能高的产业绿色升级,推进外贸产品全生命周期绿色环保转型。二是数字化赋能贸易发展新方式。推动发展跨境电商、海外仓、离岸贸易等贸易新业态新模式,促进我省产品出口数字化、绿色化、高端化转型。三是推动绿色技术和产品走出去。发展环境友好型贸易,围绕机电、农产品、服装纺织等重点出口产业,夯实高技术、高附加值绿色低碳贸易基础,淘汰落后产能,限制高能耗、高污染、高排放产品及服务的出口。四是充分发挥高水平开放平台作用。深入推进自由贸易试验区建设,积极推进国家级经济技术开发区、综合保税区的转型升级,发挥其在构建新发展格局中的重要枢纽作用,为我省外贸绿色发展作出更大贡献。

(二)强化绿色贸易规则研判,提高规则运用水平

一是加快建立重点产业出口预警机制。根据我省出口产品国际市场份额、出口产品安全敏感度、同类产品通报频率等相关贸易措施进行风险预警,开展出口贸易及目标市场绿色贸易措施变化的动态跟踪和监测。二是加强对国外绿色贸易壁垒政策及规则的收集和研究。参与国际规则和国际标准修订,加强影响评估、通报评议、交涉应对等相关基础支撑研究。建立涵盖主要贸易伙伴、重点敏感产业、关键准入要求的绿色贸易壁垒数据库。三是对标国外认证技术体系提升出口产品标准。对国际标准化组织和发达国家认证标准、关键技术开展研究,进行技术改造和产品升级。组建黄河流域农食产品评议基地联盟,争取更多技术性贸易措施研究评议基地落户山东。

(三)提高国际合作层次,完善绿色贸易合作机制

一是加强与主要贸易国家对话合作。积极开展清洁能源、低碳技术、海洋和森林资源保护等领域国际合作,形成双边或多边贸易协定,开展贸易区域间互补产业相关的合作交流项目。二是加强区域低碳合作。在绿色低碳、海洋绿色环保、节能节水等领域,推进山东与东盟、印度、以色列等的合作交流。三是实现出口市场多元化。积极借助"一带一路"建设、RCEP 的落地实现市场

的多元化,进一步扩大向日韩、东盟等传统市场出口,开拓更多新兴国家市场,提升自身谈判和议价能力,减少国家间绿色经贸摩擦损失。

(四)完善绿色贸易保障体系,提升贸易摩擦应对能力

一是用好政策"组合拳",加大政策扶持力度。利用好《全省稳外贸稳外资政策措施清单》《山东省对外贸易创新发展实施方案(2021—2022年)》《关于促进内外贸一体化发展持续打造对外开放新高地的若干措施》等政策为企业保驾护航。二是深化措施研究,针对贸易伙伴分类施策。对企业提供绿色贸易规则直通车服务,根据出口国经济发展情况、双边贸易关系特点制定具有针对性的绿色贸易壁垒应对方案,帮助企业做好应对工作。三是充分发挥行业协会的作用。帮助和指导企业积极调整进出口策略,协助解决绿色贸易壁垒争端。

(五)支持企业练好内功,强化绿色贸易话语权

一是引导企业开展产品绿色化转型。培育绿色低碳贸易骨干企业,建立出口产品质量安全管理体系和可追溯体系,开展出口产品碳足迹核算和认证工作,健全绿色环保检测体系,确保出口产品质量。二是出口企业加强对国外主要贸易国家标准、技术法规、认证要求等政策的收集研究,并积极建立应对机制。三是鼓励并扶持企业参与所在领域出口产品国际标准制定,争取产品标准制定话语权。主动开展技术创新和产品升级,形成技术水平领先于全球产业发展的标准,消除潜在的绿色贸易壁垒。

课题组成员:姜晶　孔峻岩　马彪　王昊宇　兰晓青

世界一流海洋港口与平台经济融合发展路径研究

当前，平台经济已成为创新和经济增长的新引擎，并渗透到许多行业领域。习近平总书记指出："我国平台经济发展正处在关键时期，要着眼长远、兼顾当前，补齐短板、强化弱项，营造创新环境，解决突出矛盾和问题，推动平台经济规范健康持续发展。"①大宗商品交易平台作为平台经济的重要组成部分和高标准市场体系的重要组成部分，在衔接市场供需、活跃内外贸易、提升定价能力及优化资源配置等方面发挥着关键性作用。而世界一流海洋港口作为大宗商品进口、储运、中转的核心节点，结合自由贸易试验区建设世界一流海洋港口是培育高能级大宗商品交易平台的最佳选择。同样，山东建设具有全国乃至国际影响力的大宗商品交易平台，将有助于促进山东港口转型升级，打造对外开放新高地，塑造开放型经济新优势。

一、发展优势

山东区位优势明显，港航资源丰富，发展大宗商品交易平台的潜力巨大，开展介于期货和现货之间的大宗商品交易拥有得天独厚的优势，且有助于建设形成多渠道、多层次、立体化的高标准市场体系，为探索和建设开放型贸易港发挥引领和示范作用。

（一）依托国家战略，区位优势明显

作为中国对外开放的重要前沿省份，山东依托"一带一路"倡议、中国（山东）自由贸易试验区、中国—上海合作组织地方经贸合作示范区、RCEP等，发挥着沿黄流域"出海口"和对外开放"桥头堡"的作用，是现代化产业链供应链的关键一环。自"一带一路"倡议提出以来，山东与"一带一路"沿线国家的贸

① 《习近平主持召开中央财经委员会第九次会议强调　推动平台经济规范健康持续发展　把碳达峰碳中和纳入生态文明建设整体布局》，《人民日报》2021年3月16日。

易领域不断拓展,贸易规模大幅增长,尤其是大宗商品交易量大幅增加。据济南海关统计,上半年,山东省对“一带一路”沿线国家进出口6322.4亿元,同比增长12%,占全国比重达到9.2%。其中,从“一带一路”沿线国家进口大宗商品6101.5万吨,占同期山东省进口大宗商品总量的37.1%,货值1906.5亿元,增长20.2%。从RCEP其他成员国进口大宗商品1153.3亿元,其中原油、煤炭分别增长65.8%、340.8%。随着国家战略的深入实施,作为全国大宗商品供应链的枢纽,山东大宗商品交易量会大幅提高,为发展大宗商品交易平台奠定了坚实基础。

(二)依托产业体系,先天条件优越

山东是制造业大省,工业基础好,产业体系优势明显,拥有全部41个工业大类,超过100种重点产品产量居全国前三位,是工业门类最齐全的省份之一。因此,山东也是全国大宗商品重要的生产和消费省份。山东生产最多的工业品主要为工业原材料类大宗商品,其中烧碱、机制纸及纸板、大中型拖拉机、原盐等产量均居全国首位,占全国比重分别为26.8%、18.2%、47%、20.2%,钢材、玻璃、纯碱、乙烯及硫酸等产品同样位居全国前列。[①] 同时,山东也是农业大省,大宗农产品优势同样明显。2022年,山东蔬菜总产量9045.78万吨,居全国首位,占全国的11.3%;肉类总产量844.51万吨,居全国首位,占全国的9.1%,其中,年产生鲜肉占到全国的30%,禽肉更是占到全国的47%;粮食总产量5543.78万吨,居全国第3位,占全国的8.1%;水产品产量881.27万吨,居全国第2位,占全国的12.8%;水果产量3032.59万吨,居全国第2位,占全国的9.9%。[②]

(三)依托世界港口,枢纽地位突出

山东港口资源丰富,包括青岛港、烟台港、日照港、龙口港、威海港、潍坊港、滨州港等,大宗商品吞吐量居全国前列。从总量看,2022年,货物吞吐量突破16亿吨,居全球第一,集装箱量突破3700万标箱,居全球第3位。山东港口是全国最重要的大宗商品集散地之一,通过山东港口装卸的货种数量占中国海关税则编码货类的95%以上,原油、铁矿石、铝矾土、粮食等进口量分别占全国的1/3、1/4、3/5、1/5。分港口看,青岛港是全球最大铁矿石进口港口、全国最大的棉花进口口岸、全球第二大橡胶交易口岸,货物和集装箱吞吐

---

① 数据来源:《中国统计年鉴(2021)》《山东统计年鉴(2021)》。

② 数据来源:国家统计局。

量分别居全球第4和第5位。日照港吞吐量达5.4亿吨，稳居全球第9位，7个货种居全国首位，8个货种过千万吨，铁路货运量突破1亿吨，居全国沿海港口铁路首位。烟台港货物吞吐量达4.2亿吨，居全球第13位，完成集装箱吞吐量412万标箱。[①]

（四）依托政策合力，平台初具规模

早在2013年8月，山东省出台了《关于加快全省金融改革发展的若干意见》，提出“探索研究介于现货与期货之间的大宗商品交易市场”。后陆续出台颁布实施全国首个地方金融条例《山东省地方金融条例》和《山东省交易场所监督管理办法》，设立山东交易市场清算所，在全国率先构建具有金融属性、介于现货与期货之间的大宗商品交易市场法律和监管体系。2022年，印发《山东省人民政府关于加快推动平台经济规范健康持续发展的实施意见》，指出聚焦大宗农产品、海洋产品、能源产品和基本工业原料等领域建设大宗商品交易平台。2023年1月，省委、省政府印发《山东省建设绿色低碳高质量发展先行区三年行动计划（2023—2025年）》，提出支持日照打造大宗商品交易中心。省政府印发《中国（山东）自由贸易试验区深化改革创新方案》，提出提升现有大宗商品交易场所服务能级，支持开展介于现货与期货之间的大宗商品交易业务，争取支持允许非居民按照规定参与交易。截至2022年，通过山东省金融局审批开展介于现货与期货之间的大宗商品交易业务的交易场所已达到9家[②]，居全国前列。其中，山东大宗商品交易中心“港云仓”业务自2021年试运营以来，电子仓单融资累计超477万吨，融资额突破56亿元，规模居全国首位，并在全国首创“介于现货与期货之间”的掉期交易模式。同时，山东港口联合新华社中国经济信息社打造“新华·山东港口大宗商品指数体系”，获准在国家发展改革委价格监测中心官网全程更新发布，行业影响力大幅提升。

二、面临挑战

2022年，中共中央、国务院发布《关于加快建设全国统一大市场的意见》，明确指出“加快推进大宗商品期现货市场建设，不断完善交易规则”，这意味着

① 数据来源：山东港口。

② 9家开展介于现货与期货之间的大宗商品交易平台为：青岛国际能源交易中心、齐鲁农产品交易中心、华东石油交易中心、东亚畜牧现货产品交易所、国商商品交易中心、威海国际海洋商品交易中心、山东大宗商品交易中心、临沂国际商品交易中心、牡丹国际商品交易中心。

国家支持大宗商品交易平台发展已进入新阶段。新形势下,全国各地正在加快建设大宗商品交易平台,下好开局"先手棋",抢抓发展新机遇。

(一)从全国布局看,省际竞争格局日趋激烈,发展"窗口期"缩短

全国前十大货物吞吐量港口均在自身禀赋基础上,积极规划建设本地大宗商品交易平台。其中与山东港口大宗商品品种相似且竞争力较强的港口主要有以下几个:南方港口中,宁波的中国(浙江)大宗商品交易中心是国内唯一由国务院批准设立的大宗商品交易管理与监督中心,其占据优势的品种主要有石油化工、铁矿石、煤炭、木材等产品;上海港依托上海期货交易所、上海国际能源中心、上海石油天然气交易中心等众多大宗商品交易平台,其交易品种主要包括金属、石油、化工等。北方港口中,天津保税区大宗商品交易市场是设立在保税区的大宗商品交易市场,承办粮食、煤炭、木材、钢材、化肥交易;唐山港正积极推动实施矿石、原油、天然气储备基地,强化"大港口"枢纽作用,拓展"大贸易"服务功能。此外,广州港、苏州港、北部湾港以及其他较大港口均在本地优势货物基础上加快建设大宗商品交易平台。总体上看,大宗商品交易平台省际竞争愈发激烈,已成为港口转型升级的必争之地。

(二)从自由贸易试验区发展看,大宗商品交易平台与自由贸易试验区结合不够

目前,在我国的各个自由贸易试验区中,很多省份都建立了大宗商品交易平台,借助自由贸易试验区大宗商品交易、期货保税交割等政策及经验发展大宗商品交易平台。据统计,自 2013 年自由贸易试验区推进实施以来,全国有 12 个自由贸易试验区相继成立了各种类型的大宗商品交易平台,以促进大宗商品市场的创新和发展。这些平台涵盖了能源、基本工业原料、大宗农产品等多个领域,为各类企业提供便捷、高效的交易服务。中国(上海)自由贸易试验区内设立了 8 家从事能源产品、基本工业原料和大宗农产品交易的大宗商品交易平台;中国(天津)自由贸易试验区内设立了 4 家从事煤炭、铁矿石、原油及衍生品、粮油等农产品交易的大宗商品交易平台;中国(福建)自由贸易试验区内设立了 2 家从事石油化工、红酒交易的大宗商品交易平台;中国(浙江)自由贸易试验区自贸试验区内设立了 4 家从事石油化工、铁矿石、海产品、农产品交易的大宗商品交易平台等。这些大宗商品交易平台在自由贸易试验区的建设中发挥了重要作用,为自由贸易试验区内的企业提供了更加便捷和高效的交易渠道,促进了大宗商品贸易的发展。相比之下,我省自由贸易试验区建设起步晚,还处于建设阶段。

(三)从市场影响看,规模相对较小,平台与港口融合不足

虽然山东港口货物吞吐量居世界首位,铁矿石、铝矾土、原油、粮食等进口量占全国比重较大,但涉及相关种类的大宗商品交易平台规模小,且都处于相互独立的状态,港口与平台之间、平台与平台之间没有形成良好的互动合作关系,不能产生区域集群效应,资源配置功能较差。以山东港口进口量最大的铁矿石为例,铁矿石交易分为直接进口和国内港口现货交易,省内需求方以直接进口交易为主。直接进口交易绝大部分采用指数定价方式,以新加坡普氏指数为主,其他还有 MBIO 指数(MB Iron Ore Index)①,而指数及交易规则多是矿山主导。国内港口现货交易则采用固定价方式,由于中国需求的铁矿石80%以上依赖进口,影响价格因素较多,导致价格波动幅度较大,如 3 月价格最高达 133 美金/千吨,5 月则降为 97 美金/千吨,十分不利于企业发展。日照钢铁采购的大宗商品中最大品种是铁矿石,全部采用国外矿,日照钢铁通过与国外矿商直接签订合同,大宗商品交易平台发挥资源配置的作用十分有限。

(四)从市场运行看,相关资源配套不足,平台发展缓慢

一是人才资源配置不足。大宗商品交易平台是一项介于期货和现货之间的新兴事物,缺少可借鉴经验。既需要懂软件技术开发、互联网技术、电子商务运营等的信息技术人才,也需要懂金融、物流及现货行业等的专业人才,更需要跨领域的高端综合性人才。现在大部分从业人员专业能力不足,跟不上市场发展对人才的需求。二是金融资源配置不足。金融供给渠道不完善,受前期贸易融资风险事件影响,银行系统对开展类似“港云仓”的创新金融产品态度比较谨慎,行业内风险评估、产品设计、制度建设、系统建设等方面比较滞后;金融政策配套不完善,金融机构在处理违约电子售单业务时处于相对弱势地位,因为不能获得进项增值税发票抵扣而损失总货款的 13%。三是产品创新配置不足。运作模式相对单一,盈利能力弱。交易结算方面,市场的交易量较低,服务费收入水平不高。电子仓单服务方面,市场影响力、认可度和品牌知名度有待进一步提升,交易规模较山东港口货物吞吐量仍存在不小差距。

(五)从市场监管看,政策储备不足,平台面临风险较大

为了更好培育大宗商品交易平台,山东制定实施了一系列法规,从政策的

---

① MBIO 指数是采集钢厂、铁矿石供应商和贸易企业三方面的价格和成交数据,排除异常数据,对不同产地、不同品位、不同港口的成交数据进行科学计算而成的指数。

高度进行了科学的顶层设计，为此类市场建设明确了法律身份、设立条件、经营范围、业务模式和监管制度，奠定了制度基础。但大宗商品交易平台仍处于探索阶段，相关监管政策未成熟。具体操作中，在风险控制、结算方式等方面与期货交易有类似的相关机制，但在很多方面又不同于期货交易。目前缺少有效的管理办法来规范大宗商品交易平台，导致市场陷入“一放就乱，一管就死”的怪圈，影响了大宗商品交易平台长期战略的制定和实施。调研发现，相比以往过度投机的市场主体，目前大宗商品交易平台参与主体以产业客户为主，出现了市场交易频率低、流动性严重不足的问题。

三、意见建议

山东建设具有影响力的大宗商品交易平台，需立足国家战略，结合山东实际，从更高站位上思考和谋划有山东特色的发展路径，将产业链、金融链、供应链、数字链、人才链等要素资源与港口发展有机融合，实现全方位配套服务，建立一个有机的生态圈，抢抓战略机遇期，形成“大宗交易平台＋储运基地＋一流港口＋现代金融＋自由贸易试验区”的“五位一体”发展模式，培育若干千亿级、万亿级交易平台，助力港口实现新发展。

(一)聚焦经济高质量发展，加快布局省内优势大宗商品

基础原料类大宗商品与生产经营活动密切相关，是制造业发展的基础，也是建设绿色低碳高质量发展先行区的重要保障。通过做大做强相关原料类大宗商品交易平台，运用市场手段优化配置大宗商品的进口、储运和交易。在上游形成资源控制，提升大宗商品定价能力，在下游加强渠道和物流商品体系建设，构建起稳定的供应链。一是构建稳定的金属矿产类大宗商品供应链，重点做大做强铁矿石、铝矾土、电解铝及钢材等品种。二是构建稳定的能源类大宗商品供应链，重点发展煤炭、原油、天然气等品种。三是构建稳定的化工类大宗商品供应链，重点布局橡胶、硫磺、甲醇、沥青、化肥、纸浆等品种。四是构建稳定的农业类大宗商品供应链，重点布局粮食、木材、海产品及特色农产品等品种。通过构建稳定的供应链减缓国际大宗商品价格剧烈波动对上下游的不良冲击，增强应对未来全球经济周期性波动的能力，为实现绿色低碳高质量发展提供坚实的物质基础。

(二)聚焦港口转型升级，促进由装卸港向枢纽港和贸易港转变

山东发展大宗商品交易平台应与建设世界一流海港融合发展，充分发挥

港口在经济发展中的支撑作用和在稳定供应链中的核心节点作用。鼓励港口加大对大宗商品交易平台建设的支持力度。省内，支持山东港口对接省内各市，以山东大宗商品交易中心为核心，在全省铺开大宗商品交易“1＋N”发展格局，将各市优势商品纳入进来，依托大宗商品交易平台，服务全省绿色低碳高质量发展。省际，继续推动期货现货联动，与全国各个期货交易所进一步加深合作，共同探索推进报价专区、交割仓库的新增及扩容等业务，在此基础上探索推进期货交易所与大宗商品交易平台开展期货现货联动业务。国际，支持山东港口对标世界知名贸易港口，设计具有国际竞争力的支持政策，吸引新型离岸国际贸易头部企业入驻大宗商品交易平台。依托山东港口，构建国内与国际相结合的大宗商品良好生态圈，并反过来促进港口由装卸港向枢纽港和贸易港转变。

（三）聚焦产业链稳定，建立国家大宗商品储运基地

当前，美国将大宗商品供应链政治化、战备化、阵营化趋势愈发明显，意图将中国排挤出全球供应链，大宗商品供应链安全问题愈发突出。重要矿石作为国家战略矿产资源，对产业链安全具有压舱石作用，大力增加山东储备基地建设可有效保障我国沿黄流域原油、铁矿石、战略性金属矿石、粮食等相关产业链安全。一是争取国家政策支持，在青岛、日照及烟台等港口建设国家大宗商品储运基地，并在用地用海方面给予政策支持，全力打造国内国际双循环战略枢纽。二是探索建立多元化的大宗商品储备新模式，构建国家储备与商业储备相结合的储备体系，提升储备基地对外开放度，既可引入民间资本，开展民营代储模式，以商业化运作提升储备运营效率，也可引入其他国家资本，开展外资代储模式，以储备形式“捆绑”国外企业与国内市场，提升抗风险能力。三是可优先开展山东港口进出口量比较大的大宗商品储运基地试点，比如铁矿石、油品及铝矾土等。四是加快现代仓储物流基地建设，完善配套基础设施，推进山东港口各区域间仓单信息互联、互通、互认、共享，实现信息流与货物流的深度绑定，从根源上消除“虚假仓单”“重复质押”“一货多卖”等风险，改善市场生态，保障大宗商品交易平台安全平稳运行。

（四）聚焦金融配套服务，推动大宗商品交易平台提速增效

大宗商品交易平台的发展需要现代金融服务给予配套支持。要进一步完善与大宗商品交易平台发展相配套的金融服务。一是积极与银行沟通对接，支持大宗商品交易平台开展类似“港云仓”等电子仓单产品创新和融资授信等业务。二是鼓励金融机构入驻交易市场，在合规审慎前提下提高授信额度，满

足日益增长的融资需求。三是创新融资申报模式,优化银行授信审批流程,提高融资效率,降低企业授信门槛和融资成本。四是鼓励大宗商品交易平台创新金融产品,借助类标准化合约、场外期权、掉期交易等多种交易方式,充分利用标准仓单融资等工具,开展大宗商品交易业务,为相关企业提供更多更优的融资服务。

(五)聚焦自由贸易试验区发展,变"流量经济"为"增量经济"

推动大宗商品交易平台与中国(山东)自由贸易试验区融合发展,用好自由贸易试验区政策,创新大宗商品现货市场保税交易制度,开展大宗商品现货离岸交易业务,构建大宗商品"数字化仓储+数字化交易+数字化金融"贸易生态体系。一是搭建统一的大宗商品交易平台,方便企业进行交易,推动贸易便利化,进一步整合现有的大宗商品交易平台,以山东大宗商品交易中心为龙头平台,通过联网或股权兼并打造具有全国影响力的大宗商品交易平台。二是探索"电子商务+现代物流+供应链融资"运营模式,优化提升平台服务水平,采用人工智能、区块链、云计算等为大宗商品产业链上下游企业提供信息、交易金融支持、物流支持等一站式产业服务,鼓励大宗商品交易平台在服务实体经济方面大胆创新,助力企业降本增效,准确地掌握市场动态,为投资者提供决策依据。三是优化财税政策,缓解平台建设前期设施投入压力,促进平台企业尽快形成规模。四是加强宣传推介,提升平台影响力。省级层面加大对大宗商品交易平台的宣传力度,让更多行业部门、企业团体深入了解平台业务模式,扩大大宗商品交易平台影响力。

(六)聚焦平台监管制度,构建公平透明的规则体系

一是优化平台企业市场准入规则。既要给予平台企业先行先试的机会,审慎出台准入限制政策,保障市场主体依法平等进入大宗交易平台,又要加强投资监测监管,防范资本并购造成排除、限制竞争等问题。二是以鼓励创新为原则,在严守安全底线的前提下为平台企业提供优良的成长空间,采取行政指导、行政约谈等柔性执法方式,谨慎使用行政处罚等执法措施。三是完善平台金融风险管控规则,强化功能监管和综合监管,完善跨界、交叉型金融产品穿透式监管规则。四是强化平台协同治理,坚持线上线下一体化监管原则,实现审批、主管与监管部门权责统一。加强部门统筹协调,强化政策联动和协同配合,避免重复执法、重复检查。

课题组成员:王永冲　孙斌　田焱　马春晓　傅增清　陈玉婷

山东省大宗商品贸易生态体系建设研究

新时代背景下，我省需要抓住数字化发展快车道的机遇，完善构建大宗商品“数字化仓储＋数字化交易＋数字化金融”贸易生态体系。本文梳理大宗商品贸易发展现状，结合国内外大宗商品贸易建设的先进案例，对我省构建大宗商品贸易生态体系提出建议：一是加强大宗商品龙头企业头雁效益；二是完善大宗商品贸易商品库；三是扩大数字化仓储储能；四是优化数字化风控手段；五是构建数字化交易平台；六是推行积极的港口政策。

一、大宗商品贸易生态体系的现实意义与内涵

大宗商品指的是可进入流通领域，但非零售环节，具有商品属性，用于工农业生产与消费的大批量买卖的物质商品。在金融投资市场，大宗商品指同质化、可交易、被广泛作为工业基础原材料的商品，如原油、有色金属、农产品、铁矿石、煤炭等。由于大宗商品多为工农业基础，处于最上游，因此其供需状况与价格变动会直接影响整个经济体系。例如，铜价上涨将提高电子、建筑和电力行业的生产成本，石油价格上涨会导致化工产品价格上涨并带动其他能源如煤炭和替代能源的价格和供给提升。在世界 500 强企业中，涉及大宗商品开采、生产、加工、贸易的企业约占 16%。最新世界 500 强中国企业名单中，前 10 位中 5 家企业涉及大宗商品领域，可以说大宗商品的市场地位举足轻重，对经济发展、国计民生有巨大影响。

2018 年，国务院发布《关于支持自由贸易试验区深化改革创新若干措施的通知》(国发〔2018〕38 号)，提出支持在自由贸易试验区（简称“自贸试验区”）依法合规建设能源、工业原材料、大宗农产品等国际贸易平台和现货交易市场。此后，各地自贸试验区的大宗商品交易市场利用先行先试的政策优势，服务于国家战略，进行交易模式的探索和试验。

2023 年 1 月，山东省人民政府在《中国（山东）自由贸易试验区深化改革创新方案》中提出“构建大宗商品‘数字化仓储＋数字化交易＋数字化金融’贸易生态体系”，这是我省第一次提出建设关于大宗商品的贸易生态体系的思

路。当今世界正面临百年未有之大变局,叠加复杂严峻的国内外形势和诸多风险挑战,我省面临的经济环境更加错综复杂,新一轮科技革命和产业变革不断深化,需要抓住数字化发展快车道的机遇,构建大宗商品贸易新体系,增强产业链供应链韧性和提升安全水平。

结合大宗商品的类型和特点,总结国内外专家学者定义研究,大宗商品"数字化仓储+数字化交易+数字化金融"贸易生态体系是指适应数字化发展背景下的仓储、交易及金融三位一体的新型大宗商品产业生态服务体系,围绕大宗商品贸易流通,通过大数据技术安全、高效地链接金融服务与现代生产运输领域,形成平台中心、共享资源、多链条融合、多功能叠加的贸易架构,对制造业稳链强链、现代化产业升级有巨大推动作用。数字化、网络化、智能化是其基本特征:一是充分利用数字经济优势,基于智能化技术发展新型基础设施、新型应用模式和新型贸易生态;二是利用网络化技术连接提升大宗商品传统贸易链条,实现贸易数字化进程;三是数字赋能、高效协同,使交易互联网、工业互联网成为大宗商品贸易流通的基本支撑。

二、我省大宗商品贸易发展现状

(一)我省大宗商品贸易生态体系发展优势

1.大宗商品市场规模大、潜力足、活力强,具有雄厚的基础优势

一是大宗商品流通种类超千种。我省大宗商品供应链行业赛道众多,从宏观角度看,拥有41个工业大类,超过100种重点产品产量居全国前三位,各个行业上中下游产业形成聚合优势。同时,山东是全国大宗商品重要的生产和消费省份,其中工业品主要集中在原材料类大宗商品,烧碱、机制纸及纸板、大中型拖拉机、原盐等产量均居全国首位;农产品产量优势明显,蔬菜、肉类总产量均居全国首位。

二是大宗商品市场规模呈扩大趋势。市场规模方面,2022年年末全省各类市场主体1404.5万户,同比增长5.8%。在大宗商品领域,我省粮食物流运输方面,需求保持平稳增长。2022年,全省社会物流总额28.5万亿元,同比增长3.2%。其中工业品物流总额12.2万亿元,同比增长2.5%;商贸物流总额10.3万亿元,同比增长1.9%;农产品物流总额9423.5亿元,同比增长4.8%。

三是对外贸易增长势头强劲。2022年,全省进口货物物流总额1.3万亿元,同比增长10.3%。2023年,我省货物进出口总值3.3万亿元,同比增长

1.7%。其中，出口1.9万亿元，增长1.1%；进口1.3万亿元，增长2.7%。贸易结构继续优化，一般贸易进出口增长2.4%，占全省进出口总值的65.2%。机电产品出口增长7.0%，占全省出口总值的46.0%。民营企业进出口增长3.9%，占全省进出口总值的74.3%，占比提升1.6个百分点。区域交流合作不断深化。对共建"一带一路"国家进出口增长3.3%，占全省进出口总值的56.3%，占比提升0.8个百分点。上半年，自RCEP其他成员国进口大宗商品1153.3亿元，原油、煤炭分别增长65.8%、340.8%。

2.开放政策赋能、产业禀赋突出、区位优势明显，具有独特叠加优势

一是我省政策和监管体系优势赋能。山东高度重视大宗商品贸易平台发展，2013年出台《关于加快全省金融改革发展的若干意见》，提出"探索研究介于现货与期货之间的大宗商品交易市场"，后颁布实施全国首个地方金融条例《山东省地方金融条例》，出台《山东省交易场所监督管理办法》，设立山东交易市场清算所，在全国率先构建具有金融属性、介于现货与期货之间的大宗商品交易市场法律和监管体系。

2023年，我省加强顶层设计、多方发力，从交易、仓储、流通、金融等方面印发方案举措。1月，省委、省政府印发的《山东省建设绿色低碳高质量发展先行区三年行动计划（2023—2025年）》提出：支持日照打造大宗商品交易中心；打造黄河流域大宗商品进出海骨干通道、陆海联动转换枢纽。《中国（山东）自由贸易试验区深化改革创新方案》强调，构建大宗商品"数字化仓储＋数字化交易＋数字化金融"贸易生态体系，提升现有大宗商品交易场所服务能级，支持开展介于现货与期货之间的大宗商品交易业务等。

二是腹地大宗商品资源禀赋优势赋能。我省是大宗商品基础产业大省，是全国乃至全球最集中的制造业基地之一，产业禀赋突出、区位优势明显，山东位于"一带一路"十字交会点，是新旧动能转换综合试验区、中国（山东）自由贸易试验区、中国—上海合作组织地方经贸合作示范区、黄河流域生态保护和高质量发展先行区等一系列国家战略叠加区。

三是山东港口世界级航运枢纽优势赋能。山东港口处于国际联运大通道之上，西联中亚欧洲、东接日韩亚太、南通东盟南亚、北达蒙俄大陆，是国际最为重要的商品流通枢纽。同时，山东港口群具有发达的码头、管线、仓储基础设施，腹地内陆港和物流配套完善，拥有主要港区21个，沿海港口万吨级以上泊位358个、内陆港32个、生产性泊位360余个、集装箱航线320余条，为大宗商品交易提供了硬件支撑。2022年，山东港口货物吞吐量突破16亿吨，集装箱量突破3700万标箱，稳居全球第一、第三位。作为全国最重要的大宗商品集散地之一，山东港口的装卸货种数量占中国海关税则编码货类的95%以

上,原油、铁矿石、铝矾土、粮食等进口量分别占全国的1/3、1/4、3/5、1/5。

(二)我省大宗商品贸易生态体系发展不足

一是大宗商品储备能力亟待提升。当前,大宗商品价格波动引起的输入性通胀问题愈发频繁,储备能力不足,无法化解大宗商品价格冲击。在应对供给和价格波动方面,我国政策工具包依旧单一,大宗商品价格上涨首先抬升制造业成本,进而推升通胀水平。我国是制造业大国,初级原材料价格上涨,会推升制造业原材料如钢铁、铜、化纤等产品价格,宏观经济数据上表现为PPI走高。汽柴油、化肥、农药、种子等产品的价格上涨,会抬高农业生产成本,进而传导影响CPI,构成通胀压力。同时,提升战略储备以减弱外来冲击能力迫在眉睫。目前全球资源型商品的价格持续上升,价格的波动周期呈现缩短趋势。研究显示,商品价格涨跌超过25%的大周期出现的频率增加且持续时间缩短。每个大周期持续时间由布雷顿森林体系崩溃之前平均约20年,缩短至布雷顿森林体系崩溃之后的3年左右。① 我国制造业大国的地位强化了资源的对外依赖程度。从国际市场购买能源和原材料,同时将加工制成品销往国外的"两头在外"的生产模式意味着我国的宏观经济极其容易受到国际市场资源供给偏紧和价格动荡的冲击。

二是暂未形成具有规模的垂直链和水平链。从行业预期上看,由于当前经济复苏不均衡、进口能源产品和大宗商品需求疲软、需求供给失衡,加之市场需求释放不足、高能耗行业景气度走低等影响,部分公司贸易前景较为悲观。从企业定位上看,市场定位与精细化发展还有欠缺,同质化竞争较为激烈。以大宗商品物流运输行业为例,大部分企业项目单一、服务模式固化,面对不同的仓储物流需要,单纯提供货品承运服务及仓储保管服务,或单一的服务模式无法满足客户多元化需求。从供应链协同上看,上下游协同能力有待提升,目前大多数大宗仓储物流企业未建立上下游企业协同平台,无法与上下游企业实现信息共享、单证对接,建立紧密的合作关系,规避安全风险,更无法以货运仓储为核心进行业务拓展,实现大宗商品供应链的一体化全面发展。

三是各部门数字资源共建共享仍需加强。大宗商品贸易所涉及的数据资源规模庞大,流通环节多,但价值潜力尚未充分释放。大宗商品交易、仓储、运输涉及众多管理机构,由于各机构管辖归属不同,在业务协调和管理尺度上存在诸多不同,在此基础上,各部分进行各自独立的电子化发展,不同平台、不同

---

① Cashin P, McDermott C, "The Long-Run Behavior of Commodity Prices: Small Trends and Big Variability", *IMF Staff Papers*, vol. 49, no.2(2001),pp.175-199.

地方、不同企业之间的数字鸿沟未能有效弥合，政企数据共享权责边界模糊，不同部门个性、专业化的业务框架和系统使得数据联通、整合与共享不足，无法实现信息迅速传输和共享，达不到各部门、单位及业务流程的互联互通，导致“数据孤岛”现象。

（三）我省大宗商品贸易生态体系发展新模式

1.数字仓储、数字贸易、数字金融三位一体的新型大宗商品贸易生态体系——以大宗商品数字仓库落地青岛自贸片区为例

2022 年 4 月，中国（山东）自由贸易试验区青岛片区（简称“青岛自贸片区”）正式发布面向大宗商品贸易及仓储行业的数字仓库。青岛自贸片区联合京东科技集团、中储京科供应链管理有限公司等科技领军企业，以青岛自贸片区范围内仓储企业为试点，聚焦贸易、交易环节的基础——仓储物流的安全和效率，对试点仓库进行数字化升级，提供了一系列综合数智化解决方案。

创新落地数字仓库。数字仓库以物联智能感知和货物信息数字化为核心，构建园区管理、仓储调度、货物安全的物联网监控监管解决方案，为数字园区系统和数字仓储系统提供物联网基础设施服务，为数字仓单、数字贸易提供优质、高效、安全的物联网管控生态。例如，布设高清监控摄像机抓取货物轮廓信息，实现 AI 看货；通过电子围栏分类设置存储区域、禁入区域、危险区域，当货物轮廓发生变化、受限车辆与人员闯入时均会发出告警，实现 AI 守货；针对某些对温度、湿度要求严格的货物，设置高灵敏温度、湿度传感器，实现智能环境监测，避免货物因环境变化导致损毁等。

协同发展数字金融。随着数字仓库的投入使用，全国首笔基于政府数字基建的提单转仓单质押融资业务顺利落地。

出台完善制度规范。2023 年 6 月，青岛自贸片区发起了数字仓库联盟，并发布了经山东省大数据局审定的《大宗商品数字仓库建设规范》，填补了目前国内大宗商品数字仓库建设标准的空白。

规划新型数智园区。2022 年 4 月 10 日，《关于加快建设全国统一大市场的意见》提出，建设现代流通网络，优化商贸流通基础设施布局，加快数字化建设，推动线上线下融合发展，形成更多商贸流通新平台新业态新模式。港口在从传统型运输中心向高附加值物流中心转变的过程中扮演的角色愈发重要，未来，青岛自贸片区将结合国家、山东省、青岛市战略部署以及前沿技术产业发展趋势，通过打造青岛自贸片区主导产业、新兴亮点与未来赛道协同发展的新型数智园区，塑造数智化赋能的核心竞争力。

2.“交易＋仓单”的交易中心特色发展模式——以山东大宗商品交易中心

率先在省内同类交易场所中形成特色发展模式为例

山东大宗商品交易中心于 2014 年 5 月成立，是全省首家介于现货与期货之间的大宗商品交易场所、山东省首家获批交易业务许可证的大宗商品交易场所。

上新优化交易业务。山东大宗商品交易中心率先成为山东省首家获颁交易业务许可证的商品类交易场所，链接现货与期货市场，打造形成期现联动新模式，通过掉期交易、仓单挂牌、订单专场等多种交易模式，满足产业客户多元需求。新增热轧卷板 C 料、橡胶、沥青等交易品种，进一步扩大黑色冶金、能源化工板块品种覆盖面；深耕钢材交易品种，完成热轧 C 料掉期交易优化上线，随着交易上量、交收业务逐笔落地，交易产品服务实体企业功能切实显现。

科技赋能转型升级。电子仓单综合服务业务全国领先，依托港口仓储、物流等资源，运用物联网、区块链技术，山东大宗商品交易中心创新打造山东港口"港云仓"电子仓单综合服务平台(见图 1)，推动港口货物仓单化、仓单金融化。与贸易公司传统融资方式相比，电子仓单融资具有成本低、放款快等显著优势。截至 2022 年 8 月，累计完成电子仓单注册量近 4700 万吨，融资业务量超 190 万吨，融资金额超 18 亿元，电子仓单业务开展全面提速、增量突出。

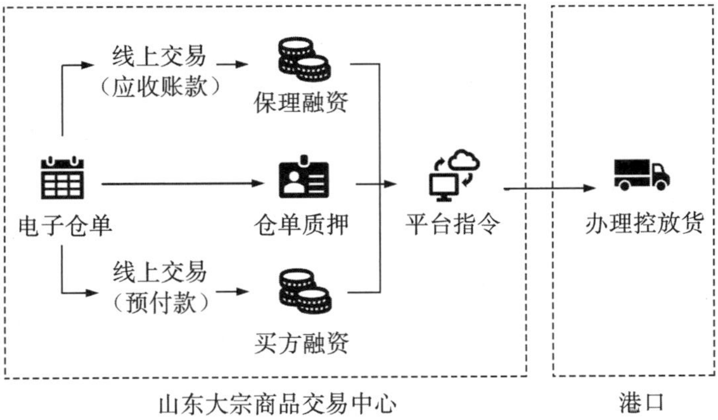

图 1 "港云仓"电子仓单综合服务平台流程

积极融入港口主业。以"交易＋仓单"为纽带，积极融入港口主业，为客户提供一站式大宗商品交易、交收、结算、融资、风险管理等服务。在交易品种开发、仓单推广方面实行"军团作战"，定制化提供"电子仓单＋供应链金融＋期货经纪"综合金融服务，储备诸多港口内外产业客户，实现各港区、多货种电子仓单融资业务落地，协同完成融资业务近 30 笔、融资量超 80 万吨、融资额近 7 亿元，拓宽发展渠道与路径。探索新型业务模式，为非主流品种和行业头部企业量身定制专场交易，实现沥青品种订单专场业务落地；“大宗商品交易中心＋港信期贸”实现内生联动，联合开展新点价交易模式研究与新系统建设，丰富产业客户跨市场经营和资产风险管理渠道。创新港口期货交割业务管理方式，牵头组建山东港口交割中心，科学统筹再进一步；与上海期货交易所沟通推进区块链电子仓单登记中心合作，实现首笔标准仓单转现货仓单融资落地，期现联动再添新彩；与大连商品交易所签署信息合作协议，推动共建多层次大宗商品交易市场体系，互联互通持续提升。

积极参与指数建设。山东大宗商品交易中心积极参与“新华·山东港口大宗商品价格指数体系”建设，为港口贸易活动提供价值基准和有效参考，助力全国统一大市场建设，服务国家大宗商品贸易定价权话语权建设；联合港信期货举办矿石、焦炭、油气等货种的高端投资沙龙活动，共同商谈行业生态与产业合作，提升港口服务客户的广度和深度。

三、国内外大宗商品贸易先进经验案例

(一)浙江促进大宗商品贸易发展的主要做法——以舟山片区发展为例

瞄准战略定位。舟山片区按照国家赋予的“打造以油气为核心的大宗商品资源配置基地”的战略定位，深化“一中心三基地一示范区”建设，走出了一条以油气全产业链为特色的“无中生油”差异化发展道路，成为我国油气产业制度创新和油气企业集群发展的开放高地。

积极改革探索。积极对接国际高水平经贸规则，在大宗商品领域改革“深水区”“无人区”敢闯敢试、先行先试，积极开展首创性改革探索，构建国内最高水平大宗商品领域改革试验发展平台，先行探索大宗商品特色自由贸易港。为促进油气等大宗商品便利化，海关总署曾经一次推出了46项创新举措，其中有20项是专门为中国(浙江)自由贸易试验区量身定制的。

推出新业务模式。浙江国际油气交易中心相继推出了代理拍卖、“代采＋配送”等新业务模式，形成了一揽子供应链集成服务，与银行合作开展订单融资配套服务，与期货公司合作探索风险管理服务，成为自贸试验区油气企业集聚发展的“催化剂”。

丰富价格指数体系。2023年1月，发布浙江省首个油品仓储市场指数产品——“舟山油品仓储综合价格指数”，方便企业快速了解舟山油品仓储成本变动趋势；推出“中国舟山高硫燃料油保税船供卖方报价”，形成覆盖保税燃料油低硫、高硫两大品种的“舟山价格”；试运行浙江省首个LNG价格指数“浙江

地区液化天然气现货基准价”。

提高营商服务环境。聚焦大宗商品，打造一流专业营商环境。海关总署以支持自贸试验区建设为抓手，聚焦服务大宗商品基地建设，不断优化进口原油检验监管要求和流程，积极探索业务创新，持续加大放管服力度，简化燃料油申报流程，实现办理“一次都不用跑”。

(二)新加坡促进大宗商品贸易发展的经验做法

进出口环节便利。在企业资质和配额许可方面，在新加坡从事大宗商品进出口贸易无须通过政府部门繁杂的审批许可，贸易投资相对自由。在进出口监管方面，新加坡采用信息化手段对油品进出口进行监管，较为便利。

运输存储环节高效。目前实施的“无中断”通关措施，利用生物特征让陆路检查站的货物司机自行通关，全程无须下车便可以在3—5分钟内直接通关，比其他港口的货物通关过程所需的14—20分钟快了约4倍。

金融市场自由化高。新加坡实现金融市场自由化。新加坡取消外币利息税，全面取消外汇管制，大力推进金融市场自由化，鼓励外资金融机构进入新加坡金融市场。

交易市场监管完善。新加坡金融管理局(MAS)颁布一系列金融市场监管法律，对新加坡所有金融机构和持有资金服务牌照的公司进行监管。在交易生态方面，新加坡未对场内市场、场外市场作出明确定位，场内、场外市场相互融合，且场外市场规模远大于场内市场，市场活力加大。

四、对策建议

(一)构建产业链、金融链、供应链有机耦合生态圈

一是完善大宗商品贸易商品库。开展核心大宗商品储备库建设，积极争取山东铁矿石仓储基地落地，扶持中小企业积极加入山东大宗商品交易中心相关交易平台，支持临港产业与制造业产业融合发展，明确青岛、日照等临港服务性行业的发展要以辅助港口发展为衡量标准。

二是加强大宗商品龙头企业头雁效应。龙头企业是大宗贸易产业链、供应链的引领者，是打造大宗商品贸易链的关键环节，着眼于建设全国统一大市场的要求，持续推动大宗商品期现货市场联动发展，支持引导龙头企业把握宏观经济大势，以稳为主，稳中求胜，合理安排生产经营节奏，用好期货、保险等风险管理工具，防范市场风险。

三是鼓励金融机构参与大宗商品交易市场，创新融资申报模式，降低企业融资成本。进一步完善市场基础制度规则，完善仓储、物流等基础设施，畅通商品市场循环；优化大宗商品供应链高中低端布局，有效利用期现联动新模式，积极强化大宗商品贸易细分，降低经营风险。

四是聚焦港口转型升级。抓住“一带一路”契机，各级政府机构紧密合作，继续开发临港产业的外部市场，利用好RCEP新的“朋友圈”，积极与外部市场签订资源供应协定，为我国企业“走出去”营造良好的国际环境。保持港口扩建的稳步增长，维持其在通航效率上的竞争力；保持港口体系各环节的平衡发展，维持其可持续发展的良性与弹性。超前应对成本上升危机导致的竞争力下降，有关研究表明，未来港口发展的主要动力应该是依赖港口相关技术硬件的研发以及港口管理服务能力的创新创造，推动青岛港打开国际高端航运市场，积极利用国际先进的技术、知识及专项人才。发挥中国（山东）自由贸易试验区金融市场的高度开放、监管高效、税收优惠等显著优势，从政策上吸引海外公司在山东市场设立分公司或分支机构。

（二）提升数字化“交易平台＋仓储储能＋风控手段”服务水平

一是构建广泛参与、流通有序的大宗商品数字化交易平台。依托平台优势，围绕国际贸易业务链条，推出数字仓单标准化服务、贸易基础标准服务等相关交易渠道，解决数字经济发展过程中缺乏标准、重复投入等影响统一大市场基础设施高标准互联互通、制度性成本降低的一系列难点，完善数据市场交易体系，推动贸易数字场景延伸、数字资源合法合规安全使用、服务产业发展，推动以数字仓单为抓手的运输、仓储、贸易、金融的高标准耦合发展。

二是充分利用我国超大规模市场的优势，加快推进储能产业数字化、智能化。加强政策引导和投资支持，在补贴政策上优先支持数字化技术和智能化技术的应用，进一步制定相关的标准和规范，确保大宗仓储的质量和安全，推动数字化仓库的标准化、规模化发展；开展试点示范，充分发挥试点城市、企业的示范引领作用，促进大数据、云计算、物联网在仓储物流中的应用，加快推动传统仓储物流数字化转型升级；优化提升市场环境，激发、释放市场需求，从需求端发力推动储能产业的数字化智能化进程，促进企业的创新和升级，提升自身运营效率。

三是加强风险防控，坚持底线思维，加强大宗商品产业链供应链风险预警。从供应链多元性、弹性、自主性以及市场可替代性等角度，定期对关键产业链进行风险监测和安全评估，形成产业链安全性预警系统。大力扩建与进一步发展港口技术，相继开拓港口新的功能领域。在企业审批注册、合规经营和风险处置等环节，建立多部门参与、全方位管理的事前、事中、事后监管体系。重点防范意识形态、贸易投资、生态环境、安全生产等领域风险，制定防范预案，严格落实责任。

(三)完善鼓励创新、协同配合、公平透明的监管体系

一是完善大宗商品交易法律法规。在大宗商品交易方面，尽快出台期货交易、大宗商品电子交易、场外商品和衍生品市场法律法规。进一步规范和完善期货交易所、结算所、经纪公司的各项内部管理章程和制度，保障和体现公共利益，保障市场依法交易、高效运转、稳健发展。

二是完善“政府监管＋行业自律＋交易所内部管理”的多层次监管体系。优化完善大宗商品市场监管体系，逐步将期货市场与现货市场的双轨监管体制过渡为统一监管体制。完善大宗商品交易市场设立审批制度，避免盲目投资和重复建设。发挥交易所、行业协会等主体的自律监管作用，建立由政府监管、行业自律及交易所自我管理共同构成的多主体、多层次监管体系。加强与监管部门的协调与合作，建立机构间信息共享机制和风险联防联控制度。

三是健全大宗商品市场调控机制，防范化解金融风险，为市场提供稳定预期。完善合约规则和交易制度，形成公平交易的大宗商品市场。完善交易平台会员资格、信息披露、交易模式、结算管理、风险管理、违规者惩罚、投资者保护等方面的规则和制度，规范期货交易行为。加强对供求缺口、进出口、库存变化的监测分析，及时发布市场供求变化与价格波动信息。合理运用政策工具引导企业及时调整采购与生产计划，鼓励企业通过期货市场套期保值减少风险敞口，有效对冲价格大幅波动风险。

课题组成员：陈玉婷　孙斌　马春晓　傅增清　王永冲　田焱　孔凡革

国际科技组织助力山东创新驱动高质量发展研究

2023年2月，习近平总书记在中共中央政治局第三次集体学习时强调："要前瞻谋划和深度参与全球科技治理，参加或发起设立国际科技组织，支持国内高校、科研院所、科技组织同国际对接。"[①]国际科技组织是从事科学研究、推动科学技术发展的国际性社会组织，已成为国际科技合作与大科学计划的重要推动力量。世界科技强国的发展经验表明，一个具有一流科技创新水平的国家必然有一流的科技社团。我省科技基础雄厚、创新资源富集、国际化程度较高，具有发起设立国际科技组织的良好基础。

一、充分认识发起设立国际科技组织的重要意义

（一）引领全省科技创新工作走在前、开新局的有效举措

习近平总书记对山东工作提出"三个走在前"重要指示要求，其中一条就是"在增强经济社会发展创新力上走在前"。国际科技组织汇聚了全球科技创新资源，在引领科技发展前沿等方面发挥着重要的作用。早在17世纪60年代，英国就组建了皇家学会，第一次工业革命期间伯明翰、曼彻斯特、利兹等英国工业发达地区接连出现了月光社等新型科技社团，这些科技社团在英国工业化进程中发挥了重要作用。如月光社的制造商和科学家之间的深度交流合作推动了基础研究成果在工业领域的广泛应用，帮助英格兰保持了在欧洲大陆的科技优势。德国之所以能在19世纪后半叶崛起成为世界的科学中心，与其建立的独特的大学教育制度和科研院所制度有着密切的关系，这些制度的构建基本上都是围绕科技社团展开的。比如，成立于1843年的物理学讨论会促成了柏林物理学会的建立，该物理学会组织的物理学讨论会吸引了众多学

① 《习近平在中共中央政治局第三次集体学习时强调　切实加强基础研究　夯实科技自立自强根基》，《人民日报》2023年2月23日。

者参与,促进了德国物理学在19世纪40年代的繁荣和60年代领先地位的形成。推动设立一批中立、公益、高效的国际科技社团组织,有助于将政府、大学、科研院所和企业等主体连接起来,将社会、资本和市场融为一体,促进科技与时代发展共生互动,不断引领全省经济社会的现代化,推动我省在科技创新上走在前列。

(二)以高水平科技自立自强支撑高质量发展的现实需要

2022年8月,国家赋予我省建设绿色低碳高质量发展先行区的重大历史使命。长期以来,我省产业结构偏重,传统产业占据主导地位,这导致我省经济"高碳"特征突出。受资源环境、产业结构、技术研发、政策体系等基础条件制约,我省推动绿色低碳高质量发展的技术储备仍然不足,企业技术创新能力不高、投资意愿不强、社会资源投入不够等现象也十分突出。科技社团是不同身份的人员自愿组成的跨边界组织,从各个层面培植创新的基础,有助于提升社会整体创新力,推动全社会经济高质量发展。二战后日本最值得称道的科技创新经验就是"产学官"合作体制,这种体制让知识的创造者和使用者之间保持良好的沟通,促进了知识的流动和技术的运用,为日本创新发展提供了勃勃生机。比如,成立于1915年的日本钢铁学会,其宗旨与任务可以归结为五个结合,即学术与技术结合,钢铁企业之间结合,企业、政府与学界结合,钢铁行业与其他领域结合,国内与海外结合。五个方面的结合切实加强了企业界、学术界与政府部门之间的围绕钢铁科技的交流,有效促进了日本钢铁工业的高质量发展。为此,加强国际科技组织建设,不仅有助于提升我省各市场主体的创新效能,也有助于补齐我省科技体系结构刚性短板,促进创新主体间的有效链接,营造有助于创新的社会环境,形成坚实的创新基础,使创新体系迸发出强大的创新能量。

(三)加快推进新时代科技强省建设进程的应然之策

习近平总书记指出:"科学技术具有世界性、时代性。"[①]这凸显了以全球视野谋划和推动国际交流合作,构建开放创新科技生态的意义。我省拥有完备的工业体系,总量规模和覆盖范围等都位居全国前列,但仍有许多关键核心技术受制于人。解决"卡脖子"问题必须加快科技自立自强步伐,而高水平科技创新需要加强国际科技开放合作,对接国际创新链、产业链、人才链、数字链、生态链,在

---

① 习近平:《在中国科学院第二十次院士大会、中国工程院第十五次院士大会、中国科协第十次全国代表大会上的讲话》,《人民日报》2021年5月29日。

更大范围、更广领域、更高层次上汇聚全球智慧，重构科技创新开放新生态。美国的科技强国之路伴随着科技社团的大量兴起及其服务功能的不断拓展，特别是科技社团在美国科学国际化过程中发挥了重要作用。如电气与电子工程师协会(IEEE)在160多个国家拥有43万多名会员，在全世界共有1855个学生分会；美国计算机学会在全球130多个地区设有分支机构，美国化学会有185个地域性分支机构等。这些国际科技组织承载的国际活动帮助美国集聚了全球大量的高端资源，建立了国际化合作网络。因此，聚焦前沿科技领域，发起设立一批国际科技组织，有助于我省加快打造具有全球竞争力的开放性创新生态，提升我省对国际科技资源的配置能力，帮助我省在激烈的国际竞争中赢得优势、掌握主动权，不断增强我省在该领域的国际话语权。

二、我省发起设立国际科技组织的基础优势条件

(一)雄厚的硬核科技实力为赢得国际科技组织青睐奠定了坚实基础

国际科技组织多集中在经济较为发达的地区。根据国际协会联盟出版的《国际组织年鉴(2021—2022)》，世界上绝大多数的国际科技组织总部(秘书处)分布在欧美等发达国家和地区，其中位于美国的国际科技组织数量最多，占国际科技组织总数的15%左右，这凸显了国际科技组织分布与地区经济活跃度的紧密联系。我省综合创新能力居全国前列，在《中国区域创新能力评价报告2022》中，我省区域创新能力居全国第6位。从区域城市看，根据科技部和中国科学技术信息研究所联合发布的《国家创新型城市创新能力评价报告2022》，我省的青岛、济南分别居全国创新型城市第10位和第13位，且有12个城市入围全国城市创新能力百强榜，上榜数量与江苏省并列第1位。此外，近年来，我省技术“领跑”领域不断扩大，现代海洋、装备制造、电子信息等领域的科技创新能力领先全国，轨道交通、精细化工、燃料电池、碳纤维、物联网、量子信息等20个领域的科技创新和产业化走在全国前列，是承接科技部“氢进万家”“北斗星动能”等重大科技示范工程的唯一示范省，在高新技术领域参与制定国际标准276项，承担国际标准组织技术机构9个。我省在某些领域的科技水平已经步入跟跑和并跑、领跑并存的阶段，在多个领域具备了主导国际科技创新合作的能力。

(二)富集的科创资源为国际科技组织开展科技活动提供了优渥土壤

丰富多样的软科技要素是国际科技组织实现持续发展的基础。例如，安

徽合肥是我国四大科教基地之一,拥有中国科技大学、合肥工业大学、安徽大学等近 30 所高校和众多科研院所以及多位两院院士。依托辉煌的科技发展历史和雄厚的科技基础,合肥于 2001 年成为旨在促进科技城市间交流与合作的世界科技城市联盟(WTA)的一员。自此,合肥踏上了更加光辉的科技之路,与世界科技城市联盟始终保持良好的交流与合作,借助世界科技城市联盟平台,持续向全球推介合肥作为科技之城的品牌形象,不断吸引着全球的目光。比如,在加入世界科技城市联盟后,世界科技城市联盟就将其年度主要活动——2003 年第三届世界科技城市联盟科技大市场放在合肥举办,吸引了全球 16 个国外城市和多个国内城市的参与,各种新科技、新成果充分彰显了合肥在科技领域的强大实力。合肥还坚持举办中国·合肥高新技术项目—资本对接会,得到了世界科技城市联盟的大力支持。我省创新生态健全完善,拥有众多高等学校和科研院所,大学数量达 161 所,居全国第 3 位;建成国家实验室 1 个、全国重点实验室 11 个;获批建设高速列车、燃料电池、盐碱地综合利用 3 个领域类国家技术创新中心,总量居全国第 2 位;顶尖科技人才众多,截至 2022 年年底,拥有驻鲁两院院士和海外学术机构院士 115 人,其中全职驻鲁海洋领域院士 21 人,占全国的 34%,数量居全国第 1 位;国家级、省级领军人才累计突破 4100 人。这些都将成为国际科技组织长期保持创新活力的重要根源。

(三)健全的产业体系为国际科技组织成果转化创造了丰富应用场景

区域优势行业是积累技术、市场、资金、人才等各种资源的基础,产品应用、情景打造、案例展示等都是助推科技成果转化的重要支撑,凸显应用场景在科技成果转化中的重要价值。当人们将目光聚焦于硅谷、纽约“硅巷”、128 号公路等知名创新园(带)时,一批与“硅”相关的区域创新中心悄然涌现。例如,被称为“硅山”的奥斯汀、被称为“硅草原”的达拉斯、被称为“硅溪”的特拉维夫、被称为“硅林”的波特兰、被称为“沙漠硅谷”的菲尼克斯等。在我国,一些地区围绕建设国际创新高地,已经积极采取行动,结合自身实际和比较优势,大力吸引国际科技组织入驻。比如,北京依托教育、科技、人才资源丰富优势,建设了我国首个国际科技组织总部集聚区,于 2023 年 5 月在朝阳区正式揭牌启用。浙江充分发挥民营经济发达、市场活力强劲的优势,围绕搭建全球青年科学家跨国跨界交流平台、合作机制,构建科学家、企业家、创投家“三界融合”创新路径,并于 2023 年 8 月成功引进世界青年科学家联合会(筹)秘书处业务总部落地浙江温州。通过世界青年科学家峰会平台,浙江让全世界“最强大脑”与民营经济激发碰撞,推动“浙江制造”逐步走向“浙江智造”。我省拥有全部 41 个工业大类,197 个工业中类,526 个工业小类,是全国工业门类最齐全、基础最雄厚、结构最完善、配套最完备的省份，培育了全国数量最多(7个)的国家级战略性新兴产业集群，3个产业集群入选国家先进制造业集群，16个产业集群入选国家创新型产业集群试点，这些都为国际科技组织开展商业活动、促进未来应用与前沿应用转让、产品展示与情景展示等创造了丰富的应用场景。

(四)较高的国际化程度为国际科技组织营造了良好的宜居宜创环境

便利的生活条件、完善的基础设施是留住国际科技组织的重要因素。许多国际创新名城都拥有享誉全球的科创文创活动，如布鲁塞尔的索尔维会议、拉斯维加斯的国际消费电子展(CES)、赫尔辛基的欧洲科技创业投资大会(Slush)、慕尼黑的德国工程机械展(BAUMA)和德国电子展(Electronica)、巴塞罗那的世界移动通信大会等。其中，布鲁塞尔举办的索尔维会议已成为科学家们的集聚“圣地”。为深入挖掘科学家们的智慧并扩大科学会议的价值和影响力，布鲁塞尔从2006年开始，通过索尔维国际研究所举办索尔维会议，以设立国际物理、化学科学委员会轮值主席的方式，将知名科学家的停留时间延长到1—2个月，以便让他们与当地科学家合作开设“大师班”，向来自比利时全国各地的博士生、博士后乃至一些教师讲授其研究成果。我省拥有济南、青岛两个国际综合性交通枢纽城市，截至2022年年底，济南遥墙机场拥有180条航线，通航国内外107个城市；青岛胶东机场开通国内国际客运航线208条，通达130个国内外城市。2022年，山东能源、魏桥集团、山钢集团、海尔智家、潍柴动力、山东高速等6家企业上榜世界500强；此外，我省还培育了“海尔”“海信”“青啤”“浪潮”等一批在国内外知名的企业品牌；近年来接连举办上海合作组织峰会、跨国公司领导人青岛峰会、儒商大会等国际会议，国际知名度不断提升；青岛上榜“2022城市商业魅力排行榜”新一线城市居第15名，济南居二线城市第3名。总体来看，我省开放的创新环境、良好的国际化市场基础、富有个性的城市文化等，有利于国际科技组织面向全球吸引各类高端创新资源，保持较强活力和新奇性，在世界范围内形成创新影响力。

三、我省发起成立国际科技组织的对策建议

(一)在国际化程度较高的地区先行先试

支持济南、青岛等开放程度较高的城市建设国际科技组织总部集聚区，引导新建国际科技组织，争取国际科技组织总部或分支机构(秘书处)入驻。搭

建国际民间科技交流合作平台,通过积极开展高层来访、举办多边活动、签署合作协议、设立多边项目等方式,不断提升我省通过国际科技组织运用国际规则、增强国际影响力、凝聚行业共识的能力。

(二)遴选一批条件成熟的科技社团进行试点

依托山东省科学技术协会等成熟的科技社团主动创造条件,积极争取在基础科学、医药卫生等民间科技交流较好的领域,运用国际规则发起成立一批国际科技组织,积极探索在交叉学科领域牵头发起一批国际科技组织,并按照国际惯例对科技组织进行管理。

(三)支持在鲁科学家发起设立国际科技组织

创新设立国际科技组织专项经费,大力支持我省顶尖科学家围绕自身熟悉的领域,发起设立国际科技组织,并为科学家开展活动提供经费支持。积极争取国家支持我省顶尖科学家担任重要国际科技组织的领导职务,为我省在更广泛、更高水平参与国际科技组织的科技项目、人才项目等创造条件并提供资金支持。

(四)面向“一带一路”区域组建国际科技组织

面向“一带一路”沿线国家和地区,突出“十强”现代优势产业重点领域,建立与沿线国家和地区的科技组织对话机制,注重“一带一路”沿线国家和地区的发展需求,拓宽民间科技人文交流渠道,推动开展一批国际科技合作与技术成果转让项目。

(五)依托大科学计划推动设立国际科技组织

鼓励和支持我省科学家紧抓科技革命和产业变革机遇,围绕人工智能、数字技术、新能源、生物技术、高端装备制造、新材料等新兴产业发展,主动设置、积极参与、牵头组织国际大科学计划和大科学工程,推动形成由我省牵头组织、世界各国和国际组织共同参与的大科学计划和大科学工程。

课题组成员:许月恒　鹿晔　汤薇　许秀静　尚蔚　徐勤航　姜斐然

数字化背景下大宗商品流通模式分析

随着国际贸易发展和国内市场化程度的提高，大宗商品流通在国民经济发展中的基础性作用愈发重要，关乎我国产业链和供应链安全稳定。本文梳理发现当前我国大宗商品市场规模大、潜力足、活力强，同时流通效率低、成本高、集中度较低。结合省内青岛自贸片区流通贸易创新、大宗商品中心平台创新和厦门象屿“流通服务＋制造服务”模式创新的优秀案例分析，提出政策建议：一是升级适用于现代化背景下的流通设施；二是健全大宗商品全流程、全产业链供应链体系；三是打造多种服务功能的生态聚合平台；四是强化大宗商品流通安全保障。

一、大宗商品的概念及意义

大宗商品是指进入流通领域、具有商品属性并用于工农业生产和消费的大批量物质商品，主要包括基础原材料、能源产品和农副产品。铜、铝、天然橡胶、黄金、黄豆、玉米、小麦、白糖等大宗商品市场交易是国民经济发展的重要组成部分。大宗商品现代流通包含生产、仓储、交易、运输等各环节，在国民经济发展中发挥着基础性作用，为国内大宗商品循环交易、国内外大宗商品双循环交易及立足新发展阶段推动经济高质量发展提供物流保障。

(一)保障大宗商品供应安全

当前，全球已进入供应链竞争时代，中国在国际生产格局中的地位不断提升，在数字经济与技术发展的驱动下，传统供应链正在向数字化供应网络变革跃迁。加快构建大宗商品现代流通体系，将提升产业链和供应链效率，在技术上保障国家大宗商品供应。

(二)满足数字化背景下的市场需求

大宗商品现代流通可以进一步促进大宗商品传统流通与区块链、大数据及人工智能等技术的融合应用，如大宗商品现代流通数字化平台、人工智能分拣和包装、恒温仓储、恒温交通运输等一站式物流产业链,进一步提升大宗商品物流产业链的技术创新含量,促进大宗商品传统流通体系的转型升级,提高大宗商品流通效率与质量,降低流通损耗。

(三)提升企业效益

依据数字化市场所创造的模式,充分发挥每个流通部门的优势,实现社会的合理分工,让客户得到特定化服务,加强运输与流通企业核心竞争力,供应链上下游企业效益显著提升。

二、大宗商品流通市场的现状

(一)大宗商品市场的基础优势

一是大宗商品流通种类超千种。我国大宗商品供应链行业众多,大宗商品按照产品类别可分为基础原材料、能源产品和农副产品三大类。大宗商品电子类交易市场所涉及的行业涵盖能源化工、金属矿产、农林牧渔、稀贵金属等四类。目前我国拥有41个工业大类、207个工业中类、666个工业小类,各个行业上中下游产业形成聚合优势,大宗商品的供给量和需求量巨大。

二是大宗商品市场规模呈扩大趋势。我国大宗商品现代流通业已迈入从"规模速度"转向"质量效率"的新阶段。从交易规模上来看,截至2020年年底,大宗商品电子类交易市场共计3680家,较上年增长15%;实物交易规模超过20万亿元,较上年增长4%。从运输与物流需求上来看,2022年国内生产总值121.0207万亿元,同比增长3.0%,1—11月,全国社会物流总收入11.4万亿元,同比增长5.3%;社会物流总额301.9万亿元,同比增长3.4%,物流需求呈不断上升趋势。

三是进出口货物贸易顺差持续上升。2022年,我国货物进出口增长7.7%,其中出口增长10.5%,进口增长4.3%;货物进出口顺差5.863万亿元,比上年增长35.4%。区域交流合作不断深化,对"一带一路"沿线国家进出口总额增长19.4%;加入RCEP后,2022年我国对RCEP其他14个成员国进出口额占外贸进出口总值的30.8%,增长7.5%,是全国GDP增速的2.5倍。

(二)大宗商品流通与发展困境

一是大宗商品流通效率低、成本高。大宗商品单笔交易额较大,流通环节多，物流损耗较高且流通效率较低。现行流通模式依旧呈现模块化，交易、仓储、运输之间的环节并未打通，还存在供应链各节点能力不均匀、需求可预见性差、产供销协同存在壁垒等痛点。另外，数字化运输与物流涉及众多管理机构，由于各部门管辖归属不同，在业务协调和管理尺度上存在诸多不同，各管理方形成了各自针对企业的管理流程和方法，独立的电子化发展导致了相互隔离的“信息孤岛”，无法实现信息迅速传输和共享，无法实现各部门、单位及业务流程的互联互通。

二是大宗商品业务集中度较低、质押融资较难。当前我国大宗商品市场具备广阔的空间，可达 20 万亿—30 万亿元的规模水平。但对标海外发达国家，我国大宗商品供应链市场仍位于发展初期阶段，CR4（行业前四名份额集中度）仅为 5%，与美日 CR4 有较大差距，市场集中度有较大的提升空间。由于大宗商品是用于工农业生产与消费使用的大批量买卖的物资商品，数字化程度低，缺乏有效控货手段，货物不可见、不可控、易丢失现象多有发生。传统纸质货物仓单金额巨大、可信性较弱，一旦被篡改，仓库、银行均损失惨重，这增加了大宗商品质押融资的难度。

三是我国缺乏大宗商品国际定价权。我国是全球大宗商品的最大消费国、进口国，在大宗商品相关生产制造领域占据全世界 50%以上份额，然而我国对全球大宗商品行业的影响力局限于需求端，在大宗商品市场关键的定价方面并没有主导权，被动接受国际市场价格波动的弊端明显。同时，我国大宗商品现代国际流通企业仍处于发展起步阶段，市场的不成熟和企业力量的分散也使我国难以提升国际话语权。

三、大宗商品流通优秀案例分析

（一）大宗商品流通贸易创新——大宗商品数字仓库“AI 看货”

2022 年 4 月，中国（山东）自由贸易试验区青岛片区（简称“青岛自贸片区”）正式发布面向大宗商品贸易及仓储行业的数字仓库，随着该数字仓库的投入使用，全国首笔基于政府数字基建的提单转仓单质押融资业务也在青岛自贸片区顺利落地。2023 年 6 月，青岛自贸片区发起了数字仓库联盟，并发布了经山东省大数据局审定的《大宗商品数字仓库建设规范》，填补了目前国内大宗商品数字仓库建设标准的空白。青岛自贸片区通过实现大宗商品贸易链条中商流、物流、资金流和信息流的匹配，围绕仓储、贸易、金融三位一体，打造大宗商品流通枢纽，运用数智技术融通产业链上下游，释放大宗商品的金融、贸易价值,实现贸易融资便利化、仓储安全数智化、政府监管智慧化,助力数字仓单质押融资操作更高效便捷。

当前,青岛自贸片区借助已上线的数字仓库——“数仓宝”,以及京东科技所提供的物联技术、AI监管算法、区块链平台、数字孪生等,解决了传统模式下大宗商品难管控、货权不清晰、信息不透明等一系列痛点。通过标准的货位划分以及监管物联网设备的部署,将货位上的实时大宗商品的情况搬移到线上,并通过AI看货和守货的手段进行实时监管,对关键作业环节进行区块链存证,打造了货物的信用,确保了线上大宗商品交易的可信度;通过行为监管和货物监管双管齐下,实现了远程看货、智能守货、主动告警。同时基于双链融合的高可信仓单,有效地化解了大宗商品融资难、融资贵的问题,降低了金融机构风险,同时助力仓储企业拓宽了经营模式,获取了增量收入。例如,2022年4月20日,一笔采购自越南的200吨橡胶类大宗商品,在完成提单签收、换单、通关、查验入库等流程后,存放于青岛自贸片区的中储青岛分公司数字仓库。通过数字仓库平台的“AI看货”功能,仓储方、贸易商、银行方均能便捷、明晰地实时看到货物、货主、保管仓库等信息。次日,该笔货物的货主以提单转仓单质押的模式,在建设银行快速便捷地获得了31.6万美元的贷款融资。

(二)大宗商品平台建设创新——山东大宗商品交易中心“交易+金融”

港口作为大宗货物的集散点,在大宗商品上下游流通中具有关键作用。山东港口一体化发展为大宗商品交易平台带来了新契机。日照依托港口优势,于2014年成立山东大宗商品交易中心,该中心涵盖黑色冶金、能源化工、大豆压榨、新疆农副产品等四大产业板块,是国内首家介于现货与期货之间的大宗商品交易场所,也是山东唯一获得交易业务许可证的商品类交易场所。山东大宗商品交易中心根植现货市场,聚焦“1+1”发展模式,着力打造1个大宗商品交易场所、1个电子仓单综合服务平台。“交易+金融”在区域市场形成了稳定的流通性支撑,助力了平台经济新业态。

交易平台提供了仓单挂牌、掉期交易、现货专场交易等个性化交易服务。其中掉期交易模式是山东大宗商品交易中心从满足实体企业现实需求出发,完全自主独立创新的、以实物交收为目的的交易模式。这种模式以实际中远期合同为交易标的,引入实体行业龙头企业和权威仓储、质检机构提供配套服务支持,可以满足实体企业库存管理、价格管理、采销管理等需求。电子仓单平台建设方面,覆盖整个山东港口的交收仓库体系初具规模,依托港口货物信息化管理基础,实现了在线转让、在线融资、在线审批、在线数据查询、在线控货等系统功能，在港口优势货种上实现了全流程线上电子仓单融资业务落地。

（三）大宗商品供应链企业模式创新——厦门象屿“流通服务+制造服务”

大宗商品领域里的国有企业或头部企业在供应链优化升级上有天然的禀赋优势，能够推动建立统一的行业标准与业务合作。厦门象屿股份有限公司（简称“厦门象屿”）为厦门象屿集团旗下供应链服务公司，由厦门市国资委控股，主营大宗商品采购供应及相关综合物流服务。

厦门象屿借助信息技术完善供应链管理，构建供应链全流程追溯体系，跟踪货物、设备、物流车辆等流向和动态，实现供应链资源可追踪查询。合理配置供需资源，基于采购、生产、物流、销售等业务数据的集成与共享，开展各环节计划的协作执行和联动调整，实现原料、生产、周转、销售的端到端协同。以粮食为例，其粮食收储网点直接上门对接东北农户，跟进粮食收割、收购、质检、烘干、仓储、运输全过程，减少环节损耗，通过多式联运网络缩短运输时间，以黑龙江富锦到四川成都为例，运输时间缩短了5天，每吨运输成本减少20元。其下属单位象屿智运，依据实际业务需求自主研发网络货运平台，实现传统物流业务的数字化转型，按照平台化思维链接市场参与者，中小物流企业、个体司机等共享信息，提高车货匹配效率，提升公路运输的服务水平和供应链服务的综合能力。

四、政策建议

（一）升级适用于现代化背景下的流通设施

一是实行大宗商品智慧物流及仓储升级流通模式。基于物联网、大数据等技术，大宗商品智慧物流及仓储通过射频标签、感应器、GPS、制动器等手段，实现现代流通各环节的动态化、精细化及可视化管理。在物流方面，实现运单人工智能包装、人工智能配送等全流程监控与管理，提供全流程相应湿度及温度人工智能作业。在数字管理方面，加强自动操作智能能力和智能分析决策，提高现代流通体系运作效率。二是强化大宗商品数字化流通基础设施建设，主要是将传统的流通体系与数字化、人工智能技术相结合，包括铁路、公路、港口、仓储、运输、流通中心及网络通信设施的转型升级。基于大宗商品服务平台行业信息及数据，根据全球各地大宗商品的消费区域、市场需求、交易记录及交易行为，新增匹配辐射范围的智能化交通运输工具、智能化仓储运输基地及物流中转中心，实现大宗商品现代流通体系的无缝对接。同时，拓展全球及国内重要城市港口、航运、公路枢纽数字化物流衔接功能,强化海运、空运、铁路及公路等重要交通枢纽数字化辐射功能,构建数字化物流多样化联运基础设施通道,为大宗商品现代流通体系创新提供支撑。

(二)健全大宗商品全流程、全产业链供应链体系

创新供应链的“数字+”生产组织模式,将上下游各个环节的资源有机地协同整合。一是提升上游资源的控制力。鼓励企业向全球供应链延伸,充分利用资源开发、产业转移、市场建设等多种方式,提高我国在大宗商品资源端的控制力。二是扩大对外开放。在上下游业务集成的基础上,与外部参与主体围绕行为规范、权责确认、利润分配等达成共识,向多元主体共同参与无边界社会化供应链网络转变。以“一带一路”建设为契机,加速构建全球物流和供应链服务体系,提升大宗商品供应链全球链接、全球服务的能力。三是打通大宗商品上下游环节。通过纵向整合形成垂直产业链,借助现代信息技术优化流程服务,将各个环节高效衔接起来,掌握从源头到餐桌或工厂的端到端体系,通过安全高效获取信息来获得竞争优势,打造在各个品类上的供应链优势地位,完善全流程、全产业链的供应链体系。

(三)打造多种服务功能的生态聚合平台

打造多种服务功能协同发挥作用的生态聚合平台,在有效控货的基础上,实现存货人的信用传递,支持贸易环节和金融服务环节的安全运行,保证权利人持单提货时可兑付。供应链服务企业以平台为中心,通过促进各个环节的资源整合和高效协同,有机整合贸易、物流、加工、电子商务等功能模块,构建现代化大宗商品供应链生态圈,让产业链实现价值增长。同时以打造开放生态为目标,构建供应商、制造商、服务商和经销商等不同主体组成的动态生态平台,深化多主体间资源、能力和业务的协同,实现多方共赢、机会共生和价值共创。

(四)强化大宗商品流通安全保障

一是保障大宗商品交易安全、支付安全、供应安全和数据安全。在交易支付方面,引导平台、企业运用大数据、加密算法、入侵检测、区块链等科学技术,改造交易流程,做实交易验证。鼓励大宗商品交易中心与期货交易所开展期现深入合作,完善商品互换、场外期权、基差贸易等场外衍生品业务,为企业提供更精准的风险管理工具。在物流运输环节,提高国货国运能力,构建全球“枢纽—通道—网络”运输体系。二是利用我国大市场优势提升国际价格话语

权。以现货市场成交数为样本，积极构建人民币价格指数定价机制，打破美元价格指数垄断。完善期货市场建设，共建“一带一路”合作方式，推动大宗商品人民币计价、结算，以应对美元货币政策外溢导致的大宗商品价格震荡。充分发挥我国大宗商品交易市场的价格形成和发现功能，提升价格影响力，保障大宗商品供应链安全。三是提升大宗商品监管效能，依托国家“互联网＋监管”系统，利用大数据等科技手段补足监管短板，加快构建政府、协会、企业与社会多元共治的新监管格局。充分发挥行业协会协同监管作用，建立健全以信用为基础的新型监管机制。

课题组成员：陈玉婷　孙斌　马春晓　傅增清　王永冲　田焱

加快山东中外合作办学机构建设研究

党中央、国务院高度重视教育对外开放，习近平总书记多次对中外合作办学作出重要指示，为新时代教育对外开放和中外合作办学擘画了宏伟蓝图、作出了顶层设计。2023年，中国境内第一个国外高校独立办学机构海南比勒费尔德应用科学大学正式落户，开启了我国高水平教育对外开放和独立办学的新篇章。截至2022年年底，全国共10所具备独立法人资格的中外合办大学，我省尚无一所，为抢抓我国扩大教育对外开放的重大机遇，山东省宏观经济研究院深入研究我国中外合作办学发展形势，结合我省优势和不足，提出了推进高水平教育对外开放、加快中外合作办学机构建设的四方面政策建议。

一、加快中外合作办学机构建设的重要意义

加快中外合作办学机构建设对我省深化改革、扩大开放、建设教育强省和培养国际化人才具有重要现实意义和长远意义。

(一)从全国看:有利于高水平推进教育对外开放,更好服务重大国家战略

党的二十大报告强调，坚持教育优先发展、科技自立自强、人才引领驱动，加快建设教育强国、科技强国、人才强国。中央人才工作会议提出，开展人才发展体制机制综合改革试点，下大气力全方位培养、引进、用好人才，加快建设世界重要人才中心和创新高地。开展中外合作办学有助于深入践行教育强国、科技强国、人才强国战略，深化我省教育改革，进一步提升我省教育对外开放水平。

(二)从全省看:有利于补齐山东教育发展短板,推进绿色低碳高质量发展

我省作为全国重要的工业基地和北方地区经济发展的战略支点，既是人口大省，也是高等教育大省，但高等教育面临“多而不强”“有山无峰”等现实窘境，成为制约经济高质量发展的突出短板。开展中外合作办学有助于夯实建设绿色低碳高质量发展先行区的人才支撑。

（三）从济南看：有利于打造吸引和集聚人才的平台，更好落实“强省会”战略

近年来，济南市将新旧动能转换起步区作为“强省会”战略的重要抓手，着力将起步区打造成高水平开放合作的新平台。起步区作为承接国家、省、市战略的重要载体，拥有复制“四区”政策等优势，在教育对外开放上承担着先行先试、示范引领的重大使命，具备开展中外合作办学的广阔发展空间。开展中外合作办学有助于我省打造高端人才培养的新高地。

二、我省教育对外开放合作情况

近年来，我省深入贯彻落实党中央关于加快和扩大新时代教育对外开放有关工作部署，主动融入新发展格局，加快推进高水平教育国际交流合作，教育对外开放质量和水平显著提升。

（一）教育开放合作规模逐步壮大

立足服务国家外交重大战略，全省学校与全球150多个国家和地区建立友好合作关系4000余对，成立山东—京畿高校合作联盟、中俄（山东）教育国际合作联盟、中日（山东）教育国际合作联盟、中国（山东）—东盟职业教育产学研基地等，不断扩大高校对外合作“朋友圈”。

（二）中外合作办学稳步发展

紧密围绕全省重大战略需求，持续引进优质教育资源，提升中外合作办学水平。2022年，全省中外合作办学外方合作者国别已达20个，共设立不具有法人资格的中外合作办学机构24个，中外合作办学项目216个。近年来，新批准设立的项目中，理工农医等急需学科专业占比75%以上，外方高校资源质量显著提高。

（三）来华留学教育持续加强

积极拓展来华留学招生渠道和培养模式，省政府专门设立山东省政府国际学生奖学金，用于吸引优秀国际学生来鲁留学，打造“留学山东”品牌。近年来，全省每年在校国际学生2.5万名左右，数量较2011年翻了一番。受疫情影响，2022年，我省各级各类学校在校国际学生共1.94万名。

(四)国际化人才培养多措并举

自2010年以来,我省实施外国文教专家聘请计划,支持7200余名外国文教专家来鲁高校工作。省政府设立山东省教育系统政府公派出国留学项目,每年选派近500名教师出国访学和进修。全省教育系统中每年通过国家留学基金委出国留学人员500余人。依托公派出国汉语教师项目和境外办学机构等渠道,每年选派近200名教师赴海外任教。

(五)中外人文交流成效显著

全省102所学校参与教育部中英伙伴学校交流计划、中法百校交流计划、中美“千校携手”项目等,学校数量居全国前列。先后在20个国家建设孔子学院28所、孔子课堂46个,较2012年分别增加了100%、188%。获批全国首批7所海外“中文工坊”中的3所,2019年青岛市成为全国首批中外人文交流教育实验区。

三、面临的机遇和挑战

当前,随着新一轮高水平对外开放走向深入,我国中外合作办学蓬勃发展,教育部也在探索适当放宽合作办学主体和办学模式限制,实施中外合作办学部省联合审批制和区域创新试点,我省面临难得的发展机遇,也面临重大挑战。

(一)我国中外合作办学发展迅速

自1995年《中外合作办学暂行规定》发布以来,我国中外合作办学机构和项目实现快速增长。截至2022年,全国高等教育中外合作办学机构和项目共2356个,20余年增长了33倍,在校生规模超过60万人,其中,高等教育中外合作办学机构和项目占总数的90%左右。中外合作办学在吸收引进境外优质教育资源、创新推动高等教育国际化发展等方面发挥了积极作用。

(二)我省“双一流”建设高校缺乏

“双一流”建设高校是中外合作办学的主力,全国137所“双一流”建设高校中,设立中外合作办学机构或项目的超过86%,该类机构和项目约占本科层次中外合作办学机构和项目总数的25%。而我省“双一流”建设高校仅3所,数量占比不足全国的2%,居全国第14位。省内名校缺乏导致高水平中外合作办学机构建设不足，也使得众多优秀学子无法“家门口”择校，缺失了从源头集聚培养人才、服务经济发展的关键支撑。

（三）我省尚无一所独立中外合作办学机构

从中外合作办学机构看，我国中外合作办学机构和数量众多，但具备独立法人资格的中外合办大学全国仅有10所（截至2023年年底），仅占全国中外合作办学机构和项目总数的0.42%，其中，广东5所，江苏2所，浙江2所，上海1所，全部处于长三角、粤港澳大湾区。海南比勒费尔德应用科学大学是我国境内首个境外高校独立办学项目。我省虽然在中外合作办学机构和项目总量上居全国第2位，但具备独立法人资格的中外合作办学机构尚无一所，与教育大省和人口大省的地位不符，与南方先进省市的办学差距巨大。

四、政策建议

基于济南市新旧动能转换起步区在推动黄河流域生态保护和高质量发展国家战略落地、深化新旧动能转换中的重要作用，对推进我省高水平教育对外开放，加快中外合作办学机构建设提出如下建议。

（一）坚持着眼长远，以服务国家战略需求为导向

建议充分借鉴海南、广东等省市先进经验，抢抓国家高水平教育对外开放新机遇，提高站位，主动对接科教兴国、人才强国和创新驱动发展战略，重点在国家急需、薄弱、空白等“卡脖子”技术领域开展合作办学，更加注重加强与欧美国家、“一带一路”沿线国家和地区之间的教育科研交流合作，全面提升我省在国家战略格局和教育现代化建设中的地位和作用。

（二）坚持统筹推进，以建设独立办学机构为目标

中外合作办学面临中外文化交汇、多元文化交融的复杂局面，建议加强对中外合作办学机构特别是具有独立法人资格的办学机构的组织领导，以理工农医类高水平大学和职业院校为主攻方向，建立完善工作推进机制，成立省市高规格领导小组，明确各级各部门任务分工，统筹协调解决举办具有独立法人资质的中外合作大学的政策障碍。

（三）坚持先行先试，以济南新旧动能转换起步区为载体

立足济南新旧动能转换起步区独特战略区位优势，对标“强省会”目标定

位,建议优先在济南新旧动能转换起步区布局具有独立法人资格的中外合作办学机构,针对性对接国内“双一流”高校,积极争取英国华威大学等具有落地意愿的境外一流高校到起步区办学,先期开展合作高校、基础评价、要素分析、政策支撑、规划选址等系列研究,打造山东教育对外开放新高地。

(四)坚持政策创新,以一流学科建设为支撑

省内高校一流学科是推进中外合作办学的基础支撑。建议深化教育领域“放管服”改革,以一流学科建设为重点,完善我省一流学科梯队建设体系,加强基础学科、新兴学科、交叉学科建设,引导各高校开展各具特色的优势学科建设。拓展与国际组织和国际教育机构的交流合作,推动国际组织、国际教育机构、国际大型教育类企业在我省设立总部、区域总部或研究中心等。

课题组成员:马方奎　王安　王永冲　马春晓

引导外资投向战略性新兴产业典型案例及经验启示

习近平总书记指出："进入21世纪以来，全球科技创新进入空前密集活跃的时期，新一轮科技革命和产业变革正在重构全球创新版图、重塑全球经济结构。"[①]在新一轮科技革命和产业变革中发展壮大战略性新兴产业，对实现经济高质量发展具有重要的意义。近年来，我省以高端化、智能化、绿色化为主攻方向，做优做强新一代信息技术、高端装备、新能源新材料、现代海洋、医养健康等新兴产业，但对照先进省份和城市的营商水平，仍然存在开放程度不高、创新能力不强、投资环境有待改善等问题。下一步应发掘比较优势，加强产业创新能力建设，优化营商环境和服务体系，保障全省外资规模稳定，促进我省经济高质量发展。

一、地方典型经验做法

围绕扩大高水平对外开放，北京、上海、重庆、江苏、浙江、广东等外商投资重点省市采取针对性政策，强化外商促进和服务保障工作，实现利用外资稳步发展。

(一)合理缩减外资准入清单，扩大开放宽度和深度

一是引导外资流向重点区域。北京市鼓励民营外资企业及国有企业等主体积极投资符合首都城市战略定位的高精尖产业，促进产业基础再造提升和产业链优化升级，实施推进制造业高端、智能、绿色发展等16条具体措施。支持"高精尖"产业发展，对总部企业产业升级和发展新模式、新业态予以支持，鼓励创建市级产业创新中心、产业设计中心和企业技术中心。广东省支持外资企业承担国家、省、市科技项目，鼓励外资充分发挥资本和技术优势，聚焦集

① 习近平：《在中国科学院第十九次院士大会、中国工程院第十四次院士大会上的讲话》，《人民日报》2018年5月29日。

成电路、生物医药、新型储能、高端基础零部件、先进材料、人工智能等新赛道产业和未来产业加大投资。同时,鼓励外资研发中心围绕前沿领域、国家及广东重大战略需求开展基础研究。

二是缩减负面准入清单。北京市除外资准入负面清单外,打造服务业扩大开放综合示范区,如在全国率先放开外商投资航空维修需要中方控股的限制,允许外商投资音像制品制作业务,取消外商投资性公司注册资本占投资总额一半的限制以及在中国投资企业数量的限制等。海南省对接国际经贸规则在专业服务、医疗、教育领域重点开放,推动专业服务业规则、规制、管理、标准与国际对接。广东省在科技服务、专业服务、批发和零售服务、商务服务、物流运输服务、居民服务、教育服务、金融服务、健康医疗服务、电力等能源服务、电信服务、文化服务、法律服务等 13 个重点领域,制定了 57 项开放任务。

三是减少外资战略投资限制。北京市允许跨国公司设立外商独资的财务公司;在有关区域允许外商投资文艺表演团体;鼓励外商投资成人类教育培训机构,支持外商投资举办经营性职业技能培训机构。广东省全面实施外商投资准入前国民待遇加负面清单管理制度,加快金融服务业开放进程;支持外资企业开展资本项目收入支付便利化业务;鼓励外商投资新能源汽车领域,放宽商用车制造外资股比限制;在制造业融资上,支持符合条件的外资企业参与私募股权投资基金跨境投资。

(二)持续打造一流营商环境,促进公平竞争

一是提升经营投资便利化水平。江苏省在出入境、工作许可及居留、贸易便利化、跨境结算及投融资便利化等 6 个领域推出 26 条便利化措施。如在贸易便利化方面,支持跨国公司地区总部、功能性机构开展关税保证保险试点,对总部企业和研发中心的试验用进出口材料实施风险评估、分类管理,进一步方便总部开展研发活动。苏州市推出 14 个领域的 48 项惠企便利化措施,包括将总部企业高管人员纳入全市高端人才奖励计划实施激励,外国高端人才在总部机构兼职的备案部门仅为公安一个部门,同时推出"AEO(经认证的经营者)高级认证接力式信用培育""主动披露"等政策。

二是健全外商投资保护机制。上海市出台外商投资保护法规,依法实施外资企业权益保护,将外资保护纳入地方立法、纳入优化营商环境工作、纳入考评监督。率先制定出台《上海市外商投资条例》,对征收征用、资金进出、知识产权保护、商业秘密保护、技术合作、政府采购、地方标准制定、城市特许经营等外国投资者最为关心关切的问题,明确了具体规定。健全外商投诉工作机制,建立"1+16+2"外资企业投诉中心,其中市级投诉中心 1 个,各区投诉

中心16个，临港新片区、虹桥商务区投诉中心各1个。

三是强化重点产业全产业链招商。广东省聚焦全产业链招商，印发《广东省加快先进制造业项目投资建设若干政策措施》（粤府〔2021〕21号），围绕战略性支柱产业集群和战略性新兴产业集群开展全产业链招商，引导外商投资中高端制造、高新技术和现代服务业，助推传统产业转型升级和新兴产业发展；围绕半导体与集成电路、高端装备制造、智能机器人等20个战略性产业集群，分类设计编制了可视化产业链招商地图，全面展示20个战略性产业布局区域、产业配套、产业政策、投资要素以及投资促进服务等情况，为企业来广东投资提供精准指引。江苏省强化产业链招商和要素集聚，支持外资企业整合上下游产业链，重点打造生物医药和新型医疗器械、集成电路、高端装备、汽车及零部件等外商投资先进制造业集群。

四是建立健全外商投资企业服务体系。杭州市定期举办外资企业情感连接交流活动，以定期到外资企业走访、实施问卷调查、分国别开展企业恳谈会等形式，创新政企交流路径，在外资企业设立、生存、发展的全流程中提供及时的服务，增强对外资的吸引力。宁波市落实“一把手”招商引资责任，强化项目谋划招引，抓好产业链招商，推动现有外资企业增资扩股。嘉兴市组织实施利用外资百日攻坚活动，组织开展全员大招商、企业大走访、项目大提速活动，以“店小二”精神服务外资企业发展，营造更好的营商环境。

（三）创新引资新模式新方法，便利合作往来

一是强化服务机制创新。重庆市提出“五带五新”服务理念。线下带线上，创新服务新方式。建设外商投资企业智慧服务云平台，开设外资政策发布、外资营商环境测评等窗口，为外商投资市场主体提供线上服务。设立外商投资市场主体线上投诉协调专用通道，实现“互联网＋政府督查”连接，及时跟踪办理，保证外商投资市场主体诉求办结质量。建成服务外商投资市场主体线上数据库，外商可随时查询进展情况。市级带区县，凝聚服务新力量。联动市级相关部门组建市级“外商投资行政服务管家”队伍，指导区县进一步充实调整“外商投资行政服务管家”队伍，全市“外商投资行政服务管家”达400余人。机关带协会，搭建服务新桥梁。加强外商投资企业协会工作指导，注重发挥行业协会作用，推动外商投资企业协会做好会员企业服务工作。重点带全面，完善服务新机制。重庆市政府领导定点联系21家重点外商投资企业，重庆市商务委员会建立定员分片包干联系服务机制，机关干部定点联系520家规模以上线上外商投资企业，推动区县定点联系服务辖区外商投资市场主体全覆盖。服务带管理，强化管理新思路。落实好外商投资信息报告制度，组织

外商投资企业参与外商投资信息报告,实现外商投资企业服务和管理同步推进。

二是设立外资企业上市服务平台。北京市注重强化外资企业服务,设立了外资企业上市服务平台。该平台以北京企业上市综合服务平台建设为基础,依托北京企业上市服务平台和中关村资本市场服务平台,围绕企业价值评价、辅导培训、上市咨询、融资撮合、政策落地等方面的需求,通过科创“钻石指数”、资本学院等产品服务,为外商投资企业境内上市发展提供优质服务。对重点发展领域的外资企业配备专属的服务管家,如建立外资金融机构“服务管家”工作机制,积极吸引优质金融资源落地。同时,北京市市、区两级还为重点项目配备“专员”,专门为来京投资企业和项目提供落地服务。

三是开启全球招商伙伴模式。上海市启动全球招商合作伙伴计划,遴选4位国际企业家和国际半导体产业协会、中国上市公司协会、中国欧洲经济技术合作协会等6家机构作为首批合作伙伴,积极发挥桥梁纽带作用,为加快汇聚全球功能机构、高端项目、优秀人才和创业团队贡献智慧和力量。广东省为深入实施产业链招商工程,进一步创新招商工作机制,面向发达经济体加强产业集群招商,广东省商务厅从经济界、工商界中挑选22位知名人士聘为广东省全球招商顾问,积极宣传推介广东投资营商环境,在信息互通、项目投资、人才引进等方面牵线搭桥,帮助更多全球高端优质项目和人才到广东投资兴业。

二、对我省的启示

北京、上海、重庆、江苏、浙江、广东等地以优化营商环境为载体,通过扩准入、优环境、强服务等创新举措,加大产业政策支持力度,积极有效利用外资,推动经济高质量发展,其探索实践、成功经验值得我省参考借鉴。我省作为经济大省,虽然拥有较为完善的工业体系和产业链,但在科技创新、投资环境等方面存在不足,需要在保持引资总量基本稳定的基础上,强化务实措施,着力优结构、提质量,可以从以下五个方面持续发力。

一是在政策支持方面持续加强。落实《鼓励外商投资产业目录》等已有政策措施。继续在产能建设、行业协作、产业布局、创新发展等重要领域和关键环节发挥政府的统筹规划和政策导向作用。重点打造新一代信息技术、高端装备、新能源新材料、现代海洋、医养健康等“五强”新兴产业,以及新能源汽车、航空航天、绿色环保、新兴服务等产业示范基地,加快培育相关行业的产业链。完善外商投资财政税收政策,对符合战略性新兴产业重点发展领域的企业或项目给予税收优惠，鼓励企业进行技术研发创新。持续推进投资领域“放管服”改革，健全以贸易便利、投资便利为重点的政策制度体系，激发外资企业等主体发展活力。

二是在市场准入方面持续扩大。落实好新版负面清单，进一步清理负面清单以外的限制措施，严格实行“非禁即入”。放宽服务业外商投资准入限制，及时总结、复制推广北京、广东、重庆等地服务业扩大开放综合试点成熟经验做法，聚焦重点优势产业和重点示范园区，加大先行先试力度，努力探索服务业开放发展的新业态、新模式、新路径，逐步形成与国际先进规则相衔接的制度创新和要素供给体系，增强产业竞争力。拓展外资的来源地区和渠道，加强与欧美等国家（地区）投资合作，引导外商投资企业沿产业链上下游延伸布局，补足产业链供应链关键环节短板。加大重点国家（地区）战略性新兴产业、绿色产业、数字经济、智能制造、科技创新等新兴领域引资力度。

三是在平台建设方面持续提升。推动中国（山东）自由贸易试验区高质量发展，赋予其更大改革自主权，充分发挥先行先试作用。探索资源要素配置新机制，推动资本、数据、人才、技术等要素流动，提升要素集聚能力，为外商投资企业高质量发展提供支持。深化与日韩产业链供应链对接，深化对日韩贸易便利化合作，加快 RCEP 经贸规则高质量落地，推动与 RCEP 地区加快联通，聚焦日韩与东盟，推动设施联通、市场融通、贸易畅通、标准互通，深度参与全球产业分工和合作。发挥青岛、烟台、威海等国家级经济开发区开放平台优势，围绕主导产业和优势产业开展产业链招商，加快突破关键领域核心技术，积极培育电子信息、智能制造、生物医药等先进制造业集群，推进传统产业转型升级。鼓励有条件的国家级经济开发区积极打造孵化器、众创空间等新型孵化平台和公共服务平台，促进创新要素聚集。

四是在投资促进和保护方面持续发力。继续举办山东与跨国公司恳谈会、“选择山东”跨国公司交流会、上海合作组织产业链供应链论坛等系列活动，积极参加进博会、投洽会等国家级展会论坛，聚焦重点产业、重点国家开展产业链招商。借鉴北京、上海、广东等地经验，健全外商投资权益保护机制，加强涉侵害外商投资合法权益举报线索的受理、研判、复核、转办工作。强化知识产权行政保护，加强专利侵权纠纷行政裁决，对案件进行繁简分流，进一步提升办理专利侵权纠纷行政裁决案件质效。针对跨区域、链条化侵权违法行为开展专项执法行动，加大对外商投资企业的知识产权保护力度。

五是在投资环境优化方面持续推进。全面落实外商投资法及其实施条例，保障外商投资企业投资公平待遇，平等参与国家标准、行业标准、地方标准和团体标准的制定工作,依法通过公平竞争参与政府采购、招投标活动。用好山东省稳外贸稳外资服务平台,发挥投资促进机构和商业企业协会作用,解决企业“急难愁盼”问题,进一步营造亲商、爱商、安商、稳商的营商环境。牢固树立新型外商投资促进服务理念,加强生产要素服务保障,对符合山东产业发展方向和国家鼓励投资规定的外资企业,加强项目用地、用能、环保、人员出入境等方面的保障,提升服务水平。

课题组成员:张正威

第五篇　多层次多领域促进共同富裕

山东新就业形态健康发展对策研究

就业是最大的民生,也是经济的基本支撑。近年来,随着移动互联网技术的进步与信息技术的广泛运用,新就业形态的"蓄水池"和"稳定器"作用日益显现。第九次全国职工队伍状况调查结果显示,全国新就业形态劳动者已占职工总数的21%,新就业形态大幅提升了我国经济运行的就业承载力。党的二十大报告首次提出"新就业形态",强调"支持和规范发展新就业形态"。新就业形态是就业的重要组成部分,不仅要积极发挥其在助力实施"稳就业、保就业"国家战略中的积极作用,还要不断加强保障体系建设,以规范促发展,通过新就业形态进一步扩大就业规模、提高就业质量。

一、经济增速放缓、产业结构调整催生新就业形态

新就业形态主要包括互联网平台组织的分散的、无雇主的就业模式,是有别于正式就业和传统灵活就业的平台化组织用工方式的就业新形态,在经济转型过程中发挥了消纳就业人口、有效配置劳动力资源的积极作用。

(一)就业总体规模和结构不断调整

一是新增就业人员增速放缓,城镇调查失业率上升。2020年以来,国际形势错综复杂叠加国内疫情反复进一步削弱了经济发展动力,传统市场主体吸纳就业能力下降,就业观念有所转变。从调研数据看,2023届毕业生企业就业意愿比例较2021届下降约7.3个百分点,考公考编意愿比例上涨约14.2个百分点,升学意愿比例上涨约10.4个百分点,自由职业、创业等意愿比例增加了5.1个百分点,暂无打算的比例上涨约2.7个百分点(见图1)。从新增就业数据看,2022年全省新增就业122.2万人,较2021年减少4.0万人,较疫情前2019年减少18.1万人,2020—2022年三年平均新增就业人数较2019年减少了11.5%。从失业数据看,2020年以来,城镇失业率出现上升,2022年4月一度达到6.1%,全年在5.5%左右,较2021年提升了2.6个百分点(见图2)。

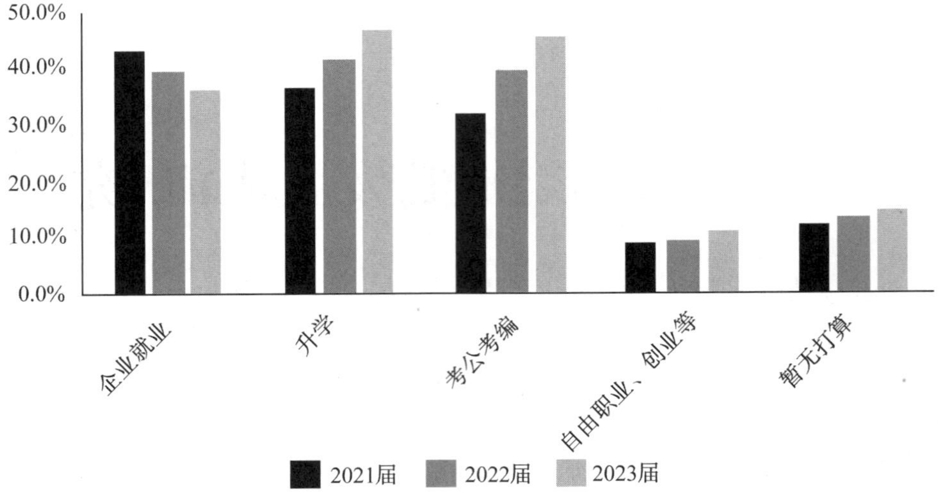

图 1　2021—2023 届山东高校毕业生就业意愿

数据来源:齐鲁人才网。

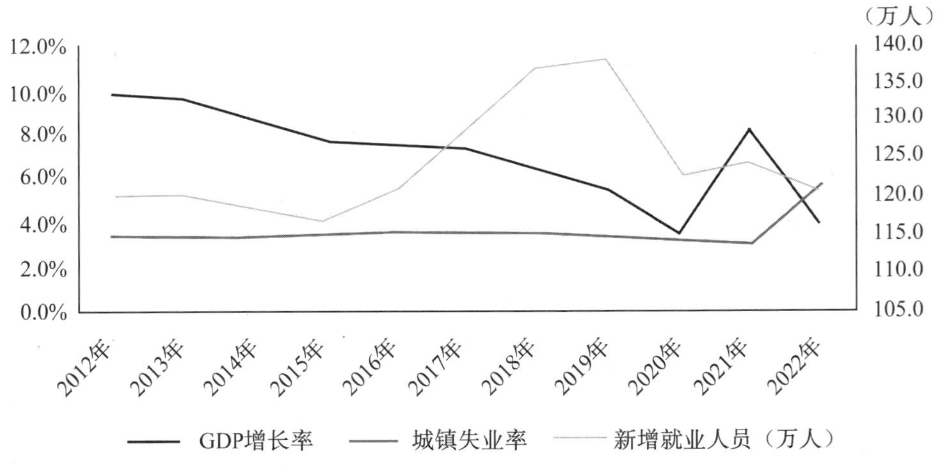

图 2　2012—2022 年山东 GDP 增长率、城镇失业率以及新增就业人员走势

数据来源:《山东统计年鉴(2023)》。

二是毕业生数量不断增加,就业市场人才需求收窄。从近年数据看,除2019 年外,我省应届毕业生数量呈持续上升趋势,2022 届达到 79.5万人,比2021 届增加 13.5万人,增幅超 20%(见图 3)。2023 年山东普通高校毕业生规模超过 81.3万人,加之当前青年失业率高达 25%左右,毕业生们面临更大的竞争压力,就业形势也更加严峻。

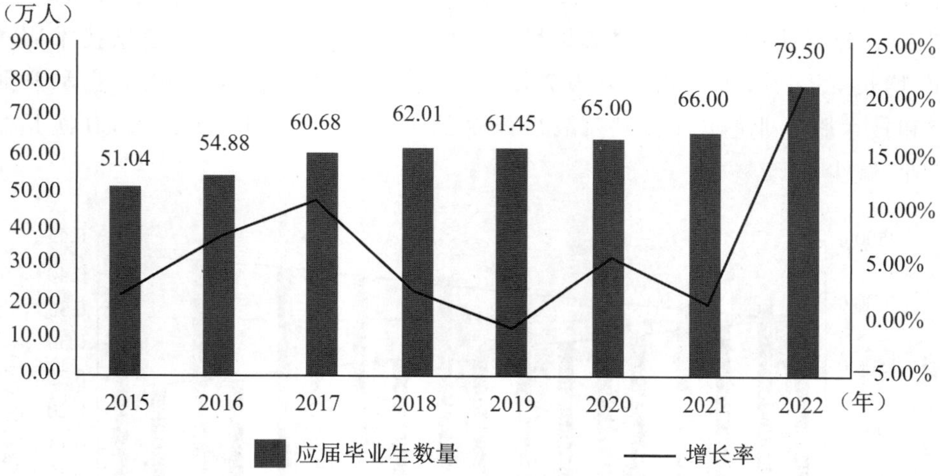

图 3　2015—2022 年山东应届毕业生数量及增长率

数据来源：2023 年山东统计公报。

部分行业岗位需求增量紧缩，对比近四年我省就业市场人才需求量走势变化发现，2019 年人才需求量增幅稳步上升，2021 年随着疫情的稳定，求职招聘市场日趋活跃，人才需求量增幅创近四年新高，比 2020 年同期上涨 11.5%，但 2022 年就业市场受疫情反复影响，人才需求量出现断崖式下降，同比下降 33.7%，增幅首次出现负增长（见图 4）。

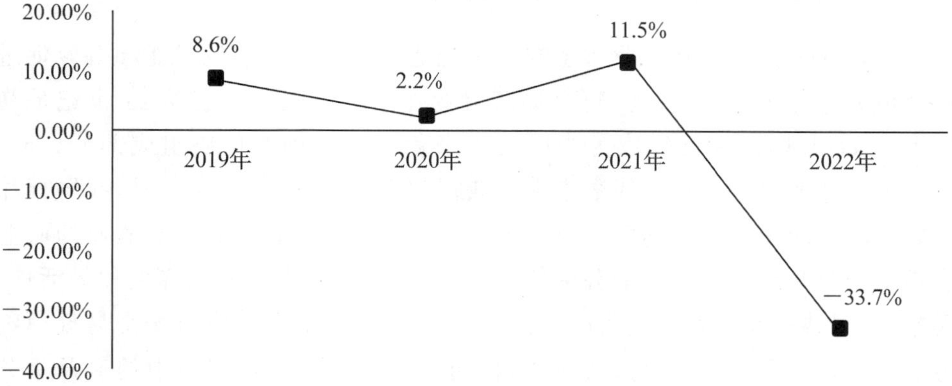

图 4　2019—2022 年山东就业市场人才需求量增幅

数据来源：齐鲁人才网。

三是第一、二产业就业人数下降，第三产业就业人数上升。2012—2021 年的 10 年间，山东省第一产业就业人数减少约 752 万人，减少 36.0%；第二产业减少约65万人,降幅3.4%;第三产业增加约400万人,增长21.0%(见图5)。分行业看,从业人员增长最明显的是信息传输、软件和信息技术服务业,增长83.6%,租赁和商务服务业增长76.5%,金融业增长70.1%,科学研究和技术服务业增长60.0%;减少最多的是采矿业,减少105.3%,其次是制造业,减少35.7%。

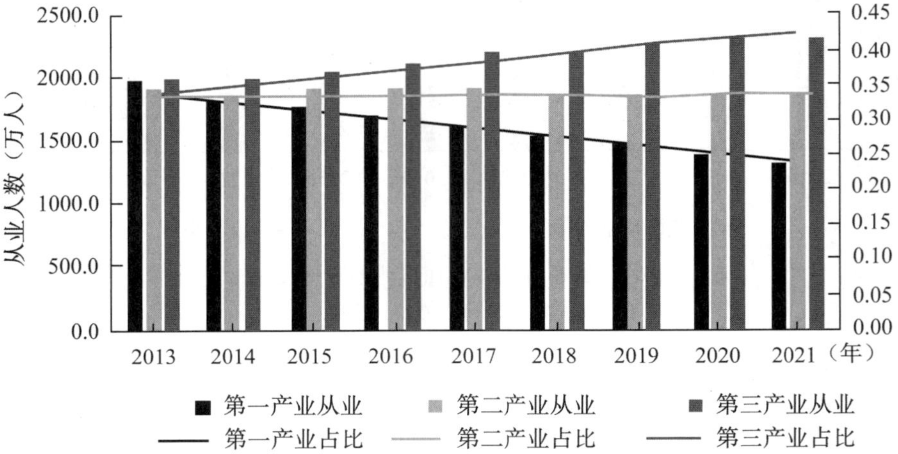

图5　2012—2021年全省分产业年底就业人员变化趋势

数据来源:《山东统计年鉴(2022)》。

(二)新经济、新动能催生了新就业形态

一是数字技术为新就业形态的发展创造了条件。数字技术能够有效促进社会精细化分工,增加劳动岗位,提高就业弹性。新就业形态从21世纪最初10年开始出现,现在已经成为当前及未来劳动力市场的重要组成部分,16%的美国劳动者曾经通过在线数字平台获得收入。截至2022年7月,我国标注为数字职业的岗位数已达到了97个。二是共享模式拓展了传统就业的职业边界。资源共享可以打破资源的使用限制,提升传统岗位的包容性和灵活性。根据《中国共享经济发展报告(2023)》,2022年我国共享经济市场交易规模约为3.832万亿元,共享出行、共享住宿、网上点餐的方式在网民中的普及率分别为38.54%、6.63%和61.44%,资源共享的方式已经深入衣食住行等方方面面,岗位融合性增强。三是平台用工降低了入职门槛和条件。平台用工的方式辐射行业领域多、岗位类型多、专兼职灵活,使得原本受就业时空限制的劳动者可以随时随地弹性就业。有调研显示,滴滴平台有41.1%的专职司机来自制造业,13.6%来自交通运输业。2019—2022年国家发布的4批56种新

职业中,数字化管理师、物联网安装调试员等与平台相关的职业占相当高的比重。

(三)新业态在对冲短期影响、培育新增就业、有效带动消费等方面发挥了重要作用

一是缓解了结构性就业矛盾。新业态覆盖行业领域广、岗位类型多、信息获取途径多,职业匹配更加市场化、多元化、自主化。2022 年“58 同城”平台入住劳动者近 130 万人,较 2021 年增长了 2 倍多,2023 年 4 月全国网约车司机数量比 2020 年 12 月翻了一倍,灵活多样的就业方式有效降低了结构性、不充分以及隐性失业风险。二是满足了产业转型升级的用工需求。“十四五”以来,我省积极引导制造业企业加快业态模式创新,从“加工组装”向“制造＋服务”转型,从单纯出售产品向出售“产品＋服务”转变。传统产业转型反映在就业上,就是产生了大量新的用工需求,改变了工作内容和工作方式,从而催生了像物联网安装调试员、碳排放管理员等新职业。截至 2023 年 5 月,全省已摸排登记新就业群体 10.6 万名。三是促进了消费潜力和消费活力的释放。新业态为推介企业新产品、满足消费者新需求搭建了重要渠道,提供了各类新潮有趣的消费体验,居民消费习惯不断向线上拓展。“品味山东　乐购齐鲁——2023 网上年货节”活动吸引了 4 万多家电商企业、1 万多名电商主播加入,带动就业的同时也发挥了电商促销“放大器”的作用。2023 年上半年,全省限额以上实物商品网上零售额同比增长 26.4%,拉动全省限额以上零售额增长 3.4 个百分点。

二、山东新就业形态的发展特点

(一)政策体系不断完善

2020 年,山东省人民政府办公厅发布《关于支持多渠道灵活就业二十条措施的通知》,围绕“就业有岗位,创业有扶持,求职有帮手,培训有专项,权益有保障,环境有改善”提出 20 条具体措施。2021 年,省直八部门联合出台的《关于维护新就业形态劳动者劳动保障权益的实施意见》,提出了 4 方面 18 条具体措施保护新就业形态劳动者权益。2022 年,省直七部门联合印发《关于支持推进零工市场高质量发展的实施意见》,从 5 个方面制定了全面加强零工市场建设的措施。这些政策文件的发布一定程度上弥补了新就业形态劳动者劳动关系界定、就业、劳动报酬、劳动安全、休假、社会保障等方面权益保障的

制度短板。

(二)新兴产业相关岗位供给不断增多

近年来，随着我省新一代信息技术、高端装备、高端化工、新材料等工业领域的“十强”重点产业发展势头强劲，相关就业岗位人才需求走高，传统热门行业需求大幅收缩。2023年以来，智能装备、生物医药、节能环保、信息技术等领域人才需求较上年增长幅度均在12%—17%，而房地产和教育培训领域人才需求降幅明显，均在10%以上；我省面对高校应届毕业生发布的岗位中，人工智能、医疗健康、大数据等新兴产业分别较上年增长了约17%、15%和13%。

(三)毕业生选择新就业形态岗位的比例不断增加

新就业形态岗位逐渐成为大学生就业的“蓄水池”与“缓冲器”，吸纳了越来越多的高校毕业生。从调研情况看，全省2020—2023届高校毕业生通过平台选择灵活就业的比例分别约为10.7%、12.9%和15.9%，呈现逐年递增态势。就业领域主要集中于服务业，流向前三位依次为互联网/IT行业、文化/体育和娱乐业、批发和零售业，合计占比近50%，网络主播、视频制作、UP主等新兴自媒体岗位广受毕业生追捧，选择相关岗位的毕业生合计占比约30%。

三、当前新就业形态发展面临的主要问题

短期、灵活、多元的雇佣关系加剧了新就业形态的不稳定性，给部门、企业以及从业者带来了诸多风险与挑战。

(一)主流传统观念对灵活就业方式的认可程度不够高

当前社会关于新就业形态的社会功能和价值的认识观念相对落后于新就业形态的发展实践，仍存在刻板印象。很多年轻人的父母认为电商博主就是“哗众取宠”，靠打赏获取收入，不算正当职业。特别是近几年，省内毕业生考学、考编的比例不断上升，2023届升学深造、考公考编的毕业生占比均接近50%，分别较2021届扩大了约10个、15个百分点，远高于选择自由职业的毕业生比例。

（二）新就业形态劳动者面临更大的收入压力和失业风险

目前新就业形态劳动者平均工资水平低于全社会平均水平，一半以上在5000元以下，根据《新业态青年发展状况与价值诉求调查报告（2022）》，56.2%的新就业形态青年个人或家庭有借款或贷款，其中46.8%的负债金额在10万元以上。新就业形态劳动者与稳定就业劳动者在抗风险能力方面也仍存在较大差异。研究显示，疫情发生后，超五成新就业形态劳动者收入下降，经济状况变差；超三成新就业形态劳动者处于失业状态，是全职失业者的3倍；超七成失业人员在失业之后面临比全职劳动者失业之后更大的再就业压力。

（三）现有参保方式无法对新就业形态劳动者进行有效保护

政策文件允许新就业形态劳动者以灵活就业身份参保，但由于新就业形态劳动者工资增幅普遍低于全口径社会平均工资增幅，将后者作为缴费基数会增加其社保费用负担。2022年度全省全口径城镇单位就业人员平均工资为84831元，较2021年上涨了6.6%，那么济南市灵活就业人员每月个人养老保险将多缴52.4—261.6元，直接导致部分劳动者投保意愿较低，目前超四成新就业形态劳动者从未缴过五险一金。

（四）当前新就业形态的职业发展空间和消纳能力有限

大部分新就业形态没有类似传统工作的职业规划、职位晋升等，不利于从业人员特别是青年从业人员的长期职业发展。在对我省新就业形态用人单位调研时发现，仅1/4左右的单位组织过有计划的长期培训，1/5左右的单位没组织过培训。同时由于新就业形态门槛较低，随着越来越多的人进入该领域工作，国内已有多个城市发出了“岗位饱和预警”，如三亚已暂停受理网约车运输证新增业务，广州也发布了外卖骑手招聘满员的消息。

（五）对新就业形态的扶持和监管有待进一步提升和规范

2022年我省16市数字经济发展活跃度最高与最低之间相差近5倍，受不同地区的数字经济发展水平、平台资源禀赋等不同影响，新就业形态的发展也存在较大差异。促进新就业形态健康发展的相关文件中，引导性政策多、专项政策少，短期政策多、长期政策少，缺乏统一的管理和规划，将进一步导致各个地区新就业形态发展更加不充分、不平衡。

四、支持和规范我省新就业形态发展的政策建议

健全就业促进机制,保障新就业形态规范发展,发挥新业态优势,破解阻碍高质量充分就业的矛盾堵点,实现稳就业保就业促就业。

(一)转变认识观念,为新就业形态劳动者营造良好就业环境

一是不断增强新就业形态的社会认同感。依托“新新向党”平台,持续推进新业态、新就业群体党建工作,引导督促新就业形态从业者提升自身职业品德修养,培养职业成就感,提高劳动者对新产业新模式的适应能力,提升社会对新岗位新职业的接受程度。二是包容对待新就业形态的矛盾问题。坚持平等性、规范化发展方式,遵循市场规律,包容新就业形态发展中存在的不规范问题,慎用处罚措施,不做强制性约束,引导平台与劳动者协作共赢。三是不断拓展新就业形态的发展空间。引导各类平台企业建立可持续的经营和盈利模式,避免走“低劳动力成本”发展的老路,避免从“低劳动力成本优势”掉入“低人力资本发展陷阱”,坚持以“高质量就业”促“高质量发展”的经营发展和人力资源策略。

(二)构建多元化保险体系,完善新就业形态劳动者社会保障制度

一是进一步明确多元主体权责关系。完善平台用工规定,推行相关合同或协议范本,确保就业者在工资保障、工时限制、工伤保险等方面享有同等的权益保护。二是落实全民参保和依法参保。持续优化养老、医疗保障,加快推进职业伤害保障试点,支持新就业形态劳动者自主选择缴费方式、缴费基数,不断提升参保、缴费、转移接续、异地就医等便利度,完善基本生活保障。三是积极鼓励引入商业保险。引导新业态企业加强与保险公司的合作交流,结合劳动者实际情况,共同开发专属保险产品试点,有条件的地方,政府部门可以对提供保险支付支持的试点企业给予适当补贴。

(三)关注就业重点人群,为新就业形态毕业生就业创业筑牢基础

一是做好高校大学生就业引导工作。深入挖掘互联网、大数据、人工智能和实体经济深度融合创造的就业机会,及时关注政府部门发布的人才、产业政策等,指导毕业生多渠道就业。二是加强新业态就业学生培训工作。支持各类高校、培训机构、互联网平台企业开展养老、托幼、家政、餐饮、维修、美容美发等技能培训,开展新兴产业、先进制造业、现代服务业等新型职业技能培训。

三是推动重点人群充分享受优惠政策。对高校毕业生、就业困难人员等重点群体从事个体经营的，按规定给予税收优惠、创业补贴、贷款贴息等政策支持，在购房、落户、子女上学等方面对新业态高技能人员量身制定优惠政策。

（四）培育发展新动能，优化新就业形态岗位供给结构

一是完善小微企业创业带动就业的保障制度。将新就业形态劳动者纳入就业创业服务范围，为通过快递、外卖等新业态方式实现自主创业的劳动者提供创业担保贷款、创业补贴等政策保障，采取简化审批程序、优化服务等措施支持新业态群体自主创业。二是推动产业政策与就业政策协同联动。加大力度持续推动产业智慧化、智慧产业化、跨界融合化、品牌高端化，推动服务产业转型升级，促进服务业多业态多模式发展，持续培育新的就业增长点，减少经济结构调整对就业的冲击。三是加快推动数字经济与传统产业融合发展。以数字化为载体，促进实体经济和平台经济相融合，激发新产业、新业态，催生具有社会竞争力的服务型、知识型和技术型岗位。

（五）创新全生命监管周期，促进平台企业有序良性发展

一是破除垄断，鼓励竞争。简化审批程序，适当降低新兴企业的进入门槛，对尚在培育期、具有成长性的新业态，探索“沙盒监管”和触发式监管，实现“无事不扰”和高效监管的有机统一。二是协同联合，动态监管。探索打造政府主导、行业自律、企业自治、社会监督的共治共管模式，加强对典型示范企业的宣传报道，营造正向的舆论导向和社会氛围。三是严惩违规，优化环境。明确平台市场主体发展红线、底线，推行新业态企业黑白名单制度，严厉打击平台企业利用信息优势和签约主导地位损害劳动者权益的行为，为新就业形态劳动者创造良好从业环境。

课题组成员：张钰　张辉　栾咏梅　吕蕾

破解农民增收障碍
助推农民农村共同富裕研究

2018 年 6 月，习近平总书记在山东考察时指出："农业农村工作，说一千、道一万，增加农民收入是关键。"①2023 年 9 月，习近平总书记再次考察山东，强调："要做好品牌、提升品质，延长产业链，增强产业市场竞争力和综合效益，带动更多乡亲共同致富。"②山东牢记习近平总书记嘱托，深入贯彻党中央决策部署，紧抓黄河重大国家战略和绿色低碳高质量发展先行区建设机遇，把实施乡村振兴战略作为新时代"三农"工作总抓手，坚持统筹推进乡村"五个振兴"，深化拓展"诸城模式""潍坊模式""寿光模式"，农民增收不断提档升级，农村面貌持续改善，农民农村共同富裕取得显著成效。但是，与先进地区相比，我省农民持续增收仍面临诸多困难与挑战。下一步，要以健全种地收益机制为保障，以发展农业全产业链为支撑，加快激活各类资源要素，不断凝聚强村富民合力，着力绘就农民收入持续增长的崭新画卷，努力在扎实推进共同富裕新征程中"走在前、开新局"。

一、我省农民增收面临的四方面障碍

山东省是全国首个农业总产值过万亿的省份，农产品出口额连续 24 年领跑全国，粮菜果、肉蛋奶、水产品等产量均居全国前列。与总量在全国具有绝对优势相比，山东农民人均可支配收入多年居全国第八，仅为浙江的 59%、江苏的 78%、福建的 88%，城乡收入绝对差距由 2015 年的 18615 元扩大到 2022 年的 26940 元，增收动能有所减弱，增收障碍不断增加，增收压力依然存在。

---

① 《习近平在山东考察时强调　切实把新发展理念落到实处　不断增强经济社会发展创新力》，《人民日报》2018 年 6 月 15 日。

② 《习近平在浙江考察时强调　始终干在实处走在前列勇立潮头　奋力谱写中国式现代化浙江新篇章　返京途中在山东枣庄考察》，《人民日报》2023 年 9 月 26 日。

(一)生产节本增效存在瓶颈制约

一是生产成本上涨压缩收益空间。化肥、农药、种子等生产资料价格不断上涨，推高农作物种植成本，导致农民生产净收益不断下降。调研中有农民反映，近十年，化肥、农药等价格成倍增长，粮食价格增长缓慢，种粮纯收入大幅下降。二是小规模不经济难题依然存在。我省农业生产以小农户分散经营为主，专业化、规模化、标准化程度较低，对生产要素利用效率较低，不利于降低生产成本和经营风险。从高唐县部分村的调研情况看，与村里耕地统一托管实现规模种粮相比，一家一户经营每亩成本高15%—20%，整体收益相差300元左右。三是农业发展效率相对不高。我省农业发展的一些关键指标与发达地区相比，仍存在一定差距。比如，我省农业劳动生产率不足荷兰、以色列等发达国家的6%；2021年我省土地产出率为99808.2元/公顷，居全国第12位，仅为粤苏浙三省的36.7%、80.5%、56.7%。

(二)农业全产业链发展程度较低

一是产业链条较短。农产品产、加、销尚未形成体系，精深加工水平相对不高，产品附加值和经济效益低。比如，蔬菜、水果仍以销售初级产品为主，粮食产业多以面粉、面条、淀粉等初加工为主，量大利薄、产能过剩。二是特色产业不强。特色农业的多种功能挖掘不够，发展相对较慢。比如，乡村休闲旅游业能够创造就业岗位，直接增加农民收入，青州市弥河镇桐峪沟村和九龙峪田园综合体旅游景区相互结合，发展生态旅游项目，吸引带动村民就近就业，村民人均年收入由8900余元增长到3.3万多元。三是农业品牌建设不足。我省农业品牌存在普通品牌多、知名品牌少的“杂而不亮”“多而不强”问题，多数品牌仅停留在局部区域，难以走出去，无法实现更高的价值。比如，2023年“中国500最具价值品牌”榜单中，我省有5个食品饮料类品牌入选，平均价值772.2亿元，而四川入选的7个品牌平均价值达1273.9亿元，是山东的1.6倍。

(三)农村资源要素整合力度有待提升

一是土地资源有待继续盘活。与浙江等发达地区相比，我省土地制度改革进展比较缓慢，农村集体建设用地、农民闲置宅基地等交易、流转制度不健全，其财产属性尚未得到有效激活。相比较来看，绍兴市柯桥区作为全国首个实施宅基地跨区县流转的地区，在2023年的一次宅基地拍卖会上，15块宅基地的竞拍金额达到576.8万元，有效促进了农村宅基地的流转，提高了农民财产性收入。二是农村人力资本相对不足。农村人口老龄化、青壮年劳动力流失、经营人才缺乏、技术人才短缺成为农村发展普遍面临的严峻挑战。比如,2010—2020年威海市有33个镇人口流失超过20%,有15个镇超过30%,农业镇成为人口流失情况最严重的地区,未来谁来种地、怎样种好地的问题日益凸显。三是农业金融支持相对欠缺。受农村金融产品单一、农村产权抵押融资困难、农村征信体系建设滞后等影响,农业企业、合作社、家庭农场和农户"贷款难""贷款贵"现象未得到实质性改善,农村地区的金融服务效能仍相对较低。

(四)农民合作共富能力总体不强

一是新型农业经营主体缺乏带动能力。家庭农场、养殖大户和农民合作社发展水平相对较低,农业企业存在中小企业多、头部企业少的问题,自身盈余能力有限,对农民就业增收的带动能力相对较弱。比如,2021年,全省粮油加工企业年均产值10亿元以下的占比高达93.4%。二是新型农村集体经济发展较弱。我省新型农村集体经济发展整体实力不强,途径不多,资源要素整合能力较弱,区域间差距仍较大。比如,2022年村均收入最多的青岛市为503.38万元,是最少的菏泽市的18倍。三是农业社会化服务体系不健全。农业社会化服务存在保障供给不足、服务链条较短、服务领域较窄、运行机制不完善、社会化服务人才短缺等问题,阻碍小农户与现代农业的有机衔接。

二、促进农民持续增收的对策建议

今后,山东省要坚持把增加农民收入作为"三农"工作的中心任务,从完善种地收益机制、健全农业全产业链、激活农村资源要素、凝聚强村富民合力等方面率先突破,千方百计拓宽农民增收致富渠道。

(一)完善种地收益保障机制,保障农民不吃亏、有钱挣

习近平总书记指出:"在政策上,要考虑如何提高粮食生产效益、增加农民种粮收入,实现农民生产粮食和增加收入齐头并进,不让种粮农民在经济上吃亏,不让种粮大县在财政上吃亏。"[①]山东省可出台支持粮食适度规模经营的若干措施,重点支持社会化服务组织和家庭农场、农民合作社等种粮大户,多

① 《习近平在农村改革座谈会上强调 加大推进新形势下农村改革力度 促进农业基础稳固农民安居乐业》,《人民日报》2016年4月29日。

措并举发展适度规模经营。比如，改革补贴发放方式，由补地向补粮转变，实现“谁种粮、谁受益”；借鉴江西等省经验，支持10亿斤以上的产粮大县开展补贴试点，通过贷款贴息、以奖代补等方式扶持规模经营。持续落实“藏粮于技”，以农业关键核心技术攻关为引领，聚焦种业振兴、高标准农田建设、设施农业等重点领域，强化农业企业创新主体地位，完善农业科技创新体系，为农业现代化插上科技的翅膀，让种地挑上“金扁担”。

（二）加快健全农业全产业链，把农产品增值收益留在农村、留给农民

习近平总书记强调：“要把产业振兴作为乡村振兴的重中之重，积极延伸和拓展农业产业链，培育发展农村新产业新业态，不断拓宽农民增收致富渠道。”[①]山东省可依托农业农村特色资源，做好“土特产”文章，向开发农业多种功能、挖掘乡村多元价值要效益。不断强龙头、补链条、兴业态、树品牌，推动研发、种植、加工、营销等乡村产业全链条升级，切实提升农民的致富能力。依托1258家省级及以上农业产业化重点龙头企业，着力培育一批百亿级农业“链主”企业。建设农产品精深加工园区，推动农村一二三产业深度融合，为农民“接二连三”增收致富开辟新渠道。以沿黄河、大运河、齐长城、黄渤海四大文化体验廊道和沿胶济铁路文化交通线建设为重点，深化农文旅融合。共建共享“好品山东”，打造一批品质过硬、竞争力强的农产品精品品牌。大力发展县域范围内比较优势明显、带动农业农村能力强、就业容量大的现代农业产业链，促进农民就近就地就业增收，为推进农民生活富裕开创新局面。

（三）全面激活农村资源要素，让农民腰包越来越鼓、日子越过越红火

习近平总书记在中央农村工作会议上强调：“深化农村改革，必须继续把住处理好农民和土地关系这条主线，把强化集体所有制根基、保障和实现农民集体成员权利同激活资源要素统一起来，搞好农村集体资源资产的权利分置和权能完善，让广大农民在改革中分享更多成果。”[②]山东省须坚持“输血”与“造血”并重，推动更多资源和要素向农村聚集。紧抓平度、兰陵、禹城、寒亭、汶上等全国新一轮农村宅基地制度改革试点机遇，在闲置宅基地退出、流转、盘活利用等方面大胆探索、试点先行。整合第一书记、驻村干部等各类人才资

---

① 《习近平在参加江苏代表团审议时强调　牢牢把握高质量发展这个首要任务》，《人民日报》2023年3月6日。

② 《习近平在中央农村工作会议上强调　锚定建设农业强国目标　切实抓好农业农村工作》，《人民日报》2022年12月25日。

源,总结推广“乡村振兴合伙人”“首席专家”“归雁工程”等项目经验做法,着力构建从两院院士、泰山学者到农技推广人员、“田秀才”、“土专家”的人才矩阵。完善涉农资金统筹整合长效机制,依法完善乡村资产抵押担保权能,继续推行“强存贷”政策,探索设立市场化的乡村振兴基金,支持乡村产业发展。

(四)不断凝聚强村富民合力,使小农户融入大产业、对接大市场

习近平总书记指出:“把小农户服务好、带动好。”[①]要积极培育新型农业经营主体,发展壮大农业社会化服务组织,鼓励和支持广大小农户走同现代农业相结合的发展之路。山东省须加快构建以农户家庭经营为基础、合作与联合为纽带、社会化服务为支撑的立体式复合型现代农业经营体系,更好组织、服务、提升小农户。持续推行党组织领办合作社,将一家一户的农民组织起来,建立集体与群众利益共享、风险共担的经济共同体,推动集体和群众“双增收”。大力发展“生产托管+村集体+农户”等形式,创新完善“保底收入+效益分红”“订单农业+生产托管”等利益联结机制,探索“大服务+小农户”的中国式农业现代化发展模式。通过村村联合、村社联合、村企联合、飞地经济等方式,积极探索组建国有农业公司、共富公司,合纵连横、取长补短,增强抱团发展能力。

课题组成员:倪艳亭　张辉

---

① 《习近平在中央农村工作会议上强调　锚定建设农业强国目标　切实抓好农业农村工作》,《人民日报》2022年12月25日。

山东省医养健康产业发展研究报告

山东作为全国首个医养结合示范创建省份，立足全省人口发展和老龄化省情，紧盯老年人医养结合需求，加强制度创新，优化路径设计，扩大服务供给，示范省建设取得显著成效，引领全国作用日益显现。2022 年，全省医养健康产业增加值超过 5600 亿元，名义增速超过 7%，GDP 占比超过 6%。全省医养健康产业“雁阵形”集群达到 15 个，集群营业总收入突破 5400 亿元。2017 年以来，滚动实施医养健康产业重点项目 430 余个，其中健康养老相关项目 200 余个。

一、山东医养结合产业发展现状

（一）医养健康产业发展优势不断巩固

近年来，山东省政府先后出台有关加快养老服务业发展，推动医疗服务业、养老服务业转型升级等的政策文件，对医养结合机构在设施规划、土地保障、资金扶持、保险政策、税费减免等方面制定优惠扶持政策。全省第十二次代表大会把“建成医养结合示范省”作为山东“走在前、开新局”聚力实现“六个新跃升”的重要内容之一。《关于深入推进医养结合发展的实施意见》《山东省医养健康产业发展规划（2023—2027 年）》等文件出台，从目标任务、实施路径、重点任务、保障措施等方面，对医养结合示范省建设进行了全面部署。医养结合全域推进，各级各类医疗卫生机构数、养老服务机构数、医疗和养老床位数等均居全国前列。养老服务业态丰富，已获批国家智慧健康养老示范基地 10 个，试点示范街道（乡镇）36 个，试点示范企业 20 家，获批试点示范总数位居全国第二，其中试点示范企业数量稳居全国第一。人才保障持续强化，2017 年以来，新增两院院士 1 人、国医大师 1 人，全国名中医 3 人、岐黄学者 6 人，现有国家级层面领军人才 44 人，省部级层面高层次人才超过百人。

(二)医养健康产业融合优势逐步凸显

医养健康产业涵盖一二三产业，涉及领域广，融合发展潜力大，各地通过积极探索医养跨界交叉融合发展模式，促进产业集群培育壮大、多元化发展。一是扩大健康养老产品供给，针对老年人常见的健康问题，组织实施中医药新产品研发推广项目，实现科研成果落地转化，遴选推荐的20项适老化产品入选工信部老年用品产品推广目录，数量居全国第三。二是完成了中医养生保健机构服务规范地方标准立项，编制出台了拔罐、艾灸等中医养生保健服务操作规范。三是坚持跨界融合发展，全省推广一批促进老年健康的体卫融合项目，建成特色健康小镇47个，打造首批10个文旅康养强县(市、区)，太极拳、八段锦、五禽戏等老年人喜闻乐见的中医传统运动得到推广普及。

(三)医养健康产业创新优势不断突破

我省鼓励试点先行、率先探索，明确了12个市、120个县(市、区)为省医养结合示范先行区，推出5个医养结合创新引领县(市、区)，省财政给予扶持，经过各地积极尝试，特色鲜明、层次多样的医养结合“山东模式”初步形成。针对山东老年人体质特点，量身定制《齐鲁二十四节气药膳指南》，连续举办3届药膳大赛，推出适合老年人的药膳产品。制定出台《山东省中医药特色医养结合服务规范(试行)》，推动中医药特色医养结合示范基地建设，目前共有省级示范基地12家，创建单位12家。另外，充分发挥中医药在健康养老方面的独特优势和作用，将中医治未病理念、中医养生保健、中医药特色康复等融入健康养老全过程，形成了一批可复制、可推广的中医药健康养老服务模式。当前我省已拥有国家药物研发重点实验室4个、国家级医药创新公共服务平台21个、省实验室3个、省重点实验室43个、省临床医学研究中心19个。

(四)医养健康产业区域优势更加明显

各地在探索发展中立足本地产业基础，优化医养健康产业发展布局，培育形成了一批特色产业和发展模式。淄博市创新发展“医养互转、康护一体”“机构医养、两院一体”“分区服务、兜底保障”“以医带养、医养一体”“以养为主、以医助养”“中医引领、健康养老”“高品质建设、高端化服务”“智慧赋能、居家医养”等8种医养结合服务模式，探索创新发展“医养结合村”服务模式，基本实现市、县、乡、村四级健康养老服务纵横联动。潍坊市以创建全国医养结合示范省先行区为契机，积极开展医养结合质量提升行动，推动医养服务与体育、中医药、康养文旅融合发展。菏泽市充分发挥菏泽牡丹种植业特色和中医药、生物医药产业优势，规划建设舜王城中药科技园、菏泽中药材种植基地、全国中成药制剂与原料药产业知名品牌示范区，重点建设菏泽牡丹种植产业园区、高新区生物医养产业园区、定陶生物蛋白肽产业园区等。泰安市中心医院、枣庄市精神卫生中心以区域医疗中心资源为支撑，打造公立医院"医康养护综合体"模式，形成以医促养、以养助医的运营态势，实现住院治疗、康复护理和养老服务的院内切换。

二、当前我省医养健康产业发展面临的机遇和挑战

(一)健康消费需求升级拓展了医养健康产业的发展空间

近年来，越来越多的人对生命安全和健康质量更加重视，全生命周期健康服务需求迅速增长，并呈现多样化、差异化、个体化特点，健康需求从"以治病为中心"更多向"以健康为中心"转变。从消费内容看，新催生的消费需求和健康消费意识将得到进一步释放，健康管理、健康保险、特定领域的医疗服务、家庭医生等个性化需求将得到进一步激发，推动"预防—治疗—康复—疗养"全链条、全方位、全生命周期的健康体系加快发展。从消费实力看，受经济、教育和收入水平不断提升的影响，城市中部分已经和即将步入老年的人群具有相当程度的经济实力，老年人个体消费能力上升，具有改善退休后生活状况的经济能力，大量待释放的养老需求将带动高质量、高起点的医养结合需求。截至2022年年底，我省60岁以上的老年人口达到2250万人，健康服务、养老服务需求迫切，养老产业发展空间大、后劲足。当前我国康养产业市场消费需求在5万亿元以上，预计2030年我国康养产业市场消费需求将达到20万亿元左右，康养产业将成为下一步全国各地健康水平整体提升和经济发展的主流特色发展模式之一，康养市场需求全面爆发，康养产业进入发展机遇期和红利期。

(二)公共卫生事件频发加深了医养健康产业的合作力度

全球性的突发公共卫生事件需要全球性合作以保障公共卫生安全，医养健康资源国际流动将更加频繁。发展中国家医疗物资短缺，发达国家医疗费用普遍偏高，一些国家充分利用跨国医疗健康资源的比较优势，通过医疗旅游等形式在全球范围内共享专业医疗机构和低价医疗服务，国际消费流动更加频繁。如日本开放医疗签证，吸引各国人口在精密体检、大病治疗、医学美容等领域赴日就医，其中84%为中国医疗消费者。与此同时，"一带一路"大健

康驿站的建设为中国与世界医疗健康产业合作搭建起了新平台，构建出极具潜力的国际医疗健康产业市场。通过加强国际合作，在提升国内医疗水平、医疗健康产业经济效益以及国民健康素质的同时，我国也对“一带一路”沿线国家进行了医疗技术和服务的输出，改善它们的人民医疗保障条件，助力沿线国家医养健康产业做大做强。

(三)新科技新技术进一步强化了医养健康产业的融合深度

随着大数据、云计算、人工智能等新技术的不断突破和深化应用，通过将穿戴感应设备、双向音频远程、慢性病实时监测、区块链医学、人工智能等高科技大范围应用于医学领域，实现医疗行业与现有资源的整合和应用，辅之以大数据分析和物联网服务运营平台，实现个性化健康管理，从而不断提高行业运行效率，挖掘产业巨大潜力。同时，生物药物产业规模迅速扩大，新药品种不断增加，2016—2020 年全球医药市场规模由 11530 亿美元增长至 12988 亿美元，复合年增长率达 3.0%，未来仍有继续增加的趋势，预计全球医药市场到 2025 年将达到 17114 亿美元，2020—2025 年复合年增长率为 5.7%。近年来，基因测序越来越广泛地被应用于医疗健康产业的方方面面，BBC Research 数据显示，2010—2019 年全球基因测序市场规模增速普遍超过 10%，预计到 2026 年将突破 400 亿美元。对于癌症高发的老年人，基因测序可以用于肿瘤早期筛查，有助于临床医生选定患者反映良好的特定药品，减少或消除使用无效治疗方法，节省下游医疗服务费用。

我省医养健康产业虽总体保持良好态势，但仍存在以下三方面的困难与挑战。

一是医养健康市场尚有大量潜在需求。省内多数家庭依旧依赖传统的家庭养老和自我养老模式，对社区养老、机构养老等新型方式的参与积极性不高，随着老年人口与劳动力人口的比例不断扩大，“四二一”或“六加一”的家庭结构导致对老人的忽视，医养结合模式逐渐成为必然趋势。特别是大量农村青年劳动力在城市求学、工作、定居，仅那些经济能力允许的家庭才能够将老人接到经济更为发达的地区赡养，农村劳动力补充城市的同时，农村老年人无法享受到优质的城市医养资源。

二是医养健康领域有效供给不足。医养健康产业涉及领域众多、产业技术壁垒较高，导致产业链条辐射延伸不够，医药领域布局相对分散，尚未形成规模化的产业集群，普遍存在整体档次不高、产业发展不均衡、创新能力不强、龙头企业知名品牌较少和企业研发力量薄弱等问题。小规模机构在专业医护人员等医疗资源方面的配置难度大、专业水平低，满足不了医养机构的专业需求；中等以上规模机构投资大、运营成本高、医养服务收益较低，多数机构处于略有盈利状态，很难吸引社会资本进入基本养老市场。

三是医养机构建设经费和专业服务人员缺口较大。医养健康产业涉及卫健、民政、发改、工信等多部门，省、市、县三级产业处（室）设置衔接上存在不一致，市、县层面产业专班人员和经费不足问题较为突出。从调研情况看，豪华福利型养老机构和救助型养老机构较多，真正满足大多数老年人、针对失能半失能老年人的刚性需求、既能实现基本生活照料又具有医养结合康复护理功能的中档养老机构所占市场份额较低。加之专业护理人才支撑不强，医养结合服务、健康管理、中医药养生和健康产业等中高端人才缺口严重，多数服务人员只会最基本的生活照料，无法提供有效的康复护理、医疗保险、心灵抚慰等专业服务。

三、促进我省医养健康产业高质量发展的对策建议

充分发挥我省工业门类齐全、医养健康产业基础坚实的独特优势，加强医养健康产业发展的顶层设计，围绕“医”“康”“养”“药”“中”“智”“融”七大领域，从需求、供给、管理等多方面共同发力，不断推进全省医养健康产业高质量发展。

（一）以满足需求为引领，健全医养结合普惠型服务网络

一是充分发挥城市社区服务作用。整合城区、街道、社区等现有设施，充分利用家政服务、医疗保健、心理咨询等行业现有的市场资源，并适度向老年人群倾斜，培育发展社区服务中介组织，建立社区养老服务信息平台，拓展社区服务领域。二是推进农村康养服务体系建设。探索推动农村康养服务体系建设的方式方法，鼓励吸引民间资本设立专项发展基金，充分利用敬老院或镇街医院闲置设施，通过改建、扩建，加快镇街医养设施建设，补齐农村医养服务体系短板。三是提升机构服务质量。新建、改建、扩建一批投资少、见效快的公办普惠型老人康复护理院，支持医疗卫生资源进入养老机构，鼓励发展民办机构，促进形成公益性、营利性相结合、相补充的多元化格局，满足不同层次的医养服务需求。四是丰富医康养结合实现模式。鼓励开发适合老年人的康养旅游产品，构建全产业链康养服务体系，打造一批集休闲娱乐、健康养生、旅游度假等特色于一体的特色医养健康园区；应用信息化智能化手段，创新“医护巡诊”“在线问诊”等模式。

(二)以优化供给为导向,构建医养融合高质量产业体系

一是强化政策支撑保障。充分运用各类优惠扶持政策,引导大企业、大集团投资建设和运营养老机构、日间照料设施,走连锁化、品牌化、规模化发展道路,通过政策引导,切实提高社会资本参与养老服务的积极性。二是加大重点项目扶持力度。立足产业科技含量、发展前景等,对新药、医用新材料、人体器官修复、高端医疗设备、疫苗等研发生产类企业加大财政和税收支持力度,重点扶持一批医养健康产业骨干企业,形成骨干企业带动相关中小企业共同发展的健康产业发展格局。三是大力拓展服务模式。加快中医养生保健服务体系建设,提供中医健康咨询评估、干预调理、随访管理等治未病服务,鼓励养老服务机构提供拔罐、艾灸、刮痧等中医服务,大力发展中医远程医疗、移动医疗、智慧医疗等新型医疗服务模式;尽快完善推广长期护理保险制度和职工长期护理保险筹资运行机制。四是着力推动技术业态创新。逐步建立以企业为主体、产学研结合的多领域生物医药产业创新联盟、协同创新中心,促进中小企业与骨干企业合作、上下游企业合作。鼓励以骨干生物医药企业为龙头,实现中小企业融合协同发展。

(三)以完善机制为保障,发展"夕阳产业"为"朝阳产业"

一是建立长效机制。结合地区差异特点,把医养健康事业纳入社会发展整体规划,制定产业发展具体计划,明确长、中、短期目标,加强机构布局、规模和功能的统一规划,完善监管制度、评估体系等;推进医养结合信息平台数据标准化和信息共享,建立统一的数据交换共享指标体系,实现跨部门、跨区域的业务协同和信息资源共享。二是完善工作机制。完善政府主导、部门配合、社会参与的工作机制,加强协调配合,研究解决医养健康产业高质量发展的重点、难点问题,形成部门协作、齐抓共管的工作格局;鼓励在社区提供日间照料、康复护理等服务的机构发展,对符合条件的按规定给予税费减免、资金支持、水电气热价格优惠等扶持;支持商业保险机构大力发展医养保险等。三是优化人才机制。科学制定医养结合的服务标准、服务体系和服务规范,明确人才培养的目标、范畴与质量,充分发挥医养结合的服务优势与巨大作用;适时将医养照护纳入学历教育,扩大招生规模,构建与医养结合相适应的课程体系和教学内容,稳定从业队伍,切实提高职业道德、业务技能和服务水平。

课题组成员:张钰　周国庆　吕蕾　孙明霞

山东省养老托育服务体系发展面临的主要问题及对策建议

“一老一小”问题关乎民生福祉，一直以来都是政府重视、老百姓关心的话题。党中央、国务院高度重视养老托育服务业发展，强调要重视解决好“一老一小”问题，加快建设养老服务体系，支持社会力量发展普惠托育服务。山东作为全国唯一户籍和常住人口“双过亿”的人口大省，养老托育服务体系发展面临的形势更为严峻，问题更为复杂突出。

一、养老托育服务面临问题

（一）养老托育服务管理人员供给不足

山东养老托育服务和管理人员正面临全线“用人荒”，年轻护理人才更是奇缺。按照护理员与老人1∶4比例的国家标准计算，全国至少需要200万名护理员，还不包括从事居家养老服务的人员，但目前全国实有护理员只有20多万名，养老护理员存在很大缺口，这已经成为制约养老服务体系发展的瓶颈。据媒体公开资料，我省专业养老机构全部从业人员仅4万余人，且50岁以上从业人员占比和初中学历以下人员占比均在50%以上，养老护理队伍的人数和专业技能都远远落后于现实需求。济南阳光大姐服务企业负责人表示，目前养老护理员普遍年龄在45—60岁，占了85%以上。

（二）养老照护服务供需错位矛盾显著

进入新时代，随着代际更替和收入水平的提升，老年群体改善晚年生活质量的愿望更加强烈，老年人需求结构由生存型向发展型转变，康复保健、文化养老、智慧养老等需求更加凸显。但当前，山东养老照护服务仍局限于生活照料、医疗卫生等基础保障型服务，不足以满足作为社会中坚力量的中等收入群体个性化、多样化、品质化的养老服务需求。随着社会发展，人们日渐增长的中高品质养老需求与规模庞大的低端同质化服务供需错位问题进一步凸显。

(三)婴幼儿入托难、托育贵问题突出

2022年,我省3岁及以下婴幼儿预计在240万人左右,而同期能提供的托位数仅为32万个左右,按照35%的家庭入托需求测算,托位缺口仍达50万个。2022年,青岛公示的29家备案托育机构的平均收费标准为3300元/月,占到当年人均月可支配收入的78%,更是高出当地最低工资标准1200元以上,托育支出显著偏高。由此来看,大部分家庭期盼的方便可及、价格可接受、质量有保障的托育服务需求,目前还难以得到有效供给。

二、主要原因分析

(一)体制机制不完善,养老托育服务发展受限

现阶段,我省在养老托育体制机制建设方面不够完善,政府、企业和个人三大支柱的养老托育责任差异化定位不清晰,对养老托育服务健康发展产生阻碍。公办和民营养老托育机构在享受财政补贴、税收减免、社会保障、教育培训等政策红利方面存在显著倾向性差异。例如,民营养老托育服务机构人才地位待遇缺乏保障,与公办机构相比,足额足项享受“五险一金”的人员比例较低,晋升渠道不畅,托育服务职业吸引力不足,人才流动性较高,制约了养老托育服务政府兜底、市场搞活发展格局的形成,难以满足多层次、多样化、专业化的养老托育现实需求。

(二)规范监管不到位,养老服务发展失序

长期以来,政府对养老托育机构的监管意识不足、手段单一、措施不到位,没有形成有效的退出机制,有的地方热衷高端项目,招商引资引来的养老地产项目有养老之名、无服务之实,导致养老服务市场鱼龙混杂,整体盈利水平不高,“赔本赚吆喝”现象较为普遍,难以吸引到足量、优质的服务护理和管理人员。有研究显示,日本的养老机构大多是赢利的,行业平均收益率在20%左右;美国养老机构的毛利率一般在6%—8%,而我国养老机构毛利率能达到3%都很难。当前,我省养老服务机构普遍亏损早已是业内共识,这一行业现实和由此带来的消极预期进一步加剧了用工难、人才荒问题。

(三)家庭规模小型化,传统家庭照护面临困境

家庭本应是赡养老人、照料儿童的第一责任主体,但责任履行需要能力支

撑。随着人口流动和新型城镇化进程的演进，家庭规模小型化和能力弱化的趋势显著。第七次全国人口普查数据显示，山东平均每个家庭户的人口为2.7人，且“二代户”以夫妻加孩子的家庭为主，这使得传统的家庭养老、育幼功能逐渐弱化，客观上增加了家庭在赡养老人、照料儿童方面履职尽责不到位的风险。

三、对策建议

（一）强化顶层设计，规范行业发展

一是统筹考量、一体谋划养老托育服务体系顶层架构，前瞻制定更科学更详细的养老托育服务发展“路线图”，合理区分托育服务中的公共服务、准公共服务和市场化服务，制定完善政府兜底、社会补充、家庭分担的资金保障机制，集聚多元力量共同推进养老托育服务健康发展。二是完善依法从严、便利高效的监管服务，构建养老托育服务综合监管体系，加强正面宣传引导和社会舆论监督，切实防范各类风险。制定普惠性托育机构设立细则，详细规定托育机构服务内容和标准，加强业务指导，建立托育机构和从业人员“黑名单”制度。三是强化政府兜底保障，尽力而为、量力而行，以更大力度实质性推进养老托育服务在财政、税收、土地、社保、培训等方面的政策落实落地，见到实效，积极扩大普惠性养老托育供给，促进养老托育行业长效发展，满足基本民生需求。

（二）强化政策支撑，扩大多元供给

一是积极探索慈善养老托育体制机制建设，完善慈善养老托育的资质、财政、土地、税收、社会荣誉等制度性安排，形成支撑养老托育服务的新支柱。二是充分发挥行业协会等社会组织的积极性，健全行业自律规约，开展养老托育机构服务能力综合评价，引领行业规范发展。三是鼓励各地优先通过公建民营的方式，引入成熟的机构养老托育品牌，实现“建设”和“运营”分离，促进养老托育服务专业化发展。四是推动闲置低效资产改造与转型，开发用于养老托育等新功能。鼓励有条件的幼儿园向下延伸，加大公办托育服务供给；加强社区婴幼儿活动场所建设，推动托育服务需求就近解决；采取财政补贴、税收优惠等方式，支持单位为职工提供托育服务。

（三）完善人才待遇，增强行业吸引力

一是针对养老托育服务机构招人难、职业院校养老托育专业招生难的问

题,出台学生免费入学、订单式就业等政策,增强相关专业的招生吸引力,为提升养老托育服务品质积蓄力量,加快推进长期照护服务发展。二是以满足群众多样化、多层次的养老托育服务需求为导向,引导民营资本运用市场化手段开发中高品质养老托育服务产品,提升岗位待遇,增强行业岗位社会吸引力。三是建立养老托育管理和服务从业资格准入制度,在师范类院校开设养老托育服务相关专业,保障养老托育行业从业人员福利待遇,充实亲属等志愿者队伍。

课题组成员:冀刚　史倩倩

山东健全完善长期护理保险制度对策研究

党的二十大报告明确指出要“建立长期护理保险制度”，这标志着我国长期护理保险制度从试点阶段正式进入全面实施阶段。在人口老龄化、高龄化与家庭小型化、空心化“四化”交织的大背景下，长期护理保险制度在减轻失能失智群体经济和事务性负担、优化医疗资源配置、促进医养健康产业发展、解放社会劳动生产力等方面发挥着重要作用。面对养老服务高质量发展的新形势新任务，必须全面认识推进长期护理保险制度的重大意义，总结分析我省长期护理保险制度发展成就及问题短板，学习借鉴国际先进经验和兄弟省市成功举措，坚持民生改善创新，加快推进我省长期护理保险制度和产业服务体系建设，积极打造长期护理保险制度的“齐鲁样板”。

一、全面认识建立长期护理保险制度的重大意义

长期护理保险被称为与养老、医疗、工伤、失业、生育五大险种并列的“第六险”，它是一种以互助共济方式筹集资金、为长期失能人员的基本生活照料和与之密切相关的医疗护理提供服务或资金保障的社会保险制度。建立长期护理保险制度，是国家积极应对人口老龄化作出的重大决策部署，是社会保障制度补短板的重大制度安排。

（一）建立长期护理保险制度是积极应对人口老龄化的必然选择

我国老年人口规模持续扩大。截至 2022 年，65 岁及以上老年人口超过 2.09 亿人，占总人口的 14.9%。同时，失能老人数量也在不断提高，据全国老龄工作委员会预测，我国失能老年人数将在 2030 年和 2050 年分别达到 6168 万和 9750 万人。我省的人口老龄化问题更为突出。2022 年，65 岁及以上老年人数 1699 万，占比达到 16.7%，失能老人总数超过 400 万。随着失能、失智人群规模持续增长，以及受“老龄化、少子化”趋势影响，社会化护理需求出现爆发式增长。衰老与疾病并存、医疗与照护共需，失能、失智老人的社会化照

护成为重要民生问题。通过建立长期护理保险制度,可以有效衔接老年人群的医疗和养老,高质量、高效率地解决老年人的健康护理和日常护理问题,让长期照护服务通过第三方购买的方式获得适当补偿,从而减轻家庭的经济负担,保障失能人员的长期护理服务需求。而专业医护人员提供的专业护理服务,不仅减轻失能者家庭的事务性负担,也让失能人员享受到更为细致周到的服务,提高失能人员体面且有尊严的生活质量,从而促进社会和谐稳定。

(二)建立长期护理保险制度是加快发展我省医养健康产业的强大动能

长期护理服务的供需缺口为医养健康产业发展提供了重大发展机遇。中国保险行业协会研究资料显示,2021 年中国城镇地区老年人长期护理服务保障资金缺口约为 9217 亿元,随着中国人口结构的趋势性变化和居民生活水平的提升,这一缺口将在 2030 年和 2040 年分别达 1.9 万亿元和 3.8 万亿元。全面实施长期护理保险制度,可以为以养老护理、康复器具等产业为代表的医养健康产业的发展提供政策保障、融资渠道、固定的业务来源,从而促进康养产业、照护产业及医疗器械等产业的快速发展,为全省医养健康产业实现突破发展、加速新旧动能转换提供强大动力。正是有了长期护理保险的制度设计,社会资本才有了更大的信心在养老、健康产业加大投入。例如,青岛市 2012 年在全国率先启动实施长期护理保险制度,吸引了社会资本踊跃投入养老服务领域,健康养老产业发展迅速。目前,青岛市承担长期护理保险业务的定点护理服务机构从最初的十几家发展到 952 家,共购买了 3600 多万个床日的护理服务,已基本形成以居家养老为主、以社区和机构养老为辅的社会化照护格局,社会化照护服务体系基本建立。济南自 2016 年启动长期护理保险以来,覆盖人群已近 900 万人,累计让 3.74 万名失能参保人享受到护理待遇,专业护理机构也从几十家发展到现在的 229 家。

(三)建立长期护理保险制度是优化全省社会资源配置的重要举措

通过实施长期护理保险制度,可以有效减少“社会性住院”现象,失能人员有了更多的医疗、护理选择,缓解了二、三级医院的养老护理压力,重度失能患者在医养机构、养老机构与综合医院之间实现了分流,极大缓解了我省医疗机构有限、优质医疗资源的供给矛盾,节约了基本医保基金的支出,同时也有利于解决我省养老机构长期以来床位空置率过高的问题,提高养老资源利用率,优化有限医疗资源的配置。长期护理保险制度的实施,让失能、失智老人因长期护理保险的待遇支付而获得专业护理服务,增强社会化照护服务供给能力,初步建立起以居家为重点、机构为辅助,兼顾生活照料和医疗护理的基本护理服务供给体系。通过建立长期护理保险制度，把专业的事情交给专业的人去做，减轻了家属照护压力，可以使家庭成员中的年轻劳动力安心去做本职工作，人力资源得到最优配置，整个社会的劳动生产率也进一步提高。

（四）建立长期护理保险制度是拓展我省就业新渠道的重要途径

长期护理保险制度的建立为养老护理产业的发展带来了重大机遇，而养老护理产业的发展必然会带来巨大的专业护理人员岗位需求，必将促进养老护理、健康照护等专业人才队伍培养，从而扩大就业渠道，激发就业创业热情。例如，上海市自开展长期护理保险试点以来，新增护理服务定点机构 778 家，吸引了大量从业人员进入养老服务领域，从试点之初的 1 万余人增长到 4 万余人，服务人员队伍的整体素质和服务水平较以往也有较大提升。另外，长期护理保险的正常运转还需要大量照护服务机构的支撑，在失能评估、业务经办、职业技能培训等方面也创造了大量就业岗位。例如，成都市因长期照护保险制度试点，带动多家商业保险公司以医养实体连锁化运营模式加速布局养老产业，新增经办、照护、回访等就业岗位近 2 万个，其中 6300 余名低收入人员通过培训实现了就业扶贫。

二、我省试点推广长期护理保险制度的总体情况

近年来，省委、省政府积极贯彻中央决策部署，着力打造国家医养结合示范省，推动我省长期护理保险制度建设工作走在全国前列，长期护理保险参保人数多年位居全国第一，并创造了“四个率先”的优异成绩：在全国率先启动长期护理保险，率先开展全省试点，率先将所属各市全部纳入全国试点城市范围，率先实现全省范围内的职工长期护理保险全覆盖。

（一）制度建设

1.国家关于长期护理保险制度建设的决策部署

党中央、国务院高度重视应对人口老龄化问题，2015 年 10 月，党的十八届五中全会首次提出“探索建立长期护理保险制度，开展长期护理保险试点”。2016 年，人力资源和社会保障部办公厅印发《关于开展长期护理保险制度试点的指导意见》（人社厅发〔2016〕80 号），确定将上海、青岛等 15 个城市作为长期护理保险制度试点城市，并将吉林和山东两省作为国家试点的重点联系省份。2020 年，党的十九届五中全会提出“稳步建立长期护理保险制度”。2020 年 9 月，国家医保局、财政部印发《关于扩大长期护理保险制度试点的指

导意见》(医保发〔2020〕37 号),提出力争在"十四五"期间,基本形成适应我国经济发展水平和老龄化发展趋势的长期护理保险制度政策框架,并将试点城市增加到 49 个。我省 16 市全部被纳入国家试点城市范围。2021 年 7 月,国家医保局办公室、民政部办公厅印发的《长期护理失能等级评估标准(试行)》提出首个全国统一的长期护理失能等级评估标准,标志着我国长期护理保险制度建设迈出了关键一步。2022 年 10 月,党的二十大报告明确提出"建立长期护理保险制度"。截至 2022 年年底,49 个试点城市中享受长期护理保险待遇的累计有 195 万人,参保人数已经达到 1.69 亿,累计支出基金 624 亿元,年人均支出 1.4 万元。

2.我省长期护理保险制度建设情况

省委、省政府积极贯彻中央决策部署,着力打造国家医养结合示范省,推动我省长期护理保险工作走在全国前列。2012 年,青岛市颁布《关于建立长期医疗护理保险制度的意见(试行)》(青政办字〔2012〕91 号),在全国率先开展职工长期医疗护理保险。2014 年省政府率先组织省级试点,省政府办公厅出台《关于开展职工长期护理保险试点工作的指导意见》,确定在东营、潍坊、日照、聊城 4 市开展试点。2017 年又出台《关于试行职工长期护理保险制度的意见》,要求各市用 3 年左右时间全面建立职工长期护理保险制度。2021 年 12 月,省医保局印发《关于建立省直职工长期护理保险制度的通知》,正式启动省直单位职工长期护理保险,在全国率先实现职工长期护理保险全覆盖;2022 年 11 月,山东省人民政府办公厅印发《关于开展居民长期护理保险试点工作的意见》,将 12 个市纳入居民长期护理保险试点范围,并明确提出 2025 年实现居民长期护理保险全覆盖。截至 2023 年 7 月,全省长期护理保险参保人数达到 4112 万人,居全国第一。

(二)推进机制

1.积极构建多元化筹资机制

全省各市职工长期护理保险主要通过职工医保个人账户、职工医保统筹基金以及财政补助、福彩公益金等渠道解决。筹资模式分为两种:一种是按比例筹资,如青岛市职工医保基金按 0.3%比例划转、个人账户按 0.2%代扣,财政按每人每年 30 元补贴,年筹资总额约 275 元;另一种是按定额筹资,如济南市职工医保基金、财政和福彩公益金分别出资 100 元、5 元、10 元。多数市采取定额筹资,筹资额平均在 110 元。居民长期护理保险主要通过居民医保统筹基金划拨和财政补助,如济南市居民医保和财政各出资 20 元,青岛市居民医保和财政分别出资 10 元、20 元。截至 2022 年年底,全省长期护理保险资金总收入为23.4亿元。

2.着力提升长期护理保险保障覆盖面

持续扩大长期护理保险受益覆盖面，2022年实现居民长期护理保险覆盖率近40%，全省长期护理保险平均报销比例达到83%，大大减轻了失能人员的护理费用负担，同时，为失能人员提供了专业化医疗护理服务，提高了生活质量，有效扭转了失能人员家庭面临的“一人失能，全家失衡”的困局。2022年，全省共为14.91万名失能人员支付长期护理费用18.38亿元。

3.全面提升养老服务发展水平

全省各市基本建立起了医疗护理和生活照料一体化的长期护理服务体系，盘活了医养、照护服务资源，长期护理保险定点机构达2636家，带动护理人员就业7万余人，有效破解了过去“机构不能医、医院不能养、家庭无力护”的困局，促进了医、养、护的深度融合和医养结合产业的发展。

4.积极调动社会资本参与

增强社会资本进入动力，按照市场化方式发展照护服务机构，推动照护服务市场的快速发展。全省2636家长期护理保险定点机构中，民营机构有1714家，占65%。青岛市在长期护理保险政策的带动下，定点护理机构增加到952家，其中民营护理机构达838家，占88%。

(三)存在问题

1.筹资机制不完善

我省长期护理保险筹资渠道单一的问题依然突出，90%以上的长期护理保险试点市县的资金都来自医保基金划转，但目前居民医保基金收支平衡压力较大，长期护理保险基金面临不可持续的风险。另外，各试点市县筹资标准也不统一，有的按照人均可支配收入，有的按照医保缴费基数，有的按照年度职工工资总额，不利于形成全省统一的长期护理保险筹资框架。在实际运作过程中，部分市县长期护理保险基金账户依然内嵌于医保基金账户中，尚未实现单独建账和分账核算。

2.标准体系不健全

各地相关标准缺乏统一规范，碎片化、不规范问题比较普遍。为提高标准化水平，2020年我省出台了《长期护理保险管理与服务　总则》《长期护理保险失能人员照护需求等级评估》两项地方标准，2021年7月，国家也出台了《长期护理失能等级评估标准(试行)》，但从目前的实际效果看，这些国家和省级标准推进较慢，个别市县失能评估流程过于简单，仅有一轮评估环节，尚存在等级划分不统一、评估机构不权威、评估流程不完善、评估依据不科学等问题。另外,部分市县未将护理服务项目、待遇支付方式与失能类型、失能等级挂钩,未结合失能等级制定专门的服务项目清单,未对重度失能人员进行差别支付。

3.待遇保障需进一步完善

长期护理保险保障内容差别较大且护理服务标准不一,虽然出台了护理服务包,但是对于每项服务的具体标准和操作流程尚未出台明确规定,导致各市县的护理服务水平存在差异。各类涉老社会保障制度功能缺乏衔接,未能将养老服务补贴、高龄补贴、老年残疾人补贴等财政投入的涉老津贴与长期护理保险进行有效整合。另外,城乡保障差异明显,服务给付和现金补贴模式均不足。

4.长期护理服务供给不足

一是供求不平衡。大部分养老护理服务市场仍处于起步阶段,机构数量少、从业人员综合技能低,护理供给水平能力与护理需求之间供求错配。二是照护资源分布不均。照护机构虽已形成一定的产业形态,但主要集中在城市,农村地区机构少、服务半径大、成本高。三是护理人才紧缺。按照国际上失能人员与护理人员 3∶1 的配置标准,我省需要 100 万名以上的护理人员,但目前从业人员仅有 7 万人,缺口非常大。

5.商业保险参与度不高

数据显示,虽然近年来商业长期护理保险市场参与主体增多,但总体来看,在当前我省健康险市场实际发行的近 4000 款产品中,商业护理保险占比不足 2%。同时,当前绝大多数产品仅提供护理金给付责任,未能提供足够的更符合失能人群需求的护理服务。

6.全方位监管难度大

长期护理保险尚未作为独立的险种与医疗保险区分开来,在科室设置、人员编制、经办管理等方面还不健全,专业工作人员配备少,监管力量不足,工作任务繁重。开展长期护理保险业务的定点机构多为营利性民营机构,尤其是居家护理,因覆盖地点分散且人数较多,对其服务进行全方位监管难度大。

三、长期护理保险制度建设的经验借鉴

(一)国际经验

长期护理保险始于 20 世纪 70 年代的美国,此后在美国和德国取得快速发展,目前全球长期护理保险主要有社会保险和商业保险两种形式,有四种具

有代表性的长期护理保险制度模式:美国的市场主导模式、德国的双轨运行模式、日本的全民社会保险模式、新加坡的公私合作模式。

1.美国的市场主导模式

美国于1974年正式推行长期护理保险,目前长期护理保险已占美国人寿保险市场30%的份额。美国长期护理保险包括社会保险和商业保险两部分。社会保险主要资金来源是国家薪金税和政府补贴,其主要保障人群为低收入和中低收入者。商业保险则一般是由参保人自费购买,保费相对较高,保障人群为中、高收入阶层,主要包括个人长期护理保险、雇主购买、联邦和州长期护理保险、协会保险、持续护理退休社区(CCRC)提供的长期护理保险以及人寿或养老保险,具有强烈的市场性和商业性。

2.德国的双轨运行模式

德国于1995年4月颁布《护理保险法》,规定收入低于参加强制医疗保险门槛标准的公民必须参加长期护理保险制度。德国的长期护理保险制度为社会保险和商业保险双轨并行模式。对于低收入者强制参加社会保险,对于高收入者提供商业保险参与选择,其缴费主体为雇主和雇员。

3.日本的全民社会保险模式

1994年日本提出建立长期护理保险制度,于2000年通过《护理保险制度》,正式实施该保险,其覆盖对象包括65周岁及以上的老年人和40—64周岁参加医疗保险的人,规定40岁以上公民必须参加长期护理保险,具有全民性和强制性。日本长期护理保险只包括服务给付(居家服务、设施服务)一种给付方式,其筹资方式为10%由参保人自付,90%由市町村政府制定的长期护理保险预算支付,该预算一半来源于参保人缴费,另一半来自税收收入。

4.新加坡的公私合作模式

新加坡长期护理保险制度包括基本乐龄健保计划、乐龄健保额外保障计划和暂时性乐龄残疾援助计划。2002年6月,新加坡政府正式出台"乐龄健保计划",新加坡长期护理保险制度主要采用公私合营的PPP模式,即由政府负责制订长期护理保险各项计划并提供财政补贴,要求40—65岁符合条件的居民以"选择退出"方式决定是否参保,并采取政府招标方式引入具有营运管理资格和能力的保险公司负责长期护理保险的具体运营。

(二)国内试点情况综述

全面梳理归纳全国49个试点城市关于推进长期护理保险的不同政策设计,并特别关注各地一些创新性做法和经验,对创新完善我省长期护理保险制度有十分重要的作用。

1.试点政策设计

重点总结分析各试点城市在筹资机制、经办模式、待遇支付方式、失能评估机制和智能化服务等五个方面推进长期护理保险制度建设的政策设计。

一是筹资机制。各地长期护理保险筹资机制具有渠道多元化、方式多样化、标准差异化等特点。在筹资渠道方面,职工的筹资渠道包括医保基金、个人、单位和财政补助等,居民的筹资渠道主要为医保基金和个人(见表1)。在筹资方式与筹资标准方面,以定额筹资、按比例筹资为主,其中职工人均年筹资标准为40—240元不等,居民人均年筹资都在200元以下(见表2)。

表1　各试点城市筹资来源情况

参保范围	筹资来源		城市数量(个)
职工医保(49个试点城市)	单独筹资	医保基金	2
		个人	
	多元筹资	个人、单位	22
		个人、医保基金	1
		医保基金、财政补助(含福彩基金,下同)	2
		个人、医保基金、财政补助	13
		个人、单位、医保基金	2
		个人、单位、财政补助	6
		个人、单位、医保基金、财政补助	1
居民医保(26个试点城市)	单独筹资	医保基金	3
	多元筹资	个人、财政补助	13
		个人、医保基金	1
		医保基金、财政补助	4
		个人、医保基金、财政补助	5

表 2　各试点城市筹资水平和筹资形式

筹资方式	参保范围	筹资标准	城市数量(个)
定额筹资	职工医保	40—240(元/年)	28
	居民医保	12—1500(元/年)	25
		长春:12 元/年	
		上海:1500 元/年	
		普遍 200 元/年以内	
按比例筹资	职工医保	0.15%—0.5% 缴费基数普遍为 医保缴费基数	21
	居民医保	0.24%	1

二是经办模式。49 个试点城市中,除威海市、济宁市和上海市外,其余 46 个城市都是委托商业保险公司承办长期护理保险经办工作,委托方式主要为公开招标。按基金拨付方式、商业保险公司承担风险程度不同,基本形成了三种经办模式:按风险分担程度分类的经办模式、按委托经办内容分类的经办模式、按经办管理架构分类的经办模式。从委托经办的管理架构来看,包括份额共保和分区共保。

三是待遇支付方式。在护理服务形式方面,所有试点城市均已提供定点机构护理服务,其中 45 个城市同时提供机构上门居家护理服务,10 个城市提供居家自助护理服务。在待遇支付形式方面,待遇支付以提供服务为主,现金补贴为辅。在服务项目形式方面,根据各试点城市长期护理保险制度文件,已有 32 个城市规定了长期护理保险服务项目清单,服务项目类型包括基本生活照护、医疗护理服务、预防性照护、功能维护、辅具服务、慢性病护理服务等,主要采取两种支付形式,即套餐式、清单式。

四是失能评估机制。在评估主体方面,目前试点城市主要采用了三类评估主体:第一类是第三方评估机构(15 个城市),一般为试点城市依法独立登记的企事业单位或社会组织、能够提供老年护理服务的医疗机构;第二类是失能评估专家库(23 个城市),由市医保经办机构联合卫生健康部门、民政部等建立失能评估委员会及失能评估专家库;第三类是由医保经办机构或商保公司或定点护理服务机构直接遴选或委托失能评估专家(11 个城市)。在评估标准方面,《长期护理失能等级评估标准(试行)》提出了全国统一的长期护理失能等级评估标准,多数试点城市均已照此开展评估。

五是智能化服务。试点城市不断探索"线上+线下"的监管手段,运用信息化大数据,推进智慧监管。如宁波市、苏州市等,均开发了长期护理保险信息监管平台与客户端,通过人脸识别、服务定位、轨迹跟踪、时间记录、智能录音等技术手段,对护理服务行为进行实时监管,提高护理服务质量。多个试点城市已搭建经办业务数字化服务平台,如宁波市的"甬有长护"、苏州市的"长护"App、青岛市的"青 e 办"等。

2.创新做法

在长期护理保险试点过程中,各地区积极进行了制度探索,不少地方形成了一些成功的创新做法。

一是全民参保、政企合作的"青岛模式"。青岛在 2012 年就出台了我国首个有关长期护理保险的政策文件,是我国长期护理保险制度的先行者,在多年实践探索中,不断完善制度设计,具有保障人群广、鼓励政企合作的突出特点。在参保范围方面,青岛市建立起覆盖城乡医保参保居民、保障失能失智老人的"全民参保"长期护理保险制度。2018 年《青岛市长期护理保险暂行办法》明确提出要引入商业保险机构参与护理保险经办服务,引导社会力量、社会组织参与长期护理服务。

二是制度化、规范化、信息化的"上海经验"。上海市于 2016 年年底发布《上海市长期护理保险试点办法》(沪府发〔2016〕110 号),采用试点先行的策略,2017 年在徐汇、普陀、金山三个区先行试点,取得经验后,2018 年进入全市启动试点阶段,全面惠及城乡医保参保人中 60 周岁及以上的所有失能人员。"上海经验"主要体现在三点:第一,规范需求评估,有序确定等级;第二,鼓励居家护理,提供多样化服务;第三,信息化平台助推政策运行。

三是亲情照护与居家护理的"天津实践"。天津是 2020 年国家第二批长期护理保险试点城市之一,率先探索建立全国唯一省级统筹长期护理保险制度试点,并公开招标商业保险参与社会保险经办服务;在制度设计中突出了鼓励居家护理的原则,针对选择护理机构和居家护理的老人,实行了差异化的待遇补偿政策。亲情照护制度也是天津长期护理保险的突出亮点。

四、完善创新我省长期护理保险制度的对策建议

（一）持续拓展长期护理保险覆盖面

一是积极推进居民长期护理保险试点工作，着力构建覆盖全民、统筹城乡、公平统一、安全规范、可持续的多层次医疗保障体系，确保到2025年实现居民长期护理保险全覆盖。二是稳步探索构建农村长期护理保险制度，借鉴我国大病保险发展模式，逐步将城乡居民纳入长期护理保险保障范围。探索城乡居民“家庭账户”模式、职工用医保个人账户资金缴费等多种互济办法，适当降低缴费标准，尽可能让更多人口受益。

（二）完善多渠道筹资机制

坚持独立险种设计方向，完善单位、个人、财政补助、社会捐赠等多渠道筹资机制，拓宽筹资渠道，确保长期护理保险健康可持续发展。一是在国家统一指导下，建设与本地经济社会发展水平和居民负担能力相适应的筹资机制，确定筹资水平，合理划分个人、单位、财政补助等筹资比例。二是简化征缴流程，长期护理保险筹资收缴时间和流程可与基本医保缴费统一办理，再分别划入医保基金和长期护理保险基金。三是明确筹资渠道，借鉴基本医保的筹资模式，对职工长期护理保险实行“个人＋单位”的筹资模式，对居民长期护理保险实行“个人＋财政补助”的筹资模式。四是动态调整筹资标准，对职工参保人和居民参保人分别动态调整筹资额度、筹资比例，综合考虑老龄化程度、失能率、物价指数等因素，合理设定调整周期，逐步提高个人缴费额，保证长期护理保险基金可持续。

（三）强化管理服务标准体系建设

一是健全护理服务标准体系，逐步形成以国家标准和行业标准为主体，地方标准、企业标准为补充的护理服务供给体系。二是完善失能评估机制，推广国家《长期护理失能等级评估标准（试行）》，建立协作机制，逐步实行评估结果跨地区互认机制。三是完善经办管理服务机制，继续采用政府购买服务的方式，委托有资质、有经验的商业保险公司提供长期护理保险试点经办服务。四是建立“保基本”护理服务包，依据失能人员普遍需求，不断完善、动态更新基础类护理服务项目，制定基础护理服务包，探索建立多功能型护理服务套餐，提高服务质量。

(四)提升长期护理服务供给能力

一是鼓励不同性质、不同功能的服务机构发展。鼓励现有养老机构增设康复院等医护部门,使其可承担长期护理服务任务,从而发展医养结合式长期护理服务。借鉴宁波市经验,加强城市郊区、农村地区护理服务体系建设,鼓励、引导、督促护理机构在中心城区之外的周边地区设置服务点。二是加快推进辅具器具产业发展,支持医疗机构、照护机构、社区照料中心等开展助老辅具租赁业务,在长期护理保险服务项目包中列入辅具租赁,促进我国辅具产品向智能化、网络化、个性化发展。三是加快长期护理保险专业人才队伍建设。探索在专业院校增设养老护理、医疗康护等专业以储备人才,与高等院校、医疗机构、养老机构合作,定期对护理人员的专业知识、服务技能开展培训。对偏远地区取得养老护理员、健康照护师等相关证书的护理人员给予待遇补贴。

(五)深化基金监督管理机制创新

一是完善监管制度机制,强化协议、行政、司法、纪检综合运用,明确医保部门、相关行业主管部门、纪检部门、地方政府、经办机构、定点照护机构等各方职责,形成监管合力。二是落实常态化监管要求,统筹运用飞行检查、专项整治、日常监管等手段,借助社会监督,系统化推进监管工作。三是创新经办管理服务机制,通过政府购买服务、公开招标,积极引入具有全国性资质的商业保险机构,提高长期护理服务经办效能。四是实行长期护理保险定点机构协议管理,探索引入第三方监管机制,加强对护理服务行为和护理费用使用的监管。

(六)加强数字化智能化管理平台建设

一是搭建和运作智能化长期护理保险系统,做到大覆盖、长连接、全天候,提高长期护理保险系统运行管理的便利度、精准度、温暖度。二是及时建立与医保、卫健、民政、残联等部门之间的互联互通和信息共享机制,避免失能认定标准不一、待遇重复支付等。三是在符合《个人信息保护法》的前提下,明确长期护理保险数据向经办机构如保险公司、护理服务机构等开放,让数据多跑路,让百姓少跑腿,减少重复劳动,提高长期护理保险系统的运行效率。四是推广智能化网络化经办服务,鼓励支持经办机构开发长期护理保险管理系统和手机 App,在 App 上实现服务需求推送、上门服务安排、服务时间审定、服务质量评价的全程智能化服务与监控。

(七)提升商业保险公司的长期护理保险参与度

坚持社会保险管“吃饱”、商业保险管“吃好”原则,强化社会保险与商业保险联动互补机制。一是发挥商业保险在经办长期护理保险中的功能作用,发挥商业保险精算优势和服务功能,鼓励保险机构参与待遇制定、服务标准规范制定、基金管理和发放、失能家庭商业保险产品二次开发等工作。二是鼓励商业保险公司积极参与长期护理行业发展,积极开发多层次商业性长期护理保险产品,对政府主导的长期护理保险存在的缺口进行补偿,满足人民群众多样化护理需求。

课题组成员:张鹏　李建芳　高鸣　栾咏梅　吕蕾

住房公积金数字化发展典型案例研究

随着我国数字政府建设进入快车道，各地区更加注重数据赋能驱动政府治理能力提升，在住房公积金领域，各地住房公积金管理中心和省级监管部门加快推动管理服务数字化转型，开展了诸多有益探索，形成了一批各具特色、具有示范推广价值、社会反响良好的典型模式和经验做法。如新疆维吾尔自治区住房和城乡建设厅坚持以人民为中心的发展思想，加快住房公积金管理服务数字化转型，在数字化平台建设、政务服务模式创新、安全保障体系建设等方面积极探索实践，服务效能全面提升，为指导和推动我省住房公积金数字化发展提供借鉴参考，为加快住房公积金数字化进程、提升服务效能提供重要支撑。

一、典型案例

新疆是全国住房公积金数字化方面第一个实现全省统一的地区，其在保证各中心独立法人主体、独立资金管理、独立数据资产的情况下，摒弃各地分散建设的传统做法，采取“统招分签”方式，在全国率先建成基于云平台、全疆统一的集业务运行、综合服务、数据共享、监督管理四位一体的新疆智慧公积金平台，形成住房公积金数字化发展“新疆模式”。

新疆智慧公积金平台于 2017 年年底开始启动建设，仅用 10 个月的时间就完成了 14 个中心的全部业务数据迁移、迭代，以克拉玛依市华为云平台为信息系统基础平台，按照信息安全等级保护标准，建成了覆盖全疆各县市的住房公积金专网，综合采用对称加密和非对称加密处理、电子签章、数据脱敏等技术方式，组建客户层、应用层、数据层的系统架构，形成工作流服务、数据接入服务、互联通信服务、统一认证服务四大类服务池，构建“一个平台、两大体系、三个层次、四种服务”的基本技术框架，实现了全疆业务系统的集中、规范和统一。总的来看，通过建设全区一体的数字化管理体系，新疆住房公积金实现了“六统一、六促进”。

(一)实现了业务系统的统一,促进了精细化管理

新疆借助全国住房公积金资金结算平台,整合全区范围内的数据资源,运用数字化手段,优化住房公积金管理运行体系,搭建一体化业务流程,实现流程再造和业务重塑,实现业务审核准确高效、资金结算快速安全,结束了以往缴存职工办理住房公积金业务需要在单位、中心、银行反复跑的历史,提高了新疆住房公积金业务标准化、规范化、精细化管理能力,柜面人员和财务人员工作压力大大减轻。截至 2023 年 5 月底,全区办理各类互联网自主业务 563 万笔,综合业务离柜率超过 90%。

(二)实现了信息系统的统一,促进了“跨省通办”“全区通办”

通过统一全区信息系统和服务事项,14 个中心实现了归集、提取、贷款三大类 27 项业务的“全区通办”,异地贷款审批时限压缩至 5 个工作日,异地转移接续实现即时办理,“跨省通办”服务事项第一时间全部开通,提前实现“租房提取”和“提前退休提取”两项业务全程网办。编制全区统一服务事项和实施清单,推动了同一服务事项受理条件、办理流程、申请材料等的“三级十二同”。各中心发挥承办银行点多面广、覆盖城乡优势,不断优化网点布局,积极构建和拓展全区一刻钟便民服务圈,缴存职工无论身处新疆何处,都可在就近的住房公积金业务网点办理业务,不受缴存地限制,各中心原有属地化管理的封闭小循环已变为全区开放的大循环,推动了服务的标准化、规范化、便利化。2023 年 1—5 月,通过“全区通办”办理线下异地提取业务 6248 笔共 5.69 亿元,完成异地转移接续 1.45 万人,办理“跨省通办”服务事项 38.69 万人次。

(三)实现了综合服务平台的统一,促进了精准化服务

按照《住房公积金综合服务平台建设导则》,集中 14 个中心力量统一建设了集门户网站、网上营业厅、手机 App、12329 服务热线、12329 短信、微信公众号、自助终端等服务渠道为一体的自治区住房公积金综合服务平台,实现了线上业务 7×24 小时随时受理、实时办结,打造了像网购一样方便的“指尖”公积金。缴存单位可通过登录网上营业厅,在线办理各项单位业务,并通过人民银行小额支付系统,实现跨地区跨银行的资金结算;缴存职工通过人脸识别实现身份认证,利用手机 App 和微信公众号即可查询到本人的账户信息和贷款信息并可足不出户自行办理住房公积金业务。设立 40 个 12329 人工话务座席,建立一支 20 人的多媒体服务团队,提供网站、微信等新兴社交媒体咨询服务,基本实现“一次告知、一套材料、一端受理、一网办结”。依托综合服务平台,服

务场景不断扩展、服务触角持续延伸,将服务主动送达缴存人身边,实现“四统一”,即统一运营、统一宣传、统一管理、统一分析。统一运营指将综合服务平台各渠道统一划分为话务座席组、文案创作组、视觉设计组、数据分析组、技术支撑组,通过技术手段突破时间和空间限制,打通服务职工“最后一公里”,实现住房公积金的普惠化公共服务。统一宣传指采取“各地主动报”和“团队主动采”相结合方式,由专业采编队伍定期深入一线挖掘信息线索,撰写宣传报道,积极营造良好社会舆论。统一管理指对各渠道服务活动进行统一管理,统一进行安全控制和身份识别,统一发布各渠道的政策信息。统一分析指对各渠道运行效果、运行效率和用户体验效果等进行统一分析和研究,及时发现、总结服务过程中存在的问题,完善和优化各项服务细节。2022 年 8 月,“新疆住房公积金”微信公众号被自治区党委网信办评为“走好网上群众路线新疆优秀账号”。

(四)实现了数据共享平台的统一,促进了“一件事一次办”

各中心以应用场景为牵引、以数据共享为纽带,实现了数据全区共享,建立了标准统一、动态管理的住房公积金数据目录,实现了数据资源的清单化管理,促进了数据要素价值的充分挖掘和发挥。依托自治区政务服务一体化平台,实现与工商、税务、人社、不动产等部门的数据共享,推进政务服务事项“一件事一次办”,将住房公积金缴存、提取等业务与企业开办、员工录用、职工退休等政务服务事项进行主题集成,精简办事材料 40 项,“住房公积金贷款一件事”“公民退休一件事”“公民身后一件事”“企业开办一件事”“企业招聘一件事”陆续完成,推进业务向“零材料、零跑路、零审批”迈进。

(五)实现了监管系统的统一,促进了资金安全保障

依托住房公积金业务系统、综合服务平台,建设自治区住房公积金监管系统,筑牢了资金安全“防火墙”。设立贷款、提取、资金、财务等十大监管指标,通过授权的手机即可实时查看全区业务运行和资金调动情况,基层上报的数据报表减少 80%以上;各中心按照自治区统一出台的住房公积金资金、缴存、提取、贷款四项业务规范,对本中心业务操作细则进行修订,新增需求提交运维团队评审后组织软件公司进行开发,通过签订技术服务合同、各中心具体协商应对中心共性需要和个性化需求;运用电子稽核工具,每月对中心业务数据进行扫描检查,综合利用公安社保、房产交易等数据对业务的真实性、完整性、合规性进行智能审计,建立全方位的风险精准防控体系,及时发现风险隐患,保障住房公积金安全运转,完善业务完整的事前和事中监督链条。

（六）实现了运维管理的统一，促进了信息化水平提升

自治区住房城乡建设厅牵头，成立自治区住房公积金信息系统运维团队，印发《自治区住房公积金信息系统运维管理制度》，并制定完善《系统评审》《数据库管理》《信息系统考核管理办法》等制度，以乌鲁木齐市住房公积金管理中心为主体，每季度从各中心抽调3名同志来乌鲁木齐市参与系统运维管理，具体由华为云负责基础硬件的运维管理，自治区住房公积金信息系统运维团队负责信息系统的日常管理。2023年以来，评审、跟踪系统工单2800余条，各地中心先后选派技术骨干19名参与运维团队工作，进一步提升新疆住房公积金信息系统自主管理能力。

二、经验启示

（一）思想统一是基础

各地由于基础不同、实力不同、需求不同，在推进数字化发展过程中形成了一些特色的模式、路径和思路，新疆在同一系统建设初期也遇到了想法不一致的问题，部分中心有抵触情绪，但通过召开6次全区住房公积金工作会议，重点研究部署信息化工作，逐步统一思想、达成共识，为推动平台建设落地落实奠定了基础。下一步我省也应围绕提升住房公积金服务重点工作，逐步推进全省住房公积金管理服务数字化建设全面转型，加快建立完善全省统一的制度化政策体系和管理体系，强化平台化支撑体系，实现全省住房公积金数据资源共享和利用，服务效能全面提升。

（二）业务统一是前提

新疆把业务统一作为平台统一的前提，坚持统分结合、集约高效原则，严格贯彻住房城乡建设部“双贯标”要求，推动从账户开设到业务发起再到实时结算的全程闭环管理，构建“一闭环、双驱动、三同步、四实现、七实时”业务体系，为建设一体化的数字平台提供了支撑。下一步，我省应加快推进住房公积金信息系统统一管理，大力推进流程再造，促进线下线上标准统一、服务同质、全面融合，加快构建全时在线、渠道多元、全省通办的一体化服务体系，进一步提高服务质量和管理水平，优化全省营商环境。

(三)标准统一是关键

在新时期,更高效率和更高质量地开展住房公积金数字化建设,要建立健全标准体系,并将其作为基础支撑。新疆在统一建设过程中,坚持标准先行,充分利用大数据、云计算等数字技术手段,推进基础数据和信息系统技术规范标准化建设,有效保障了数据质量。下一步,我省也应坚持标准化先行,规范开展住房公积金标准化建设工作,加快构建更加完善的公积金管理服务标准化体系,在全面贯彻住房公积金提取、使用、监管等公开规范性体制基础上,针对住房公积金管理、监督、决策等方面,加快完善基础性数据标准、统一性数据接口、完善性监管系统等标准建设,推进实现相关业务数据采集存储的实时性和统一性,推进住房公积金管理工作再上新台阶。

(四)信息共享是支撑

在推进数字化过程中,应把数据共享作为一项重要基础性工作,不断完善业务协同办理机制。新疆推动住房公积金系统与自治区一体化平台对接融合,形成横向联动的数据共享通道,积极推进"住房公积金贷款一件事"主题套餐,形成全区推广的跨部门、跨系统、跨业务集成服务模式。下一步,我省应依托省一体化大数据平台,加大整合户籍、不动产登记、房产交易、社保等数据资源,持续打通各业务系统的壁垒,推进跨部门、跨地区数据资源共享和利用,实现数据实时互通共享。

三、对策建议

一是立足全省实际,探索建立统一的数字化管理体系。在全省层面积极推广新疆的成功经验,借鉴新疆地区"统一思想、统一业务、统一标准、统一平台"的思路,基于顶层设计,立足我省实际需求,探索建立一体化住房公积金数字平台,强化归集共享和有效利用数据,运用多维数据为各市数字化转型提供支撑,全面推进我省住房公积金数字化转型,进一步提升全省住房公积金管理质量和服务效率。

二是强化平台支撑,促进信息网络互联互通、数据按需共享、业务高效协同。依托全国住房公积金数据共享平台强化系统内的互联互通和信息共享;引导全省和各中心强化与本地区政府信息化部门的对接,依托各地政务服务平台,加强与各行业部门的信息共享,打破不同行业部门间的信息孤岛,特别是主动对接公安、自然资源、民政、人社等部门和机构信息数据,实现户籍信息、婚姻信息、不动产登记信息、电子版购房合同及合同信息、发票信息、机关事业企业人员退休信息等数据自动联网协查，让群众办事更加简单、便捷、高效。

三是拓展场景应用，运用人工智能技术，拓展精准服务场景，变"被动等"为"主动送"。以"提升智能服务能力，探索智慧化精准化个性化服务"为目标，通过人工智能优化从咨询到办理全流程服务，打破传统电话咨询、线下窗口咨询的空间壁垒和时间壁垒，为缴存人提供"随时办、随心办、不打烊"的贴心服务。通过大数据对缴存人服务需求进行智能分析，精准匹配并主动推送，搭建主动服务应用场景，丰富数字化应用场景，深化数据融合利用，完善公积金智能化服务体系，实现从"群众找服务"到"主动送服务"的转变，为群众提供智慧化、精准化、个性化服务体验。

四是加强风险管控，构建信息护盾，筑牢信息数据安全底线。利用区块链技术中信息数据去中心化、可追溯、不可篡改的特点，在公积金数据共享中破解个人精准授权与信息保护难题，推进公积金服务从"线上化"到"链上化"升级。实施全过程记录和精细化权限管理，形成数据安全管理闭环，筑牢信息数据安全防线。

课题组成员：牛娟　张磊

广东社会工作“双百工程”案例分析及经验启示

党的二十大报告提出，“完善社会治理体系。健全共建共治共享的社会治理制度，提升社会治理效能”，“建设人人有责、人人尽责、人人享有的社会治理共同体”。[①] 为充分发挥社会工作在基本民生保障、基层社会治理、基本社会服务等方面的积极作用，广东省组织实施“双百工程”，构建富有活力的基层社会治理新格局，对各地保障和改善民生、加强和创新社会治理、推进国家治理体系和治理能力现代化具有积极的借鉴意义。

一、创新民生服务理念，从“兜得住”向“兜得好”转型

广东省要求民生服务从“兜得住”向“兜得好”转变，从单纯的物质救助向精神、心理、文化、社会等全方位帮助转变，从应急服务、被动服务向主动发现、主动服务转变。作为广东加强基层民政力量和社会工作改革的新探索，“双百工程”着力破解基层民政服务力量薄弱的局面，在实践中创新了工作方式，形成了先进经验。

一是丰富创新乡镇（街道）民生服务方式。通过“双百社工”链接民政服务对象，把政策送入家门，打通民政服务和居民的“最后一米”。社工进入工作岗位，将服务做精做专做实，运用社会工作专业方法和技巧，提供心理疏导、人文关怀、能力提升、生计发展、关系调适、社会融入等专业化个性化服务。“双百工程”创新了服务民生的方式，拉近了群众的距离，提升了民生服务效能。

二是科学精准提升民生服务效能。“双百社工”充分发挥专业性、能动性，通过驻村（居）工作与群众同吃同住同劳动，建立信任关系，了解民众真实困难，深入开展帮扶行动。按照“一人一案”的原则，通过“识别对象—分析需

---

① 习近平：《高举中国特色社会主义伟大旗帜　为全面建设社会主义现代化国家而团结奋斗——在中国共产党第二十次全国代表大会上的报告》，人民出版社 2022 年版，第 54 页。

求—制订计划—协调资源—专业介入—跟踪问效”程序开展服务工作，实现全过程跟踪管理。

三是数字赋能社工发展和民生服务。依托民政部“金民工程”新增建设的乡镇(街道)社工站管理模块，及时更新维护新增个案、小组活动、社区活动、探访记录、咨询记录、危机介入等信息。将“双百工程”数字化管理纳入“粤省事”民政专区，推动社工站点服务融入社区网格化管理，实现站点服务范围全覆盖、服务内容精准化。运用新媒体信息技术，鼓励各地社工站充分运用微博、微信公众号等信息手段设计服务地图，加大社工站宣传力度，方便群众求助，实现“有困难找社工”“社工服务在身边”。

四是宣传社工知识理念和工作成效。在省内以岭南社工周等活动为平台，通过话剧表演、趣味游戏、知识讲座、优秀案例展示、优秀社工经验分享等方式，宣传和彰显社工在服务兜底民生中的关键作用，将社工作为民生服务的一张名片送到群众身边，让群众对社工有更多了解，有困难就想到社工。

“双百工程”让民生服务从以往偏重简单的表面化、文体化活动逐步转变为以解决问题、回应需求为导向的专业服务，切实增强了人民群众的获得感、幸福感和安全感。“双百工程”通过推动社工站逐步扩展功能，打造为基层兜底民生服务的主阵地，有利于实现惠民政策“最后一米”的无缝对接，在社区建设、乡村振兴等领域展现更多作为，是基本民生保障、基层社会治理、基本社会服务的前沿阵地，是国家治理体系和治理能力现代化建设中一支不可替代的力量。

二、建立规范制度体系，推动服务水平整体持续升级

为推动民生服务从零散化、碎片化、分割化向系统化、综合化、集约化转变，广东省出台了“双百工程”相关省级政策文件，并指导各地市出台相应配套措施和实施细则，特别是乡镇(街道)社工站管理办法、社工薪酬管理办法，压紧压实乡镇(街道)主体责任，真正做到以制度管人、管事、管服务，推动社工站持续、规范、健康发展。在基础设施方面，有效整合民政、妇联、残联等基层服务场所，实现信息共享。将乡镇(街道)多个民生服务窗口整合为社工站“一站式、一窗式”服务窗口，统筹经办社会救助、养老服务、儿童福利、残疾人事务等工作，达到“一窗通办”的效果。在经费保障方面，省、市、县三级政府共同投入，打造社工薪酬稳定增长机制；统筹整合同级民政、妇联、残联业务经费，引入李嘉诚基金会、社会慈善组织资金，动员社会慈善组织支持社工站开展活动；建立“双百计划”服务专项与省级基金会对接平台，用于社工培育和项目资

助;根据当地经济社会发展和整体工资水平,完善具有激励性的薪酬体系和福利政策,打造合理稳定的保障体系。在人员配备方面,为试点乡镇(街道)配备3—8名社工,充实基层民政服务力量,合同期内将现有乡镇(街道)直接聘用的社工、社会救助经办人员、残疾人专职委员按程序纳入乡镇(街道)社工站统一管理使用。依托广东省志愿服务管理系统,引导各社工站进行志愿者招募、管理,培育志愿组织,开展志愿服务,实现了“社工+志愿者”合力兜底民生的良好氛围。社工队伍和志愿者团队的壮大,让困难群众和特殊群体身边常有贴心人和守护者。在服务内容方面,“双百工程”注重从全局谋划,推动各领域社会工作服务的平衡发展,社工服务从社会福利与救助逐步扩大到残障康复、社区矫正、就业援助、应急处置等领域,为广大群众提供心理疏导、扶贫救济、资源链接、能力提升、矛盾调解、社会融入等人性化、专业化、个性化服务。在保障群体方面,从传统的儿童、青少年、老年人、残疾人扩展到流动人口、困境个体、农村留守人口、特殊困难群体,关注弱势群体和群众的关切问题,帮助真正有需要的困难群众和特殊群体。在政府购买服务模式方面,从政府向社工机构购买服务的单一模式,逐步向事业单位岗位设置、基层政府直聘社工以及政府购买服务相结合模式转变。政府购买社工服务模式更加丰富,社工有更多作为、更大贡献。

在广东省民政、财政、人社等部门的合力推动下,“双百工程”秉持社会工作“以人为本,助人自助”的专业宗旨,构建了更为完善的社会保护与关爱支持网络体系,扭转了基层兜底民生服务力量严重不足的局面,整体性提升了兜底民生服务效能,社会工作在保障和改善民生、推动和创新社会治理方面的作用越来越明显。

三、加强人才队伍建设,增强兜底民生服务力量

广东省民政厅等部门主动创新、大胆实践,通过给予社工合理的薪酬、成长的时间和专业的空间,培育一批稳定的、扎根一线的专业人才,打造一支满足群众服务需求、职业化、专业化、本土化的社会工作人才队伍。截至2022年年底,全省社工人数已超过2.8万人。“双百工程”重视一线社工,民生服务的人才根基充分夯实。一是常态化培训提升人才队伍专业水准。通过线上直播的方式,每月至少为各市、县(区)民政局分管领导和社会工作科(股)负责人、“双百工程”督导人员以及各乡镇(街道)社工站站长、双百社工开展一次常态化培训。联合中山大学等高校建立培训体系,对各级党政领导、民政干部分专题开展培训。将社工培养成民生服务的行家里手,让各级干部和工作人员对

社工知识和理念熟稔于心。二是拓宽社工人才的职业发展空间。支持有突出贡献的社工进人大、政协，鼓励符合条件的社工参选社区“两委”委员，有力提升社工的职业地位。三是投入资金和资源保障社工队伍的高质量发展。按每配备1名社工资助5万元的标准，省级与地方（市、县两级）按6∶4的比例进行配套资金支持。每年安排500万元聘请社会工作督导员，协助社会工作服务站开展需求评估，指导社工开展专业服务和行动研究。四是赋予基层社工和社工机构成长空间。以5年为实施周期，前3年不过分强调量化指标，以培养人才、扶持机构为主，推进社会工作人才队伍建设；后2年着力培育有影响力、专业性强的成熟社工机构。

2022年年底，广东19个地市407个乡镇直聘社工达到1737人，打造了一支有情怀、熟政策、懂专业、善服务的基层社工队伍。社工立足镇街、深入村居，聚焦民政主责主业，打通为民服务“最后一米”，让“双百蓝”成为南粤大地一道美丽的风景线。

四、深化地区间交流合作，辐射带动整体水平提升

受区域发展水平、区域发展阶段、区域发展理念等因素影响，广东社会工作的发展存在地区间不平衡问题。对此，广东省从全局谋划，补短板、强弱项、填空白，着力解决好发展不平衡、不充分的问题，以重点突破带动整体发展。

一是深化粤港澳大湾区社会服务交流工作。广东省民政厅认真落实《粤港澳大湾区发展规划纲要》中关于“推进社会工作领域交流互通”“深化社会治理合作”“开展社会福利和慈善事业合作”的决策部署。粤港澳地区的社会组织互相派出社会服务交流考察团，促进项目合作、资源整合、经验共享，着力构建粤港澳大湾区社会工作共建共享共发展的新格局。

二是积极打造社会工作宣传品牌。在省内举办岭南社工周、深圳慈展会等形式多样的活动，评选优秀案例、优秀社工、优秀项目，带动省内社工服务水平再上新台阶。岭南社工周是全省社会工作宣传的重要品牌，在每年3月的世界社会工作日表彰年度社会工作优秀服务项目、优秀社会工作者、最佳志愿服务团体，开展社工知识有奖问答、社工主题宣传摊位、社工知识现场宣讲等活动。深圳慈展会、岭南社工周等活动吸引了全国各地的社工同行前往学习交流，引领示范带动作用明显。

三是加强与中西部地区社工事业合作。在传播社会工作火种方面再接再厉，在推动本地社会工作发展的同时，把好经验和好做法向中西部地区传播，扩大影响发挥优势，共同促进全国社会工作的发展。在广东实践探索的带动

下,周边省份社会工作专业的毕业生将广东作为工作和实习的首选之地,高校与广东社工机构签订实习基地协议。周边省份也加大了社工项目的购买力度,社工待遇稳步提升。

“双百工程”是广东省在“十四五”期间投入力度最大、覆盖范围最广、受益人数最多的重大民生工程,截至2022年年底,广东共建成1631个乡镇(街道)社工站、9218个村(居)社工点,社工人数超过2.8万人,实现了全省乡镇(街道)社工站(点)100%覆盖、困难群众和特殊群体社会工作服务100%覆盖的“双百覆盖”目标,对中西部省份的社会工作发展也有明显的辐射带动作用。

五、对我省社会工作和社会组织发展的启示及建议

广东省“双百工程”突出社区路线,回归社会工作的社区传统,要求社工在社区落地生根、与居民同吃同住,从群众中来、到群众中去,对我省服务民生工作、强化社区社会组织发展具有较好的借鉴意义。

近年来,我省先后出台了《关于加强社会工作专业岗位开发与人才激励保障的实施意见》《关于大力培育发展社区社会组织的指导意见》《山东省乡镇(街道)社会工作站建设工作实施方案》等政策文件。截至2023年3月,山东社会工作人才队伍已达11.16万人,持证社工达5.9万人,全省开设社会工作专业院校24所,社会工作服务机构达796家,1825个乡镇(街道)已实现社会工作站全覆盖,累计联动社会社区组织1.05万家,志愿者30.45万人次,为98.49万人次提供了专业社会工作服务,取得了良好的社会反响,形成了“五级推动、属地管理”的良性发展格局,社会工作已成长为基层社会治理的重要力量。借鉴广东“双百工程”的有关经验,建议从四个方面推动我省社会工作和民生服务高质量发展。

一是注重制度设计和政策引领。各市应加快制定实施《乡镇(街道)社会工作服务站建设实施方案》,对社工站建设进行科学规划,明确为什么要建、怎么建、服务谁、怎么服务等具体问题;结合地方实际编制《社工站建设指导手册》,明确职责清单和负面清单;制定各市《乡镇(街道)社会工作站建设与服务规范》地方标准,规范社工站建设基本要求、服务内容、服务评价和监督机制,不断推动社工站建设提档升级。要持续推进社会工作规范化、专业化、制度化建设,推动社工站从“有形覆盖”到“有效覆盖”转变。

二是持续推动政府购买服务的资源整合。建立经费多元投入机制,将社工站建设资金列入各级财政预算;统筹社会救助、养老服务、儿童福利等项目资金和业务经费;链接省级基金会、彩票福利、慈善捐赠等引入资金;搭建多方

信息平台，开发智慧社工平台，建立资源数据库，实现资源供需精准对接，提升服务效能。

三是持续实施骨干人才培养计划。统筹社区、社会组织、社会工作力量，制订社区社会组织骨干人才培养培训计划。以市、县(区)为单位建立社区社会组织骨干人才库，优先将社区社会组织、社工机构、社工站负责人纳入其中，实行动态管理。通过资金奖励和职称评定，鼓励相关行业人员积极参与社工师考试，提升专业水准和基层组织运营活力。

四是全面提升社工站服务效能。坚持以服务效能提升为根本，强化社工站和民政业务的深度融合。在救助服务方面，引导社工开展常态化入户探访，了解人民群众急难愁盼问题，精准制订救助计划。在养老服务方面，探索社工站运营养老新模式，链接辖区内服务资源，对接社会资源，为居民提供个性化养老服务。在志愿服务方面，依托社工站联动志愿服务，探索创新五社联动运营机制，鼓励志愿服务组织根据自身优势设计有针对性的服务项目，做到志愿服务“街镇有特色、社区有品牌”。

课题组成员：张钰　高鸣

浙江省“一指减负”数字化改革场景应用的经验做法及启示*

近年来，浙江省积极推动数字化改革，聚焦企业减负降本“政策看不全、流程看不到、结果无感知”的痛点难点，出台系列减负政策，2021 年在全国首创“一指减负”数字化改革场景应用，赋能企业降本减负 3188 亿元，企业获得感和满意度显著提升。

一、浙江省“一指减负”的主要做法和成效

按照“数字浙江”建设部署，浙江省全面推进各领域数字化改革，针对数字赋能企业发展推出了全省降本减负数字化改革，以企业重大需求为突破口，创新开发数字化场景应用，2021 年全国首创“一指减负”应用场景，探索运用“V 字模型”，突破了减负降本核心业务流程再造、高效协同的“标准关、改革关、集成关”，助力企业“轻装上阵”取得了阶段性初步成效，成为全国复制推广减负工作的典型经验。

（一）“一指减负”的主要做法

根据 2021 年浙江数字化改革大会有关工作部署和要求，省经信厅（省减负办）会同有关部门推动出台《关于进一步深化企业减负担降成本改革的若干意见》，在全国首创“一指减负”数字化改革场景应用，实现了“一指减负”的五部曲，使整个减负工作可量化、全闭环管理。

1.减负政策“一指查询”

制定出台《关于进一步深化企业减负担降成本改革的若干意见》，涉及“两

* ［基金项目］山东省社会科学规划数字山东研究专项“山东制造业数字化转型对企业创新发展的影响机制研究”（项目编号：23CSDJ52）阶段性研究成果。

减五降”[1]共42条政策。经信、税务等16家单位共同成立工作专班，将“两减五降”政策在“浙里办”企业码综合集成，让企业通过手机可“一屏全览”国家、省、市、县四级减负降本政策。

2.条件匹配“一指评估”

不断细化政策颗粒度，将企业类型、规模、行业、地区等政策细化量化，形成政策评估算法模型，精准识别优惠主体。同时“前置”惠企政策提醒，调取部门共享数据，完善预填功能，精简资料申报，实现自动识别、自动计算、自动成表、自动校验，形成预享企业“白名单”。企业在手机上点一点“一指评估”，所有政策办理部门系统自动在线反馈评估结果。

3.满足条件“一指办理”

利用浙江省政务服务网用户体系，实现企业一端登录，全网通办。创新“即时核准”机制，推行“零”审核时间，提升业务办理速度。例如，杭州市西湖区、湖州市推行智能秒兑，按照营收、税收、科技资质等标签，对企业精准画像、精细分类，经数据比对后适配相关企业，第一时间推送短信，企业只需登录系统提交申请即可实现政策秒兑。针对不具备无感立享仍需要申请办理的政策，推动部门业务系统相互交叉验证，自动匹配企业信息数据，符合条件的“一指办理”。

4.上下联动“一体推进”

联动杭州市西湖区、湖州市，创新探索“一地开发、全省共享、增量迭代”的综合开发模式，集成省、市、县三级一体化的应用界面，政府侧应用在全省市县实现全覆盖。通过新闻发布会、媒体报道、微信公众号、“企业码”直播间等方式，开展线上解读，扩大政策的知晓度和宣传面。

5.减负效果“一指评价”

在“一指减负”首页醒目位置，向所有企业开放五星评价功能。减得好不好，企业满意不满意，随时可以上线评价，并就关心的减负政策问题线上留言咨询。

(二)“一指减负”的主要成效

“一指减负”改革后，“浙里办”企业码“一指减负”可让企业实现知道自己“减什么”“减多少”“怎么减”，政府部门通过“浙政钉”可及时了解到“减了谁”“在哪减”“减得怎么样”等实时信息，大幅提升企业体验感。另外，企业实现降

---

① “两减五降”指减免税收、减免政府性基金，降用工、降物流、降用能、降融资成本及降其他成本。

本减负,2021 年实现减负 3188 亿元,提前超额完成年度 3000 亿元的目标任务;2021 年浙江规模以上工业企业百元营业收入成本 83.62 元,比全国(83.74 元)低 0.12 元,其中制造业等实体经济行业企业受益最为明显。

1.让企业知道“减什么”“减多少”“怎么减”

通过对企业侧降本减负界面的开发应用,实现了企业对所有政策“一指查询”、是否符合条件“一指评估”、满足条件“一指办理”。一是降成本政策信息从碎片化向综合集成转变。由于不同部门、不同层级、不同类别的政策繁多,以前标准化规范化不足,综合集成不够,造成政策信息碎片化现象严重。现在通过数字化改革,所有降本减负政策在“浙里办”企业码综合集成,极大地方便了企业。二是降成本政策从信息不对称向一目了然转变。信息碎片化导致企业和政府部门信息不对称,很多企业还是依赖各部门基层工作人员原有的 QQ 群、微信群、电话通知等单一渠道。知道了就办,不知道就不办。现在通过数字化改革,为企业一键展开所有降成本政策,是否符合条件一目了然,随时可以咨询,还能避免暗箱操作的廉政风险。三是企业降成本效果从感觉不明显向看得见摸得着转变。原本降成本政策的享受情况分散在各部门系统里,享受的情况也基本只有企业的具体经办人员了解,有些数据甚至处于睡眠状态,无人知晓,企业往往对减负感觉不明显。现在,通过数字化改革,企业在“浙里办”企业码入口登录,企业法人和员工都可以随时了解企业已经获得的降本减负明细以及还有哪些没有享受以便及时办理,企业获得感看得见摸得着。

2.让政府清楚“为谁减”“在哪减”“减得怎么样”

通过对政府侧降本减负界面的开发应用,实现政府对降本减负目标进度一览无余、业务办理整体协同、效果评估精准分析。一是目标进度管理从分级管理向闭环管理转变。以往是年初由省经信厅牵头拟定年度降本减负目标,各地各部门制定政策并落实,进度管理都由各地各部门自己掌握。现在通过数字化改革,各条降本减负政策进度拉条挂账,系统自动匹配季度目标并给出红黄绿三色进度标记,进展快慢一览无余,实现了从分级管理到闭环管理的转变。二是降本减负业务从部门分割向整体协同转变。以往各条降本减负政策由各地各部门自行落实,相互分割没有协同,涉及单家企业的数据由各部门自行管理,基础数据都分散在各部门信息化系统内。现在通过数字化改革,单家企业的各条政策降本减负基础数据存放在省大数据局,通过数据共享共治、业务流程穿透实现了业务整体协同。三是政策效果评估从难以细化向精准分析转变。以往各部门降本减负金额仅有汇总数,既不清楚分行业情况,也不了解分地区情况。现在通过数字化改革,每条政策的降本减负金额能够进行分行业、分地区、分政策、分时段、分部门等多个维度评估分析，为精准制定减负政策提供数据支撑。

二、对我省的启示

“一指减负”实现了减负降本工作机制、架构、流程、手段的一体化、全方位、系统性重塑，对于我省深化数字政府建设，推进企业减负降本，优化营商环境具有较大借鉴意义。

（一）数字治理要“变”

在新发展阶段，政府治理需要跳出原有的政府管理思维定式和路径依赖，提升运用数字化思维认知、思考、解决问题的能力，可以借鉴浙江省的“全域数字化改革”“V字模型”等数字化改革模式，深化资源整合，聚焦“一个平台一个号、一张网络一朵云”，加快数字云端建设，推进跨部门、跨层级、跨区域的共建共享、互联互通，促进各领域流程再造、制度创新，统筹推进各行业各领域数字化应用建设。

（二）数据基底要“通”

借鉴浙江数字化改革的统筹布局和数据关联应用模式，全面深入实施数字政府强基工程，不断夯实全省统一的数字政府基础底座。在确保数据安全的前提下，应最大限度地开放数据资产，构建底层数据库，从制约数据共享的“信息孤岛”入手，统筹解决数据的标准化、权责等问题。另外，还可以充分利用工业互联网平台和行业大数据中心，支持建设运营相关制度和规范，探索数字化多元利益冲突问题的解决办法。

（三）数字生态要“优”

浙江省围绕企业全生命周期服务，不断创新涉企服务方式、提升服务效率，率先探索建立了适应数字时代的数字营商环境。我省可以借鉴浙江省数字生态建设经验做法，加大发挥数字政府建设的牵引作用，激发数字经济活力，优化数字社会环境。聚焦服务便捷高效，加快推动数字技术在企业生产、分配、流通、消费和社会服务管理等全生命周期的应用，推进数字化服务普惠应用，提升数字化服务效能。

(四)政策落实要“细”

借鉴浙江省为企业降本减负的经验做法,我省出台的一系列惠企助企政策应更加细化和务实,出硬招实招为企业发展赋能发力。一方面,我省可以在推进政策信息从碎片化向综合集成转变上下功夫,加快完善“1+16+N”的全省一体化大数据平台体系建设,借助数据平台将新政策、新利好全面融入,推进不同部门、不同层级、不同类别的政策综合集成,以极大方便企业;另一方面,强化跨部门协同,压实责任,实现平台数据场景规划设计等业务之间的一体推进,让有条件的企业能知晓且能轻松享受优惠政策。

课题组成员:牛娟　李贺旋

第六篇　经济形势运行分析与展望

2023 年山东省经济运行情况与 2024 年展望

2023 年，全省上下深入贯彻落实党的二十大精神，锚定“走在前、开新局”，绿色低碳高质量发展先行区建设全面开局起步，经济稳步回升、巩固向好，高质量发展扎实推进。2024 年是实现“十四五”规划目标任务、推进新时代中国特色社会主义现代化强省建设再上新台阶的关键一年，坚持稳中求进、以进促稳、先立后破方向不变，加力巩固增强经济回升向好态势，着力塑造高质量发展新优势。

一、2023 年我省经济运行的基本特征

2023 年是三年新冠疫情防控转段后恢复发展的一年。总体看，全省经济持续恢复、稳中有进、进中向好，部分主要经济指标增速高于疫情前三年平均水平、好于全国平均水平。总量回升的同时，结构升级的特征更加凸显，为稳住全国经济大盘作出重要贡献、彰显大省担当。

(一)经济运行前低、中高、后稳，持续恢复向好

坚持政策靠前集成发力，高质量发展的要素条件不断积累增多，主要经济指标逐步企稳。2023 年全省 GDP 首次突破 9 万亿元，增速(6.0％)高出全国平均水平 0.8 个百分点；在全国 GDP 十强省市中，增速与浙江、四川并列第一，比广东、江苏分别高 1.2 个和 0.2 个百分点；高于疫情期间三年(2020—2022 年)5.2％的平均增速，略低于疫情前三年(2017—2019 年)6.45％的平均增速。

对比四个季度：2023 年 GDP 逐季累计增速分别为 4.7％、6.2％、6.0％、6.0％，呈前低、中高、后稳态势，疫情原因，2022 年一季度增速是该年最高点，两年逐季累计平均增速看，分别为 4.95％、4.89％、5.0％、4.94％，可以看出 2023 年经济保持稳定恢复。

区分三次产业：与全国情况不同，我省第二产业恢复表现优于第三产业。2023 年与疫情前三年、疫情三年平均水平相比，第一产业增加值增速比疫情

三年平均水平略低、高于疫情前三年平均水平,受疫情影响相对较弱;第二产业增加值增速高于疫情三年及疫情前三年平均水平,恢复程度强于全国平均水平;第三产业增加值增速略高于疫情三年平均水平,低于疫情前三年平均水平,恢复能力弱于全国平均水平。这表明我省制造业韧性强,恢复明显好于服务业,未来服务业发展仍有较大提升空间(见表1、图1)。

表1　近年来我省三次产业增速与全国对比　　单位:%

	2023年		疫情三年(2020—2022年)		疫情前三年(2017—2019年)	
	全国	山东	全国	山东	全国	山东
GDP	5.2	6.0	4.5	5.2	6.5	6.4
第一产业	4.1	4.5	4.8	4.8	3.5	2.4
第二产业	4.7	6.5	4.6	4.9	5.5	4.7
第三产业	5.8	5.8	4.4	5.4	7.8	8.7

数据来源:山东省统计局。

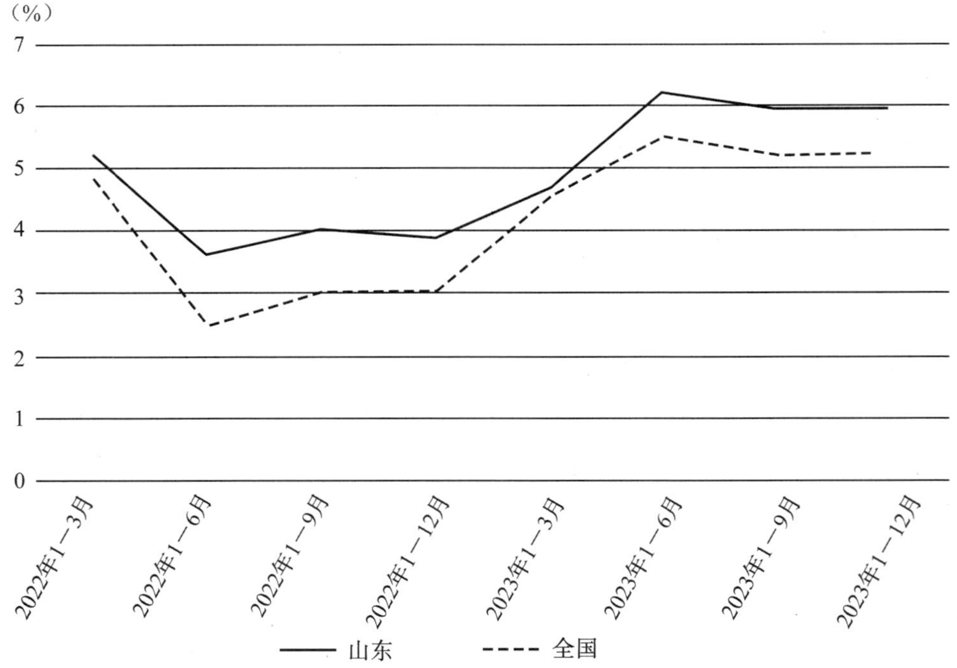

图1　山东及全国GDP增速对比

数据来源:山东省统计局。

(二)生产端改善幅度较大,新兴动能加速成长

加力提速推动工业经济“头号工程”高质量发展,实施先进制造业“2023突破提升年”行动;出台加快服务业高质量发展意见,设立4亿元引导资金,三次产业增势稳健、结构调优。

工业生产稳步回升,装备制造业增势强劲。规模以上工业增加值累计增速逐月攀升,始终高于全国,三季度开始基本保持在7%左右,全年增速为7.1%,分别高于全国、广东、浙江2.5个、2.7个、1.1个百分点,拉动全省GDP增长2个百分点。装备制造业增加值增速持续加快。上半年开始超过全部规模以上工业,全年增长9.7%,高于规模以上工业2.6个百分点,其中,通用设备制造业、汽车制造业等行业分别增长14.4%、20.5%。重点行业支撑作用明显。下半年以来,全省41个行业大类增长面一直稳定在80%以上,高出全国10个多百分点,增加值居前十位的工业大类行业中有9个实现增长,对工业增长的贡献率超过七成;其中,汽车、通用设备、石油化工等重点行业增速均超过两位数。企业利润大幅改善。全年规模以上工业企业产品产销率为96.9%,其中,汽车、电气机械等行业产销水平达到97%以上。规模以上工业企业利润增速由年初的－47.5%转为全年增长24.4%,大幅高于全国(－2.3%)、广东(11.2%)、江苏(2.5%)、浙江(－0.3%),位列全国12个实现正增长的省市第二。

服务业回升步伐较快,前期受压的服务需求不断释放。服务业增加值增长5.8%,与全国持平,二季度开始有所放缓。规模以上服务业景气指数全年均值为130.3,高于疫情三年平均值9.8个点,高于疫情前的2019年均值6.6个点。主引擎作用不断增强。2023年,服务业增加值占GDP的比重为53.8%,比上年提高1.0个百分点;对全省经济增长的贡献率为52.9%,拉动全省经济增长3.2个百分点,比上年提高2.3个百分点,但显著低于全国平均水平。其中,批发和零售业,信息传输、软件和信息技术服务业分别拉动全省经济增长1.0个、0.4个百分点。营业收入回升加快。规模以上服务业营业收入累计增速逐月提高,二季度由负转正,全年达到5.3%,目前仅达到全国一季度的水平,不及全国全年8.5%的平均水平。其中,互联网、软件和信息技术等高端服务业营业收入保持两位数增长。接触型聚集型服务业明显改善。居民服务修理和其他服务业、教育、卫生和社会工作、文化体育和娱乐业等4个行业恢复态势领先,保持两位数以上增速,全年景气指数均值高于2019年10点以上。

新动能新优势加速积聚,结构质量持续优化提升。“四新”经济投资增长

11.1%,占比超过57%;高新技术产业产值占比突破50%,高技术制造业增加值增长7.7%左右,高新技术企业突破3万家。集中培育32个省级以上战略性新兴产业集群、15个省级未来产业集群,国家企业技术中心达到210家,居全国首位。数字赋能成效明显。产业数字化、制造业数字化转型指数均居全国首位,全省规模以上工业企业数字化转型覆盖率达到87.3%,数字经济占GDP比重超过47%。谋划推进100个重大数字产业项目,新获批国家级"双跨"平台3个,开通全国首个数据赋能中小企业数字化转型服务平台。信息技术产业营业收入增长10%以上,互感器、服务机器人、光电子器件等新动能产品增速均在两位数以上。经营主体活力不断增强。全年新登记经营主体216万户,总量突破1465万家,居全国第二。全省民营市场主体增加215.2万户,总量达到1449.7万户,占市场主体的98.8%;中小企业数量新增64.5万户,总量达到446.1万户。新认定制造业领航培育企业106家、国家级制造业单项冠军企业352家、专精特新"小巨人"企业4589家、瞪羚企业654家、独角兽企业3家。全省税收收入增长9.1%,比上年提高10.8个百分点。新能源提速发展。全年新能源和可再生能源发电量、装机容量分别为1584.7亿千瓦时、9794.1万千瓦,分别比上年增长21.9%、28.6%,占比分别为24.4%、46.3%;新型储能规模达到398.3万千瓦,稳居全国首位。

(三)需求端延续回暖态势,呈现结构性优化

坚持扩大有效投资,加力提速重大项目投资;将恢复扩大消费放在优先位置,大力实施"山东消费提振年"行动;持续加大政策供给力度,多措并举推动外贸稳规模优结构,服务和融入构建新发展格局取得新进展。

投资增长好于全国,房地产有所拖累。固定资产投资各月累计增速保持平稳,三季度略有放缓,全年企稳回升增速为5.2%;除4月份低于全国0.4个百分点外,其余月份均明显高于全国平均水平。大项目拉动明显。亿元及以上项目占全部投资项目的比重为48.2%,完成投资比上年增长12.5%,上拉全部投资增长8.1个百分点。制造业、工业技改、高技术产业投资分别增长11.5%、9.4%、35.3%,其中高技术制造业和高技术服务业投资分别增长35.5%、35.0%;高新技术产业投资增长22.8%,占全部投资的比重为20.3%。基础设施投资支撑有力。基础设施投资一直保持两位数增长,全年增长22.9%,高于全国17个百分点,上拉全部投资增速4.6个百分点,其中电力热力、燃气、水三个行业分别增长38.5%、35.0%、30.1%。房地产投资延续下滑态势。房地产开发投资和销售面积月累计增速,3月、5月有所改观,从上半年开始一路走低,全年投资及销售面积增速分别为-10.2%和-3.4%,

下降趋势未根本扭转，仍处于调整转型中。山东及全国固定资产投资增速见图2。

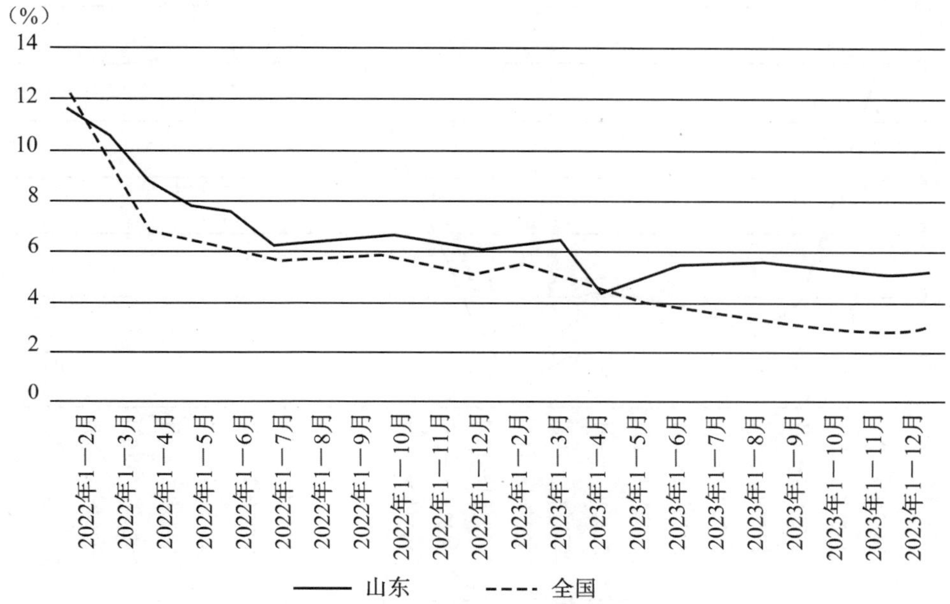

图2　山东及全国固定资产投资增速对比

数据来源：山东省统计局。

消费市场加快复苏，服务消费快速增长。进入2023年，社会消费品零售额增速实现由负转正(2022年增速为−1.4%)，上半年增势较好，5—10月有所放缓，随后回升向好，全年增速8.7%，高于全国1.5个百分点。聚集性、接触性消费快速增长。全省接待游客人数、旅游收入均增长60%以上，批发零售、住宿餐饮营业额分别增长31%左右和28%左右。大宗消费支撑作用增强。新能源汽车销售额大幅增长70%以上，全省新建商品房网签成交面积1.2亿平方米以上。新型消费快速发展。全年限额以上实物商品网上零售额增长25.8%，拉动限额以上零售额增长3.5个百分点。培育电商主体，分别培育认定电商直播基地、电商供应链基地、电商产业带98家、76家、20家。山东及全国社会消费品零售总额增速见图3。

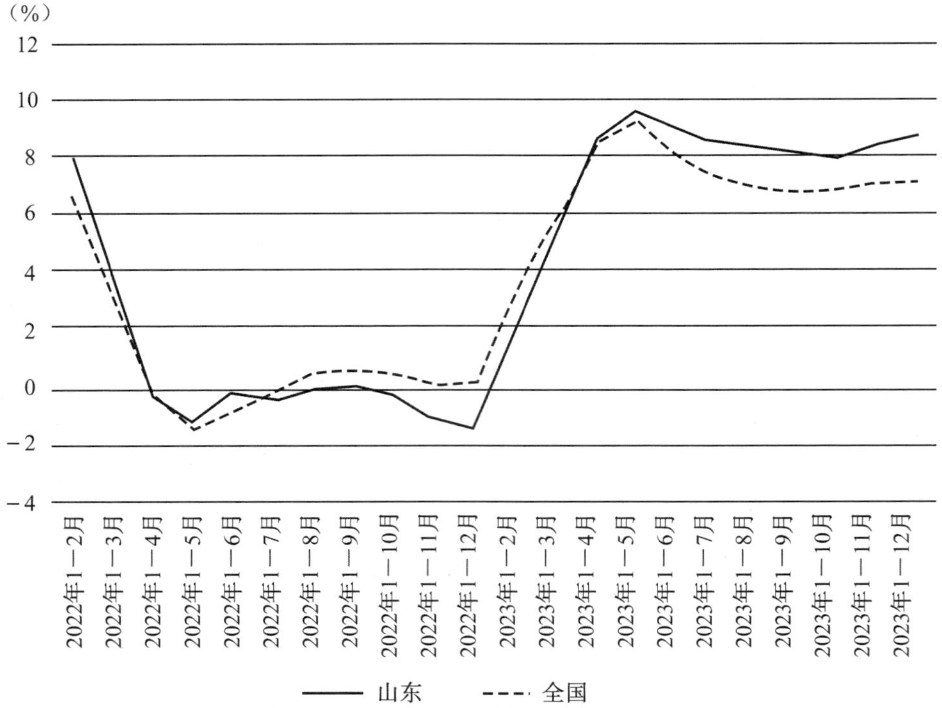

图 3　山东及全国社会消费品零售总额增速对比

数据来源:山东省统计局。

外贸进出口保持平稳,贸易结构持续优化。我省出口逆势增长,外贸进出口增速虽有波动,但全年始终保持正增长,整体好于全国及苏浙粤(均有负增长)。5 月开始明显下滑,最高、最低增速分别是 3 月的 7.7%和 7 月 1.1%,四季度的三个月环比增速加快,全年增速 1.7%,高于全国 1.5 个百分点。贸易结构继续优化。"新三样"产品(电动载人汽车、锂电池、太阳能电池)出口增长 47.3%,其中锂电池、电动载人汽车增幅均超过了 100%。一般贸易进出口增长 2.4%,占全省进出口总值的 65.2%。机电产品出口增长 7.0%,占全省出口总值的 46%,拉动出口增长 3.1 个百分点,对全省出口增长的贡献度达到 278.8%;其中汽车、家电出口增速超 20%。民营企业外贸主力军作用增强。有进出口记录的外贸经营主体超过 6.8 万家,其中,民营企业 6.23 万家,进出口增长 3.9%,占比超七成,拉动全省增长 2.8 个百分点,连续 12 年稳居全省第一大外贸经营主体。贸易伙伴更加多元。对"一带一路"共建国家进出口增长 3.3%,占全省进出口总值的 56.3%,占比提升 0.8 个百分点;对东盟和欧盟进出口分别增长 4.5%和 3.5%;对拉丁美洲、非洲、中东欧、中亚五国等新兴贸易市场进出口分别增长 3%、4.7%、18.6%、18.1%。山东及全国进出口增速见图 4。

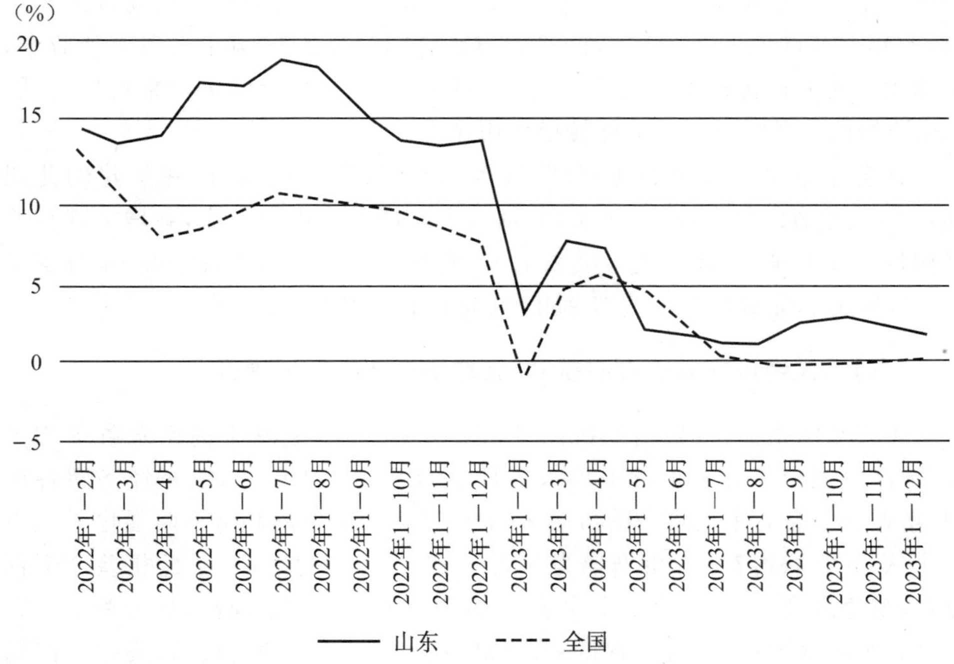

图 4　山东及全国进出口增速对比

数据来源：山东省统计局。

(四)民生保障有力有效，实现更有温度的发展

坚持在发展中保障和改善民生，每年财政民生支出占比保持在 80%左右，发展底板更加夯实巩固。

就业保持稳定扩大，居民收入继续增加。就业形势总体稳定，新开发城乡公益性岗位 61.9 万个，安置上岗 60.5 万人，发放创业担保贷款 200 亿元，全年全省城镇新增就业 124.5 万人。居民收入支出稳步增加，全年全省居民人均可支配收入、支出分别名义增长 6.2%、7.3%，其中，城镇、农村收入分别增长 5.1%、7.5%，城镇、农村支出分别增长 5.9%、9.5%，城乡居民收入倍差为 2.17，比上年同期缩小 0.05。从收支增速看，农村快于城镇，支出快于收入，其中人均教育文化娱乐消费支出增长最快为 13.6%，说明消费潜力及升级态势明显。

消费价格涨幅维持低位，工业品价格降幅收窄。各月 CPI 保持低位、持续回落，全年累计涨幅由 1.2%减缓至 0.1%，低于全国 0.1 个百分点，其中 7

月、10—12 月单月 CPI 出现下降,但核心 CPI 保持温和上涨,全年上涨 0.6%,目前的价格水平有食品和能源价格回落影响,也有有效需求不足的原因。受国际大宗商品价格下行、部分工业品需求不足及上年同期基数较高等因素影响,全年 PPI 同比下降 3.5%,1—7 月累计降幅持续扩大,随后各月有所收窄,工业生产者购进价格由年初的 0.5%逐月下降至-3%。购进价格持续走低、PPI 开始回升,结构调整、动能转换作用显现。

社会保障投入不断增加,公共服务水平不断提升。新改建扩建幼儿园 347 所,创建省级特色高中 41 所,获批国家区域医疗中心 6 家,新增护理型养老床位 3.3 万张、家庭养老床位 2.4 张,城乡低保平均标准较 2022 年分别提高 5%和 6%,完成棚户区改造 9 万套、老旧小区改造 72.5 万套。

(五)三大经济圈表现存在差异,区域协调水平有所提升

主要经济指标中,鲁南经济圈各市表现较好,增速基本高于全省平均水平,菏泽增速全部高于全省平均水平且基本保持全省前三,胶东经济圈各市中,增速低于全省平均水平的市居多,表明区域协调发展趋势不断强化。

从 GDP 增速看:16 市增速为 5.0%—7.0%,增速最高、最低相差 2 个百分点,增速最高、最低的市分别为东营、滨州。其中,东营、菏泽、烟台等 9 市高于全省平均水平;德州与全省持平;青岛、威海、日照、淄博、潍坊、滨州 6 市低于全省平均水平。三大经济圈中,省会经济圈包含全省 GDP 增速最高和最低的 2 市,其余 1 平、1 低、3 高(相较于全省平均水平);胶东经济圈包含 1 高、4 低;鲁南经济圈 4 市全部高于全省平均水平。

从规模以上工业增加值增速看:16 市增速为-12.7%—0.5%,增速最高、最低的市分别为东营和滨州,相差 13.2 个百分点。东营、济南、菏泽等 13 个市高于全省平均水平,且有 8 个市增速超过 10%,潍坊、青岛、滨州 3 市低于全省平均水平。三大经济圈中,省会经济圈包含全省 GDP 增速最高和最低的 2 市,其余 5 市均高于全省平均水平;胶东经济圈 3 高、2 低;鲁南经济圈 4 市全部高于全省平均水平。规模以上工业利润,有 3 个市仍然负增长,最低的日照市为-33.1%;临沂、滨州两市增长 80%以上,东营市增长 255.5%。

从固定资产投资增速看:16 市增速为 0.8%—8.0%,增速最高、最低的市分别是东营和潍坊。东营、菏泽、泰安等 11 个市高于全省平均水平,青岛、威海、济南、日照、潍坊 5 市低于全省平均水平。三大经济圈中,省会经济圈 6 高、1 低,且包含增速最高的市;胶东经济圈 1 高、4 低,且包含增速最低的市;鲁南经济圈 4 市全部高于全省平均水平。

从社会消费品零售总额增速看:16 市增速为 6.0%—11.3%,增速最高、

最低的市分别是枣庄和威海。枣庄、菏泽、济宁等12个市高于全省平均水平，青岛、潍坊、济南、威海4市低于全省平均水平。三大经济圈中，省会经济圈6高、1低，胶东经济圈2高、3低，鲁南经济圈4市全部高于全省平均水平。

从进出口增速看：16市增速为－16.1%—30%，增速最高、最低的市分别是济宁和淄博。高于全省平均水平的市有济宁（30%）、泰安（23.1%）、枣庄（20.9%）、德州（15.2%）、菏泽（14.7%）、青岛（4.6%）、聊城（4.2%），其中只有1个沿海城市；其余9市均低于全省平均水平，有6个市仍为负增长。三大经济圈中，省会经济圈3高、4低，胶东经济圈1高、4低，鲁南经济圈3高、1低。

二、经济运行中需重点关注的几个问题

受全球经济持续放缓、外部环境复杂严峻、疫情“疤痕效应”等多重因素相互叠加影响，市场主体对经济的预期更为保守，明年推动我省经济回升向好仍面临有效需求不足、部分产业发展质效不高、社会预期偏弱、风险隐患较多等诸多困难和挑战。以下问题需重点给予关注。

（一）投资拉动效应有所减弱

2023年全年投资增速总体相对平稳，但除一季度外，各月累计增速均不及2022年全年6.1%的水平。一是房地产行业对投资的拖累较大。与全国形势一致，近年来，房地产市场经历寒冬，投资端和销售端均呈下降态势，对全部投资拖累明显。我省房地产开发投资完成额累计同比增速自2022年4月以来持续为负，2023年延续下行走势，特别是下半年降幅明显扩大，从1—7月的－4.9%大幅下滑至全年的－10.2%，降幅较上年扩大4.2个百分点，分别高于全国、江苏、浙江0.6个、6.0个和12.2个百分点。同时，全年商品房销售面积和商品房销售额双双走低，分别下降8.5%和6.5%。房地产市场预期偏弱、估值偏高、库存水平偏高等不利因素短期难以缓解，2024年或将延续低位运行态势。二是服务业投资不及预期。服务业投资增速、占比均不及全国平均水平。服务业投资全年增长－0.2%，分别低于全国、江苏、浙江0.6个、2.0个和3.7个百分点，对全部投资增长拉动作用为负；服务业投资占全部投资的比重为60.3%，低于全国5.5个百分点，低于上年3.6个百分点。三是债券和利用外资下滑明显。受复杂严峻的国际经济形势和国内化债等因素影响，从固定资产投资的资金来源上看，利用外资增速下滑14.2%；其他资金增速下滑27.2%，其中债券增速下滑最为明显，为－39.2%。

(二)居民消费意愿不强

从全国来看,消费者信心指数一直在低位徘徊,表明消费者对经济形势依旧缺失信心,消费动力不足,短期难以拉动需求回升。从我省来看,居民消费相对保守,受经济下行、房地产转弱等多重因素影响,储蓄意愿持续增强,居民消费倾向低于全国平均水平,对扩消费形成一定程度的制约。2023 年,我省人均可支配收入为 39890 元,高于全国平均 672 元,但人均居民消费支出仅为 24293 元,低于全国平均 2503 元;居民消费倾向为 60.9%,明显低于全国(68.3%)。同时,我省新型消费动能强度不足。一是消费新场景培育打造不足。相较于上海市、北京市、广州市、重庆市、天津市 5 个首批国际消费中心试点城市,我省城市商圈形态仍较为单一、风格传统,差异化、特色化定位不清晰。文旅景区多以门票经济为主,附加值偏低。上半年,我省旅游平均花费为 1194 元/人次,低于江苏(1276 元/人次)、内蒙古(1290 元/人次)等省区,也低于 2019 年同期的 1461 元/人次。二是消费平台经济实力不强。缺少以京东、淘宝、美团、饿了么等为代表的消费互联网头部平台企业,以及具有全国影响力的本土电商品牌,新型消费需求存在跨区外流问题。三是对新消费风口把握不到位,如银发经济领域。2023 年,我省人口自然增长率为 −2.18‰,连续两年负增长;同时,人口老龄化、高龄化加速,我省老年人数量持续居全国首位,是全国唯一的 60 岁以上人口超 2000 万的省份。人口发展的老龄化、少子化趋势为银发经济领域带来重要发展契机,市场前景广阔,然而我省当前对银发经济整体谋划不足,发展相对滞后。

(三)外贸出口持续走弱

受外需持续低迷、外贸新业态发展放缓、外资项目储备不足、高基数等多重因素叠加影响,稳外贸外资面临较大压力。2023 年,我省进出口增速较上年同期回落 12.1 个百分点,占 GDP 的比重下降 1.2 个百分点;其中出口增速回落 15.1 个百分点,占 GDP 的比重下降 0.8 个百分点。实际利用外资增长 −23.4%,下滑明显。一是"新三样"对出口的带动作用有限。电动载人汽车、锂电池、太阳能电池等"新三样"产品出口增速达到 23.3%,明显高于服装(1.0%)、家用电器(13.1%)和家具(6.6%)等"老三样"产品,但与全国平均水平(66.9%)差距较大,且"新三样"产品占全省出口总额的比重较低,带动作用有限。二是出口目的地两极分化。对墨西哥、沙特阿拉伯等新兴经济体国家出口增长较快,但对美国继续保持较大负增长(−9.4%),对日本跌幅扩大(−7.8%),对韩国保持跌势(−3.7%),由于对新兴经济体出口体量小,短期内仍难以弥补美国、韩国、日本等发达市场需求回落的影响。

(四)服务业对经济增长的贡献不高

2023年,服务业占地区生产总值的比重为53.8%,低于全国0.8个百分点;对经济增长的贡献率为52.9%,低于全国7.3个百分点。一是整体发展层次偏低。我省服务业传统行业占比偏高,新业态培育比较滞后。以交通运输业为例,2023年,交通运输业营业收入占规模以上服务业的比重为44.1%,而其中附加值高的多式联运和运输代理等新业态占比很少。现代服务业发展不够快,信息技术服务业营业收入占全部规模以上服务业的18.4%,低于全国平均水平10个百分点左右。生产性服务业支持能力不足,上半年全省生产性服务业增加值占比50.8%,比江苏(2022年)低4.7个百分点。服务业龙头企业少,与制造业深度融合不够,沉浸式、体验式消费场景缺乏。二是企业盈利能力偏弱。2023年,我省规模以上服务业营业收入增速持续攀升,但仍不及全国平均水平。1—11月,同比增长5.1%,低于全国3.4个百分点,仅达到全国一季度的水平。

(五)工业运行持续承压

受国际大宗商品价格下行、部分工业品需求不足及上年同期对比基数较高等因素影响,工业运行压力依然较大。一是价格"剪刀差"压薄利润。我省全年PPI比上年下降3.5%,上半年降幅持续扩大,下半年降幅有所收窄。工业生产者出厂价格指数为96.5,分别低于全国、江苏、浙江、广东0.5、0.2、0.8、2.0;工业生产者购进价格指数为97,分别高于全国、江苏、浙江0.6、0.6、2.2,购进价格偏高与出厂价格偏低共同压薄了企业利润。2023年我省规模以上工业企业每百元营业收入中成本达到87元,分别高于全国、浙江、江苏、广东2元、2元、2元和5元。二是市场景气程度不高。12月,制造业采购经理指数(PMI)为49.0%,比上月下降0.4个百分点,持续处于荣枯线之下。构成制造业PMI的5个分类指数均位于收缩区间,其中,新订单指数和原材料库存指数分别为48.7%和47.7%,分别低于上月0.7个和0.3个百分点;生产指数、从业人员指数和供应商配送时间指数分别为50.2%、47.9%和50.3%,均有所回落。PMI的走势表明制造业景气水平不高并继续走低。三是先进制造集群发展不充分。从全国看,目前工业和信息化部分3批遴选了45个国家先进制造业集群,我省只有3个,而江苏有10个,广东有7个,我省在数量和发展质量上与先进地区存在不小差距。

(六)民营经济发展仍处困境

民营经济受市场不利因素的影响更加显著。2023年,我省民营经济增加值增长5.5%,低于GDP增速0.5个百分点,占GDP的比重较上年下降0.3个百分点;市场主体新登记户数较上年减少2.2%。一是民间投资意愿偏低。市场信心不足影响了民营企业的投资意愿。全年民间投资增长3.1%,低于全部投资2.1个百分点。其中,服务业投资增速下滑4.2%;房地产开发投资增速下滑14.4%,下滑幅度高出房地产开发投资增速4.2个百分点。二是民营经济增收困难。以民营企业占比较高的服务业为例,2023年规模以上民营经济服务业营业收入增长−0.7%,增速低于规模以上服务业营业收入5.8个百分点。三是民营企业整体实力不强。2023中国民营企业500强榜单中,山东52家企业上榜,上榜企业数量不足浙江的一半,比江苏少37家。2023年中国服务业民营企业100强榜单中,广东、浙江、江苏分别有19家、17家和10家企业入围,我省仅有4家企业入围(2家批发业公司、1家零售公司和1家房地产公司),最高排名第61位。

此外,地方债务风险和地方财政压力依然较大。近年来,在疫情冲击、房地产市场调整等多重因素影响下,地方财政收支运行面临压力,一些地方偿债压力加大,隐性债务风险不容忽视。2023年上半年,部分重债地区风险事件爆发,尤其是潍坊、济宁以及青岛的李沧成为主要的风险区域,也是债务风险化解的重点。7月,国家制定实施一揽子化债方案后,特殊再融资债重启发行,高风险区域城投债收益率应声而下,城投债风险得到明显缓释。但相较而言,我省政府债务率依然较高,2023年,我省政府债务率为369%,高于苏、浙、粤三省;较上年增加37%,分别高于苏、浙、粤32个、22个和10个百分点。

三、2024年及未来一段时期发展趋势

当前,国际环境严峻复杂,世界经济增长趋缓态势明显,不稳定不确定因素较多。国内经济恢复向好,但需求不足的制约依然明显,一些结构性问题比较突出,回升基础还需巩固。今后一个时期我省在应对挑战的同时,要用足用好基础优势、抓紧抓住战略机遇。

(一)国内外发展环境

国际环境依然复杂严峻,存在较高不确定性。国际通胀水平依然偏高,地缘政治冲突加剧,未来前景仍有较高不确定性。一方面,全球政治经济风险上

升。世界经济增长动力不足，高通胀、高利率、高债务背景下全球金融条件收紧、贸易投资萎缩，国际货币基金组织（IMF）预测，2024—2025 年世界经济增速将低于 2000—2019 年平均 3.8％的历史水平，世界经济面临较大下行压力。国际局势复杂多变，俄乌、巴以冲突严重冲击经济循环，并加快向金融、贸易、投资、能源等领域蔓延，世界经济随之反复震荡；2024 年，全球将有 70 多个国家或地区举行重要选举，可能会给全球政治格局带来更多的不确定性。全球经贸关系政治化，一些区域机制和规则日益封闭，加速了全球产业链和供应链的重构，特别是美欧等发达经济体加紧推出的所谓“去风险”政策，将加剧全球经济“脱钩”风险。另一方面，全球经济复苏仍将保持韧性。2023 年以来，全球通胀快速回落，除日本外所有十国集团经济体的连续核心通胀率已从 6％降至 3％，主要发达经济体宏观政策紧缩趋于见顶甚至转向，通胀趋于缓和将推动世界经济企稳。同时，新一轮科技革命和产业变革处于加速期，人工智能、商业航天、量子科技、生物制造等领域技术加快突破，新兴产业为全球经济注入新动能。IMF 最新预测，2024 年全球经济增速预计可达 3.1％，比 2023 年 10 月的预测值高 0.2 个百分点，世界经济呈现比预期更强的韧性。

国内发展迎来多重利好，但统筹发展和安全压力较大。2023 年，我国经济在稳增长、调结构、增动能、防风险中滚石上山、爬坡过坎，呈现增速回升、结构趋优、质量提升等特点。虽然仍存在需求不足、预期偏弱、风险较多等问题亟待突破，但随着一揽子经济政策效应的逐步释放，经济仍将延续这一向好发展势头。一方面，经济向好因素不断积累。发展基础更加坚实，2023 年全国 GDP 超过 126 万亿元，居民人均可支配收入 39218 元，较 2013 年均翻了一番多；对世界经济增长贡献率超过 30％。产业体系更加完备健全，制造业总规模连续 14 年居全球第一，算力总规模居全球第二，工业互联网覆盖全部 41 个工业大类。创新动力勃发奔涌，创新能力世界排名第 12 位，全球百强科技创新集群数量首次跃居世界第一。市场复苏动力充盈，消费对经济增长贡献率达到 82.5％，经营主体达到 1.84 亿户。新动能加速培育，随着以“双碳”目标为导向的绿色低碳经济发展战略的实施、以人工智能为引领的新一代数字技术的开发和推广使用，绿色低碳和数字化发展成为中国产业升级和经济转型的新动能。同时，“新质生产力”的提出为培育战略性新兴产业和未来产业指明了方向，也为中国经济发展注入了新动能。政策工具和政策空间仍然充足，我国中央政府杠杆率仅为 21.4％，远低于欧美发达国家水平，仍有加杠杆空间；2023 年以来，降息、降准连续推出，政策频率明显加快，目前加权平均存款准备金率约为 7.4％，相比于 5.0％的隐性下限仍有下调余地，抵押补充贷款（PSL）和再贷款等结构性政策工具均有扩大规模空间，宏观政策在加大逆周期和跨周期调节力度方面仍然大有可为。另一方面，经济回升仍面临多方面因素影响。支柱行业趋弱，房地产行业持续低迷，供求关系发生重大变化，这些对产业链上下游、财税增收、金融信贷等产生系统性影响；新能源产业快速发展的同时也出现产能过剩、行业乱象、管理缺位、技术成本挑战等问题。全国统一大市场建设仍存在不少堵点，要素市场配置机制不够健全，民营经济发展活力不足，深化改革任务繁重。产业链供应链、粮食能源、地方债务等领域风险亟须化解，民生保障、生态环保、安全生产仍存在短板，统筹发展和安全面临新的挑战。

(二)我省发展趋势判断

1.投资延续平稳增长态势

一是基建投资继续发挥托底支撑作用。2024 年财政政策适度发力，提质增效，新增专项债发行规模预计将不低于 2023 年，将为重点项目建设提供资金保障。财政部已表示将会适度扩大专项债投向领域和用作项目资本金范围，以撬动更多有效投资。同时，2024 年是实现“十四五”规划目标任务的关键一年，预计重大项目将会顶格推进。二是制造业投资保持较快增长水平。山东正处于制造业转型升级关键时期，高端制造、智能制造、绿色转型等战略性新兴产业具备长期投资潜力。近期，山东频繁强调新型工业化和先进制造业发展，未来较长一段时期内，对制造业转型升级的政策支持力度将有增无减。同时，2023 年以来制造业企业利润增幅持续扩大，企业正向补库存周期过渡，将持续改善制造业企业的经营状况和投资信心。三是房地产开发投资保持较低水平。近期一系列房地产金融供给侧改革措施(如房企融资“白名单”“三个不低于”等)将在 2024 年逐步落地，房企融资端压力将有所改善，特别是房地产“三大工程”①有望为行业发展打开新的增量空间，提振开发投资增速。但弱预期之下居民加杠杆购房空间和意愿依然不足，房地产市场仍然面临“价格跌—销售弱—回款难—拿地下降—投资下滑”的负反馈压力，房地产开发投资仍将保持较低水平，但降幅可望有所收窄。

2.消费将持续稳步修复

2024 年，在居民收入、消费意愿逐步向好的趋势下，叠加促消费政策继续发力，消费将持续稳步修复。一是居民消费能力改善。随着就业优先政策进一步强化、收入分配制度改革加快，就业形势持续好转、居民收入稳步提升。

① 房地产“三大工程”指保障性住房建设、城中村改造、“平急两用”公共基础设施建设。

个人所得税扣除标准提高、存量房贷利率下调等政策持续显效，预计将继续支持扩大居民收入，提升消费能力。二是居民消费意愿提升。2023年，山东接待国内游客超8亿人次，实现国内旅游收入超9000亿元，增速均超过60%。居民消费倾向（人均消费支出/人均可支配收入）呈逐季抬升趋势，全年达到60.9%，高于去年0.6个百分点。三是促消费政策进一步加力。2023年，在疫情平稳转段后，第一时间谋划实施"山东消费提振年"，高标准举办旅游发展大会，接续推出商贸、文旅、住房三个"十条"以及《关于进一步提振扩大消费的若干政策措施》《关于促进全省旅游住宿业高质量发展的若干措施》等系列政策。山东出台《2024年"促进经济巩固向好、加快绿色低碳高质量发展"政策清单（第一批）》，再次将恢复扩大消费放在优先位置，充分挖掘释放消费潜力。与此同时，还需关注消费的制约因素：一方面，就业总量压力和结构性问题仍不容忽视，青年人就业压力依然较大，可能会影响消费能力释放；另一方面，2023年年底，山东60岁及以上人口占比达到23.62%，高于去年同期1.52个百分点，高出全国2.52个百分点，老龄化进程明显加快，而老年人倾向于减少消费、增加储蓄，可能会影响消费扩大。

3.外贸形势有望稳步回升

2024年，外需不确定性将有所缓解，"一带一路"倡议有力支撑，外贸形势有望稳步回升。一是外需压力将有所缓解。发达国家通胀持续下行，美联储降息已提上日程，将有助于刺激全球经济回暖、提振外需。同时，美国库存周期已经触底，也将带动出口边际改善。世界贸易组织预测，2024年全球商品贸易量增长3.3%，远超2023年0.8%的预估值，且高于过去12年2.6%的平均水平。二是"一带一路"提供有力支撑。在发达经济体推进对中国的"去风险化"和"友岸外包"的背景下，积极扩大"一带一路"和新兴经济体"朋友圈"。2019年、2022年与"一带一路"共建国家贸易规模分别迈过1万亿元、1.5万亿元关口；2023年，对107个"一带一路"共建国家进出口实现增长，进出口值占全省外贸总值的比重提升至56.3%，高于全国9.7个百分点，成为支撑我省外贸增长的重要因素，也为山东外贸高质量发展带来新机遇。与此同时，还需关注外贸的风险因素：一是全球经济下行压力犹存，高通胀风险仍在，可能会继续影响整体外需表现；二是发达经济体"小院高墙"科技政策、制造业回流政策等，对全球经贸良性发展形成干扰，贸易"脱钩"风险对山东出口影响不容低估。

四、做好明年经济工作的对策建议

2024年是实现“十四五”规划目标任务、推进新时代中国特色社会主义现代化强省建设再上新台阶的关键一年。我国经济稳步恢复来之不易，山东要坚定扛牢经济大省责任担当，紧紧抓住经济恢复和产业升级的关键期，以绿色低碳高质量发展先行区建设为总抓手，坚定信心、加压奋进，推动经济运行持续整体好转。

(一)全面加快新型工业化进程

一是强化产业创新能力。增强崂山实验室、量子国家实验室济南基地等重大平台策源和辐射能力，加快构建契合产业发展需求的实验室体系。紧盯工业母机、集成电路、前沿材料、空天信息等重点领域，积极创建国家技术创新中心、制造业创新中心、产业创新中心。深化产业基础再造、重大技术装备攻关两大工程，大力支持龙头企业牵头开展联合攻关，畅通“实验室—产品—市场”的技术成果转化渠道。

二是调整优化产业结构。聚焦冶金、化工、轻工、建材、纺织服装、机械等传统优势产业，推进强链延链补链，启动新一轮大规模设备更新改造，加强新技术新产品创新迭代，向高端化延伸，向高附加值拓展。实施战略性新兴产业发展工程和未来产业培育发展行动，加紧出台人工智能赋能新型工业化实施方案，培育战略性新兴产业集群，建设未来产业先导区。

三是推动数实深度融合。深入实施“十大工程”，布局建设一批人工智能、虚拟现实等数字产业集聚区。扎实推进“工赋山东”“工赋百景”，加快探索基于细分行业的数字化转型模式。深化国家级“双跨”平台应用，高标准建设山东半岛工业互联网示范区。支持龙头骨干企业开展数字技术集成应用创新，加快建设国家中小企业转型促进中心，打造一批智能制造示范车间、智慧工厂。

(二)更好发挥服务业稳增长作用

一是打造服务业发展优质载体。建立重点服务业企业培育库，打造一批行业领军企业，带动中小企业集群发展，打造现代金融、科技服务、高端商务等现代服务业集聚区。推动服务业创新中心建设，配套制定研发创新、招才引智等支持政策，培育工业互联网、电子商务、网络货运等重点领域平台型企业。

二是推动服务业业态转型升级。推进“两业融合”发展试点，搭建工业设计、信息咨询、检测检验等服务平台，发展共享制造、柔性制造、楼宇制造等模式。推动服务型制造示范建设，鼓励服务业企业通过委托制造、品牌授权等方式向制造环节拓展。培育融媒体、特色文旅、智慧健康养老、数字创意等融合发展新业态，拓展服务增值空间。开展国家标准化创新发展试点，深化服务品牌升级，推动服务业标准、品牌、认证等与国际接轨。

三是创新服务业发展政策。立足“一业一策”，采取政策包的方式精准制定政策措施，完善吸聚总部型企业的优惠政策，实施更加审慎包容的新业态新模式监管制度。依托泰山产业领军人才工程对服务业高端人才进行支持，研究制定对高技能专业人才的支持措施。积极跟踪中央服务业扩大开放部署，积极争取服务业扩大开放综合试点，加强服务业开放创新。

（三）塑强经济增长内生动力

一是多措并举扩大有效投资。持续抓好省、市、县三级重点项目、重大产业项目、基础设施项目建设，做好重大项目接续、政策性项目谋划争取和优质项目招引，加大产业升级、数字转型、绿色低碳、基础设施、城市更新等领域投资力度。紧扣粮食能源安全、产业链供应链安全、重大基础设施等重点领域，做好地方政府专项债项目的谋划储备，加快推进项目前期工作，将符合条件的项目纳入国家重大项目库。全面落实支持民间投资发展的若干措施，完善吸引民间资本参与重点领域项目建设的“三清单一平台”[①]，支持民间资本参与盘活国有存量资产，引导更多民间资本参与国家重大工程、省重大项目和补短板项目建设。积极争取发行基础设施不动产投资信托基金，拓宽民间投资融资渠道。

二是深度激发消费需求潜能。优化汽车限购管理政策，支持老旧汽车更新消费，加强汽车消费金融服务。构建高质量充电基础设施体系，支持新能源汽车下乡，统筹用好新能源汽车购置税减免、消费券、分时电价等政策。推广智能家电、集成家电、功能化家具等产品，开展绿色智能电子产品展销活动。跟进文旅市场需求热点，加强旅游品牌和服务整合，开展食、游、购、娱一体化推动行动，打造精品旅游示范带和文旅融合集聚区。制定促进智能穿戴设备、消费级无人机等电子产品消费政策措施，开发动漫、电竞、云展览、云直播等数

---

① “三清单一平台”指全面梳理国家重大工程和补短板项目清单、重点产业链供应链项目清单、完全使用者付费的特许经营项目清单，搭建统一的向民间资本推介项目平台。

字化体验产品,打造数字人虚拟主播、元宇宙新消费场景,培育信息消费。发展"跨境电子商务+直播"模式,举办保税仓实景直播带货等活动。推动生活服务数字化转型,拓展无接触式消费体验,推动线上线下融合对接。

(四)全力稳住外资外贸基本盘

一是抓好重点市场开拓。出台参与共建"一带一路"三年行动计划,在贸易畅通、丝路电商、产业合作等领域制定一批针对性政策,完善"一带一路"重点项目储备库。推动中欧班列新增图定路线、国际联运计划,突出抓好济南、青岛等集结中心建设。面向"一带一路"沿线国家、RCEP 成员国、上海合作组织国家重要节点城市和地区建设海外仓,依托境外经贸合作区建立分支机构和零售网点,全力抢占国际市场份额。

二是加力提速招大引强。加快推进儒商大会、跨国公司领导人青岛峰会、中国—中东欧国家地方领导人会议等活动筹办。围绕新能源、新基建、汽车制造、医疗康养等领域,谋划储备重点推介项目,瞄准日韩、欧洲、新加坡等重点国家地区"敲门招商"。完善内外资招引支持政策,加大世界 500 强、行业领军企业、央企总部对接力度,对重大招引项目"一事一议"给予优先支持。

三是培育外贸合作新增长点。鼓励各地方结合产业和禀赋优势,创设跨境电商综合试验区,发展"跨境电商+产业带""跨境电商+海外仓"等新模式,指导跨境电商品牌培育和标准建设。探索建设外贸新业态新模式大数据基地、海外物流智慧平台等重大数字平台载体,鼓励企业利用线上展会、大数据平台等渠道开拓国际市场和开展自主品牌推广,引导中小微企业"借船出海"实现数字转型。

(五)有效防范化解重大风险

一是针对房地产市场,深入研判各市房地产市场供求关系和城镇化格局等趋势性、结构性变化,因城施策、逐步加码放松楼市政策,从减少购房成本、降低购房门槛、厘清交易障碍等方面着手,调整优化差别化住房信贷政策,激活提振潜在住房需求。强化预售资金封闭运行监管,用好保交楼贷款,建立省级房地产企业"白名单",做好房地产风险管控。落实"金融 16 条"和一系列金融支持政策,积极探索向房地产新模式转变,在城市更新、城中村改造及高品质住房供给方面加快创新探索。

二是针对地方财政困难和债务风险问题,加大财政资源整合力度,推进省以下财政体制改革，优化调整财政省直管县范围。统筹金融、地方国企资源，推进地方城投市场化转型，分类处置城投改善债务，探索推动破产重组，分类别、分步骤、分阶段化解隐性债务。深入推进“金安工程”，加强对大型企业流动性、地方金融机构等领域动态监测，加大不良贷款处置力度。探索组建国企风险基金、金融稳定发展基金，加大授信企业风险排查，制定针对性处置措施，坚决守住不发生系统性区域性金融风险底线。

课题组成员：王安　李莉　刘佳　赵祎煊　蔡盈　徐大策

2023 年山东省工业经济形势分析与 2024 年展望

一、2023 年山东省工业经济发展总体情况

2023 年是全面贯彻党的二十大精神的开局之年，是三年新冠疫情防控转段后经济恢复发展的一年。在复杂多变的国内国际环境下，山东省认真贯彻落实党中央、国务院的决策部署，以建设绿色低碳高质量发展先行区为总抓手，纵深推进“三个十大”行动[①]，坚持稳中求进的工作总基调，工业行业运行保持稳定、产业结构持续优化、发展韧性不断增强。

（一）工业经济运行平稳

2023 年，各项稳经济、提振工业政策发力显效，工业经济在波动中展现强大韧性，“压舱石”作用进一步彰显。全年全部工业增加值 29191.2 亿元，比上年增长 6.3％，规模以上工业增加值增长 7.1％。分门类看，规模以上采矿业增加值增长 6.6％，制造业增加值增长 7.8％，电力、热力、燃气及水的生产和供应业增加值增长 0.9％。规模以上工业企业营业收入增长 3.8％。

2023 年省委、省政府坚持高位部署，带领谋划了一大批惠当前利长远的务实行动，着力完善新型工业化推进体系。从规模以上工业增加值累计增长速度来看，2023 年 2—7 月持续攀升，增速从 5.4％逐渐增至 7.1％，之后虽有波动，但始终保持在 6.9％—7.1％，全年累计增速达 7.1％。从规模以上轻工业增加值来看，2023 年 5 月之前，增长速度保持在 3％左右，随后提升至 4.7％—5.6％，全年累计增速达 5.3％。从规模以上重工业增加值来看，全年增速保持在 6％以上的高速增长区间，一季度增速为 6.8％，二、三、四季度较为稳定，分别为 7.6％、7.5％、7.4％（见图 1）。

---

① “三个十大”行动指《“十大创新”行动计划（2024—2025 年）》《“十强产业”行动计划（2024—2025 年）》《“十大扩需求”行动计划（2024—2025 年）》。

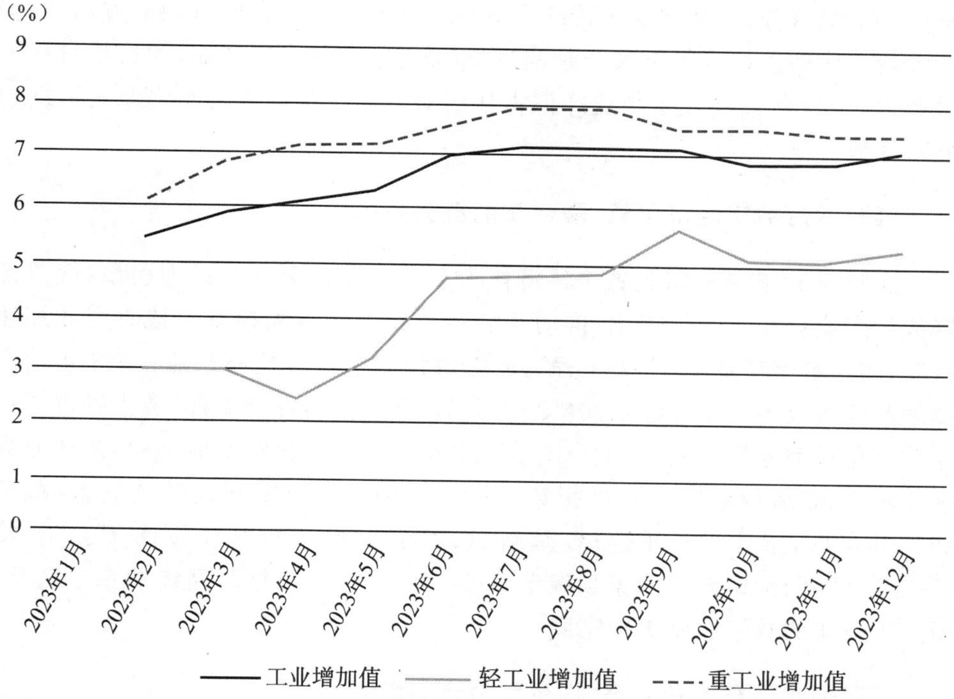

图1　规模以上工业增加值、轻工业增加值、重工业增加值累计增长速度

(二)强化科技创新引领,发展能级持续提升

立足服务高水平科技自立自强,全面推动产学研深度融合,着力增强新型工业化的核心竞争力。突出企业主体地位,启动制造业创新能力提升三年行动计划,实施省级企业技术创新项目3202项,成功突破一批“卡脖子”问题,规模以上制造业增加值增速全年累计高达7.5%。突出平台支撑作用,高标准建设先进印染、智能家电、虚拟现实等国家制造业创新中心,新培育6个省级中心和288家“一企一技术”中心,国家级工业设计中心数量居全国首位。

(三)深化新旧动能转换,产业体系筑牢夯实

2023年,山东省坚定不移推进“腾笼换鸟、凤凰涅槃”,着力构建现代化产业体系,切实立起新型工业化的“四梁八柱”。在减量优化方面,持续推进工业领域碳达峰行动,深度优化钢铁、炼化等“两高”行业政策,2023年全省规模以上工业能耗强度下降5.2%,生态底色更加凸显。在存量变革方面,深化技改提级行动,超时序完成“万项技改、万企转型”,工业技改投资增长9.4%,高于

全国 4.7 个百分点,切实筑牢传统产业这一深厚家底。在增量崛起方面,培强壮大新一代信息技术等新兴产业,前瞻布局元宇宙等未来产业,加快培育新质生产力,2023 年高新技术产业产值占比突破 50%,为新型工业化注入了新动能新优势。

(四)激活数字经济引擎,融合赋能势头强劲

2023 年山东省坚持把数字经济作为牵一发而动全身的最强引擎,统筹部署数字产业化和产业数字化,推动开启新一轮大跨越大提升。核心产业加速跃升,实施数字产业化"十大工程",加力做强数字经济核心产业,2023 年信息技术产业营收突破 2 万亿元,增长 12.4%。数实融合深度赋能,着力推进制造业数字化转型提标行动,获批全国首个中小企业数字化转型促进中心,产业数字化水平、制造业数字化转型指数均居全国前列。数字基建持续完善,截至 2023 年年底,累计建成开通 5G 基站 20.2 万个、确定性网络 1.18 万公里,接入工业互联网标识解析国家顶级节点 29 个,注册在用物联网终端 2.3 亿个,新型工业化的数字底座更加牢固。

(五)做优链群产业生态,内生动力全面增强

坚持"点、线、面"协同发力,深入推动上下游产业、大中小企业融通发展,着力打造优良产业生态。聚焦"点"上强企,积极构建优质企业梯度培育体系,2023 年新培育省级制造业领航型企业 106 家,国家级制造业单项冠军、专精特新"小巨人"企业数量均居全国前列。聚焦"线"上固链,深化标志性产业链突破工程,举办融链固链活动 600 余场,促成重要合作意向 3600 余项,产业链供应链韧性和安全水平进一步提升。聚焦"面"上育群,巩固提升轨道交通装备、智能家电、动力装备等国家先进制造业集群优势,国家级中小企业特色产业集群、新型工业化产业示范基地数量均居全国首位,集群式发展效应充分释放。

二、2024 年山东省工业经济发展形势展望

2024 年山东省工业经济运行仍然面临不少困难和挑战,外部环境日益趋紧,国内多重风险交织,经济发展面临的风险挑战明显增多。但随着产业发展生态持续优化,经济内生增长动力逐步修复,我省工业经济有望延续稳步增长态势,经济运行处于合理区间,支撑国民经济健康平稳发展。

（一）2024年山东省工业发展面临的形势

从国际看，未来一段时间，在百年未有之大变局下，逆全球化趋势更加明显，全球经济滞胀风险提升，地缘政治冲突仍在演化，新兴经济体与市场的脆弱性愈加显现，外部环境更趋复杂严峻和不确定。世界经济呈现出“两高两低”的特点，即高通胀、高风险，低增长、低预期。从国内看，随着稳住经济一揽子政策措施的落地见效，国内工业发展将迎来政策效应的加速释放，叠加区域合作的战略机遇，工业经济仍然具备应对阶段性、突发性因素冲击的基础和潜力。

1.科技竞争迈入深化期

世界大变局加速演进，受地缘政治冲突、全球通胀高企等一系列事件冲击影响，产业链供应链在遭遇外部冲击后的脆弱性进一步暴露，科技竞争深化，全球科技变革持续加速。一方面，当前世界主要国家对信息技术产业等高新技术产业的关注度不断提高，纷纷加大投资力度，广泛使用政策扶持手段以积极吸引产业回流，加强对本国产业链供应链的自主管控度；另一方面，科技合作环境日趋恶化，美国、日本等国家加大科技制裁使用力度，制约国家间科技合作发展，全球科技合作壁垒增加。

2.宏观政策进入加速释放期

2024年起，山东省正式实施《“促进经济巩固向好、加快绿色低碳高质量发展”政策清单》，推出50项促进经济恢复发展的政策措施，从加大援企惠企力度、全力扩大有效需求、加快新型工业化发展、培育壮大数字经济等方面全力抓好各项政策措施的落地落实，推动政策直达基层、直接惠及市场主体，进一步提振市场信心，促进经济实现质的有效提升和量的合理增长。总体来看，我省工业经济发展拥有良好的宏观政策环境。

3.“双碳”目标步入改革攻坚期

我国提出了2030年达到“碳达峰”与2060年实现“碳中和”的“双碳”目标。工业作为山东省碳排放最主要的领域之一，对山东省整体实现“碳达峰、碳中和”具有决定性影响。调整能源消费结构、提高能源利用效率，构建绿色创新体系、形成产业共生网络，把好产业准入关、推动产业绿色化升级，严格源头污染防控、加快淘汰落后产能等几个方面，是山东省推动工业经济绿色转型升级发展的主要着力点。

(二)2024年山东省工业发展趋势预判

1.工业生产向好回暖

综合我国工业经济回稳基础、面临的机遇与挑战,2024年山东省经济韧性凸显,长期向好的基本面不会改变,工业经济将持续运行在合理区间。预计2024年全年规模以上工业增加值将比2023年略有上升,预期增长7.5%—8.0%。从有利因素看,一是央地协同发力,推动政策红利加速释放,为工业稳增长打下坚实基础;二是产业链供应链稳定性有所增强;三是工业新动能有望继续发挥引领作用,新增长点的潜力得以不断挖掘。从不利因素看,一是生产经营效益下降,市场预期减弱;二是国际环境日益复杂严峻,医药制造业、纺织业等消费品行业出口、消费增速放缓,面临需求不足、预期走弱等困境,工业经济复苏动力存在潜在风险。

2.投资维持高位难度大

2023年以来,工业投资尤其是制造业投资持续向好,对山东省经济稳增长起到了重要支撑作用,受政策利好、产业升级带动影响,预计山东省2024年工业投资将持续保持良好增势。与此同时,一些制约工业投资的因素也需引起注意。一是下游市场风险凸显,2023年山东房地产开发投资8168.9亿元,比上年下降11.02%,减弱了对工程机械、建材、有色、钢铁、家电、家居等行业投资增长的拉动作用;二是企业家投资态度更加谨慎,2024年第一季度,企业家宏观经济热度指数为35.7%,比上季度下降1.6个百分点,比上年同期下降3.2个百分点,其中,30.6%的企业家认为宏观经济“偏冷”。面对未来一系列不确定性风险,企业家谨慎态度仍将持续。因此,2024年山东省工业投资难以取得突破性提升。

3.消费增长逐渐恢复

2023年以来,山东省消费市场逐步恢复,2023年全年社会消费品零售总额为36141.8亿元,比上年增长8.7%。新型消费得到蓬勃发展,打开了内需增长新空间。2023年全省网上零售额为7728.5亿元,比上年增长11.0%。其中,实物商品网上零售额为6723.1亿元,增长8.6%,占社会消费品零售总额的比重为18.6%,比上年提高0.7个百分点。同时,随着中央与地方促消费、稳复苏一揽子政策的密集出台,通过综合施策释放不同领域消费潜力,预计2024年山东省消费水平将持续上升。

三、对策建议

2024 年，山东省“稳工业”任务仍然艰巨，要统筹推进稳预期、强保障、扩需求、优环境与提能效，加大对中小企业的支持力度，促进工业经济平稳增长和提质升级。

（一）稳预期，保持工业稳定增长

继续保持宏观政策的连续性，加大稳增长政策的实施力度，扩大惠及行业企业范围，有效发挥积极的财政政策和稳健的货币政策作用，用好促进生产、投资和消费的政策工具，稳住企业发展信心与生产预期。同时，工业企业要集中突破“卡脖子”关键技术，有序推进新兴产业发展，着力推进新型工业化，牢牢把握新一轮科技革命和产业变革带来的新契机，筑牢山东省现代化工业产业体系。

（二）强保障，增强内生发展动力

加强对电力、能源、大宗原材料等工业经济发展的要素保障，促进价格保持稳定，深入落实减税退税降费、降低社保费率等政策，切实降低企业负担。充分发挥“链主”企业的领军作用和生态整合作用，带动产业链上下游企业稳产达产、恢复产能，形成产业集聚和规模效应，推动产业价值链向“微笑曲线”两端延伸。

（三）扩需求，拓展企业市场空间

助力市场主体复工复产，推动各类商场市场复工复市，着力清除消费障碍，建立适应消费升级的多元化供给体系，推动数字化改造，发展新型信息消费，稳定居民对未来收入的预期，增强居民消费能力。充分发挥双边及多边合作机制对企业“走出去”的引领作用，加快形成一批特色突出、规模较大、外向度较高的市场主体，畅通外贸企业订单获取渠道，加快构建国际物流网络，积极拓展国内外市场。

（四）优环境，激发市场主体活力

健全工业发展环境制度体系，不断完善法律法规制度，持续深化“放管服”改革，维护企业合法权益。同时，加强要素保障，强化科学管理，降低中小企业经营成本，减轻中小企业生产负担。推动土地、劳动力、资本、技术和数据等经济要素的自由流通，消除国企和民企、内资企业和外资企业、大平台和小企业等不同类型市场主体在要素配置端的不平等,充分释放市场竞争活力。

(五)提能效,推进产业转型升级

充分利用人工智能、云计算、大数据分析等技术,强化市场价值挖掘与需求分析,加深数字技术与工业生产的融合程度。加快工业传统行业的技术改造步伐,坚决淘汰落后产能,大力发展低能耗、低排放的工业产业,发展清洁能源,提高新型能源和可再生能源的比重,实现工业领域中节能减排与能源发展的良性互动,从而实现工业生产中的污染降低和资源利用效率提升。

课题组成员:徐勤航

2023年山东省投资形势分析及建议*

2023年是全面贯彻落实党的二十大精神的开局之年，是实施“十四五”规划承前启后的关键一年，也是绿色低碳高质量发展先行区建设起步之年。全省上下坚持以习近平新时代中国特色社会主义思想为引领，深入贯彻落实党的二十大精神和习近平总书记对山东工作的重要指示，以建设绿色低碳高质量发展先行区为总抓手，锚定“走在前、开新局”，稳扎稳打、踏踏实实，全力促进经济回升向好，实现经济质的有效提升和量的合理增长，新时代社会主义现代化强省建设迈出坚实步伐。2023年，全省投资环境优化成效积极，招商引资成效显著，重大项目建设支撑有力，项目资金支持加力提效，为全省经济社会高质量发展提供了有力支撑。

一、投资运行基本情况

2023年，全省经济运行整体好转，经济回升向好态势持续巩固，在稳大盘运行中做出了经济大省应有的贡献。全省投资领域主要呈现以下特点。

(一)投资保持平稳较快增长

突出重大项目支撑引领，强化要素保障稳定充足，投资企稳回升态势明显。2023年，全省固定资产投资(不含农户)同比增长5.2%(见图1)。三次产业投资构成为1.6∶38.1∶60.3(见图2)。重点投资领域中，制造业投资增长11.5%，占全部投资的比重为30.9%；基础设施投资增长22.9%，占全部投资的比重为23.4%；高新技术产业投资增长22.8%，占全部投资的比重为20.3%。山东固定资产投资累计增速比全国及广东分别高2.2个、2.7个百分点，仅比浙江低0.9个百分点。

* [基金项目]山东省社会科学规划数字山东研究专项“山东制造业数字化转型对企业创新发展的影响机制研究”(项目编号:23CSDJ52)阶段性研究成果。

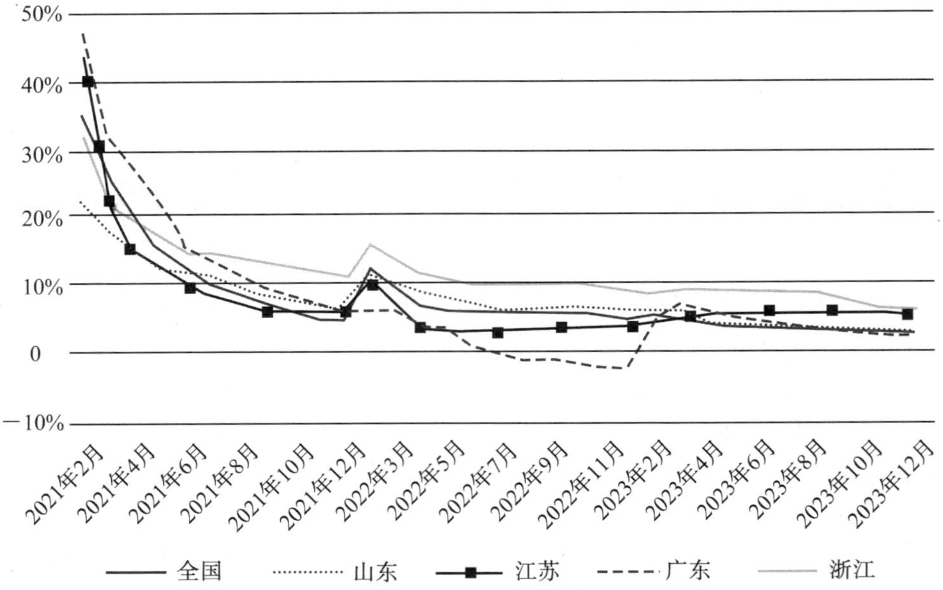

图 1　2021 年 2 月以来全国及鲁、苏、浙、粤固定资产投资累计增速对比

数据来源：山东省统计局、Wind 数据库。

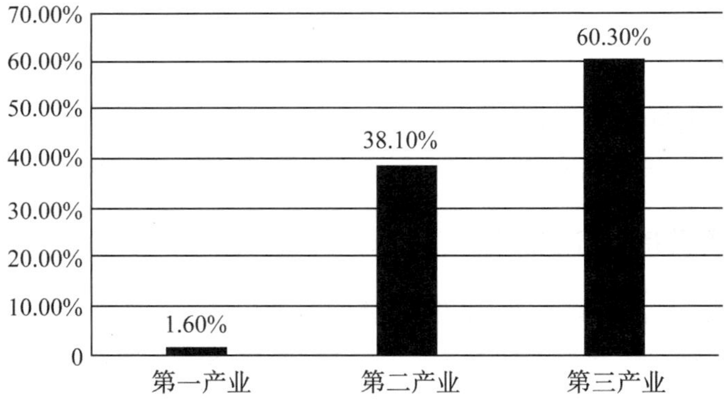

图 2　2023 年山东省三次产业投资占固定资产投资(不含农户)比重

(二)工业投资支撑有力

加力提速工业经济高质量发展，深入实施先进制造业“2023 突破提升年”行动，全省工业生产持续向好。2023 年规模以上工业增加值同比增长 7.1%，其中，采矿业增加值增长 6.6%，制造业增加值增长 7.8%(见图 3)。41 个行业大类中，33 个行业实现增长，增长面为 80.5%。装备制造业增加值增长

9.7%，高于全部规模以上工业增加值2.6个百分点，其中，通用设备制造业、汽车制造业、铁路船舶航空航天和其他运输设备制造业等行业增速较快，分别增长14.4%、20.5%、11.7%。

坚持扩大有效投资不动摇，狠抓重点项目推进，持续优化投资结构，加速补齐民生领域短板，全省固定资产投资保持向好向优增长态势。高技术产业投资增长35.3%，其中高技术制造业和高技术服务业投资分别增长35.5%、35.0%。

图3　2021年2月以来山东规模以上工业、制造业增加值增速变动情况

(三)基础设施投资稳步回升

基础设施投资保持高位运行。2023年以来，我省不断强化基础设施建设在经济社会发展中的支柱性作用，基础设施投资持续高位运行，基础设施投资支撑有力。聚力实施基础设施“七网”工程，以大项目、好项目夯实基础设施投资增长根基。2023年基础设施投资比2022年增长22.9%，上拉全部投资增速4.6个百分点。分行业看，电力、热力生产和供应业，燃气生产和供应业，水的生产和供应业分别增长38.5%、35.0%、30.1%，合计占基础设施投资的比重达25.8%。道路运输业投资增长29.8%，上拉基础设施投资增速6.8个百分点；公共设施管理业投资增长17.2%，上拉基础设施投资增速4.8个百分点。

(四)大项目带动作用显著

大项目夯实投资稳定增长基础。大项目投资奠定增长基础,计划总投资亿元及以上项目投资体量大、带动能力强,对全部投资增长的贡献突出。2023年计划总投资亿元及以上项目17051个,占全部投资项目的比重为48.2%;完成投资比2022年增长12.5%,增速高于全部投资7.3个百分点,上拉全部投资增长8.1个百分点;十亿元及以上项目完成投资增长22.7%,上拉全部投资增长6.9个百分点;百亿元及以上项目完成投资增长23.6%,上拉全部投资增长2.4个百分点。

(五)民生领域投入力度加大

坚持在发展中保障和改善民生,持续加大民生投入,兜住兜牢兜准民生底线,民生保障有力有效,人民生活水平稳步提升。2023年全省城镇新增就业124.5万人,保持平稳增长。全省居民人均可支配收入39890元,同比名义增长6.2%。按常住地分,城镇居民人均可支配收入51571元,增长5.1%;农村居民人均可支配收入23776元,增长7.5%。城乡居民收入倍差为2.17,比2022年同期缩小0.05。

(六)区域投资发展不平衡,地市间差异明显

从地市情况看,枣庄等11个市投资增速高于全省平均水平,济南等5个市低于全省平均水平。其中,菏泽、东营、泰安投资分别增长8.7%、8.4%、8.1%,是2023年增速最快的城市;日照、潍坊投资分别增长1%、0.5%,增速相对缓慢(见图4)。

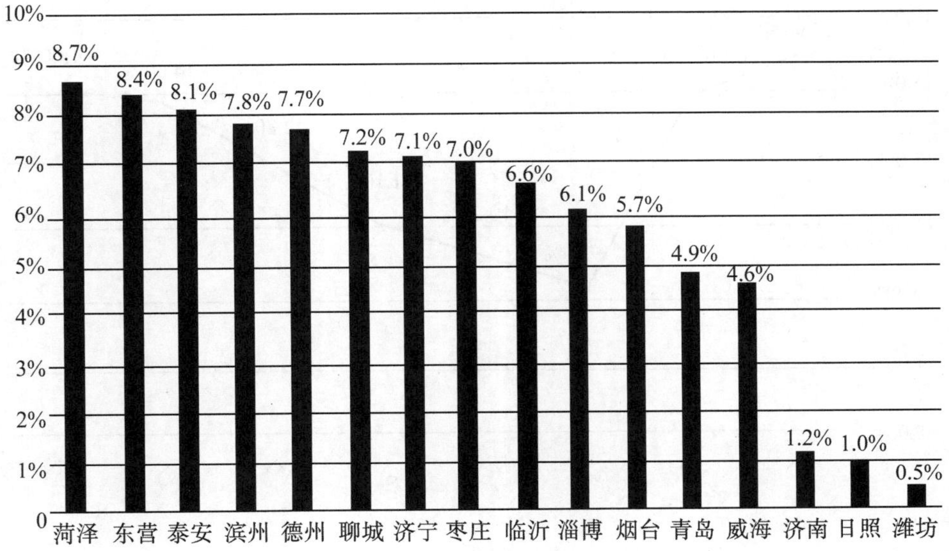

图 4　2023 年全省各地市投资累计增速对比

二、投资存在的主要问题和困难

受疫情后经济发展及国际形势等诸多不稳定、不确定因素影响，2023 年上半年省内企业生产经营困难、盈利空间收窄，对未来预期转弱，投资信心不足，多数持观望等待态度，企业利用自有盈利滚动扩大投资的能力受到限制，部分有互保责任的企业担心或有代偿风险，倾向于保留较多现金储备，投资潜力也受到一定程度的抑制。

(一)工业投资保持较高增速，但企业效益下降

2023 年，山东省工业投资呈现稳定增长的态势，全省工业投资同比增长 15%(见图 5)，高于全国 6 个百分点，其中高技术制造业投资大幅增长 35.5%，显示出山东省在高技术制造业领域的投资增长尤为显著。

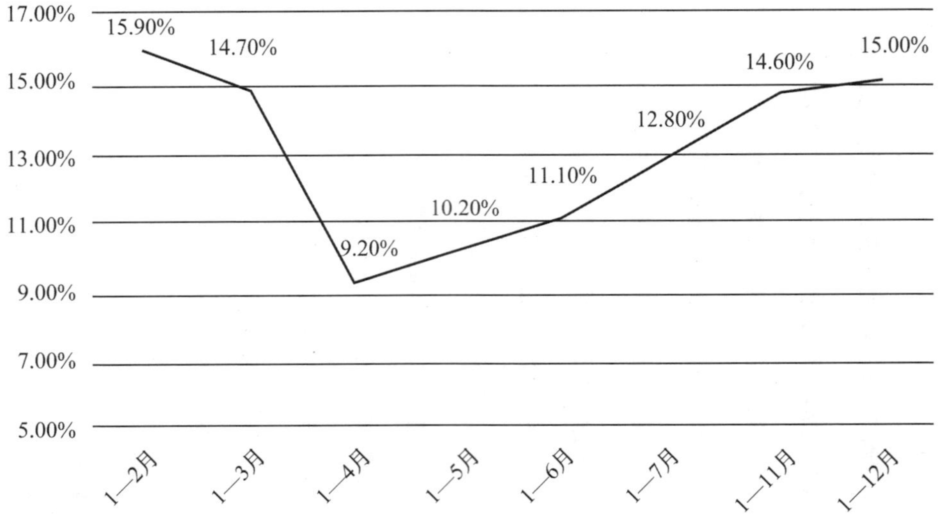

图 5　2023 年山东工业投资增速情况

虽然我省工业投资增加,但企业成本上升压力加大,企业效益偏低。对于受疫情影响较大的困难行业,山东持续加强金融对实体经济的有效支持,落实好各项扶持政策,帮助企业特别是中小微企业、个体工商户恢复发展,并进一步加大能源和原材料保供稳价力度,切实减轻企业成本压力。我省规模以上工业企业每百元营业收入中成本达到 87 元,分别高于全国、浙江、江苏、广东 2 元、2 元、2 元和 4 元(见图 6)。

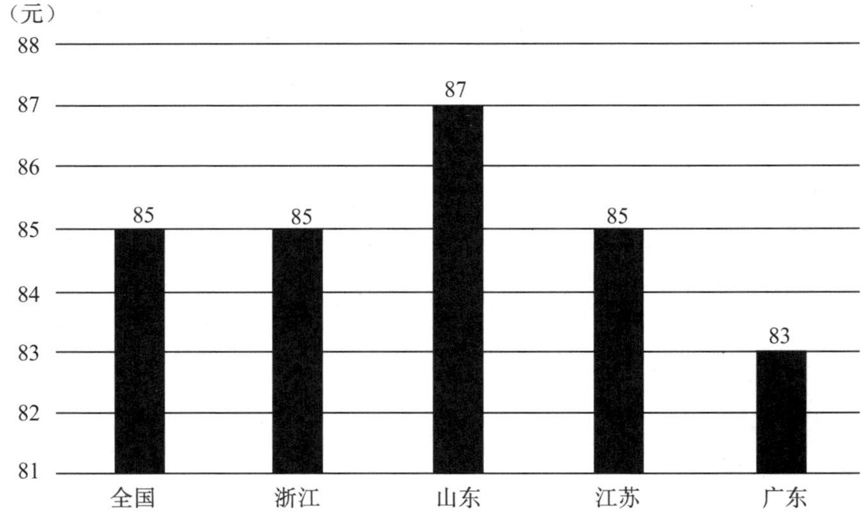

图 6　全国及鲁、苏、浙、粤规模以上工业企业每百元营业收入中成本对比

2023 年全省工业生产者价格(PPI)低位运行,受国际大宗商品价格下行、部分工业品需求不足及 2022 年同期对比基数较高等因素影响,山东 2023 年 PPI 比 2022 年下降 3.5%,上半年降幅持续扩大,下半年降幅有所收窄(见图 7)。国际市场因素影响相关行业价格下行。2023 年,受国际大宗商品价格变动影响,石油和天然气开采业、化学原料和化学制品制造业、石油煤炭及其他燃料加工业价格分别下降 11.2%、9.9%、7.6%,合计下拉 PPI 约 2.1 个百分点;受外贸市场形势影响,纺织业、计算机通信和其他电子设备制造业价格分别下降 5.7%、1.7%。

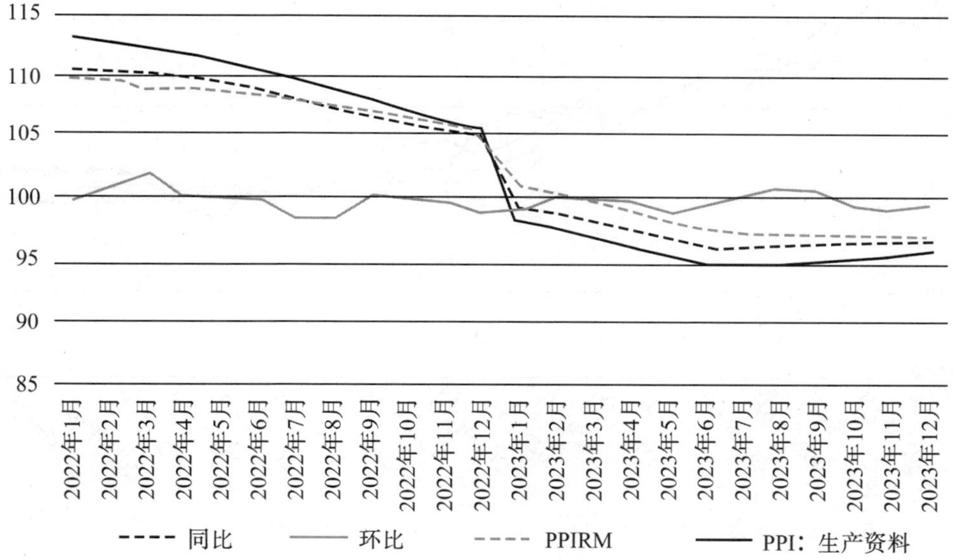

图 7 2022 年以来山东 PPI 变动情况(上年同期=100)

(二)民间投资总体增速快于全国,增长态势相对减弱

民间投资增势稳健。近年来,全省出台多项措施加大对民间投资扶持力度。2023 年山东省民间投资增长 3.1%(见图 8),占全部投资的比重达 60.6%。从行业看,制造业中的纺织业、金属制品业、电气机械和器材制造业民间投资快速增长,增速分别为 20.8%、23.6%、23.9%,合计上拉全部民间投资增速 1.0 个百分点;交通运输、仓储和邮政业,住宿和餐饮业,信息传输、软件和信息技术服务业民间投资分别增长 17.0%、23.2%、32.1%,合计上拉全部民间投资增速 0.9 个百分点。

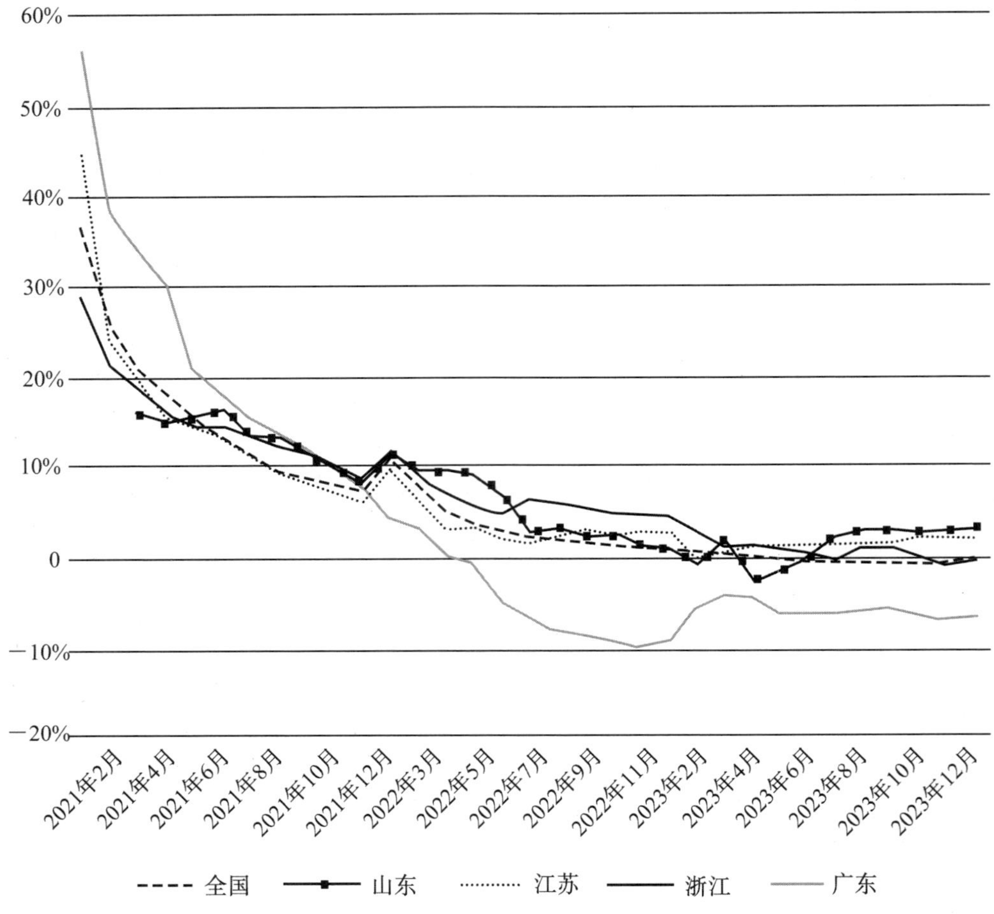

图 8　2021 年 2 月以来全国及鲁、苏、浙、粤民间投资累计增速对比

(三)房地产行业预期下行带动投资持续转弱

2023 年全省房地产开发投资低位震荡,房地产开发投资 8168.9 亿元,比上年下降 10.2%,其中住宅投资 6562.3 亿元,下降 8.1%。商品房施工面积 71308.2 万平方米,下降 5.8%,其中住宅施工面积 52050.7 万平方米,下降 5.8%。商品房销售面积 11286.8 万平方米,下降 3.4%,其中住宅销售面积 9443.7 万平方米,下降 3.8%。商品房销售额 9541.5 亿元,下降 2.7%,其中住宅销售额 8174.2 亿元,下降 3.6%(见图 9)。

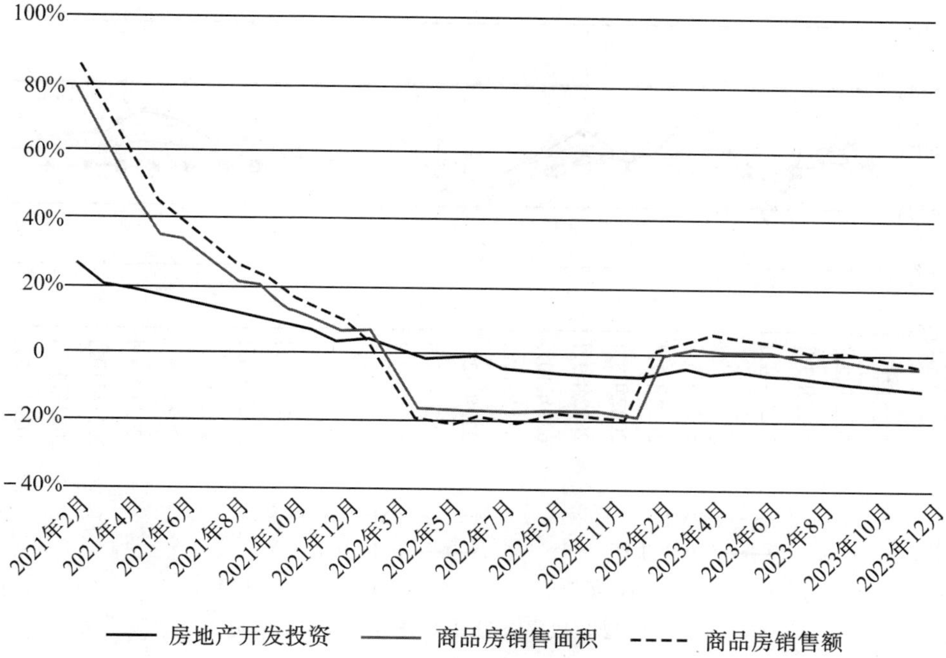

图 9　2021 年 2 月以来山东房地产开发投资及商品房销售面积、销售额增速

(四)中小企业市场预期不稳定,影响企业投资意愿

2023 年 12 月,全国制造业采购经理指数(PMI)为 49%,比 11 月下降 0.4 个百分点,景气水平有所回落。构成制造业 PMI 的 5 个分类指数均位于收缩区间,其中,新订单指数和原材料库存指数分别为 48.7%和 47.7%,分别低于 11 月 0.7 和 0.3 个百分点;生产指数、从业人员指数和供应商配送时间指数分别为 50.2%、47.9%和 50.3%,均有所回落(见图 10)。

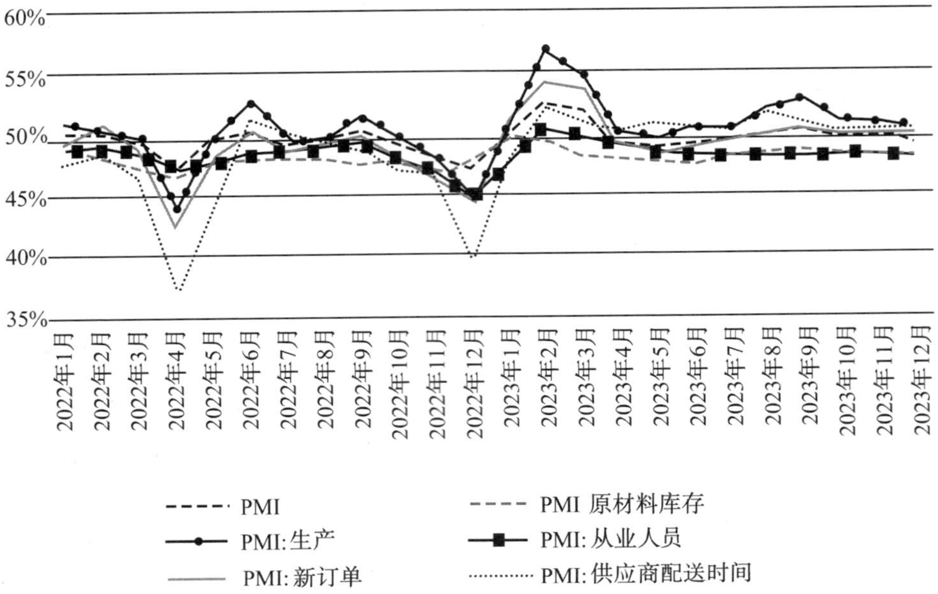

图 10　2022 年以来全国 PMI 及分指数变动情况

(五)要素保障面临政策性难点,短期难以有效破题

2023 年以来山东省经济运行总体平稳,主要体现在金融支持实体经济力度不断加大、金融支持重点领域和薄弱环节成效显著、金融服务高质量对外开放扎实等方面。山东全力推动金融供给扩量调优,聚焦强工业、扩投资、拓消费、稳外贸等重点任务,积极落实货币信贷政策,全省信贷供给持续保持“总量扩大、结构优化、成本降低”良好态势。社会融资规模增量 23510.1 亿元(见图 11)。年末金融机构本外币存款余额 159927.0 亿元,比上年增长 9.5%,比年初增加 13805.4 亿元。年末金融机构本外币贷款余额 138667.3 亿元,比上年增长 11.7%,比年初增加 14465.3 亿元。涉农贷款余额 41532.4 亿元,增长 13.4%,比年初增加 5043.2 亿元。小微企业贷款余额 28897.6 亿元,增长 23.5%,比年初增加 5548.2 亿元。其中,普惠小微贷款余额 17756.1 亿元,增长 27.0%,比年初增加 3783.7 亿元。绿色贷款余额 17047.6 亿元,增长 45.7%,比年初增加 5315.2 亿元。2023 年山东社会融资规模和苏、浙、粤有一定差距,分别比苏、浙、粤少 13284 亿元、13795 亿元、7840 亿元(见图 12)。

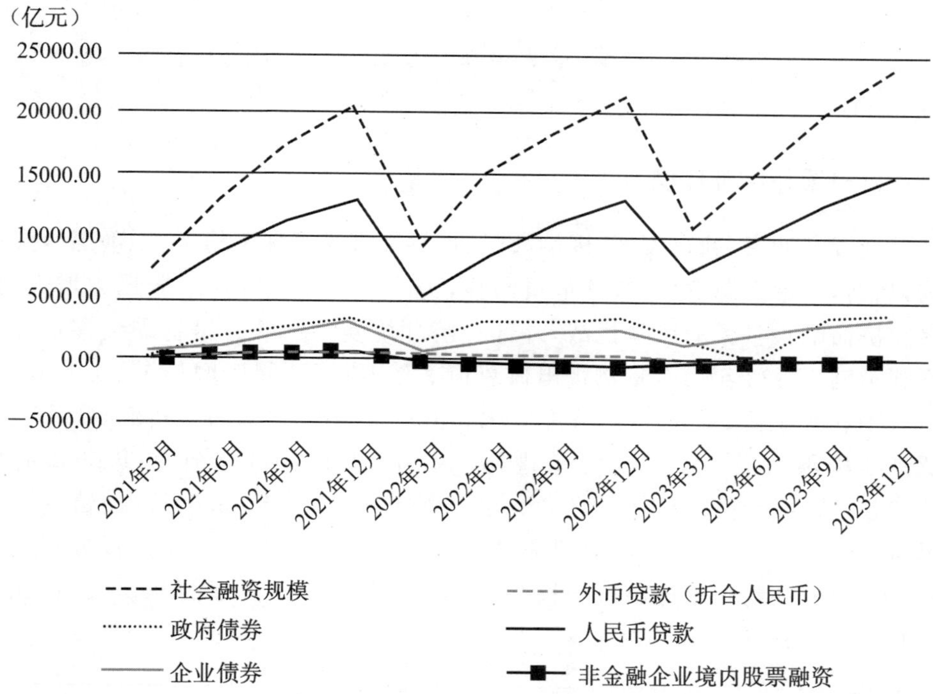

图 11　2021 年 3 月以来山东社会融资规模变动情况

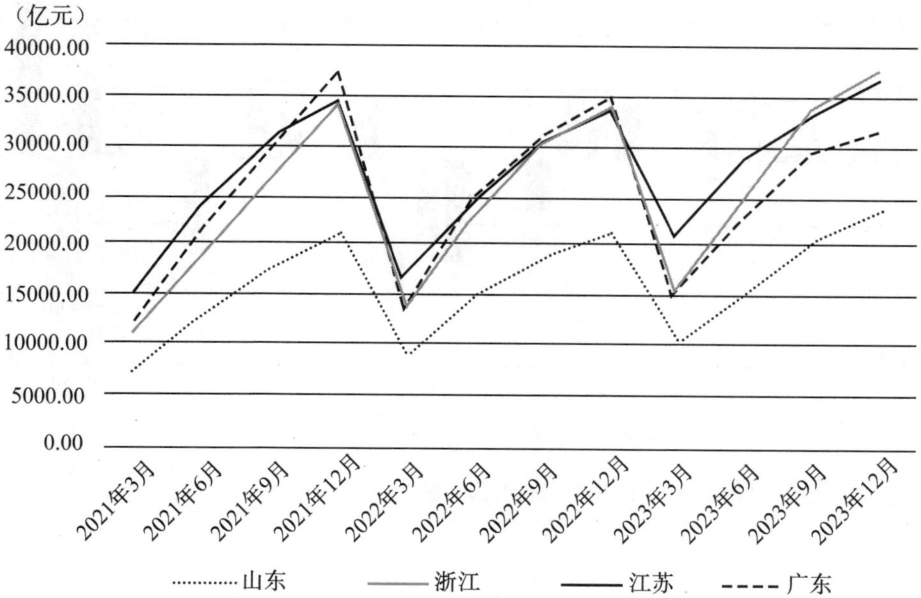

图 12　2021 年 3 月以来鲁、苏、浙、粤社会融资规模变动情况对比

三、下半年投资环境分析和走势判断

(一)国外经济环境

受俄乌冲突、新冠疫情、极端天气、自然灾害等诸多不稳定、不确定因素影响,当前,全球能源危机、粮食危机凸显,美欧等主要经济体通胀压力增大,世界经济面临很多新的风险挑战,外部经济环境复杂严峻。尽管受到多重外部不利影响,2023 年山东货物进出口总值 3.3 万亿元,同比增长 1.7%。其中,出口 1.9 万亿元,增长 1.1%;进口 1.3 万亿元,增长 2.7%(见图 13、图 14)。贸易结构继续优化,一般贸易进出口增长 2.4%,占全省进出口总值的 65.2%。机电产品出口增长 7.0%,占全省出口总值的 46.0%。民营企业进出口增长 3.9%,占全省进出口总值的 74.3%,占比提升 1.6 个百分点。对"一带一路"共建国家进出口增长 3.3%,占全省进出口总值的 56.3%,占比提升 0.8 个百分点。

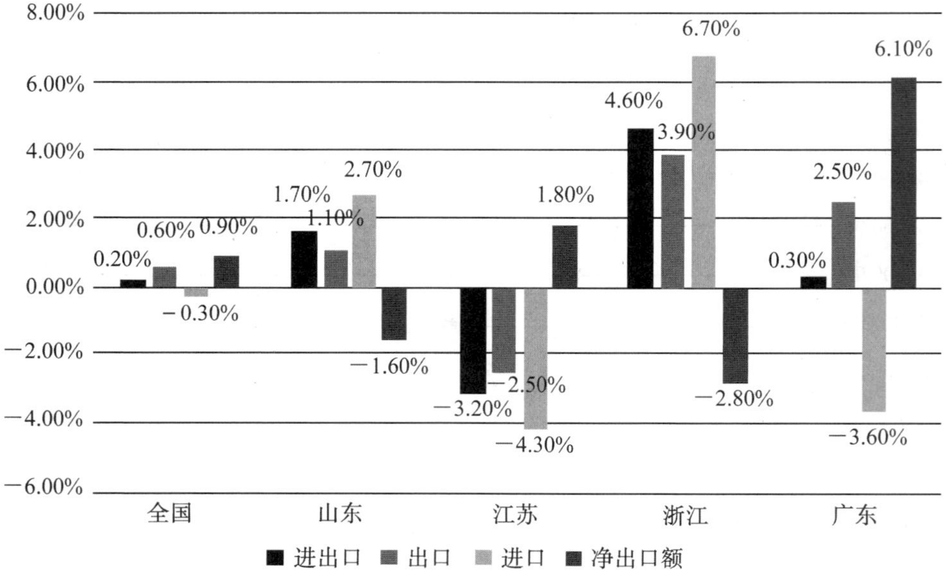

图 13　2023 年全国及鲁、苏、浙、粤进出口增速情况对比

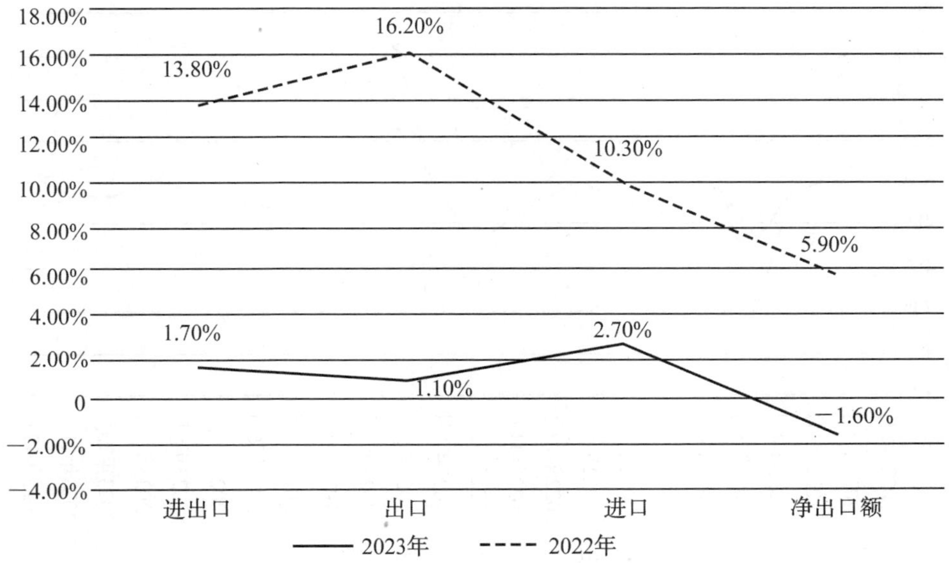

图 14　2022 年、2023 年山东进出口增速情况对比

(二)国内经济环境

2023 年以来,面对复杂严峻的国际环境和艰巨繁重的国内改革发展稳定任务,在以习近平同志为核心的党中央坚强领导下,我国有效统筹经济社会发展工作,经济社会发展取得新成绩,为市场投资者创造了良好的经济社会环境,增加了市场主体的投资信心。2023 年 12 月,全国 PMI 为 49.0%,比 11 月下降 0.4 个百分点,制造业景气水平有所回落(见图 15)。从企业规模看,大型企业 PMI 为 50.0%,比上月下降 0.5 个百分点,位于临界点;中、小型企业 PMI 分别为 48.7%和 47.3%,分别比上月下降 0.1 和 0.5 个百分点,均低于临界点。从分类指数看,在构成制造业 PMI 的 5 个分类指数中,生产指数和供应商配送时间指数高于临界点,新订单指数、原材料库存指数和从业人员指数低于临界点。全国生产指数为 50.2%,比上月下降 0.5 个百分点,仍高于临界点,表明制造业生产延续扩张。新订单指数为 48.7%,比上月下降 0.7 个百分点,表明制造业市场需求有所下降。原材料库存指数为 47.7%,比上月下降 0.3 个百分点,表明制造业主要原材料库存量减少。从业人员指数为 47.9%,比上月下降 0.2 个百分点,表明制造业企业用工景气度有所回落。供应商配送时间指数为 50.3%,与上月持平,高于临界点,表明制造业原材料供应商交货时间继续加快。

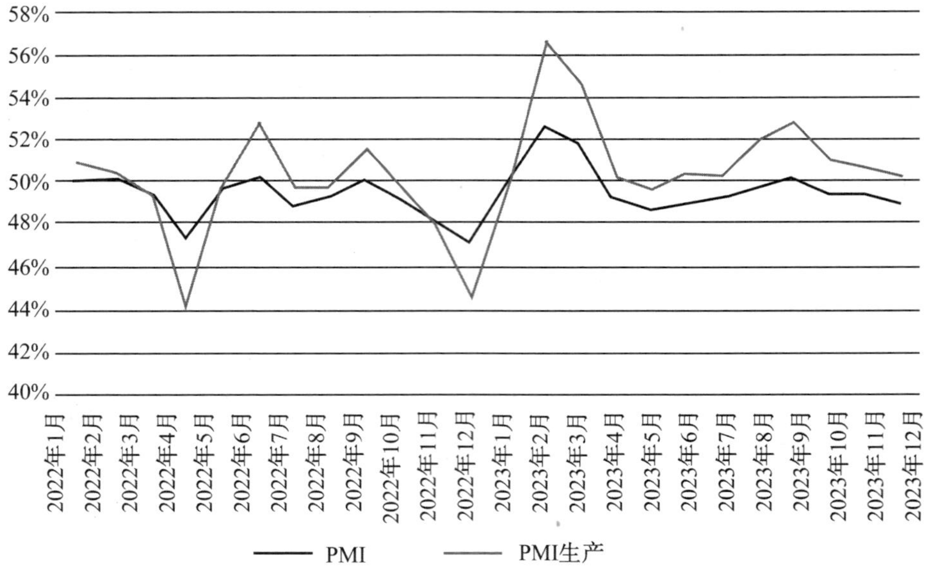

图 15　2022 年以来全国 PMI 指数变动情况

2023 年，全国规模以上工业企业实现利润总额 76858.3 亿元，比 2022 年下降 2.3%，降幅比 1—11 月收窄 2.1 个百分点。2023 年我省的工业企业经营状况呈现从下降到上升的趋势，2 月最低值为 −47.5%，12 月回升到了 24.4%。2023 年山东省规模以上工业企业实现利润总额为 5586.1 亿元，比 2022 年同期增加了 1112.9 亿元，同比增长 24.4%（见图 16）。

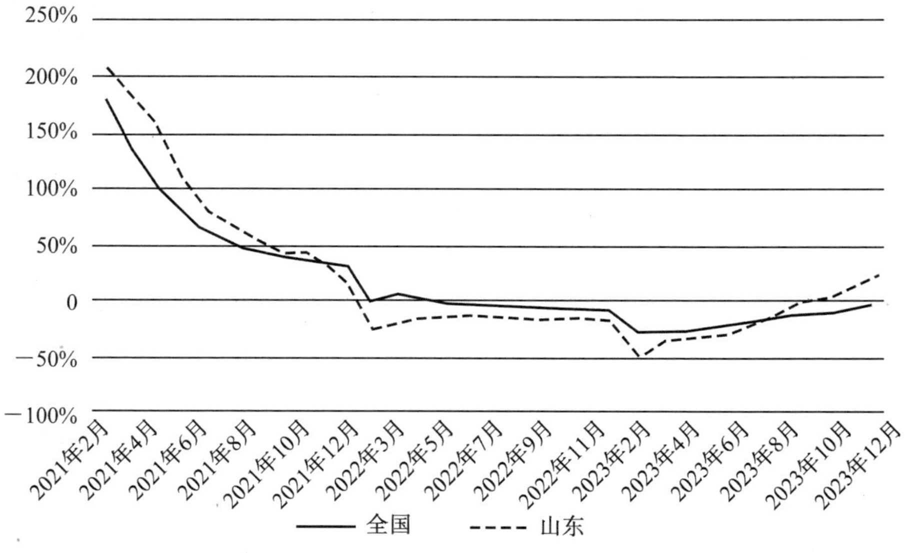

图 16　2021 年 2 月以来全国及山东规模以上工业利润增速变动情况

根据“我的钢铁网”数据，2023 年全国大宗商品价格指数整体平稳运行。二季度欧美制造业持续收缩，外需承压且国内经济恢复基础不稳，大宗商品需求不断下滑，价格应声而降。三、四季度经济复苏态势增强，且宏观政策频吹暖风，大宗商品市场有所回暖，但整体经济仍在筑底阶段，大宗商品依然延续供需双弱态势。与年初相比，大宗商品整体有 5%左右跌幅，稀土、尿素、碳酸锂等易受宏观环境波动影响品种跌超 10%。铜、铝、锡等有色金属表现尚可，维持 5%左右涨幅。除此之外，铁矿、玻璃品种逆势上涨，相关品种均有两位数涨幅。

2023 年大宗商品价格指数均值为 1161 点，同比下跌 4.93%。2023 年指数高点在 1196 点，低点在 1123 点。12 月大宗商品价格指数报 1148 点，较 2023 年开盘值下跌 3.66%（见图 17）。

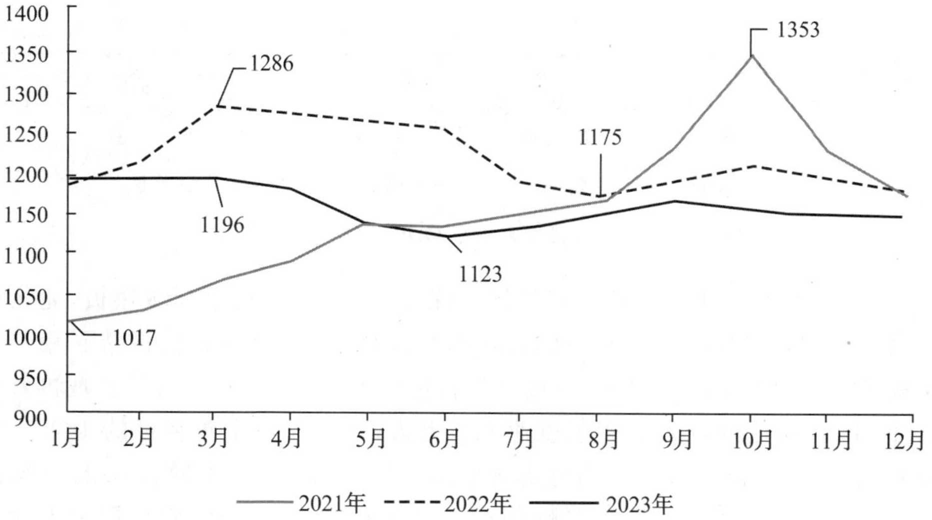

图 17　2021—2023 年中国大宗商品价格指数变动情况

(三)省内环境

2023 年全年实现地区生产总值 92068.7 亿元，比 2022 年增长 6.0%。其中，第一产业增加值 6506.2 亿元，增长 4.5%；第二产业增加值 35987.9 亿元，增长 6.5%；第三产业增加值 49574.6 亿元，增长 5.8%（见图 18）。三次产业结构为 7.1 ∶ 39.1 ∶ 53.8。高技术制造业增加值比上年增长 5.6%，占规模以上工业增加值的比重为 9.7%；装备制造业增加值增长 9.7%，占比为 22.8%。工业机器人产量 13184 套，增长 9.7%；太阳能电池（光伏电池）产量 45.5 万千瓦，增长 5.8%。现代服务业增加值 25268.5 亿元，增长 5.4%。电子商务交易额 33290.3 亿元，增长 6.8%。新登记市场主体 216.0 万户，年末市场主体总数 1465.9 万户。数字赋能、创新驱动、智能制造成为提升工业转型动能和竞争实力的核心要素，全省工业高质量发展的根基更加稳固、步伐更加坚实。

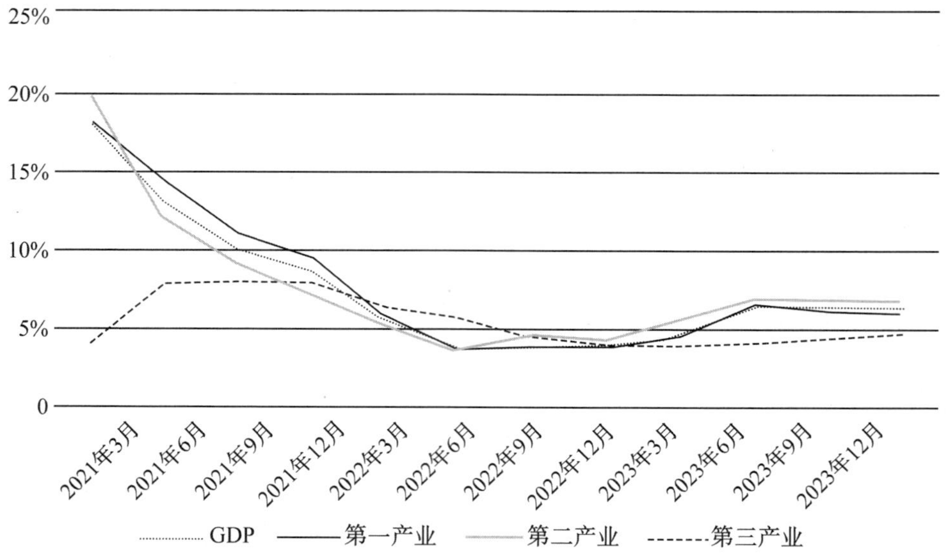

图 18　2021 年 3 月以来山东 GDP 及三产增速变动情况

2023 年，统筹推进经济发展和民生保障，加快补齐民生领域短板，兜住兜牢民生底线，居民收入稳步提高，就业形势总体稳定，市场物价保持平稳。全年城镇新增就业 124.5 万人，完成全年目标的 113.2%。失业人员实现再就业 51.9 万人，就业困难人员实现就业 9.2 万人，分别完成全年目标的 162.3%、135.3%。全年全省居民人均可支配收入 39890 元，比上年增长 6.2%(见图 19)。其中，城镇居民人均可支配收入 51571 元，增长 5.1%；农村居民人均可支配收入 23776 元，增长 7.5%。全省居民人均消费支出 24293 元，增长 7.3%。其中，城镇居民人均消费支出 30251 元，增长 5.9%；农村居民人均消费支出 16075 元，增长 9.5%。全省居民人均住房建筑面积 43.7 平方米。全年全省一般公共预算收入 7464.7 亿元，比上年增长 5.1%(见图 20)。其中，税收收入 5229.6 亿元，增长 9.1%，占一般公共预算收入的比重为 70.1%。一般公共预算支出 12582.7 亿元，比上年增长 3.7%。其中，民生支出占一般公共预算支出的比重为 79.3%，卫生健康、教育、住房保障、就业社保等支出保持增长。

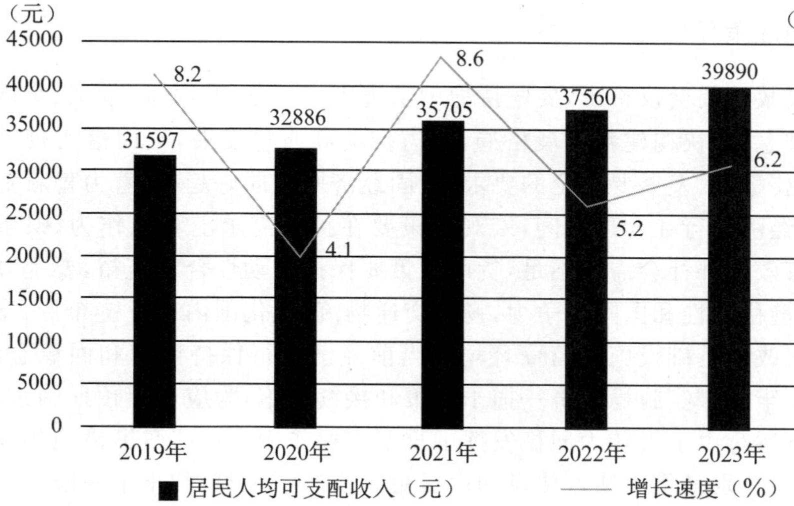

图 19　2019—2023 年全省居民人均可支配收入及其增长速度

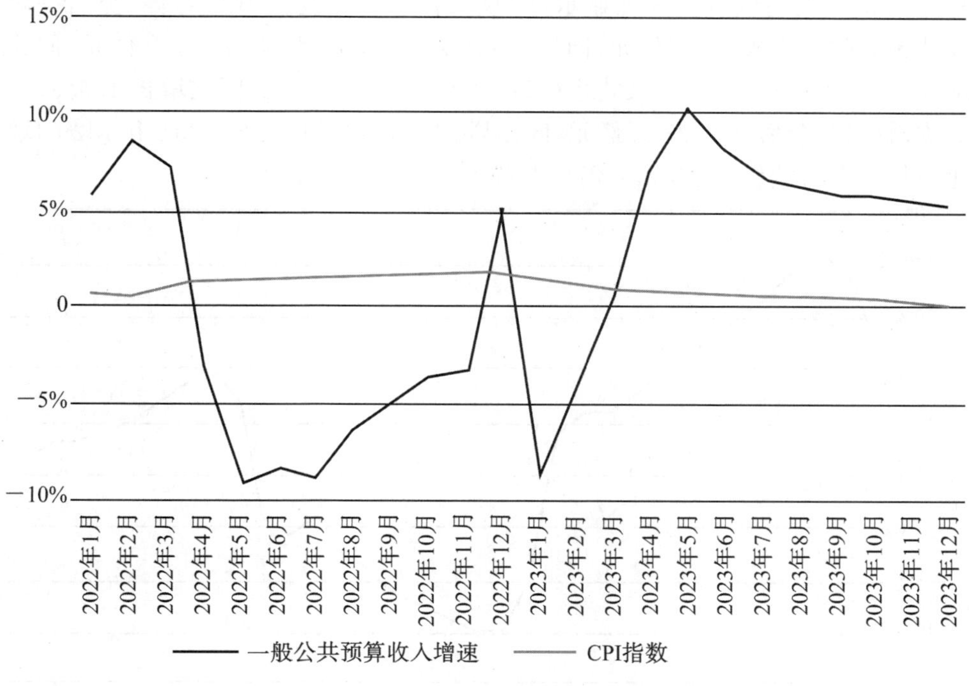

图 20　2022 年以来山东一般公共预算收入增速和 CPI 变动情况

(四)政策环境

中央政治局会议指出,要坚持稳中求进工作总基调,完整、准确、全面贯彻新发展理念,加快构建新发展格局,着力推动高质量发展,全面落实疫情要防住、经济要稳住、发展要安全的要求,巩固经济回升向好趋势,着力稳就业稳物价,保持经济运行在合理区间,宏观政策要在扩大需求上积极作为,财政货币政策要有效弥补社会需求不足,货币政策要保持流动性合理充裕,要提高产业链、供应链稳定性和国际竞争力,畅通交通物流,优化国内产业链布局,支持中西部地区改善基础设施和营商环境。当前经济运行保持恢复和回稳态势,但基础还不牢固。实施稳经济一揽子政策和接续措施,为应对超预期因素冲击、推动经济运行由下滑转为回稳发挥了重要支撑作用。这些政策措施仍有释放效应空间,特别是重大项目建设和设备更新改造,在当前和未来一段时间对扩投资带消费仍将发挥重要作用。现在工作做好了对未来稳增长也会起更多成效,要抓住时间窗口,狠抓政策落实。

2023 年的财政收支情况显示,财政收入保持恢复性增长态势,全国一般公共预算收入突破 21 万亿元,同比增长 6.4%;支出达到 27.46 万亿元,同比增长 5.4%(见图 21)。狭义货币(M1)余额 68.05 万亿元,同比增长 1.3%;广义货币(M2)余额 292.27 万亿元,同比增长 9.7%(见图 22)。M1 和 M2 的增速在年末有所放缓,但整体上仍然保持了较高的增长水平。

图 21　2021 年 2 月以来全国一般公共预算收支增速变动情况

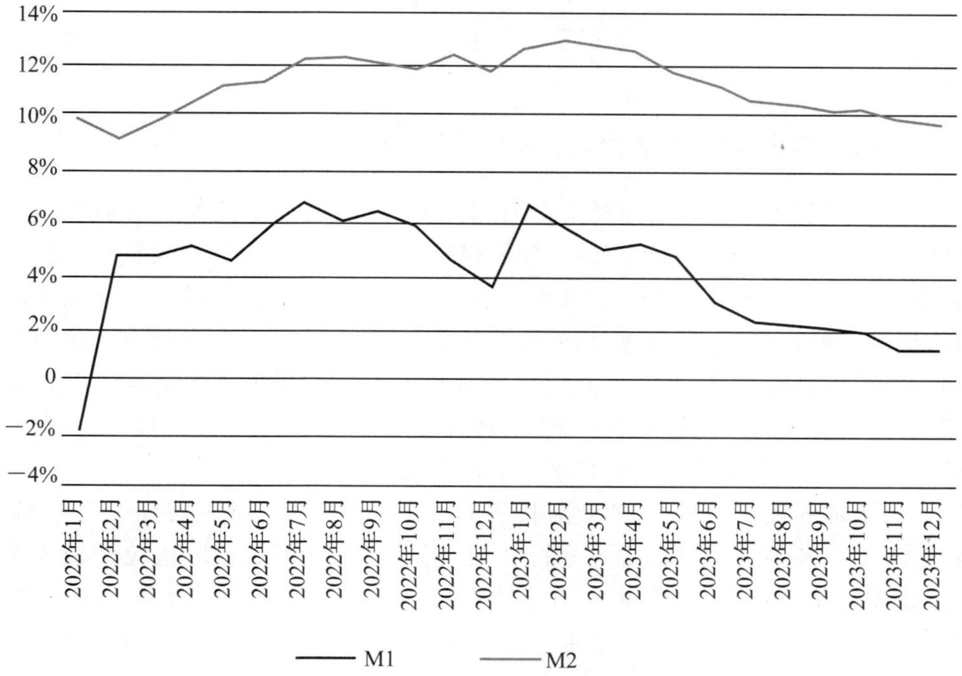

图 22 2022 年以来全国 M1、M2 增速变动情况

总体来看，全球经济增长动能减弱，世界正遭受高通胀之苦，有些国家甚至发生经济社会危机，国际政治、经济格局依然复杂，全球主要经济体加快收紧货币政策，金融市场动荡显著加剧。展望四季度，我国经济发展面临的内外部环境仍然复杂严峻。国际方面，地缘政治格局依然复杂，大国博弈持续存在，主要经济体将继续收紧货币政策，国际金融市场动荡格局不变，全球经济滞胀风险上升，我国出口或呈走弱趋势。国内方面，影响仍持续存在，内需恢复有赖于稳增长政策持续显效，以及防疫政策不断优化。预计消费将保持恢复趋势，但恢复力度或弱于预期。投资将温和恢复，基建投资或继续保持较快增长，将在一定程度上对冲制造业投资走弱、房地产投资低迷带来的投资增长压力。

综合来看，我省投资运行企稳态势逐步巩固，2023 年各项指标趋于好转。当前，宏观经济仍处在结构性复苏阶段，投资运行面临诸多不确定因素，初步预计，2024 年投资增速将平稳运行，全年增长 6%左右，高于全国平均水平。

四、对策建议

(一)稳定市场预期,着力激发民间投资活力

一是推动现有政策落地见效,多措并举降低民间投资成本。畅通政策落地“最后一公里”,推动稳经济的一揽子措施和接续政策、促进民间投资等政策措施加快落地见效。多措并举降低民间投资成本,持续推出降成本稳预期政策,推进降低企业用能、用地、房屋租金等成本,持续推动合理降低企业税费负担。优化投融资环境,鼓励金融机构通过续贷、展期、加大承销力度等多种方式加大对民间投资项目的支持力度。做好拟出台政策与宏观政策取向一致性评估,防止出台影响民间投资积极性的政策措施。

二是加强政策引导,发挥政府投资的引导带动作用。放宽民间投资限制,在重大工程和国家明确的重点建设领域,选择一批示范项目吸引民间资本参与,放大有效投资“挤人效应”。在重大项目招标过程中对民间投资一视同仁,将民间投资的大项目纳入地方重点项目库并加强用地用海用能等保障。加大政策支持,积极利用投资补助、贷款贴息等方式,支持符合条件的民间投资项目建设,用好政府引导基金、PPP 等模式,吸引更多社会资本参与项目建设。

三是继续深化放管服改革,营造公平竞争环境。提高民间投资手续办理效率,进一步简化、整合投资项目报建手续,限时办结,推动项目加快实施。依法保护民营企业产权和企业家权益,严格履行政策承诺。加强宣传引导,及时回应市场关切,稳定市场预期,增强民间投资信心,促进民间投资高质量发展。支持平台企业在引领发展、创造就业、国际竞争中大显身手。

(二)供需两端发力,增强制造业投资动力

在供给端,优化产业链、供应链生产布局,提高生产和投资的持续性、稳定性。在关键领域和重点环节加强国产替代,鼓励产业链、创新链“链主”企业通过发展产业技术联盟、联合战略投资、并购重组等方式整合上下游创新资源,提高关键材料自给率。鼓励产业链向中西部和东北地区转移,发挥投资创造当地就业、稳定中西部地区投资的积极作用,将产业链留在国内。鼓励企业应用先进适用技术,加快设备更新升级,推动传统产业高端化、智能化、绿色化转型升级,巩固优势产业领先地位,充分发挥自身优势,积极开发新技术,推出新产品,构建新的增长引擎。加强制造业技改投资的融资支持力度,支持企业应用创新技术和产品实施技术改造。

在需求端，加大政府采购支持中小企业力度，加大消费拉动作用。在政府采购工程中根据项目特点、专业类型和专业领域合理划分采购包，扩大联合体投标和大企业分包，降低中小企业参与门槛。加强对国内市场消费刺激力度，提高汽车、家电等传统大宗消费需求，积极发展服务消费和新兴消费，发挥消费对制造业投资的牵引作用。

（三）促进房地产市场稳定，扭转房地产投资下滑趋势

一是提高房地产开发企业投融资能力。满足行业合理融资需求，落实好《关于做好当前金融支持房地产市场平稳健康发展工作的通知》等政策文件，按市场化原则对治理完善、聚焦主业、资质良好的房地产企业和建筑企业进行信贷投放，支持开发贷款、信托贷款等存量融资合理展期，支持优质房地产企业发行债券融资，支持涉房上市公司再融资。加大对“保交楼”的金融支持，支持政策性金融机构按照有关政策安排和要求，依法合规、高效有序地向经复核备案的借款主体发放“保交楼”专项借款，鼓励其他金融机构提供配套融资支持，提高企业流动性和投融资能力。

二是加强房地产市场预期引导，确保房地产市场平稳发展。在坚持“房子是用来住的、不是用来炒的”前提下，因城施策，支持刚性和改善性住房需求，支持居民合理自住需求，遏制投资投机性需求，稳地价、稳房价、稳预期。加快建立多主体供给、多渠道保障、租购并举的住房制度，稳妥实施房地产市场平稳健康发展长效机制。完善住房保障基础性制度和支持政策，以人口净流入的大城市为重点，扩大保障性租赁住房供给。因地制宜发展共有产权住房，完善长租房政策。

（四）优化投资政策，继续发挥大项目的引领带动作用

一是积极扩大政府投资。加快实施“十四五”重大工程，加强政策配合协调，积极落实重大项目建设所需的资源要素及相关建设条件，大力推进各类重大项目开工落地。持续推进重点领域补短板投资，加大对保安全、促发展、惠民生等领域的基础设施投资力度。增强投资决策科学性，结合公众和实际需要，优先投向收益项目高、消费需求潜力大、战略意义强的项目。提升地方政府项目储备和谋划能力，提升地方项目谋划能力，加大中央预算内投资对地方重大项目前期经费的支持力度。鼓励地方制定投融资规划，从项目储备、优先排序、投资进度、融资保障方面对基础设施投资进行系统设计和谋划。

二是优化政府债券发行使用机制。继续适度扩大专项债资金投向范围和专项债用作资本金项目范围，在有效落实政府投资权益、保障政府专项债资金

偿还的前提下,在目前重点支持的九大领域和新能源新基建基础上,探索允许政府专项债资金投向部分产业项目和更大范围基础设施项目。优化专项债使用机制,对于已经发行但未设置提前还本条款的专项债券,研究制定允许提前偿还的具体操作办法,提高资金使用效率,避免资金闲置挪用。适度增加一般债的发行规模,满足公益性项目投融资的紧迫需要。

三是强化资源要素保障。加强资源性要素指标统筹平衡,对在推动经济社会发展、促进产业转型、加快技术进步等方面有较强带动作用及投资规模较大的投资项目,积极纳入重点投资项目库,加强用地(用海)、用能、用水、资金等要素保障,促进项目落地实施。

四是完善投资管理模式。协同推进投资审批制度改革,规范有序推广企业投资项目承诺制、区域评估、标准地改革等投资审批创新经验,加强投资决策与规划和用地、环评的制度衔接。完善投资法规制度和执法机制,健全地方配套制度体系。加强投资项目事中事后监管。建立健全投资审批数据部门间共享机制,进一步提高投资审批效率。

(五)健全项目融资机制,拓展多元融资渠道

一是完善投资项目融资机制。优化信贷服务方式,运用债、贷、股组合融资解决方案,完善重大基础设施整体融资机制,鼓励商业银行为重点项目建设扩大中长期贷款投放。发挥融资担保机构的担保增信作用,为社会资本参与重点领域投资提供服务。推进信贷产品期限、还款方式、抵质押方式创新,健全风险补偿机制。鼓励支持社保资金、保险资金等长期资本通过股权或债权方式投资收益稳定、回收期长的基础设施和产业项目。支持重点领域项目及相关企业通过各类金融市场和境外市场扩大直接融资规模,综合运用企业债券、项目收益债券、公司债券、中期票据等工具筹措投资资金。用好政策性开发性金融工具,鼓励、支持开发性金融机构充分发挥中长期融资优势及综合性金融服务能力,创新提供期限匹配、成本适当、多元可持续的金融产品。完善多层次资本市场,鼓励企业通过 IPO、股权融资、发行蓝绿专项债等方式拓宽融资渠道。

二是积极盘活存量资产。推动存量规模大、资产收益好、投资需求强的地区围绕交通、水利、清洁能源、市政设施、仓储物流、新型基础设施等重点领域,加强项目储备、梳理和谋划。积极根据项目类型和特点,分类落实基础设施 REITs、PPP、产权交易、资产证券化、兼并重组等方式的盘活条件。做好资金回收和使用管理,加强对回收资金新投入项目的配套资金支持。加强人才队伍培养,通过培育引进、加强培训等方式提高政府、基金管理人、资产运营机

构、中介机构的专业能力。

三是完善社会资本投融资合作对接机制。强化政、银、企、社对重大项目融资需求的对接，加强地方政府、企业、投资机构之间的信息共享，通过投融资政策解读、项目信息共享、重点项目推介、前期工作推动等多种方式，加强各方投融资合作对接，推动项目尽快开工建设。

课题组成员：李贺旋　牛娟

2023年山东省对外开放形势分析与2024年展望

2023年，面对内外环境复杂严峻考验，我省全力稳住外资外贸基本盘，开放型经济呈现总体向好、结构优化、质量提升的发展态势。2024年，外部环境错综复杂，挑战与机遇并存，预计全年外经贸运行延续稳中向好的态势。

一、2023年山东对外开放发展的运行态势

2023年，我省对外开放持续深化，外经贸多项指标均高于全国水平，实现了量的稳步增长和质的持续优化。

(一)外贸规模再创新高，结构不断优化，主要市场增势良好

1.进出口规模再创新高

我省进出口规模继2022年突破3万亿元关口后，2023年升至历史高位3.26万亿元，居全国第6位，占全国进出口总值的7.8%，同比上涨1.7%。其中，出口1.94万亿元，增长1.1%；进口1.32万亿元，增长2.7%。外贸进出口、出口和进口三项增速分别高于全国1.5个、0.5个和2.4个百分点。全年贸易顺差6200亿元，占全国顺差额的14.5%，较2022年扩大1.9个百分点。

2.贸易伙伴更加多元

2023年，我省已与230多个国家和地区建立贸易关系，东盟、美国、欧盟、韩国、俄罗斯、日本是我省前六大贸易伙伴，六大市场外贸进出口1.98万亿元，合计占山东进出口总额的60.8%。其中，对东盟进出口6498.6亿元，增长4.5%，占全省进出口总值的19.9%。对拉丁美洲、非洲、中东欧、中亚五国等新兴贸易市场进出口额分别增长3%、4.7%、18.6%、18.1%。

3.“一带一路”贸易成效显著

2023年，我省对“一带一路”共建国家进出口1.84万亿元，增长3.3%，占全省进出口总值的56.3%。规模和占比均为“一带一路”倡议提出以来的最高水平。对107个“一带一路”共建国家进出口实现增长，其中对马来西亚、俄

罗斯、几内亚进出口额分别增长22.4%、27.6%和22.5%。与"一带一路"共建国家在农产品、能源领域的贸易合作不断加深，其中农产品贸易额1247.3亿元，占我省农产品贸易总额的39.6%；进口能源规模3556.9亿元，占全省能源进口的比重提升至94.4%。全年中欧班列开行2566列，连续5年创新高，同比增长24.7%。

4.出口商品结构更趋优化

2023年，中间品出口9631.8亿元，占全省出口总值的49.6%。太阳能电池、锂电池、电动载人汽车等外贸"新三样"产品合计出口93.9亿元人民币，同比增长47.3%。机电产品和劳动密集型产品出口双增长。其中，机电产品出口8938.3亿元，同比增长7.0%；劳动密集型产品出口3775.2亿元，增长1.8%。农产品出口创历史最高水平1476亿元，增长6.3%。

5.民营企业主体地位更加突出

2023年，我省有进出口记录的外贸经营主体超过6.8万家，比上年增加超过4000家。其中，民营企业6.23万家，合计进出口2.42万亿元，增长3.9%，占全省进出口总值的74.3%，占比提升1.6个百分点，拉动全省增长2.8个百分点，连续12年稳居全省第一大外贸经营主体地位。

(二)利用外资承压下行，规模低于上年，服务业投资增长较快

1.引进外资规模出现回落

2023年，我省实际利用外资175.3亿美元，同比下降23.4%。其中，青岛实际使用外资37.53亿美元，同比下降32.0%；济南24.78亿美元，同比下降21.0%；烟台23.19亿美元，同比下降22.3%。2023年，我省利用外资额占全国的比重为10.7%，较2022年减少1.4个百分点，仍居全国第五。

2.服务业利用外资增长较快

受产业结构升级、制造业服务化加速发展等因素影响，2018—2022年，我省服务业实际使用外资金额以年均13.6%的增速增长。2023年，服务业实际使用外资金额91.72亿美元，占全省使用外资的52.3%，较2022年提高2.9个百分点；制造业实际使用外资额66.5亿美元，占全省使用外资的比重为37.9%，较2022年下降4.8个百分点。

3.外资来源地结构相对稳定

2023年，中国香港、新加坡、日本、韩国、英国、英属维尔京群岛、法国、美国、澳大利亚和中国台湾等前十大外资来源地合计投资额占全省利用外资的比重达到90.3%。分区域看，亚洲地区投资额158.79亿美元，同比下降23.9%。其中，中国香港123.50亿美元，同比下降18.8%；日本13.16亿美

元,同比下降 30.8%;韩国 5.92 亿美元,同比下降 72.3%。英国、澳大利亚对山东投资额增加,其中,英国 5.51 亿美元,同比增加 82.7%。

(三)对外投资、对外承包工程和劳务合作等“走出去”业务不断壮大

1.对外投资规模居全国前列

2023 年,全省境外中方投资 94.5 亿美元,同比增长 16.5%,占全国对外投资额的比重为 7.3%,居全国第四。其中,济南、青岛和烟台在全省排名位居前三,分别为 22.3 亿美元、20.49 亿美元和 15.66 亿美元,三市合计占全省对外投资额的 61.9%。

2.境外承包工程和劳务合作发展持续提升

2023 年,全省累计有实际出资的境外投资企业 431 家,同比增长 10.8%。全省对外承包工程完成营业额 92.5 亿美元,同比增长 2.8%,居全国第二。派出各类劳务人员 33961 人,同比增长 29.1%,居全国第三。

3.“一带一路”国家投资合作较快增长

2013—2022 年,全省累计对“一带一路”共建国家实际投资 149.6 亿美元,年均增长 11.9%,占对外投资总额的 21.8%。2023 年 1—11 月,全省对“一带一路”共建国家投资 24.8 亿美元,同比增长 23.8%,占同期对外投资额的 27.9%。对“一带一路”共建国家承包工程新签合同额 43.8 亿美元,同比增长 38.3%。

二、2024 年山东对外开放形势展望

当前和今后一个时期,对外开放依然是机遇与挑战共存,世界经济呈现弱复苏态势,外部风险挑战有所增多,外需恢复存在较多不确定性。同时更要看到,我省仍然具备良好的发展基础和有利条件,有利条件强于不利因素。

(一)面临三方面的挑战

1.市场需求持续低迷

当前世界经济复苏乏力,全球贸易整体低迷。从中国制造业新出口订单指数来看,2024 年 1 月为 47.2%,连续 10 个月处于荣枯线以下,超过一半的被调研企业反映订单不饱和,需求不足问题仍较为突出。从我省情况看,2022 年第三季度出口同比增幅开始明显回落,2023 年第二季度同比增幅由正转负,2023 年第四季度同比下降 9.0%,较第三季度扩大 4.8 个百分点。2023 年,我省长期主要出口目的地的发达国家和地区份额均出现回落,其中对东

盟、美国、韩国和日本出口额为2948.7亿元、2519.9亿元、1755.2亿元和1396.5亿元,同比分别下降4.3%、9.4%、3.7%和7.8%。如果国际市场外需持续低迷,将进一步给我省出口贸易带来不利影响。

2.市场竞争压力加剧

从国际环境看,全球产业链本土化、区域化、多元化趋势加强,各国对贸易市场的争夺加剧。随着RCEP对15个成员国全面生效,我省企业要和区域内所有的企业在同一平台竞争。在制造业领域,虽然关税的减免使日韩进口精密仪器、汽车及其零部件等工业制成品的成本降低,但同时也会压缩省内相关市场的空间和利润。在农产品领域,澳大利亚、新西兰及部分东盟国家农业生产具备自身优势,我省部分农产品面临被替代的挑战。从国内环境看,我省处于“南北交汇、东西联动”多种区域经济发展的叠加区域,随着京津冀、长三角区域开放型经济发展的规模不断扩大、层次不断提高,区域之间吸引国际投资和产业转移的竞争进一步加剧,对山东开放型经济发展形成更大的竞争压力。

3.外贸出口新动能不强

目前我省外贸出口主要以机电产品、劳动密集型产品、农产品等优势产品为主,虽然市场占有率有了一定程度的提高,但是与广东、江苏、浙江等发达省份相比仍有较大差距。以机电产品出口为例,2023年,全省机电产品出口8938.3亿元,占全国机电产品出口值的比重仅为6.4%,分别低于广东19.2个百分点、江苏10.1个百分点。从外贸“新三样”出口看,2023年,我省电动载人汽车、锂电池、太阳能电池合计出口额93.9亿元,仅占全国“新三样”出口额的0.9%,与江苏1949亿元(全国占比18.4%)、广东1436亿元(全国占比13.5%)相比差距较大。

(二)面临四方面的机遇

1.世界经济预期复苏

2024年1月,国际货币基金组织(IMF)《世界经济展望报告》更新内容,将2024年全球经济增长预期上调至3.1%,较2023年10月预测值高0.2个百分点。具体看,美国经济增长预测值为2.1%,上调0.6个百分点;中国经济增长4.6%,上调0.4个百分点。《世界经济展望报告》指出,在供给侧问题缓解和限制性货币政策背景下,大多数地区的通胀下降速度快于预期。从全球范围看,我国一直是外商直接投资主要目的地。根据外汇局测算,近五年我国的外商投资收益率为9.1%,欧美为3%左右,新兴经济体为4%—8%,中国对外资的吸引力优势明显。世界经济继续缓慢复苏,将进一步推动全球贸易的增长,为山东对外贸易发展提供有利条件。

2.RCEP 生效与自由贸易区等开放平台发展叠加

RCEP 生效以来,通过实施统一的关税承诺、原产地规则和其他区域贸易规则,有力促进我省半成品和零部件等中间产品的贸易和投资,进一步深化区域价值链产业链,提升山东制造业出口商品在 RCEP 各国的市场竞争力。目前,我省拥有中国(山东)自由贸易试验区、中国—上海合作组织地方经贸合作示范区(简称“上合示范区”)、济南新旧动能转换起步区以及 160 个省级以上开发区等高能级开放平台,强化开放平台功能,提升对外合作水平,积极发挥 RCEP 与自由贸易区等开放平台政策叠加效应,特别是针对信息技术、高端装备、半导体及新能源等领域进行靶向招商,深化与有关国家在能源、绿色低碳技术、装备、服务、基础设施等领域的投资合作,为我省产业结构优化升级带来了机遇。

3.绿色低碳领域贸易投资合作深入推进

低碳经济已成为全球发展的重要趋势,作为全球第一大绿色贸易出口国,推进绿色低碳贸易发展具有重要的战略意义和巨大的市场潜力。近年来我国绿色贸易规模基本保持增长态势,2013—2022 年年均增长 3.18%。2023 年,我国电动载人汽车、锂电池和太阳能电池“新三样”产品合计出口 1.06 万亿元,首次突破万亿元大关,同比增长 29.9%。我省“新三样”产品出口同比增长 47.3%,保持强劲增长态势。在绿色低碳转型加快的背景下,光伏、锂电、新能源汽车等领域经贸合作有望保持较快增长,给我省外贸发展带来机遇。

4.稳外贸政策效应逐步显现

2023 年以来我省研究出台了推动外贸外资稳规模优结构高质量发展“26 条”、促进内外贸一体化发展“20 条”、跨境电商跃升发展行动“44 条”等一系列针对性政策措施,全面打造市场化、法治化、国际化一流营商环境,有效稳定市场预期,全力助推市场主体发展。2024 年,我省继续推出“好品山东　鲁贸全球”市场开拓行动,聚焦稳住欧美日韩等传统市场,更大力度拓展东盟、中亚、拉美、非洲等新兴市场,高质量办好跨境电商、市场采购、二手车、“新三样”等系列专题经贸对接活动。一系列政策举措落地实施,将有助于增强外贸企业信心。

三、对策建议

2024 年是中华人民共和国成立 75 周年,也是实现“十四五”规划目标任务的关键一年。围绕加快构建高水平开放新格局,我省开放型经济需要向更大范围、更宽领域、更深层次迈进。

(一)强化开放平台功能,推动自贸试验区高质量发展

1.加快建设高水平自贸试验区

在数字经济、互联网和电信、教育、医疗、文化、知识产权等领域高标准对接国际经贸规则,深化投资、运输、贸易、金融自由便利,推进高效能制度创新。聚焦产业融合发展,推动生物医药、国际贸易、海洋经济全链条发展,拓展新型离岸贸易、网络货运等新业态新模式。优化服务保障,深化与海南自由贸易港、省内联动创新工作,打造高品质营商环境。

2.高质量建设上合示范区

围绕“四个中心”建设,深化与上合组织国家在能源资源、基础设施、国际产能等方面合作,做好引进国内国际一流开发运营商、环境营造和功能配套、打造上合国际枢纽港、建设“丝路电商”服务基地等工作,争取更多国家设立签证中心,举办上合组织国际投资贸易博览会,推进上合国际城建设,开展友城合作,不断扩大国内国际影响力。

3.继续深化开发区体制机制改革创新

聚焦经济发展、双招双引、科技创新、改革开放等主责主业,培养主导产业集群。推动16市制订国际合作园区培育计划,突出开发区与重点国别(地区)投资合作,采取“一区多园”“区中园”等模式,建设一批国际合作园区。

(二)大力培育外贸新动能,促进外贸高质量发展

1.优化贸易商品结构

扩大“新三样”、中间品等高成长性外贸产品出口。促进农产品、纺织服装、家居用品等传统产品转型升级,进一步扩大对沿线国家优质农产品、资源能源产品和服务的进口规模。

2.推动“丝路电商”国际合作

加快建设以海外仓为节点的市场营销和服务网络;培育以“一带一路”沿线国家和地区为目标细分市场的垂直电商平台,带动优势产品出口。

3.务实开展贸易促进活动

依托展会搭建对接交流平台,引导省内跨境电商、市场采购贸易主体、公共海外仓、境外经贸合作园区、山东品牌商品展示中心等与外贸企业联合参展。完善货源集结、仓储配送、营销展示等服务功能,推广“仓内直播”“前展后仓”等业务模式,为参展企业提供长期展示、商务洽谈、产品交易、物流分拨等服务,打造闭幕不落幕的境外展会。

(三)积极融入高质量共建"一带一路",推动产业竞争力提升

1.加大对"一带一路"沿线国家引资力度

深度对接新旧动能转换重大工程,引导"一带一路"沿线国家外资投向"十强产业",按照"龙头项目—上下游配套—产业生态圈"的思路,加快引进一批具有战略性、引领性、支撑性作用的重大项目;鼓励符合条件的外国投资者在山东设立投资性公司、地区总部,支持各市制定出台相关政策。加快推广合格境外有限合伙人(QFLP)业务,支持以所募的境外人民币按规定开展境内相关投资;支持走出去企业回归发展,鼓励赴"一带一路"投资企业将境外获得的资金、技术、资源、营销网络、融资渠道等用于推动山东产业转型升级,引导有条件的企业通过新设、并购、股权合作等方式返回山东投资。

2.支持优势产业扩大对外投资

聚焦重点领域,分类引导企业在"一带一路"沿线进行产能布局,鼓励有条件的企业在境外建立集研发中心、生产基地、营销中心、物流配送体系及售后服务于一体的跨境产业链,提升核心竞争力;支持研发设计、技术服务、咨询服务、商贸物流、文化创意、教育培训等新兴服务领域企业"走出去"拓展市场。

3.积极拓展第三方市场合作

推动省内有实力企业联合日本、韩国等国家跨国公司,在农业、装备制造、能源、工程以及基础设施建设等领域合作,共同开拓"一带一路"沿线国家第三方市场,组建共同的供应链,设立联合技术中心与人才培养机构等,实现产业链深度合作。

(四)积极参与 RCEP 实施,深化与日韩、东盟经贸合作

1.全面深化与日韩经贸合作

以建设中日韩高标准地方经贸合作引领区为契机,探索在贸易、投资、金融、人员往来、产业合作等领域进一步加大开放力度。加强中韩服务贸易领域经贸合作,推动双方企业在跨境电商、医疗美容、在线教育、旅游等领域的务实合作。

2.深入推动与东盟经贸合作

加强与东盟国家在海洋、科技、环保等领域的重大产业项目合作,在现有的比较优势基础上优化贸易商品结构,提升高新技术产品和大型成套设备出口比重,增强生物技术、节能环保、新一代信息技术等产品出口竞争力,巩固机电产品、纺织服装、农产品等产品出口优势;同时,优化进口结构,积极扩大东盟国家矿产品、煤炭、农产品等资源进口,增加对东盟国家高新技术、资本密集

型产品的引进。

3.提升贸易投资便利化水平

全面落实全国海关通关一体化改革，深化与韩国等国家海关间的经认证的经营者(AEO)互认合作；进一步简化商务人员出入境手续，对重点商务人员给予办理多次往返有效签证的便利。指导企业用好丝路基金、中国—东盟投资合作基金、中国—欧亚经济合作基金、中非发展基金和亚洲基础设施投资银行等各类资金。鼓励银行业金融机构推出有利于扩大企业可担保物范围、融资渠道、规避汇率利率风险的产品及服务；扩大出口信用保险覆盖面，增加中长期出口信用保险、海外投资保险规模。

课题组成员：张正威　冀晓群　孔峻岩　王志勇

2023年山东省大宗商品价格走势分析与2024年展望

2023年,国际大宗商品价格出现了全线下跌,从能源到工业原料再到农产品价格,均出现了不同程度的下调。受世界经济增速回落、我国经济企稳回升、地缘政治冲突扰动和极端天气冲击影响,预计2024年我省大宗商品仍将延续总体偏弱态势。

一、2023年大宗商品价格总体下行,幅度有所分化

2023年,受国际大宗商品价格下行、部分工业品需求不足及上年同期对比基数较高等因素影响,山东全年工业生产者出厂价格同比下降3.5%,工业生产者购进价格同比下降3.0%。国际市场因素影响相关行业价格下行,2023年,山东石油和天然气开采业、化学原料和化学制品制造业、石油煤炭及其他燃料加工业价格分别下降11.2%、9.9%、7.6%,合计下拉PPI约2.1个百分点。

(一)能源价格波动下行

原油价格宽幅震荡。从2023年国际原油市场来看,美联储货币政策由紧转松、"OPEC+"减产政策变化、地缘风险升温三大因素影响原油价格走势。2023年国际原油价格走势呈现"重心下移、前低后高"的特征,上半年加息背景下欧美银行业危机等各种经济压力浮现,导致油价走低;下半年"OPEC+"减产等基本面利好凸显,油价一度反弹回升。2023年布伦特波动区间为71.84—96.55美元/桶,最高点出现在9月27日,最低点出现在6月12日。2023年布伦特原油期货均价为82.17美元/桶,较2022年下跌17.08%。受此影响,截至2023年12月29日,新华·山东港口·金联创原油价格指数(SPG CIPI)报1291.65点,进口原油即期价格为79.20美元/桶,合人民币4042.81元/吨。全年最低点出现在3月17日,价格指数报1109.30点,进口原油即期价格为69.80美元/桶,合人民币3472.07元/吨;最高点出现在9月

18日，价格指数报1588.60点，进口原油即期价格为96.19美元/桶，合人民币4972.24元/吨。

煤炭价格大幅下行。2023年以来，国际煤炭供需紧张态势持续缓解，价格明显回落。2023年年中澳大利亚纽卡斯尔港、南非理查德港和欧洲ARA（阿姆斯特丹、鹿特丹、安特卫普）港动力煤现货价格降至年内低点，分别为120.23美元/吨、94.21美元/吨、96美元/吨，较年初分别回落69.7%、48.1%、59.7%。2023年下半年价格整体保持平稳，波动幅度较小，上述三地煤炭价格波动中枢分别为140美元/吨、115美元/吨、110美元/吨。山东的动力煤走势跟国际相同，从年初的1210元/吨降至6月的675元/吨，年末回调至860元/吨。

天然气价格波动回落。2023年年初以来，受暖冬天气、全球经济衰退、欧洲天然气库存处于高位等因素影响，天然气价格共振下行，荷兰天然气期货（TTF）价格7月14日跌至25.96欧元/兆瓦时，较年初大幅下降68.5%。后期澳大利亚罢工等供给侧因素冲击推动天然气价格上行，TTF价格回升至50欧元/兆瓦时，但11月以后天然气价格再度季节性下行。山东液化天然气价格由年初7.48元/公斤下降至年末5.96元/公斤，降幅为20.3%。

（二）金属价格走势分化

2023年年初，受疫情冲击后全球经济复苏乐观预期影响，国际金属价格大幅上涨，1月伦敦金属交易所（LME）铜和铝期货收盘价分别升至9354美元/吨、2662美元/吨的阶段性高位，普氏铁矿石价格指数3月涨至133.1美元/吨的阶段性高点。此后，价格走势开始分化。铁矿石价格指数在5月跌破100美元/吨后，全球铁水产量增长，叠加港口库存下降等因素，推动价格上行，12月下旬普氏铁矿石价格指数突破140美元/吨，创年内新高。国内铁矿石价格指数走势与国际相同。而受全球经济衰退预期等因素影响，LME铜、铝期货价格高位回落，年底收盘价分别为8562美元/吨、2387美元/吨，较年初高点分别小幅下降8.5%、10.3%。受人民币汇率贬值影响，国内价格回落幅度相对较小，2023年年底我国铜、铝价格分别较年初高点小幅下行3.3%、0.8%。

（三）粮食价格震荡下行

美国农业部（USDA）数据显示，2023/2024年度全球大豆、玉米库存消费比分别为0.30、0.26，均高于2022/2023年度，库存消费比上升推动全球主要农产品价格中枢下移，全球主要农产品价格中枢已从高峰回落至乌克兰危机前水平,但依然高于往年同期水平。联合国粮农组织公布的谷物价格指数2023年12月回落至122.8,较1月下降16.7%,仍比2019年12月高出23.3%。分品种看,2023年年底芝加哥期货交易所(CBOT)大豆、玉米、小麦价格分别降至1297.5美分/蒲式耳、464.5美分/蒲式耳、628.8美分/蒲式耳,年度跌幅分别为14.9%、30.6%、20.6%。我国的玉米、大豆、小麦价格分别由年初2938元/吨、5423元/吨、3215元/吨降至12月2566元/吨、4860元/吨、2889元/吨。

二、2024年大宗商品价格总体将呈现低位震荡态势

2024年,大宗商品价格走势仍面临诸多不确定因素。当前影响大宗商品价格最主要的因素是世界经济增速放缓,全球需求减弱对大宗商品价格形成较为明显的压制。历史经验显示,国际大宗商品价格存在大约每五年一轮的周期,本轮下行周期预计在2025年左右结束,2024年国际大宗商品价格或面临较大下行压力。尽管大宗商品价格呈下行趋势,但目前各类大宗商品价格仍远高于2015—2019年的平均水平。

(一)大宗商品价格走势的影响因素

经济增速放缓。世界经济增速回落使得国际大宗商品价格承压。从货币政策看,当前美联储、欧洲央行政策基准利率处于阶段性高位,美国联邦基金目标利率达到5.25%—5.5%,创22年新高,欧元区三大关键政策利率水平已创下1999年欧元发行以来的记录,预计高利率对经济增长的抑制效应或持续显现。从景气指数看,2023年以来,美国、欧元区、英国、日本的制造业PMI持续位于荣枯线以下,制造业企业对增长信心不足。近期国际货币基金组织(IMF)、世界银行均下调了2024年世界经济增长预期。IMF预计2024年世界经济增长2.9%,比2023年7月预测值下调0.1个百分点。

地缘政治风险。尽管俄乌冲突对全球大宗商品供需结构性影响逐步消减,海外相关产能进一步恢复,但随着全球经济衰退风险加大,资源民族主义和贸易保护主义思潮可能会抬头,地区经贸摩擦可能加剧,一些地区可能随时爆发地缘政治冲突,部分资源供应国与需求国的矛盾有所加剧。地缘政治方面频繁出现的“黑天鹅”事件可能对大宗商品生产、贸易、流通等环节产生冲击。

极端天气冲击。近年来,极端天气频发多发,严重影响了农产品生产、矿产品贸易流通、新能源电力供应,同时也增加了能源类商品需求。

(二)大宗商品价格总体将延续下行态势

能源价格将震荡下行。全球经济下行压力加大,国际能源需求增速放缓,原油、天然气、煤炭等能源类大宗商品价格上行的动力不足。“OPEC＋”阶段性减产、地缘政治冲突升温等也将增加能源类商品供给的不确定性。此外,随着美联储开始降息,美元指数趋势性回落,也有可能阶段性放大能源类商品价格波动。

金属价格将震荡运行。美欧主要经济体增长放缓,金属需求减弱。但随着我国经济企稳向好,尤其是投资对经济增长的拉动作用将增强,阶段性支撑铁矿石、铜、铝等金属矿产品价格。但由于主要金属矿产品价格容易受到极端天气、贸易保护、罢工事件等因素影响,可能会加剧国际金属及矿产品价格波动。

粮食价格将震荡回落。国际石油、天然气价格面临较大下行压力,能源价格下行通过成本渠道拉低农产品价格。同时,美国玉米、大豆种植面积处于近年高位,全球大豆、玉米供需宽松,预计价格中枢将持续下移。但是,由于厄尔尼诺现象已经形成,将对粮食产量形成明显冲击,加剧粮食价格波动。

三、对策建议

(一)科学监测和研判大宗商品市场形势

完善价格监测分析制度和风险预警体系,密切跟踪、监测、分析国际大宗商品市场和价格走势,深入研究国内外宏观形势变化对大宗商品供求的影响,加强对重要先行指标的跟踪和定量分析。充分利用大数据技术,加大对铁矿石、铜、原油、天然气、粮食等大宗商品的生产、贸易、运输、消费、库存、价格等信息的监测力度,及时预警,增强调控能力。

(二)完善山东港口大宗商品价格指数体系建设

山东港口地处“一带一路”十字交会点,位于国内大循环、国内国际双循环的双重节点,是全国最重要的大宗商品集散地之一。山东港口大宗商品指数应立足山东港口优势品种,进一步丰富指数品类,同时将覆盖范围延伸至沿海其他港口,汇聚更多港口优势货种信息,打造全国港口大宗商品指数体系,持续增强我国对基础供求数据的掌握和对国际市场预期的影响,助力大宗商品保供稳价和全国统一大市场建设。

(三)发挥区位优势打造大宗商品储运基地

充分发挥青岛口岸大宗商品进出口已有优势、济南新旧动能转化起步区、中国(山东)自由贸易试验区、中国—上海合作组织地方经贸合作示范区等国内独特的区位优势,发挥山东半岛城市群龙头作用,针对重要大宗商品,加快构建政府储备与社会储备、常规储备与临时储备、实物储备与能力储备互为补充的多层次储备体系,努力将山东省打造为我国北方地区大宗商品进出口的重要基地。

课题组成员:马春晓

山东上市公司发展研究报告(2022)

上市公司是我省经济发展的“基本盘”“急先锋”,推动上市公司高质量发展对促进新旧动能转换、助力新时代中国特色社会主义现代化强省建设具有重要意义。为全面把握我省上市公司总体进展,更好推动上市公司健康发展,山东省宏观经济研究院组织力量就2021年山东A股上市公司发展情况进行专题研究,形成《山东上市公司发展研究报告(2022)》。该报告基于全国A股上市公司年报数据分析发现,2021年山东A股上市公司既有量的增长也有质的提升,运行稳中向好,亮点特色突出。

一、山东上市公司发展概况

(一)上市公司数量

2021年,山东在A股市场新增IPO上市企业36家①,较上年增加15家,达到267家,位列广东(761家)、浙江(605家)、江苏(569家)、北京(424家)和上海(385家)之后,居全国第6位,占全国A股上市公司总数的5.7%(见图1、表1)。

① 若将由新三板“精选层”转板北交所上市的4家企业计算在内,则新增上市公司达到40家。

图 1　山东历年 IPO 上市企业数量(A 股)

数据来源:Wind 数据库。本报告相关图表数据,如未特殊说明,均来自 Wind 数据库(检索时间为 2022 年 5 月)。

表 1　2021 年全国各省(自治区、直辖市)上市企业数量(A 股)

地区	A 股数量	位次	占比	地区	A 股数量	位次	占比
广东	761	1	16.25%	天津	63	17	1.35%
浙江	605	2	12.92%	重庆	62	18	1.32%
江苏	569	3	12.17%	新疆	58	19	1.24%
北京	424	4	9.03%	吉林	48	20	1.02%
上海	385	5	8.22%	云南	41	21	0.88%
山东	267	6	5.70%	山西	41	21	0.88%
福建	161	7	3.44%	广西	39	22	0.83%
四川	156	8	3.33%	黑龙江	38	23	0.81%
安徽	148	9	3.16%	海南	34	24	0.73%
湖南	132	10	2.82%	贵州	34	24	0.73%
湖北	128	11	2.73%	甘肃	34	24	0.73%
河南	98	12	2.09%	内蒙古	27	25	0.58%
辽宁	80	13	1.71%	西藏	21	26	0.45%
河北	69	14	1.47%	宁夏	16	27	0.34%
江西	67	15	1.43%	青海	11	28	0.23%
陕西	66	16	1.41%	全国	4683	—	100%

(二)上市公司资产

2021年,山东A股上市公司资产总额同比增长24.3%,达5.22万亿元,突破5万亿元大关。其中,资产超5000亿元的公司1家,超1000亿元的10家,超100亿元的67家。山东A股上市公司资产总额TOP10见表2。

表2　山东上市公司资产总额TOP10(A股)　　单位:亿元

2021年			2020年		
上市公司	资产总额	位次	上市公司	资产总额	位次
青岛银行	5222.50	1	青岛银行	4598.28	1
齐鲁银行	4334.14	2	青农商行	4068.11	2
青农商行	4304.38	3	潍柴动力	2707.50	3
兖矿能源	2886.96	4	兖矿能源	2589.10	4
潍柴动力	2770.44	5	华电国际	2346.11	5
华电国际	2188.60	6	海尔智家	2034.59	6
海尔智家	2174.59	7	中泰证券	1745.10	7
中泰证券	2046.90	8	万华化学	1337.53	8
万华化学	1903.10	9	山东高速	929.17	9
山东高速	1259.06	10	晨鸣纸业	915.75	10

(三)上市公司市值

2021年,山东A股上市公司总市值较上年增加近7000亿元,增幅达21.45%,总市值突破3.9万亿元,逼近4万亿元关口,相当于当年全省地区生产总值的47%。其中,按市值排序的TOP10上市公司总市值达1.3万亿元,占全省A股上市公司总市值比重的1/3,"头部企业"集聚效应较为明显(见表3)。

表 3 山东年度 TOP10 市值公司(A 股) 单位:亿元

2021 年			2020 年			2019 年		
上市企业	市值(含限售股)	位次	上市企业	市值(含限售股)	位次	上市企业	市值(含限售股)	位次
万华化学	3171.14	1	万华化学	2858.43	1	万华化学	1763.60	1
海尔智家	1885.63	2	海尔智家	1842.73	2	海尔智家	1230.17	2
歌尔股份	1848.23	3	中泰证券	1289.20	3	潍柴动力	951.34	3
中航沈飞	1333.95	4	歌尔股份	1222.39	4	山东黄金	848.11	4
潍柴动力	1213.57	5	中航沈飞	1094.82	5	歌尔股份	646.42	5
华熙生物	745.44	6	潍柴动力	945.95	6	中航沈飞	442.52	6
青岛啤酒	702.19	7	山东黄金	853.73	7	华熙生物	400.32	7
兖矿能源	699.83	8	青岛啤酒	704.86	8	浪潮信息	388.06	8
中泰证券	694.77	9	华熙生物	702.86	9	中际旭创	372.23	9
山东黄金	680.24	10	华鲁恒升	606.74	10	青岛港	370.44	10

注:A 股市值计算方法为“A 股收盘价(2021 年 12 月 31 日收盘价)×A 股合计”。

(四)上市板块分布

2021 年,山东 267 家 A 股上市公司中,主板 189 家、创业板 54 家、科创板 17 家、北证 7 家,分别较上年增加 11 家、14 家、8 家和 3 家,各板块上市公司数量占比分别为 70.8%、20.2%、6.4%和 2.6%(见图 2)。

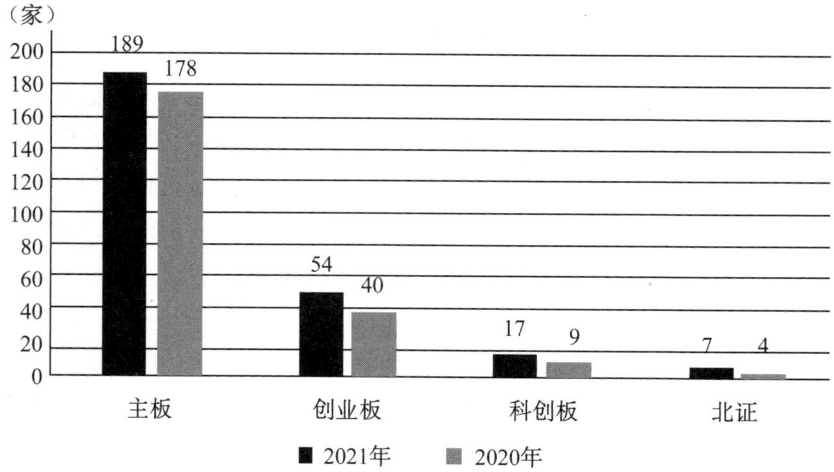

图 2 山东各板块上市公司总量(A 股)

二、山东上市公司发展的亮点特色

(一)区域竞争活力迸发,中心城市引领作用突出

2021 年,山东 A 股上市公司中,胶东经济圈新增 18 家,总量达 145 家;省会经济圈新增 15 家,总量达 101 家;鲁南经济圈新增 3 家,总量达到 21 家。其中,济南、青岛、烟台上市公司数量分别达到 42 家、57 家和 45 家,青岛、济南、淄博和潍坊新增上市公司数量均达到 5 家(含)以上,分别为 9 家、7 家、6 家、5 家,中心城市企业上市引领带动作用突出,各地企业上市呈现良性竞争格局(见图 3)。

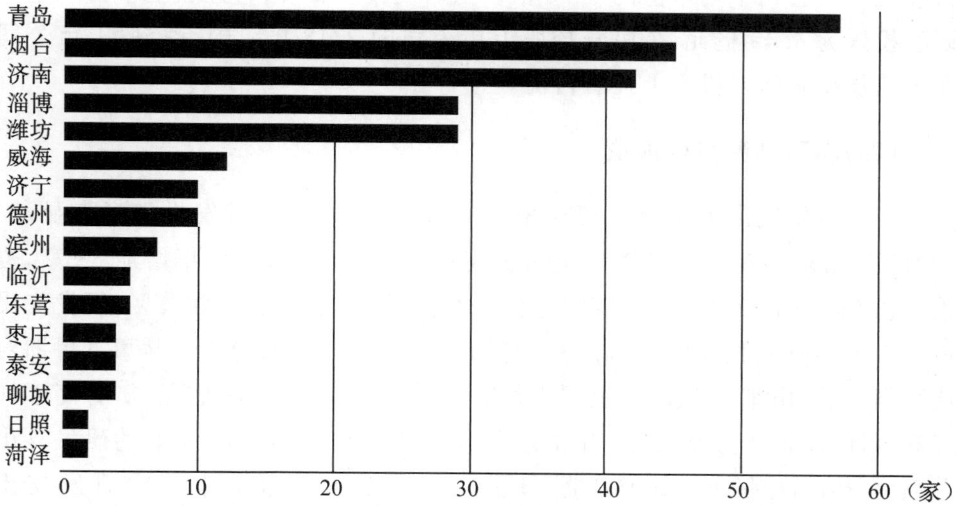

	菏泽	日照	聊城	泰安	枣庄	东营	临沂	滨州	德州	济宁	威海	潍坊	淄博	济南	烟台	青岛
A股上市公司数量（家）	2	2	4	4	4	5	5	7	10	10	12	29	29	42	45	57

图 3　2021 年山东各地市上市公司数量分布(A 股)

(二)新旧动能转换加速突破

新增战略性新兴产业上市企业 27 家,北证累计上市企业数量居全国第 4 位。2021 年,山东 A 股上市公司中制造类企业共 203 家,占比超过 76%。其中,化工类 51 家、机械设备类 32 家、生物医药类 22 家、电子电器类 17 家、汽

车制造类12家、轻工制造类12家。新增36家IPO上市企业中,专精特新企业有9家,战略性新兴产业企业有27家。在北证市场板块中,全国累计上市(或转板)企业82家,山东占7家,位居江苏(13家)、北京(11家)和广东(10家)之后,列全国第4位。

(三)股权结构不断优化

2021年,山东A股上市公司中,民营控股企业新增28家,总量达161家,占比60.3%,民营控股上市公司在数量上占有优势;国有控股上市公司新增4家,总量达72家,占比27%;集体企业、外资企业、公众企业和其他类型企业均新增1家,总量分别达到9家、8家、13家和4家,分别占比3.4%、3%、4.9%和1.5%。从上市公司市值看,国有控股上市公司平均市值为208亿元,是民营控股上市公司平均市值的1.96倍。从研发投入看,国有控股上市公司平均研发投入为4.49亿元,是民营控股上市公司的3.12倍。国有控股上市公司在市值规模和研发投入上显著占优。

(四)科研创新步伐加快

产生科研支出上市公司覆盖率超九成,"头部企业"研发投入亮点显著。2021年,山东共有248家A股上市公司产生研发支出,较上年增加38家,覆盖率达93%;上市公司研发支出总额710亿元,较上年增长26.3%;研发支出占上市公司营业收入比重达2.8%,较上年增长0.2个百分点。从粤苏鲁浙对比数据来看,山东A股上市公司平均研发支出规模为2.66亿元,显著高于江苏和浙江,略低于广东;2021年山东上市公司中市值TOP10企业的研发支出总额为357.78亿元,高于江苏和浙江。2021年山东上市公司研发支出TOP10(A股)见表4。

表4 2021年山东上市公司研发支出TOP10(A股) 单位:亿元

上市企业	研发支出	位次	上市企业	研发支出	位次
海尔智家	89.67	1	山东钢铁	19.98	6
潍柴动力	85.69	2	海信视像	18.51	7
歌尔股份	43.01	3	晨鸣纸业	14.54	8
万华化学	31.68	4	南山铝业	13.74	9
浪潮信息	28.33	5	山东路桥	12.63	10

(五)经营质效逆势增长

上市公司盈利覆盖面超85%,化工能源领域企业盈利创新高。2021年,山东A股上市公司中共有231家企业实现盈利,较上年增加34家、增幅达17.3%,盈利企业覆盖面达86.5%,较上年提高1.24个百分点。其中,净利润超100亿元的上市公司4家,超50亿元6家,超10亿元39家,超1亿元167家;化工能源领域上市公司盈利增长突出,万华化学盈利超250亿元、兖矿能源超180亿元。2021年山东上市公司净利润TOP10(A股)见表5。

表5　2021年山东上市公司净利润TOP10(A股)　单位:亿元

上市公司	净利润	位次	上市公司	净利润	位次
万华化学	250.39	1	华鲁恒升	72.54	6
兖矿能源	185.67	2	青岛港	46.30	7
海尔智家	132.17	3	鲁西化工	46.20	8
潍柴动力	115.62	4	歌尔股份	43.07	9
英科医疗	74.63	5	山东高速	39.18	10

(六)社会责任充分彰显

上市公司就业、税收、薪酬贡献显著增强。2021年,山东A股上市公司员工总数达125.7万人,同比增长8.6%;税收总额达205.3亿元,同比增长6.9%;人均薪酬16.2万元/年,同比增长10.7%,上市公司在就业贡献、纳税贡献和薪酬贡献等方面发挥了重要作用。2021年山东上市公司社会贡献TOP10(A股)见表6。

表6　2021年山东上市公司社会贡献TOP10(A股)

位次	就业贡献		税收贡献		薪酬贡献	
	上市公司	就业总量(万人)	上市公司	税收总额(亿元)	上市公司	人均薪酬(万元/年)
1	海尔智家	10.49	兖矿能源	42.25	新潮能源	137.62
2	歌尔股份	9.58	青岛啤酒	23.19	瑞茂通	101.33
3	兖矿能源	6.19	华电国际	10.24	潍柴动力	66.89
4	潍柴动力	4.29	万华化学	8.79	冰轮环境	56.30

续表

位次	就业贡献		税收贡献		薪酬贡献	
	上市公司	就业总量（万人）	上市公司	税收总额（亿元）	上市公司	人均薪酬（万元/年）
5	青岛啤酒	3.29	海尔智家	8.07	中泰证券	52.68
6	家家悦	2.63	潍柴动力	7.96	克劳斯	45.94
7	华电国际	2.51	山东黄金	6.33	浪潮信息	43.35
8	山东路桥	2.47	鲁商发展	5.88	青岛银行	41.59
9	鲁泰 A	2.26	新潮能源	3.21	玉龙股份	40.46
10	山东钢铁	2.19	山东钢铁	3.16	青农商行	35.67

三、上市公司发展面临新形势新机遇

当前，山东上市公司发展基础更加坚实，证券市场改革步伐明显加快，上市公司高质量发展迎来诸多新利好、新机遇。一是重大制度性红利加快释放，股票发行注册制改革稳步推进，上市监管更加规范高效，企业上市通道更加畅通便捷。二是宏观经济基本面稳固，企业支持政策“工具箱”更加丰富有力，市场信心不断增强，为上市公司业绩增长奠定坚实基础。三是全国统一大市场建设全面加速，企业发展的产业生态不断优化，资本市场活力持续激发。四是“双碳”目标催生新经济增长点，新兴产业发展空间广阔，为上市公司高质量发展开拓了广阔“蓝海”。五是营商环境持续优化，市场秩序更加稳定、公平、透明、可预期，为上市公司做大做强创造了良好条件。

四、推动上市公司高质量发展的对策建议

总体来看，2021 年山东上市公司运行稳中向好，亮点特色突出，但也存在优质后备上市公司相对不足、上市公司梯队建设有待优化、股票市场融资作用发挥不充分等问题。进入新发展阶段，面对新形势、新机遇、新挑战，应进一步加大上市公司的培育力度，优化支持政策体系，推动上市公司做大做优做强。同时，山东 A 股上市公司作为山东企业杰出代表，应扛牢引领行业高质量发展和创新发展的使命责任，踔厉奋进、砥砺前行，为新时代中国特色社会主义

现代化强省建设贡献力量。

一是优化企业上市支持政策体系。梳理整合现有政策，出台支持企业上市“政策包”，汇聚形成政策合力。科学谋划企业上市时间表、路线图，完善企业上市全生命周期服务体系，增强企业规范化上市意识，为企业上市和上市公司发展创造良好政策环境。

二是加大后备上市企业梯度培育力度。抢抓注册制改革机遇，对接沪深京港多层次资本市场上市挂牌标准体系，分类施策，推进上市公司孵化聚集区试点扩面提质，健全企业上市政策宣讲和上市辅导体系，全面实现后备上市企业提质增量。大力推广先进地区培育上市公司的经验模式，扩大上市企业县域覆盖面。

三是支持更多民营控股上市公司做大做强。对标发达省市地区，加大民营控股企业上市扶持力度，引导优质民营控股企业积极融入全国统一大市场，通过整体上市、资产重组、兼并收购、引进战略投资者等方式，培育一批高质量高市值的民营控股上市企业，形成股权多元、结构合理、竞争力强的上市公司集群。

四是更好利用资本市场融资作用。引导企业增强资本运作的市场意识，鼓励企业更多采用定向增发、配股、优先股、债转股和可转债、公司债、资产证券化融资等方式拓展融资渠道，降低融资成本，更好发挥资本市场在助力企业成长、优化资源配置、促进经济增长等方面的功能作用。

课题组成员：冀刚　张中英　任栋　李建芳　亓珍　周国庆　史倩倩　武仪

黄河流域经济运行态势分析及对策建议

2023 年上半年以来，沿黄各省（区）紧扣"共同抓好大保护、协同推进大治理"战略导向，聚焦突出问题和明显短板，积极创新工作举措，加快推动黄河流域生态保护和高质量发展。2023 年山东省宏观经济研究院加强与沿黄智库单位合作，组建黄河流域高端智库联盟，分析比较 2023 年上半年各省（区）经济运行情况和最新政策进展，研究提出我省加快推进黄河战略落实的对策建议。

一、黄河流域上半年经济运行情况

2023 年上半年，沿黄 9 省（区）经济运行总体平稳、稳中有进，初步实现了在发展中保护、在保护中发展。全流域实现地区生产总值 15.1 万亿元，平均增速（按 GDP 总量加权）为 5.32%，较长江经济带低 0.54 个百分点；占 GDP 的 25.5%，较 2022 年上升 0.15 个百分点。

（一）增速呈现分化态势

上游地区经济增速较快，青海、甘肃、宁夏、内蒙古 4 省（区）生产总值增速均在 6.5%以上；其中内蒙古增速达到 7.3%，位列全国第五。山西、河南、陕西增速较慢，均在 5%以下。我省增速在黄河流域中排名第五，地区生产总值占全流域的比重达到 29.2%，较上年提高 0.68 个百分点。

（二）产业结构不断调整

全流域三次产业结构均值为 5.36∶43.65∶50.99，与 2022 年相比，第三产业比重上升 4.47 个百分点，第二产业比重进一步下降。分地区看，上游、下游地区产业结构多呈现"三二一"特征，山西、陕西、内蒙古 3 省（区）呈现"二三一"特征；我省第二产业比重在流域中排名第七，仅高于甘肃和四川。

(三)内需规模持续扩大

黄河流域固定资产投资平均增长6.0%，分别高于全国平均、长江经济带2.2个和2.1个百分点；其中，内蒙古、甘肃保持两位数增长，我省在流域中排名第四。社会消费品零售总额增长较慢，平均增速低于全国平均水平1.1个百分点，仅我省及青海、甘肃增速高于全国平均水平，宁夏增速为负；我省在流域中排名第三。

(四)外贸增速明显回落

流域进出口总值2.81万亿元，平均增速（按进出口总值加权）为−0.46%；占全国进出口总值的14%，较2022年下降0.6个百分点。分地区看，内蒙古、青海、宁夏、山东4省(区)同比实现正增长，甘肃、陕西、山西下滑超过10%；我省占全流域的55.6%，较2022年提高0.95个百分点。

(五)中心城市加速壮大

截至2022年，流域共5座GDP超万亿级城市，分别为成都、青岛、郑州、济南、西安；13座GDP超5000亿级城市，其中山东6座、河南2座、陕西2座、内蒙古1座、四川1座、山西1座。2023年上半年，5座GDP超万亿级城市增速均高于或达到所在省(区)平均水平，占全流域生产总值的24.2%，较2022年提高0.7个百分点，中心城市引领带动作用更趋明显。

二、沿黄各省(区)推进黄河战略政策进展

(一)因地制宜加强生态保护修复

青海紧紧围绕保护三江源、守护“中华水塔”政治责任，加快推进三江源国家公园、祁连山国家公园、青海湖国家公园建设，开展4个国家草原自然公园试点和草原碳汇试点，获批建设国家林草种质资源设施保存库，实现荒漠化、沙化土地“双缩减”。内蒙古实施乌梁素海流域山水林田湖草生态保护修复试点工程和科尔沁草原山水林田湖草沙一体化保护修复工程，加强矿山地质环境治理，助力打好黄河“几”字湾攻坚战。河南在黄河沿岸打造生态廊道，推动生态修复、打造生态产业、发展生态旅游，黄河干流右岸全线贯通，建成沿黄1268公里复合型生态廊道。

(二)探索水资源节约集约创新做法

甘肃积极争取用水权益，集中整治黄河流域违法取用水问题，制定《甘肃省水指标盘活指导意见》，建立全省水指标“点线面”一套账，探索建立水指标动态调剂统筹机制，大力盘活闲置“水指标”。宁夏出台全面加强水资源节约落实方案、雨水集蓄利用实施方案，开展典型地区再生水利用配置试点、分布式污水资源化利用试点，建设深度节水、高效节水、高效补灌“三个百万亩”高效节水农业工程，建设数字节水综合示范区，在2023年联合国水大会上分享“互联网＋城乡供水”经验。河南、内蒙古推出“节水贷”融资服务，支持节水基础设施建设、雨污水资源化利用、供水管网漏损控制、节水计量及节水设施运行管理等节水项目。

(三)完善综合性防洪减灾体系

河南着力加快科技应用和数字孪生黄河建设，开发数字孪生小浪底，为防汛调度、调水调沙提供数据参考和虚拟场景再现，探索大型综合水利枢纽信息化、智慧化、现代化管理模式。山西着力推进大水网骨干工程建设，配合水利部和黄河水利委员会开展古贤水利枢纽前期工作，打造汾河流域、万家寨引黄等骨干工程数字孪生样板。陕西开展淤地坝建设质量专项行动，加快骨干水利项目建设，开展黄河粗泥沙集中来源区综合治理，修复受损水库水闸、堤防护岸等水利基础设施，“一城一策”补齐城市防御极端灾害基础设施短板。

(四)大力推动现代化产业体系建设

河南出台支持重大新型基础设施建设若干政策，支持郑州市创建国家级新型互联网交换中心，推出以“算力券”为核心的算力平台运营结算分担机制，打造中部算力高地；推进落实《黄河滩区居民迁建后续发展产业就业帮扶行动方案》，建设产业园区和就业平台，不断增强滩区内生发展动力。陕西着力建设秦创原创新驱动平台，实施“总窗口＋城市伙伴”计划，打造辐射带动西部地区乃至全国的科技创新大平台；持续加码新能源汽车产业链，打造全球新能源汽车之都，新能源汽车产量占全国的11.9%。青海立足高原资源禀赋，加快建设世界级盐湖产业基地，打造国家清洁能源产业高地、国际生态旅游目的地、绿色有机农畜产品输出地。山西实施专业镇主导产业壮大行动，着力培育打造一批500亿级、300亿级、200亿级、100亿级、50亿级专业镇。

(五)打造地标性文化旅游项目

陕西启动建设关中农耕文化生态保护实验区,实施秦腔艺术振兴工程,建成开放全国首座考古专题博物馆(陕西考古博物馆),与甘肃、宁夏成立黄河流域公共图书馆联合发展体。河南高水平谋划建设省博物馆群,发布"黄河宁天下平"黄河文化标识,建设沿黄 1 号旅游公路、太行山 1 号旅游公路等,打造"行走河南·读懂中国"品牌;推出以《唐宫夜宴》《洛神水赋》为代表的"博物馆奇妙夜"系列演出,打造沉浸式体验课堂。甘肃开启"每座城都有一手·兰州耶生活"主题文旅活动,推出"夜游黄河""兰州之眼""夏日夜市""守护夜经济"四大场景,发布黄河文化八大主题 40 条旅游线路,着力打造丝绸之路国际旅游枢纽。

(六)优先推进省际毗邻地区协同发展

晋陕豫召开黄河金三角区域合作工作座谈会,设立晋陕豫黄河金三角承接科技创新产业转移示范园,持续加强在文化旅游、医疗服务、环境资源审判、高速公路管理等领域合作。甘青两省加力协同推进兰西城市群建设,围绕生态共建环境共治、基础设施互联互通、创新协同产业协作、市场要素对接对流等不断深化合作,兰州、西宁以及兰西城市群城市入选国家综合货运枢纽补链强链支持城市。甘肃与相邻 5 省区签订《跨界流域水污染联防联控框架协议》,开展流域上下游生态补偿,推进黄河干流、黑河、石羊河流域横向生态补偿。

三、推进我省黄河战略落实的几点建议

(一)加快打造沿黄绿色生态廊道

高标准推进黄河口国家公园建设。与三江源、祁连山、东北虎豹等国家公园不同,黄河口国家公园面积较小、周边人口较多、人类活动干扰剧烈。应结合黄河口自然生态和城镇化特征,加强建设模式创新,探索陆海统筹、人口密集区域的国家公园建设路径。加快建设复合型生态廊道。出台沿黄生态廊道建设方案,按照加强生态修复、培育生态产业、发展生态旅游的原则,与乡村振兴、现代农业、文旅产业、黄河安澜等有机融合,实现生态效益、经济效益、社会效益的统一。打造数字孪生蓄滞洪区。围绕确保工程安全、供水安全、水质安全,加快"智慧水利"建设,结合东平湖蓄滞洪区防洪工程,推广应用数字孪生技术,打造数字孪生水利样板。

(二)全面加强水资源节约集约利用

全力争取用水权益少减或不减。《黄河流域水资源节约集约利用实施方案》明确要求,优化细化黄河“八七”分水方案,下游地区要更多使用南水北调供水。应结合保障国家粮食安全、黄河口国家公园建设、水资源利用效率等,积极争取我省用水权益和南水北调供水优惠补贴政策。全力做好工农业节水文章。加快城乡供水项目水源、水厂、泵站、管网、终端的数字化改造,建设数字节水示范区;加强再生水、雨洪资源、污水资源化利用,推进高效节水示范区、高效补灌示范区建设。完善市场化长效节水机制。建立用水权交易激励和投融资机制,创新“合同节水+水权交易”等模式,推出“节水贷”融资服务,鼓励社会资本直接参与节水工程建设及运行养护。

(三)强化沿黄地区高质量发展产业支撑

加强科技基础设施布局。研究组建省黄河实验室,围绕三角洲生态保护修复、水资源高效利用、水安全保障等问题开展基础性、战略性、全局性研究;利用全国重点实验室优化重组的契机,组织优势力量谋划创建黄河三角洲全国重点实验室。推动滩区产业高质量发展。针对沿黄25县(市、区)部分地区造血能力比较弱、财力保障不足等问题,按照“搬得出、稳得住、能发展、可致富”的思路,完善黄河滩区迁建后续发展扶持政策,提升滩区可持续发展能力,打造滩区产业高质量发展示范样板。推进沿黄“齐鲁粮仓”建设。抓住种子和耕地两个“要害”,开展整区域推进高标准农田建设试点,加强盐碱地等耕地后备资源综合利用,加快农业全产业链培育,探索黄淮海平原地区粮食大面积均衡增产的新路子,着力打造沿黄“齐鲁粮仓”,扛牢粮食安全政治责任。

(四)创新传承保护讲好黄河故事

打造黄河文化标志性项目。我省黄河文化资源众多,但由于时间跨度大、地理分布散,资源整合集聚不够,标志性项目少。应结合黄河国家文化公园和“四廊一线”文化体验廊道建设,整合具有突出意义、重要影响、重大主题的文物和文化资源,培育打造黄河文化“超级IP”。创新黄河文化推广形式。坚持“文化创意+科技创新”双轮驱动,推出体现山东特色的黄河标志和吉祥物主题文创产品,依托博物馆打造一批沉浸式、互动式黄河文化体验场馆;用好“山东手造”品牌,加强文创产品开发,做好手造技艺与传统产业结合文章。

课题组成员:高福一　赵祎煊　王安　刘佳

山东省沿黄25县(市、区)2022年经济发展分析报告

黄河山东段流经的25个县(市、区)[以下简称“25县(市、区)”],是黄河下游绿色生态走廊保护建设的主要承载地,是我省贯彻落实黄河重大国家战略的核心区。山东省委、省政府对沿黄地区高度重视,2020年开展25县(市、区)普查调研,2022年11月省政府办公厅出台《支持沿黄25县(市、区)推动黄河流域生态保护和高质量发展若干政策措施》,2023年10月省政府印发《山东省沿黄生态廊道保护建设规划(2023—2030年)》。本报告分析25县(市、区)经济社会发展的总体情况、重点领域的发展变化、推进中面临的突出问题,研究提出相关建议,以期为贯彻落实黄河重大国家战略、促进沿线地区高质量发展提供决策参考。

一、25县(市、区)经济发展基本特征

25县(市、区)总面积29446平方公里,截至2022年拥有常住人口20002万,实现地区生产总值13174亿元,粮食总产量1247.57万吨,以占全省18.9%的国土面积承载了全省17.43%的人口,创造了全省15.1%的经济总量、22.5%的粮食产量,对现代化强省建设具有重要的支撑作用。

(一)规模总量不断壮大,呈现“中间大、两头小”

2019—2022年,25县(市、区)地区生产总值总量由10600亿元增长到13174亿元,平均规模由424亿元增长至527亿元,占全省经济总量的比重由14.9%增加至15.1%。实现一般公共财政预算收入924.6亿元,约占全省的13%,较经济总量占比低2.1个百分点,25县(市、区)财政收入均值37亿元。

从空间分布看,沿黄地区经济规模呈现“中间大、两头小”的特征:济南都市圈周边地区总量规模较大,如历城区(1240.7亿元)、章丘区(1120.7亿元),两端规模相对较小,如河口区(224.6亿元)、鄄城县(280.9亿元)(见图1)。

财政状况呈现类似的特征。预算收入最高的为济南市历城区,达到

126.13亿元,其次是滨州市的滨城区93.78亿元和邹平市86.0亿元;财政预算收入不足20亿元的县有6个。

2023年,邹平市、齐河县、博兴县入围全国综合实力百强县,分别排名全国第64位、第65位和第88位;章丘区和东营区入围全国综合实力百强区,分别排名全国第60位和第90位。

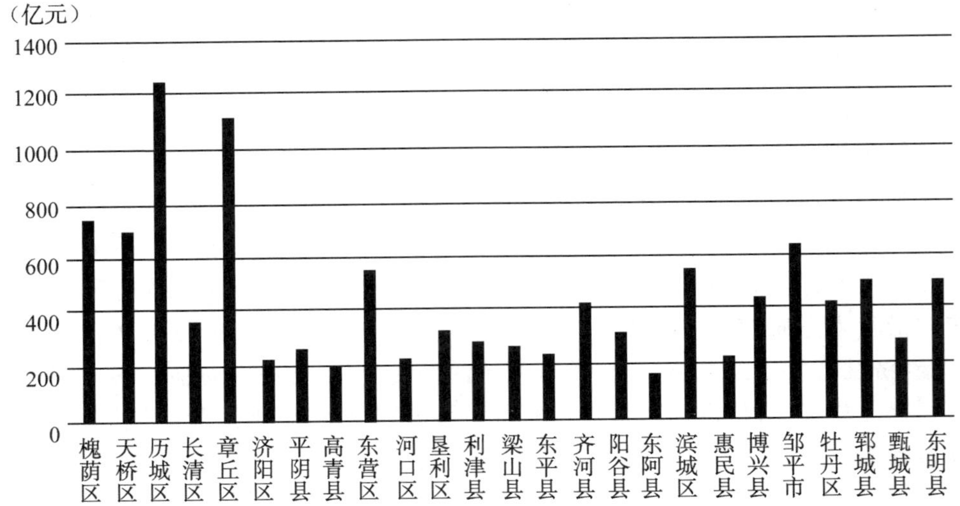

图1　2022年沿黄25县(市、区)GDP

数据来源:2022年沿黄25县(市、区)国民经济和社会发展统计公报。

(二)产业结构偏重偏农,呈现农业占比高

沿黄地区产业结构总体呈现“一产、二产占比高,三产占比低”的特征:一产占比均值为11.6%,高于全省平均水平4.4个百分点;二产占比均值为41.9%,高于全省平均水平1.9个百分点;三产占比均值为46.5%,低于全省平均水平6.3个百分点。

农业县数量较多。19个县(区)一产占比高于全省平均水平,其中惠民、梁山、东平、阳谷、高青5个县占比依然在20%以上;济阳、平阴、利津等10个县(区)占比在10%以上。仅天桥区、槐荫区、历城区、滨城区、东营区、邹平市6个区(市)低于全省平均水平(见图2)。

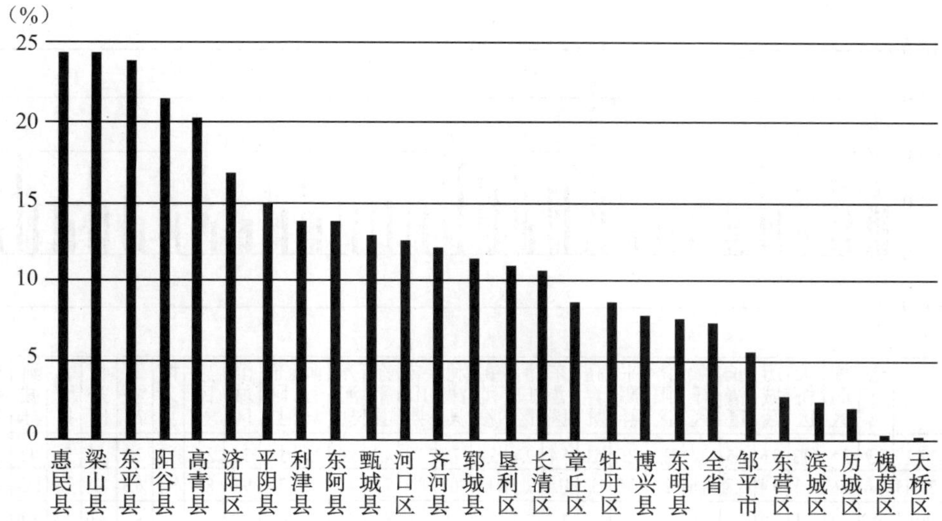

图 2　全省及沿黄 25 县(市、区)第一产业占 GDP 比重

数据来源:2022 年沿黄 25 县(市、区)国民经济和社会发展统计公报。

(三)经济增长压力较大,呈现“东快西慢”

受外部形势变化、新冠疫情、区域竞争压力等因素影响,与全省情况类似,25 县(市、区)经济增速总体呈现下行态势。2022 年,25 县(市、区)GDP 平均增速为 3.3%,低于全省 0.6 个百分点;与 2021 年相比下降 5.2 个百分点,较 2019 年下降 2.4 个百分点。

GDP 增速“东快西慢”的特征较为明显。2022 年,增速位列前五的是利津县(7.2%)、垦利区(5.4%)、东营区(5.4%)、高青县(5.0%)、齐河县(5.0%),其中 3 个属于东营市;相比之下,东明县、郓城县、阳谷县等 7 个县(市、区)增速在 2%—3%,长清区(0.5%)、天桥区(0.3%)、章丘区(0.1%)增速更是不足 1%(见图 3)。

从消费增长情况看,2022 年,25 县(市、区)中仅有 11 个县(市、区)社会消费品零售总额呈现正增长趋势,其中平阴县增速最高,达到 1.9%;而历城区和济阳区的社会消费品零售总额下降幅度均超过 10%。

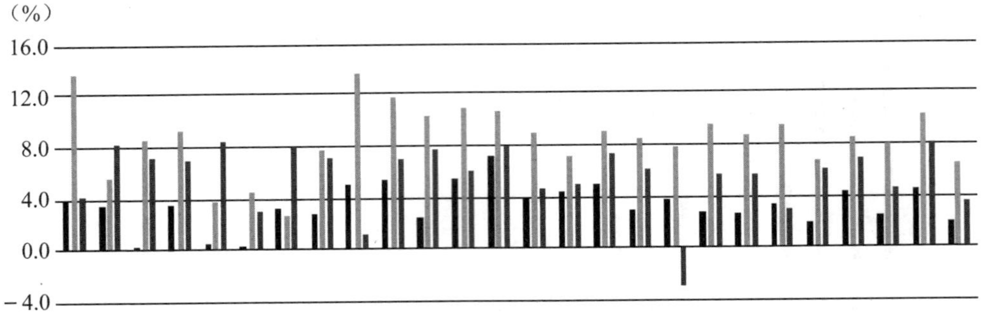

	全省	槐荫区	天桥区	历城区	长清区	章丘区	济阳区	平阴县	高青县	东营区	河口区	垦利区	利津县	梁山县	东平县	齐河县	阳谷县	东阿县	滨城区	惠民县	博兴县	邹平市	牡丹区	郓城县	甄城县	东明县
■ 2022	3.9	3.5	0.3	3.6	0.5	0.1	3.2	2.7	5.0	5.4	2.4	5.4	7.2	3.9	4.3	5.0	2.9	3.8	2.8	2.7	3.4	2.0	4.3	2.5	4.5	2.0
■ 2021	13.6	5.6	8.5	9.4	3.8	4.6	2.6	7.7	13.7	11.8	10.5	11.0	10.7	8.9	7.1	9.0	8.5	7.8	9.6	8.7	9.5	6.8	8.5	7.9	10.3	8.9
■ 2019	4.1	8.2	7.1	7.0	8.4	3.0	8.0	7.1	1.1	7.0	7.7	6.1	7.9	4.6	5.0	7.4	6.1	−2.9	5.7	5.7	3.0	6.1	6.9	4.6	8.0	3.5

图 3　2019—2022 年全省及沿黄 25 县(市、区)GDP 增速(%)

数据来源:2019—2022 年沿黄 25 县(市、区)国民经济和社会发展统计公报。

(四)人均水平差异较大,呈现"东高西低"

2022 年,25 县(市、区)人均 GDP 为 7.44 万元。其中,8 个县(市、区)的人均 GDP 超过全省平均水平,约占县(市、区)总数的 1/3。

人均 GDP 分布呈现"东高西低"。人均 GDP 高于 11 万元的历城区、垦利区、利津县分别隶属于济南市、东营市,人均 GDP 在 7.8 万—11 万元的区县绝大部分位于济南、滨州、东营 3 市,人均 GDP 在 5.2 万元以下的多数位于菏泽、济宁、聊城等西部地区(见图 4)。

城乡收入比大多低于全省。2022 年,沿黄 23 个县(市、区)(不含槐荫区、天桥区)城乡居民可支配收入比均值为 1.9,低于全省 2.2 的水平(见图 5)。

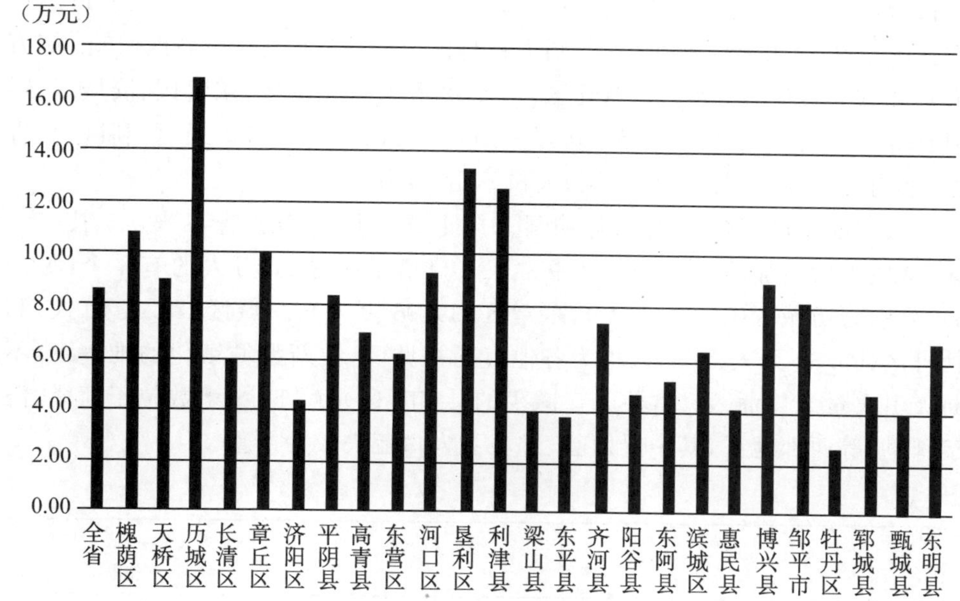

图 4　2022 年全省及沿黄 25 县（市、区）人均 GDP

数据来源：2022 年沿黄 25 县（市、区）国民经济和社会发展统计公报。

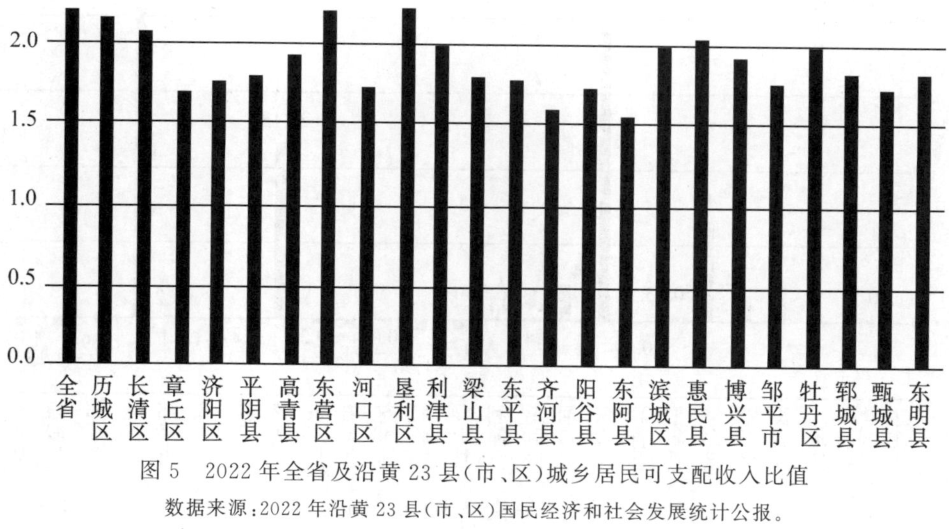

图 5　2022 年全省及沿黄 23 县（市、区）城乡居民可支配收入比值

数据来源：2022 年沿黄 23 县（市、区）国民经济和社会发展统计公报。

（五）人口规模差异明显，人口向主城区集聚

2022 年，25 县（市、区）常住人口总量为 1784.78 万人，约占全省的 17.5%，相较于第七次全国人口普查提高近 2 个百分点。25 县（市、区）平均

人口规模为70.9万人，较全省平均(74.7万人)低3.8万人。常住人口超过100万人的县(市、区)有4个，分别为牡丹区(169.55万人)、历城区(174.03万人)、郓城县(111.49万元)、章丘区(110.92万人)；天桥区、东营区、滨城区、梁山县等6个县(市、区)人口在70万—100万人；利津县、河口区、垦利区、高青县、平阴县、东阿县等6个县(区)人口不足40万人。

人口向主城区集聚的趋势明显。第七次全国人口普查以来，25县(市、区)常住人口增加的有14个，其中常住人口增量超过20万人的有4个(见图6)，分别为历城区(50.39万人)、东营区(39.06万人)、滨城区(23.13万人)和牡丹区(59.68万人)。四区均为各地市的主城区，在新型城镇化的推进下，不断吸引大量人口涌入。常住人口减少的县(市、区)有11个，多数位于菏泽、济宁、聊城等西部地区，其中梁山县、鄄城县人口流失较为严重。

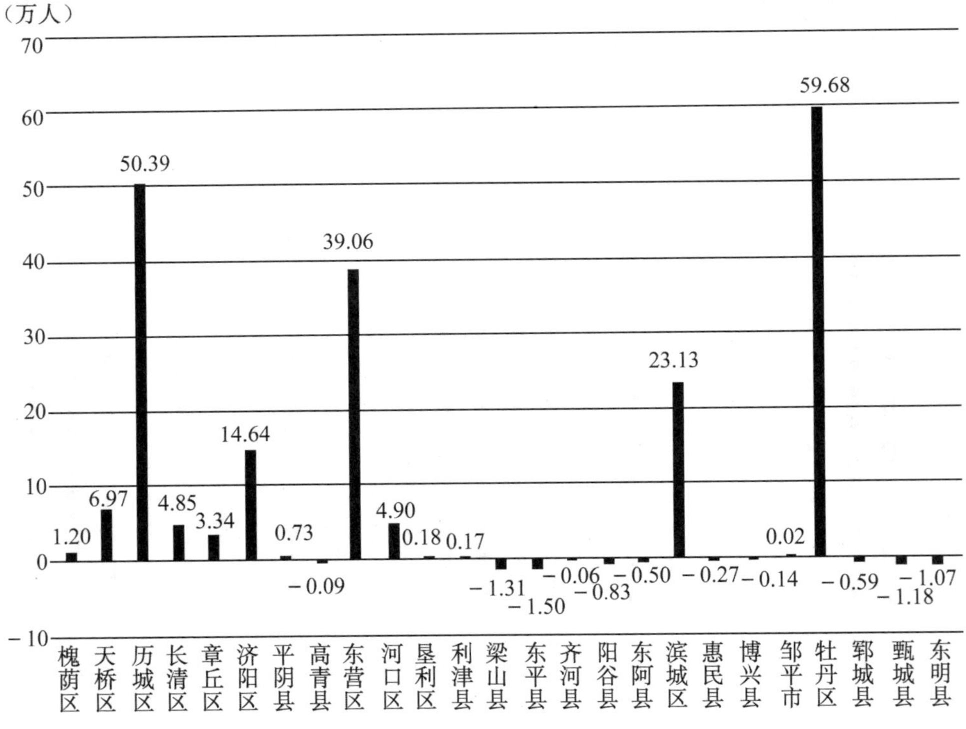

图6 七普以来沿黄25县(市、区)人口变化

数据来源：2022年沿黄25县(市、区)国民经济和社会发展统计公报，沿黄25县(市、区)第七次全国人口普查公报。

二、重点领域发展情况及典型做法

(一)坚持聚焦优势,着力培育特色产业

一是农业基础优势明显。2022年,25县(市、区)完成粮食总产量1247.57万吨,约占全省粮食产量的22.5%。沿黄地区也是全省乃至全国粮食工作、粮食产业创新引领的重要策源地,从东营广饶"代农储粮"到济南章丘"放心粮油"经验,从"滨州模式"到"中裕速度"均已享誉全国,引领粮食行业发展思路。

二是工业经济不断壮大。25县(市、区)在冶金、化工、轻工、纺织服装、机械、石油装备等行业发展基础良好,在全省占有重要地位。拥有东营区石油钻采装备产业集群、博兴县商用智能厨房设备产业集群、河口区烯烃材料产业集群、阳谷县铁路输电设备产业集群等4个国家级中小企业特色产业集群及14个省级特色产业集群。

三是特色服务业加速发展。槐荫区、天桥区、历城区、东营区等12个县(市、区)已经形成"三二一"的产业结构。部分县(市、区)在医养健康、现代物流、文化旅游等特色服务业领域取得较好成绩,如梁山县发挥瓦日铁路、大运河交汇点协同效应,重点发展贸易物流服务业,打造港产城一体化发展的融合示范区。2022年25县(市、区)产业发展情况如表1所示。

表1　2022年沿黄25县(市、区)产业发展情况

县(市、区)	粮食产量(万吨)	主导产业	十强县名单、特色产业集群
槐荫区	1.35	医养健康、央企总部经济、文旅消费	
天桥区	7.03	功能材料、智能装备制造、现代物流	
历城区	10.48	数字经济、生物医药、贸易物流	高质量发展先进县、生态文明强县
长清区	26.75	高端装备与智能制造、节能环保与压力容器、现代种业	

续表

县(市、区)	粮食产量(万吨)	主导产业	十强县名单、特色产业集群
章丘区	63.60	汽车、新材料、机械装备、食品医药包装	对外开放强县、科技创新强县;医药及防护用品特色产业集群(2022)
济阳区	62.59	食品饮料、智能制造、生物医药	
平阴县	19.87	玫瑰种植加工、铸造	
高青县	43.79	高端化工、健康医药、高青黑牛	生态文明强县、科技创新强县;新材料特色产业集群(2023)
东营区	14.02	高端装备、高端化工、新能源	现代流通强县(2021);石油钻采技术服务特色产业集群(2023)、高端石油装备特色产业集群(2021)
河口区	11.87	高端石化、新能源、新材料、现代农业	对外开放强县;经开区新型功能材料特色产业集群(2023)、经开区芳烃与丙烯特色产业集群(2022)
垦利区	31.20	生物医药、新能源、新材料	
利津县	37.64	化工新材料、新能源、生物医药	高质量发展进步县、生态文明强县
梁山县	62.03	教育服务、稀土新材料	教辅特色产业集群(2023)、特种汽车特色产业集群(2021)
东平县	63.00	生物医药、现代食品、高端金属表面处理	
齐河县	112.44	高端装备、新能源汽车、生命健康	全国综合百强县(2023)、现代流通强县(2021)、文旅康养强县(2021);装备智能制造特色产业集群(2021)
阳谷县	15.81	光电线缆、绿色食品、塑料化工	现代农业强县;高端颐养膳食特色产业集群(2023)、铜及铜深加工特色产业集群(2021)

续表

县(市、区)	粮食产量(万吨)	主导产业	十强县名单、特色产业集群
东阿县	49.50	阿胶及阿胶＋、医养健康、钢球	阿胶特色产业集群(2022)
滨城区	33.37	高端化工、生态纺织、绿色食品	
惠民县	76.90	高端铝、高端装备、新型绳网	山东滨州惠民(绳网)特色产业集群(2021)
博兴县	50.04	化工(碳四产业链)、粮油食品、商用厨具	商用智能厨房设备特色产业集群(2020)
邹平市	71.95	高端铝、现代纺织、新医药	高质量发展先进县
牡丹区	86.80	农副食品加工、纺织服装、家具板材	绿色休闲食品特色产业集群(2021)、现代中药特色产业集群(2022)
郓城县	112.50	纺织、包装、木材加工	
鄄城县	82.18	生物医药、新能源、新材料	
东明县	100.86	高端化工、新能源、新材料	

数据来源:2022 年沿黄 25 县(市、区)国民经济和社会发展统计公报,2023 年沿黄 25 县(市、区)政府工作报告。

(二)坚持创新引领,持续加大创新投入

2022 年,25 县(市、区)研发投入强度均值为 2.63%,较 2021 年提高 0.1 个百分点,高于全省平均水平 0.28 个百分点。从 2022 年研发投入强度看,有 9 个县(市、区)高于 3.5%,从研发投入占比增幅看,排名前三位的分别是天桥区(0.81%)、惠民县(0.48%)和高青县(0.41%)。

创新平台建设取得积极进展,建成胜利济阳页岩国家级示范区、CCUS 全产业链示范基地等一批重大创新平台。齐河县、博兴县入围 2023 年度全国科技创新百强县市榜单,章丘区被评为 2022 年度山东省科技创新十强县。2023

年8月,齐河县、邹平市获批成立省级高新技术产业开发区。

(三)坚持城乡融合,大力推进新型城镇化

25县(市、区)多数仍处于工业化、城镇化快速发展阶段,以人的城镇化为核心、提高质量为导向的新型城镇化战略正扎实推进,城镇化率逐步提高。2022年,25县(市、区)城镇化率均值提升至61.34%。与2019年相比,25县(市、区)城镇化率均值提高2.5个百分点,其中历城区增幅最大,从2019年的73.21%增加到了2022年的88.74%(见图7)。齐河县、博兴县入围2023年度全国新型城镇化质量百强县市榜单。

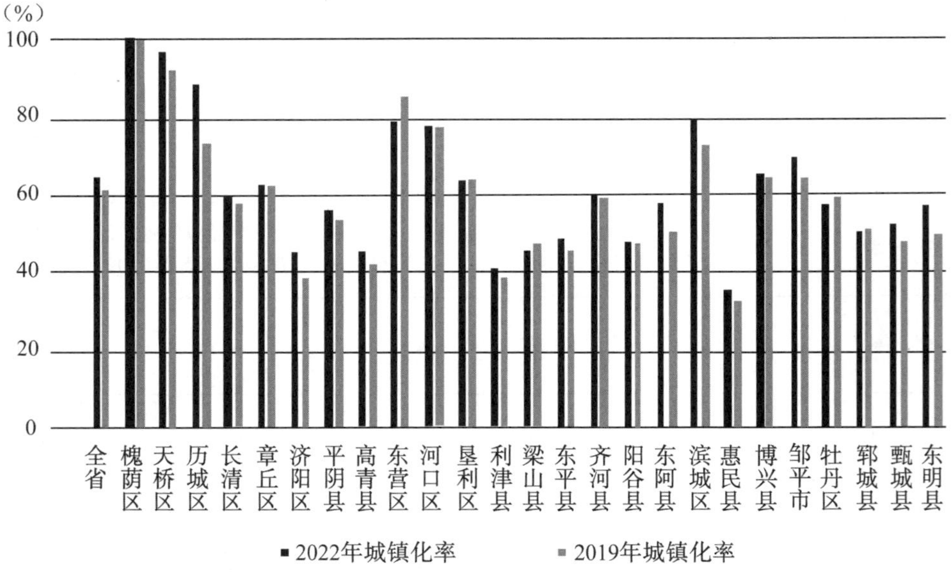

图7　2019年、2022年全省及沿黄25县(市、区)城镇化率

数据来源:2019年、2022年沿黄25县(市、区)国民经济和社会发展统计公报。

(四)坚持开放发展,提升区域合作水平

持续加强区域合作。省内,围绕胶东经济圈、省会经济圈和鲁南经济圈区域发展新格局,加强东中西各大板块的融合互动。国内,全面融入黄河流域生态保护与高质量发展建设,积极对接京津冀、长三角、珠三角和中原经济区,谋划在国家布局中更加有力的功能与定位。

全力推进"双招双引"。各县(市、区)成立多个招商专班,开展以商招商、以链招商、以情招商、以社招商等多种形式的招引活动。2022年25县(市、区)实际使用外资30.96亿美元(见图8),占全省的13.54%。章丘区、河口区

被评为对外开放强县。

不断深化对外开放。如历城区主动融入国内国际双循环，发展活力动力不断增强。一方面，在临港开发区着力打造对外开放桥头堡，集聚 20 万平方米特色产业"区中园"，引进邦德激光、贝海生物等一批优质企业，上榜全省"双招双引"特色园区；另一方面，建成"铁海 E 通"信息化系统，打造国际贸易综合服务平台，实现外贸业务"闭环式"全流程服务，自贸试验区济南片区历城区块承办省级权利事项 160 余项，示范引领作用更加突出。

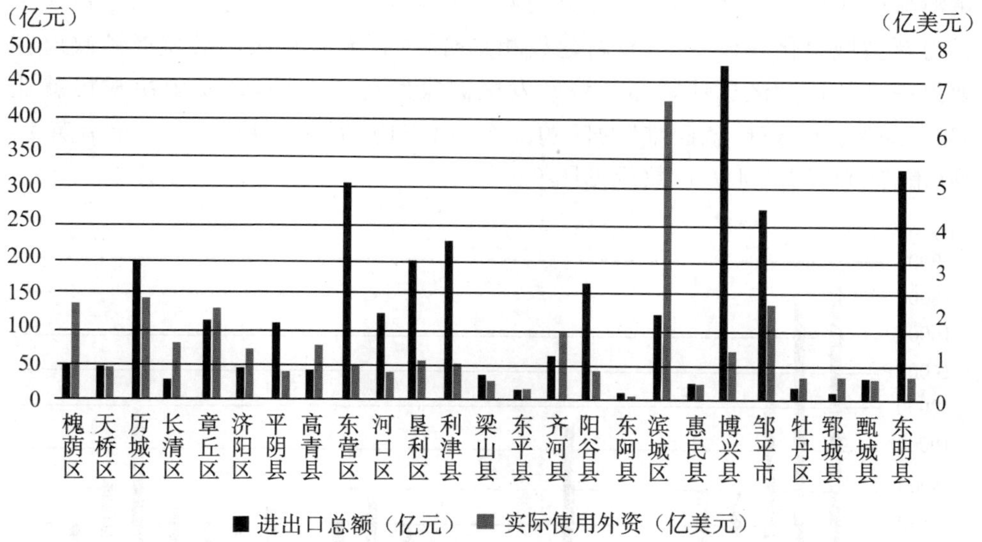

图 8　2022 年沿黄 25 县(市、区)进出口总额和实际使用外资情况

数据来源：2022 年沿黄 25 县(市、区)国民经济和社会发展统计公报。

(五)坚持生态优先，推动可持续发展

按照"重在保护，要在治理"要求，深入推进黄河流域生态保护治理，流域生态环境质量持续改善，连创有监测记录以来最优水平。如齐河县践行"两山"理念，促进生态优势向经济优势转化。依托黄河湿地和荒滩资源，以建设黄河国际生态城为总体目标，按照"蓝绿空间 70%以上、建设空间不超 30%"的规划，盘活黄河荒滩闲置用地，保护、修复黄河生态资源，实现城乡空间的美化、亮化。在此基础上，齐河县引进企业投资，建设黄河水乡湿地公园、齐河博物馆群等精品项目，在黄河荒滩上创建"产城一体"的文化和旅游新城，全域旅游蓬勃发展。

(六)坚持民生为本,增进人民福祉

25 县(市、区)社会民生持续改善,居民生活水平不断提高,教育、医疗、就业、社会保障等各项基本公共服务建设取得了明显成效,基本公共服务均等化水平稳步提升。

高青县常家镇的五合庄村村址距离黄河最近,特殊的地理位置使这个村"与世隔绝",出行难、上学难、就医难一直困扰着村民。2017 年 10 月,淄博市黄河滩区居民迁建工程启动,为方便搬迁群众生产生活,高青县将滩区迁建工程与新型城镇化建设、美丽乡村建设相结合,外迁安置社区向县城或镇政府驻地集中,同时,社区选址紧邻经济开发区健康医药产业园,切实解决村民就业问题,原来"上学难、就医难"的问题如今"出家门"就能解决。2022 年沿黄 25 县(市、区)新增就业人口数量见图 9。

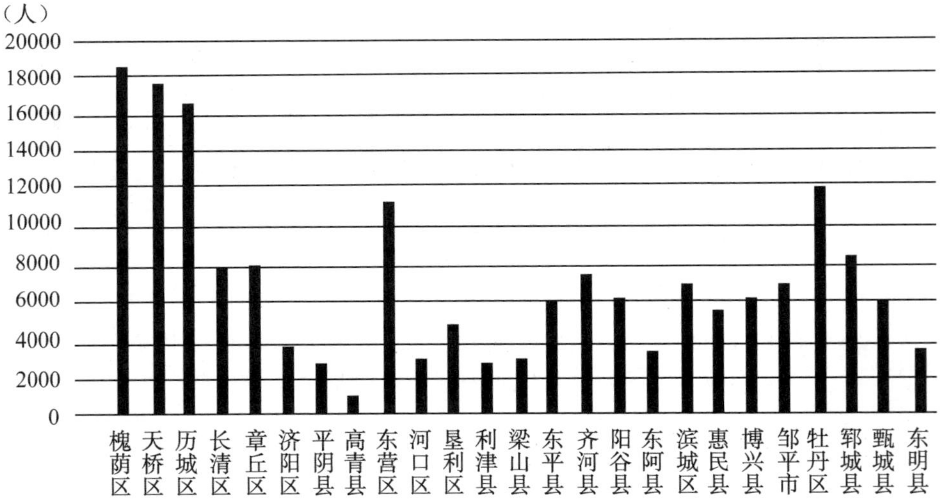

图 9　2022 年沿黄 25 县(市、区)新增就业人口数量

数据来源:2022 年沿黄 25 县(市、区)国民经济和社会发展统计公报,2023 年沿黄 25 县(市、区)政府工作报告。

三、面临的主要问题

受自然条件、资源要素禀赋、经济发展阶段、文化传统观念等诸多因素影响,与实现经济高质量发展的目标要求相比,25 县(市、区)仍然面临着发展不平衡不充分的"双重"矛盾。

(一)整体发展水平滞后,内部发展不平衡不协调

25 县(市、区)平均经济规模、财政收入较全省 136 个县(市、区)平均水平(642.9 亿元、52.2 亿元)分别低 18.0%和 29.1%;人均 GDP、居民人均可支配收入分别为全省平均水平的 83%和 96%。

25 县(市、区)既有经济总量接近 1240.7 亿元、位列全省前列的历城区,也有不到 178 亿元、居全省倒数第四的东阿县,人均 GDP 最高的垦利区是人均 GDP 最低的牡丹区的 5.2 倍,经济发展不平衡不充分的问题较为突出。

(二)产业结构层次偏低,新动能引领能力不强

与全省相比,25 县(市、区)产业结构明显偏重偏能,且发展层次仍然较低。2022 年,三次产业比例为 8.8∶40.6∶50.6,相较全省的 7.3∶39.9∶52.8,结构优化升级明显慢于全省平均水平。沿黄地区既有转型升级能力不足的困境,又有新兴产业发展滞后、产业规模较小、发展基础薄弱、核心技术缺乏等问题。2022 年,沿黄地区高新技术产业产值占规模以上工业产值的比重为 48%,低于全省平均水平 0.3 个百分点;"四新"经济占 GDP 比重为 30.3%,低于全省平均 2.6 个百分点(见图 10)。

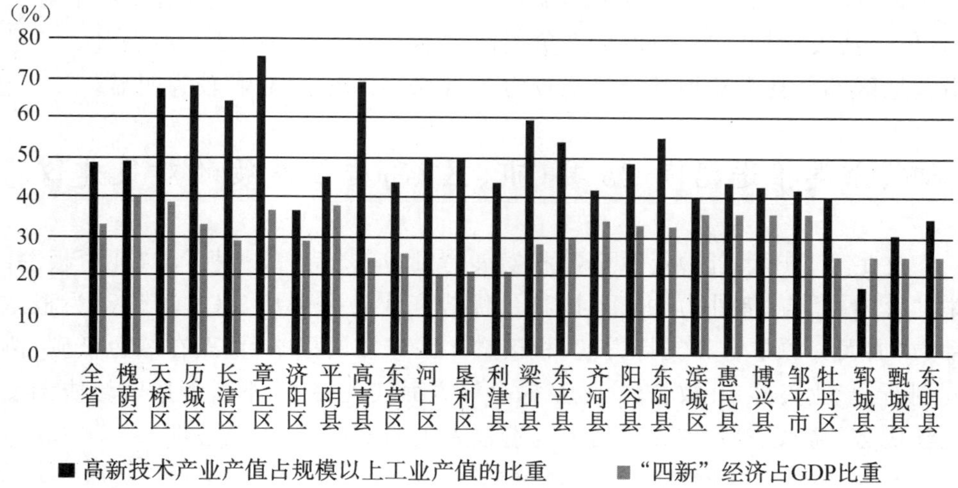

图 10　2022 年全省及沿黄 25 县(市、区)高新技术产业、"四新"经济占比

数据来源:2022 年沿黄 25 县(市、区)国民经济和社会发展统计公报,

2023 年沿黄 25 县(市、区)政府工作报告。

(三)科技创新支撑不够,高能级平台载体偏少

2022年,沿黄25县(市、区)规模以上工业企业中有研发活动企业占比为44%,低于全省3个百分点。同时研发经费支出差距较大,齐河县、邹平市的研发投入强度分别达到4.91%和4.66%,而菏泽市的牡丹区、郓城县、鄄城县和东明县的研发投入强度均不到1%。2023年度全国科技创新百强县市榜单中,仅齐河县和博兴县入选,数量占全省的1/7。

(四)对外开放水平较低,对内协作联动亟待加强

2022年,25县(市、区)实际使用外资占全省的13.5%,进出口总额仅占全省的9.3%。区域内部开放协作明显不足,各县(市、区)发挥比较优势实现错位发展的意识不强,加上部分产业同质化发展、互补性不强,区域一体化内生动力不足,尚未形成协同发展模式。

(五)要素支撑能力不足,县域承载力仍需巩固提升

一是国家、省、市要素资源统筹力度加大,土地、环境、能耗等政策趋紧。二是现代金融服务滞后。沿黄地区金融机构产品创新能力有限,信贷投放更趋审慎、放贷标准趋严、信贷规模减小,企业融资难、融资贵问题依然十分突出;另外县级财政困难、政府债务负担使得县域金融风险问题有所上升。三是沿黄地区部分县市新型基础设施较为薄弱,城乡“数字鸿沟”较为明显。

四、分类推进沿黄25县(市、区)高质量发展的对策建议

立足25县(市、区)资源禀赋和发展特征,应坚持“锻长板”与“补短板”并举、“育内力”与“借外力”并重,以特色优势产业为突破口,以改革创新为根本动力,加大资源整合和支持力度,积极融入区域发展战略,重点在绿色低碳、协同创新、产业集群、开放合作、城乡融合等方面实现突破,不断塑造区域协调发展新优势,高水平书写“让黄河成为造福人民的幸福河”山东答卷。

(一)济南都市圈内的县(市、区)

济南都市圈内的县(市、区)主要包括槐荫区、历城区、天桥区、章丘区、济阳区、长清区、平阴县、齐河县和邹平市。城市发展规律表明,未来济南都市圈吸纳的人口和经济比重还将继续提高,是我省的发展优势地区,上述沿黄县(市、区)要发挥县域要素成本低的优势,积极对接融入济南都市圈发展,打造

承载产业和人口的重要阵地。

一是利用现有县域的各类产业平台载体，聚焦强链延链补链，做强产业集群，打造黄河流域高质量发展的增长极和动力源。按照"特色突出，创新引领"的思路确定每个园区的主导产业，为服务主导产业发展，引进相关科研机构，布局科研基础设施，营造良好的创新氛围和创新成果转化条件；按照集群发展思维，积极承载产业转移，引进各类链主型企业，推动产业延链、补链和强链，构建山东省打造国家创新高地的成果转化和产业基地。二是抓住济南中心城区消费和服务外溢的有利时机，利用县域空间和成本优势，积极发展服务城市人口的消费和服务载体。以满足就近节假日休闲需求、突出体验感和精神满足为核心进行消费内容设计，推动发展各类线下消费服务载体。布局与中心城区功能互补的教育、医疗、养老等公共服务机构，重点是服务产业发展的职业教育机构及适应人口老龄化发展趋势的康养机构，与济南中心城区形成功能互补的网络化发展格局。三是加快提升公共服务供给质量，提升城市生活品质。强化县城与中心城市衔接配合，主动承接产业转移以及高等学校、职业学校、三甲医院等优质公共资源下沉，打造不同于济南中心城区的公共服务新高地，推动产城融合发展。

（二）具有专业功能的县（市、区）

具有专业功能的县（市、区）包含博兴县、邹平市、齐河县、东营区、滨城区、梁山县、利津县和垦利区。这些县域特色产业方向明确，已经具备一定产业发展基础，重点是依托聚焦化工、有色金属、建材、纺织、轻工等流域传统优势行业，提升产业竞争力，打造山东先进制造业参与国内国际产业链分工的重要途径。

一是壮大特色优势产业集群规模。依托现有特色产业基础，以构建完善的产业生态为政策目标，积极完善产业发展配套设施建设，加快以商招商步伐，推动产业链延伸；按照"抓大放小"的产业集群发展思路，既注重培育产业集群龙头企业和专精特新"小巨人"企业，也为中小微企业发展提供低成本优势；推动成立行业协会、产业联盟，培育新型产业集群发展促进机构，强化在产业链协同、集约化采购、招商引资、品牌打造等方面内部协作，避免同质化无序竞争，培育产业集群利益共同体。二是增强特色优势产业竞争力。主动对接特色产业相关科研院所，搭建产业创新公共服务平台、产业创新服务综合体，延伸工业设计、技术研发、技术交易、试验检测等专业服务。找准产业集群短板痛点，针对高端设备和工艺、高性能材料、关键零部件开展协作创新、联合攻关，突破"卡脖子"技术制约。三是加快特色产业数字化进程。选择关键细分领域进行重点攻关,探索建立产业数字化技术标准体系,加快数实融合进程。积极引进和培育数字化服务商,针对产业集群发展推出云制造服务等平台系统。引导和支持企业加大技术改造和设备更新力度。四是提升城市能级品质和形象。上述县(市、区)未来承载人口还有一定增长空间,需依托高品质城市建设,为各类人口提供有吸引力的生活和工作空间。积极推动县城从产业生产基地向功能完善的现代城市转型,推动产城融合发展;积极利用市场力量吸引优质公共服务资源,推进县城公共服务设施提标扩面。

(三)农产品主产区的县(市、区)

农产品主产区的县(市、区)包含齐河县、郓城县、高青县、东明县、鄄城县、牡丹区、惠民县、济阳区。以上地区应服务粮食安全战略落地,推动城乡融合发展,服务农业和农村现代化。这些县域承载常住人口总量将会继续减少,部分县城人口也会减少,在进行制度和政策设定时,需要充分顺应发展趋势和发展条件的变化,提升资源配置效率。

一是保障和提升农产品综合生产能力。扎实推进高标准农田建设,加快引黄灌区续建配套与现代化改造,完善农业基础设施,合理开发耕地后备资源,推进“渤海粮仓”科技示范工程,稳妥有序开展鲁北滨海平原区荒草地和盐碱地综合开发利用。加强沿黄优势奶业、沿黄肉牛、鲁西肉鸡等优势区标准化建设,打造具有全国影响力的优质畜禽产品供应基地。二是加快建设现代农业强县。鼓励各类市场化服务主体围绕农业生产全链条,提供农资供应、技术集成、市场信息、农机作业及维修、疫病防控等社会化生产服务。三是推动城乡融合发展。推动农村一二三产业融合发展,合理保障农产品加工流通、电子商务、冷链物流、乡村旅游、休闲农业、民宿经济等新产业新业态用地需求,挖掘农业多元功能和乡村多元价值,强化利益联结,保障农民获得合理的产业链增值收益。四是构建精致县域城镇体系。顺应人口减少趋势,城镇要立足存量空间优化,降低空间尺度,放慢开发节奏,走“小而美”“精而特”的发展路径。

(四)特色文化和生态旅游型的县(市、区)

特色文化和生态旅游型的县(市、区)包括东平县、河口区、长清区、东明县和东阿县等。以上地区要以黄河文化传承发展塑造文化“两创”新优势,以文塑旅,以旅彰文,高标准建设黄河国家文化公园,加强黄河文化遗产的保护传承与活化利用,推进黄河干流分段特色化和黄河故道生态文化协同建设发展。要以流域生态共治塑造绿色发展新优势,进一步筑牢黄河安澜屏障,不断提高水资源集约节约利用水平,建设黄河下游绿色生态廊道,促进流域人与自然和谐共生。

一是构建与县域主体功能一致的空间格局。加强生态保护和治理，着力修复生态、保护环境、提供生态产品，增强水源涵养、水土保持、维护生物多样性等提供生态产品的能力。二是构建县域生态产品开发运营机制。大力发展生态农业，探索采取人放天养、自繁自养等原生态模式发展特色农业，重点建设绿色有机农产品、林产品供应基地。三是创造性保护开发特色文化资源。把准县域文脉，加强保护传承，全面加强历史文化名城名镇保护利用，保护好文物、历史建筑、历史街区，传承好戏曲、武术、民俗、传统技艺等非物质文化遗产，建设富有齐鲁文化底蕴和特色风貌的城镇。四是构建特色文旅产品体系。加快培育文旅产品市场经营开发主体，结合地方民俗、民族文化、文体活动等内容，积极组织开展各类特色活动，提供丰富的旅游消费内容和优良的旅游体验，打造世界级历史文化旅游目的地。

垦利区、河口区、利津县聚焦黄河口区域“河—陆—滩—海”生态系统保护，高质量创建黄河口国家公园。统筹推进湿地保护、盐碱化治理等生态建设工程，维护生态系统整体功能。长清区、天桥区突出城市湿地公园建设。东平县提高东平湖蓄滞洪能力。

课题组成员：杜超　王安